決定版 恐いほどよく当たる四柱推命〈改訂 第3版〉

恋愛・仕事・結婚・お金…
あなたの運命のすべてがわかる

黒川兼弘

新星出版社

まえがき

四柱推命は、宇宙の法則や自然の法則と同じく、バランスの上に成り立っています。人間も、バランス感覚のよい人は能力があまりなくても信頼されます。宇宙の太陽系ひとつ、とっても、微妙な引力のバランスの上に地球や月も回転しています。空気についても酸素や炭酸ガスのバランスによって、人間も生きながらえています。話を四柱推命に戻すと、太陽の運行や地球の運行は生命の誕生と密接な関係があります。宇宙も人間生命も同じ生命体の分子や原子でできていて、生命体が宇宙や地球のように大きいか、人間生命のように小さいかだけの違いです。そして、人間生命が誕生するその瞬間に、太陽系の木星、火星、土星、金星、水星の惑星と地球の人間生命との位置関係で、その人の運命が決まります。四柱推命では宇宙の森羅万象を五行「木火土金水」と陰陽で表し、地球上に人間が誕生したその瞬間の年月日時で、その人間の先天的な宿命が決まります。それを四柱推命では命式に作り変え、陰陽五行の論理で解き明かされます。

　そして、宇宙の運行の流れにしたがい、後天的な運命として、大運（10年運）と歳運（一年運）が、その人の生命に影響を、肉体的、経済的、精神的に与えます。十年、一年、そして一ヵ月、一日、一時間、一分、一秒と細かく運命を決めていきます。これを西洋ではバイオリズムといい、東洋では運の流れ（吉凶）といいます。

　まず、人間が誕生したときの四柱の命式の姿が、五行のバランスがとてもよく、木火土金水のすべてがそろっています。その五行が相性よく年柱、月柱、日柱、時柱と循環し、十二補助星（帝旺《ていおう》・建《けん》禄《ろく》・冠帯《かんたい》・長生《ちょうせい》）も強く命式が身旺《みおう》で、大運が旺盛に巡ってくるならば、社会的に活躍し、成功して金銭や健康、家庭的にも恵まれ、幸せな一生を過ごすことができますが、そういう人達はまれで、多くの人達はバランスを欠いた命式です。

また、命式のバランスのよい人は平々凡々と苦労なく一生を過すことができますが、あまり楽しい人生ではないかもしれません。命式が少しバランスが欠けたくらいの人達のほうが、苦労もありますが大成功する例も多く、人生も楽しいと思います。後は、西洋でよく話される「銀のスプーン」をくわえて生まれてきた幸運な赤ちゃんがよいと思います。占い師をやっていると、その人が運の強い「強運」の人であることをなによりも、願うものです。

　命式はバランスが良くても、十二補助星（死、絶、病）などと運が弱くては社会ではあまり活躍はできません。誕生したときに先天的な宿命の命式は確定しますので、後は後天的な運命を決める、大運、歳運によい運が巡ってくることがとても大切です。身旺の人は運が強く馬力があるので、その人生はダンプカーで道路を走るようなもので、ある程度強引に自我を強くもって走っても、世の中を渡っていけます。しかし、反面、人に対して思いやりに欠ける面があります。しかし、社会的に活躍し、社会や親族から援助も受けられ、比較的健康で生命力にも溢れています。身《み》弱《じゃく》の人は人生を軽自動車で走っていくようなもので、エンジンも小さく車も小さいので、小回りはきくが、人の助けも少なく社会的な活躍も身旺ほどできませんので、人間関係を大切にして福運を積み、健康に留意して、それぞれの分を尽して生きることが大切となります。

　人生は十五、六歳で自我に目ざめて、三十歳から三十年間の六十歳くらいが社会的に活躍できる期間です。寿命が延びて定年後も社会的に活躍している人もいますが、六十歳で還暦を迎えて、昔の人はお祝いをして区切りをつけたものです。

　身弱の人でも、大運で日干を強める旺盛な運（帝旺《ていおう》、建禄《けんろく》、冠帯《かんたい》、長生《ちょうせい》）が巡ってくれば、後天運の力に寄って、三、四十年は活躍できます。そうすれば、青年期、壮年期に社会で活躍し、仕事運、家庭運、金銭運、健康運にも恵まれます。

もし大運によい運が巡ってこない人は、相性のよい相手と結婚し、自分に欠けた運を補うこともひとつの方法です。

そのためにも人間として境界を開き自分を磨くことです。そうすると、自分の成長とともに、付き合う相手のレベルも上がり、福運を積むことができます。私の体験では、先天的にも後天的にもあまり運がよくないのに成功し、幸せになっている、考えられないほど運のよい人がいます。その人物を見ると、みんな不思議とよい顔をしています。

そういう人達は目に見えないところで努力し、思慮深く、常に精進して人間形成を心がけ、器を大きくして、思いやりのある心をもち、感謝の気持ちをもって生きている人達です。

人間は生まれもった運がもし悪くても、信念や努力で運が変わるということを実感するようになりました。

努力せず運だけで生きている人は運が落ちてしまうと、それで終わってしまいますが、人望があって実力をつけ、常に人間形成を心がけている人は運が悪くなっても、あるレベルで止まり、周りの人が援助してくれるものです。生涯青春、生涯精進するならば、運はよくならなくても、その運を持続させることはできるようです。

運は九段階くらいありそうです。大吉、中吉、小吉、並の上、並の中、並の下、小凶、中凶、大凶の人生ではないでしょうか。大半の人は並の人生です。

並の人生を幸せにどう楽しく生きるかが、人生の醍醐味《だいごみ》ではないでしょうか。

最後に運について考えてみたいと思います。四柱の命式がよくて、大運、歳運、月運、日運、分運、秒運が重なり、五行バランスがとてもよく、日干が強く最高に運のよいときは結婚したり、賞をもらったり、社会的な名誉を得たり、有名になったりすることになります。逆に大運、歳運、月運、日運、時運が最悪の運が重って、五行のバランスが極端にくずれ、日干が弱まった状態の時、人は事故死、病死、自殺死をすると考えられます。その最上の運と最悪の運の波の間を、人間は一生をかけて生きていくと考えられます。

人が生かされている間は、社会に生きて果たす使命があって生かされていると思いますので、せいいっぱい人生を楽しむことが大切です。法華経に「衆生所遊楽」という言葉があります。一般の大衆は社会に遊び楽しむために生まれてきたと説かれています。イタリア人のように食べて、踊って、歌って、恋をして、今日を思いっきり生きることが大切なのかもしれません。そんな気持ちで人生を楽しんで生きていると、社会や人間の見方も変わり、自分の生きる道も見えてくるものです。それに向かって目標を立てて生きるならば、運は開け、自分を大切にすれば、おのずと家族や他人を大切にするものです。

そうすれば、必ず福運が積まれ、年を取るにつれて幸せは倍加していきます。

ズバリ！運命がわかる、四柱推命

　世の中は占いブーム。毎朝のテレビのニュースショーにも、占いコーナーが設けられているほどです。

　誰でもその日の吉、凶を知り、運のよい日なら積極的に、いまひとつ運に恵まれない日は控えめに行動するなどして仕事を成功させたり、恋を実らせ、幸せになりたいと願う気持ちが強くなっているからでしょう。

　よく、運のよい人、運の悪い人という言い方をすることがありますが、私にいわせれば、運のよい人とは、自分にとっての運の流れや吉日を知り、重要な決定や行動をできるだけ吉日にするようにしている人です。反対に、運の悪い日はできるだけ行動を控えめにしていれば、大きなダメージを受けるのを避けられます。つまり、運のよい人とは、日々の暮らしに占いの考え方を取り入れ、それを基盤に行動しているにほかならないのです。

　占いにもさまざまな方法があり、なかには、はっきりいって、あまり根拠のないものもあります。

　四柱推命は古代中国で生まれた占いで、人は生まれ落ちたその瞬間から、生まれもった性格や運勢があるという考え方に基づいています。実際、四柱推命は驚くほどの的中率をもっており、あらためて古代中国で培われた四千年の知恵の深さに圧倒されます。

四柱推命、つまり、四つの柱から推測するわけですが、この場合、四つの柱とは生まれた年、月、日、時間を意味しています。この四つの柱を基本にすれば、その人が先天的にもっている宿命がわかります。

四柱推命は中国では、「帝王の運命学」と呼ばれています。古代中国では、代々の皇帝が敵に来襲されたときなど、攻めるべきか、守りに徹するべきか、まさに一国の行く末を支配する重要な判断に迫られたときなど、この四柱推命によって、そのいずれかを選択してきたからです。

国の運命を委ねるときにも、迷わず四柱推命が告げる定めに従った……。およそ人の世に起こることであれば、すべてのことを総合的に判断するのにとくに優れた占いです。

四柱推命が恐ろしく当たることは知っていても、その組み立てや仕組みはとても難解で、とうてい自分で占うことなどできないと考えている人が多いようです。しかし、実際に自分の四柱から宿命星を探りあてさえすれば、あとはわりあい簡単に、自分の運命を知ることができます。運命という言葉よりも、自分に与えられたよい点、悪い点と言い換えてもいいかもしれません。

定められた運命がある以上、自分の幸・不幸は自分の力ではどうなるものではない……。そう考える人もあるかもしれませんが、けっしてそうではありません。四柱推命によって自分に与えられたものを正確に把握すれば、自分がどういう点に気をつけて生きていけば幸せになれるかがわかってきます。

人生は毎日、大なり小なり、選択と決断の連続です。自分の長所、短所を知り、もって生まれた運命、そのときどきの運気を理解していれば、毎日の選択と決断を間違えることがなくなり、人生を前向きに展開していくことができるようになるのです。

本書では、一見、難しそうに見える四柱から宿命星を割り出す方法を、ステップを追って、ていねいに説明しました。生まれた時間がわからないという人も多いと思いますので、生年月日がわかれば宿命星が割り出せるように工夫してあります。

こうして、自分がもつ宿命を宿命星から知り、四柱推命を活用すれば、吉運を逃さず、凶運を避け、より確実に幸運をつかむことができるはずです。重要な問題や局面に直面したときは、四柱推命によって現在の運命を知れば、どのように行動すべきかがわかってきます。

そうすることにより、本書を手にした読者の方々の一人でも多くの人が、より幸運をつかんでいただければ、望外の喜びです。

黒川兼弘

もくじ

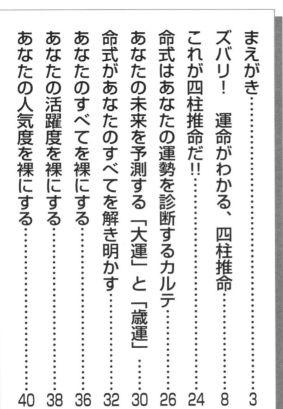

驚異の的中率〈秘伝〉黒川式四柱推命とは

黒川式・3つの占術方法

十二補助星で知る性格や運命

第3章 あなたの人生の運命を読む

第4章 相性・恋愛・セックス あなたのラブライフを探る

第5章　あなたの適職と進むべき会社は

第6章　あなたの人生を左右する金運

第7章　命式があなたの健康と病気を暗示する

第8章 人生の幸運期はいつくるのか
——大運と歳運で将来の運勢が解る

これが四柱推命だ!!

運命を解き明かす3大要素を知っておこう

運命の3大要素は？

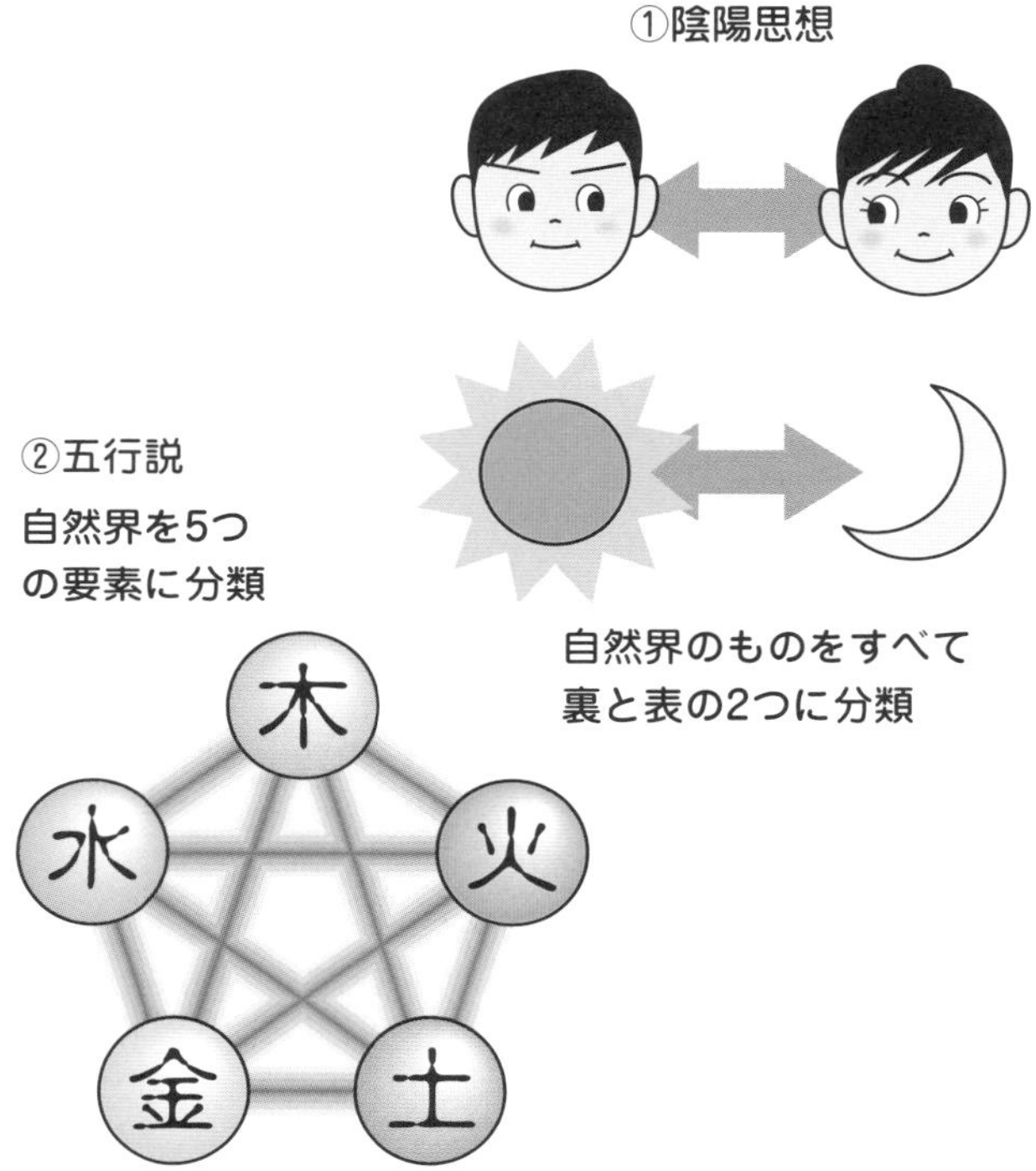

陰陽五行説とは

四柱推命は中国の古代思想である陰陽、五行、干支などから成り立つ「陰陽五行説」がもとになって完成した占術です。四柱推命を正しく理解するためには、まず「陰陽五行説」の原理を知らなければなりません。

古代中国では、自然界のものはすべて陰と陽、すなわち光と影のように相反する2つのものから成り立っているという陰陽思想がありました。たとえば、太陽と月、天と地、明と暗、表と裏、男と女などのように、互いに補い合って調和がとれているという思想です。

また、自然界にあるものはすべて木、火、土、金、水の5つの要素に分かれ、

③干支術

生まれた年、月、日、時間の
4つの柱に秘められた運命

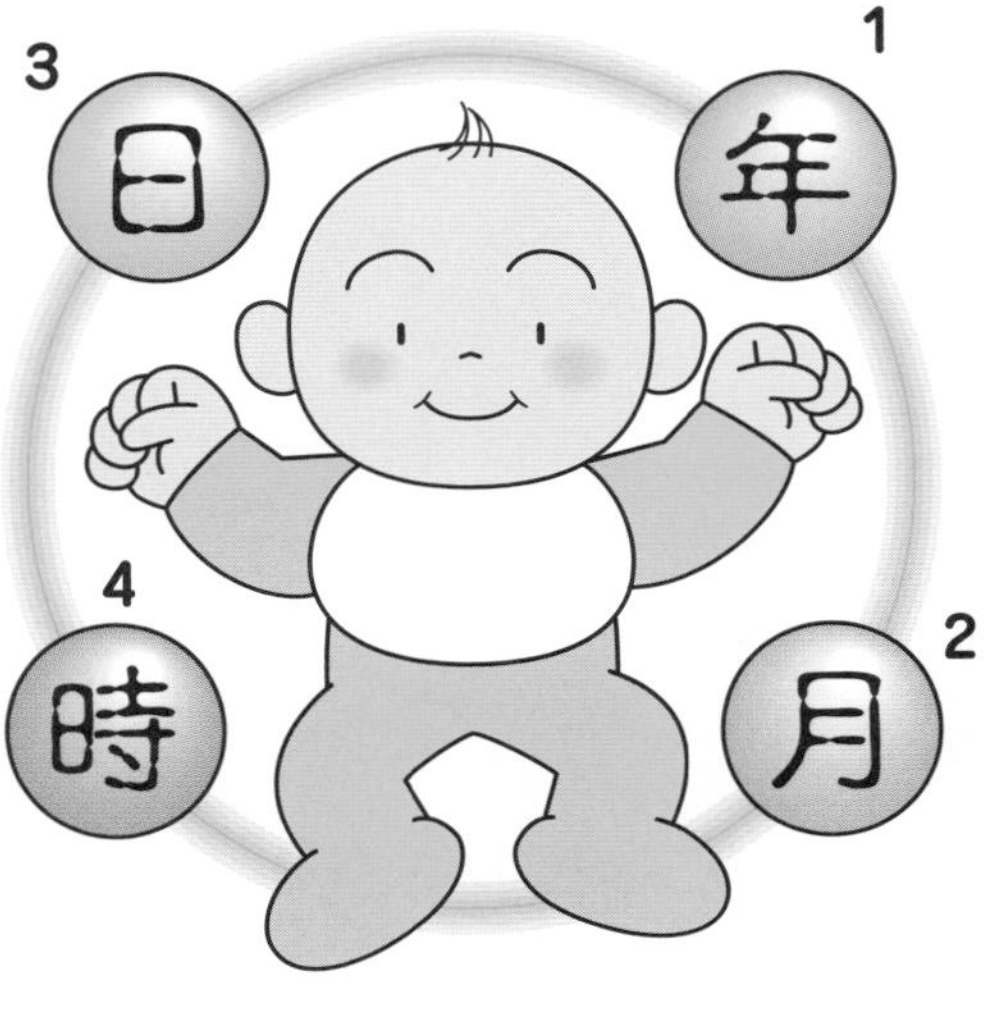

4つの柱を干支に置き換える

それらが互いに助け合う関係（相生という）になったり、反対にお互いが害し合う関係（相剋という）になったりしながら成り立っているのです。これが五行説といわれる古代中国の思想です。

　この2つの思想を合わせたのが「陰陽五行説」なのです。古代中国ではこの思想から論理的な法則性を導き出し、そこから人間の運命や人生、性格といったことを解き明かしていこうとして長い年月をかけ研究されて完成した占術（法則）が「四柱推命」なのです。

十干十二支とは

　干支（十干十二支に分類される）は陰陽五行説に基づいて考え出されたものです。生まれ年のことを丙午（ひのえうま）などといいますが、これが十干十二支を組み合わせたもので、四柱推命の命式（四柱推命の根幹をなすもの）を作る上で必ず理解しておかなければならないものです。

　十干とは甲、乙、丙、丁、戊、己、庚、辛、壬、癸のことで、天のエネルギーを表し、陰陽と五行に分類されます。

　十二支とは子、丑、寅、卯、辰、巳、午、未、申、酉、戌、亥のことで、地のエネルギーを表し、陰陽と五行に分類されます。また、十二支は方位や季節、月、時間も表します。

　命式を作るには、生まれた年、生まれた月、生まれた日、生まれた時間の4つを干支暦により十干十二支に置き換えなければなりません。その上で四柱推命の占術に当てはめて、人間の運命や性格を解明していくのです。

命式はあなたの運勢を診断するカルテ

命式は四柱推命の根幹をなすもの

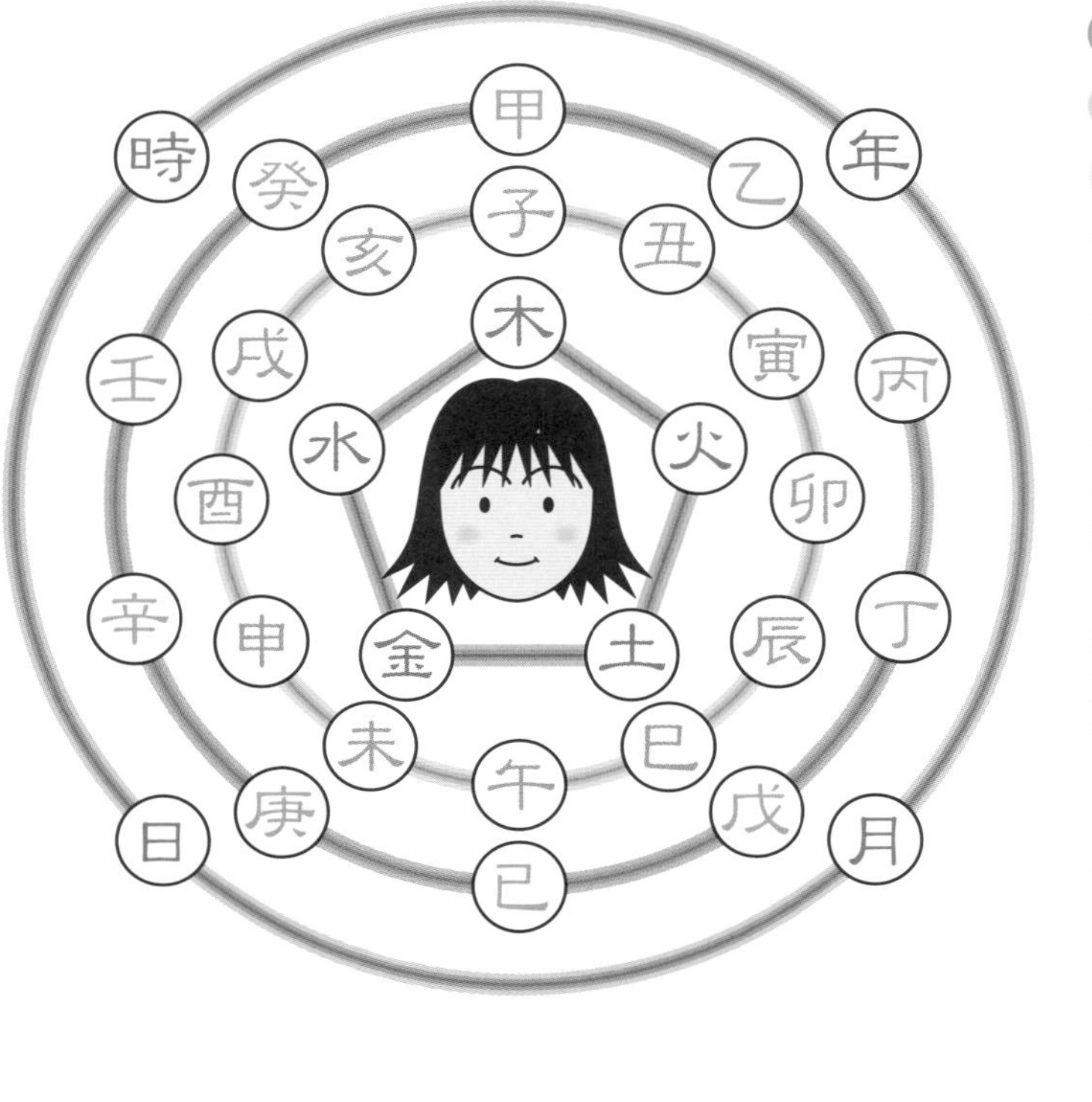

四柱推命では人間が誕生した年月日時をもとに十干十二支に置き換えて、その人の運勢のカルテとなる命式を作り、陰陽五行の論理で解き明かしています。つまり、命式こそがさまざまな人たちのそれぞれの運命の扉を開く四柱推命の根幹をなすものなのです。

命式の簡単な作り方

四柱推命の4本の柱は、人間が誕生した「年月日時」のことです。この4本の柱を巻末の干支暦を見て、十干十二支に置き換えるのです。以下、表A・Bの記入方法に従って、あなたの命式を作ってみましょう。

表A

		生年月日時	干支暦	干支暦	⑤ 蔵干表
①	年　柱	M T S H　年	天　干	地　支	蔵　干
			(　)		(　)
②	月　柱	月	天　干	地　支	蔵　干
			(　)		(　)
③	日　柱	日	天　干	地　支	蔵　干
			(　)		(　)
④	時　柱	AM　時　PM	天　干	地　支	蔵　干
			(　)		(　)

⑥ 空　亡 ——→ ［　　　　］

●十干・五行表

十　干	甲	乙	丙	丁	戊	己	庚	辛	壬	癸
五　行	木	木	火	火	土	土	金	金	水	水

●十二支・五行表

十二支	子	丑	寅	卯	辰	巳	午	未	申	酉	戌	亥
五　行	水	土	木	木	土	火	火	土	金	金	土	水

表Aの記入法

●巻末の干支暦と時刻干支表を見て、生まれた年、月、日、時を干支（天干・地支）に置き換えて記入し、その五行も同時に記入する。

①生まれた年の干支と五行を記入する。

Check 年は「立春」を境に変わるので、立春前に生まれた人は前年の干支を記入する。

②生まれた月の干支と五行を記入する。

Check 月は「節入り」を境に変わるので、節入り前に生まれた人は前月の干支を記入する。

③生まれた日の干支と五行を記入する。

④生まれた時間の干支と五行を記入する。

Check 時刻干支表を使う。

⑤「蔵干早見表」を見て、各柱の蔵干とその五行を求める。

Check 節入りから生まれた日までの「日数」と各柱の地支とをクロスさせてそれぞれの蔵干を割り出し記入する。

⑥「空亡早見表」で空亡を確かめる。

Check 六十干支表（空亡早見表）を見て、生まれた日の干支が入っている列の１番下がその人の空亡となる。

表B の記入法

● 「宿命星早見表」を見て、宿命星を求める。

⑦左側の宿命星を求める

表Ａをもとに生まれた日の天干と各柱の天干をクロスさせて宿命星を求め、表Ｂの左側の宿命星欄に記入する。

⑧右側の宿命星を求める

生まれた日の天干と各柱の蔵干とをクロスさせて宿命星を求め、表Ｂの右側の宿命星欄に記入する。

Check 月柱右側の宿命星を「元命」（げんめい）という。

●「十二補助星早見表」と「吉凶神殺星表」から十二補助星と吉凶神殺星を求めて記入する。

⑨十二補助星を求める

Check 生まれた日の天干と各柱の地支とをクロスさせて十二補助星を求め記入する。

表B

	⑦ 宿命星早見表	⑧ 宿命星早見表	⑨ 十二補助星早見表	⑩ 吉凶神殺星表	⑩ 吉凶神殺星表	⑩ 吉凶神殺星表
	生日の天干 × 各柱の天干	生日の天干 × 各柱の蔵干	生日の天干 × 各柱の地支	生日の天干 × 各柱の地支	月支 × 天干･蔵干･地支	年支・日支 × 地支
年柱	宿命星	宿命星	十二補助星	吉凶神殺星	吉凶神殺星	吉凶神殺星
月柱	宿命星	宿命星(元命)	十二補助星	吉凶神殺星	吉凶神殺星	吉凶神殺星
日柱	╳	宿命星	十二補助星	吉凶神殺星	吉凶神殺星	吉凶神殺星
時柱	宿命星	宿命星	十二補助星	吉凶神殺星	吉凶神殺星	吉凶神殺星

⑩吉凶神殺星を求める

Check

生まれた日の天干と各柱の地支とをクロスさせて吉凶神殺星を求め記入する。

月支から求める吉凶神殺星表と年支・日支から求める吉凶神殺星表の中に命式の十干十二支を探し、あればそれらも記入する（なければあけたままにする）。

あなたの未来を予測する「大運」と「歳運」

「大運」と「歳運」があなたの後天運を解き明かす

命式によりあなたの生まれながらの先天的な宿命を知ることができました。それに対してあなたの後天的運勢は「大運」と「歳運」により知ることができます。「大運」は後天運を80％の確率で把握し、10年周期で変化する運勢を表します。「歳運」は後天運の20％を押さえ、1年ごとに変わる運勢を表しています。これにより、あなたのこれからの人生の波・リズムをつかむことができます。

10年周期の運の流れを知る大運の求め方

①自己の年柱の天干で順行運か逆行運かを知る。

②運勢が動く年「立運」を求める。立運は順行運か逆行運かで求め方が違う（409ページ⑪参照）。

③大運の干支は月柱の干支を「大運の干支順行・逆行表」に求めて10年ごとの干支をあてはめる。

④日干と10年ごとの干支をクロスさせ「宿命星早見表」「十二補助星早見表」「吉凶神殺星早見表」からそれぞれの星を求め、大運表を作る。

	年柱	男性	女性
陽干	甲丙戊庚壬	順行運	逆行運
陰干	乙丁己辛癸	逆行運	順行運

1年周期の運の流れを知る歳運の求め方

①命式から自己の日干を求める。

②毎年の干支を出し、日干とクロスさせて「宿命星早見表」で「宿命星」を、「十二補助星早見表」で「十二補助星」をそれぞれ求める。

＊「大運」「歳運」の詳しい求め方は272ページを参照のこと。

【あなたの大運表】

年　齢	干　支	宿命星	十二補助星	吉凶神殺星	五　行	○△×
歳						
歳						
歳						
歳						
歳						
歳						
歳						
歳						
歳						
歳						

【あなたの歳運表】

年	歳	年の干支	十二補助星	吉凶神殺星	五　行	○△×
年	歳					
年	歳					
年	歳					
年	歳					
年	歳					
年	歳					
年	歳					
年	歳					
年	歳					
年	歳					

※「五行の吉凶早見表」を見て「○△×」をつけてください。

命式があなたのすべてを解き明かす

4つの柱に隠されたあなたの運命

命式を完成させれば、自分の性格や運命がわかる宿命星や行動力のエネルギーを表す十二補助星、2つの星に微妙な影響を与える吉凶神殺星、さらに自分の五行とその配列バランスなどが一目瞭然になります。

それを4つの柱に隠されているそれぞれの意味に照らし合わせ、総合的に判断することにより、あなたの運命をすべて解き明かすことができるのです。

4つの柱のそれぞれ意味するもの

四柱推命には年柱、月柱、日柱、時柱の4つの柱があり、それぞれ次のような意味を表しています。

年柱　年柱の宿命星（A—4）は目上や両親に対する場合に現れる性格と考えてください。年柱の宿命星（A—5）は目上や両親に対する場合、内面的に感じている性格です。

月柱　月柱の宿命星（B—4）は同僚や兄弟姉妹、友人に対する場合の性格と考えてください。月柱の宿命星（B—5）の元命は本当の自分（自己の基本的性格の70%）を表現しています。

日柱　日柱は自己（自分自身）の性格を表しています。日柱の宿命星（C—5）は本当の自分（自己の副的性格で30%）を表現し、配偶者に対する性格と考えてください。

月柱の宿命星（B—5）と日柱の宿命星（C—5）を合わせて（70%＋30%）、自己の内面的性格を表します。

時柱　時柱（D—4）は部下や子供、孫に対する場合に現れる性格と考えてください。時柱の宿命星（D—5）は部下や子供、孫に対する内面的性格を表しています。

この宿命星の性格は、宿命星の項（72ページ）を参照してください。

あなたの運命を解明する宿命星が分かる

宿命星には10種類あり、そのうちのどの宿命星を持っているかによって、性格や運命などがわかります。

宿命星の持つ意味

比肩　勝ち気で行動的。独立心旺盛なリーダータイプ。

劫財　意地っ張りだけど世話好き。なぜか周囲の人気者。

食神　ロマンチックで快楽的。のんびりとしたマイペース型。

傷官　鋭い頭脳の持ち主。ただし、神経は細かく、傷つきやすい。

偏財　たぐいまれな財産運。多趣味で多才なタイプ。

正財　勤勉でまじめだが、面白味に欠け、周囲の人気もイマイチ。

偏官　人並み勝れたパワーの持ち主。義理人情に厚く親分肌。

正官　誠実できまじめ。少し堅苦しいが、マネージメントは大得意。

偏印　個性的な発想の持ち主。敵を作りやすいのが難点。

印綬　頭脳明晰な上、穏やかで心優しいタイプ。

元命とは

「宿命星早見表」より日干と月柱蔵干をクロスさせて求めるのが宿命星「元命」です。この「元命」は宿命星の根幹をなすもので、あなたの運命や性格などを70%の確率で解き明かし暗示しています。つまり、「元命」だけで運命や基本的性格を占ってもよいのですが、より正確を期するため、各柱（年柱、月柱、日柱、時柱）の表す意味合いを加味し総合的に判断しています。

あなたの行動力を表す十二補助星が分かる

行動力のエネルギーを表す十二補助星は、宿命星の弱い力を強めたり、強すぎる力を弱めたりして調和をとる重要な役目を担っています。

十二補助星の持つ意味

長生　のんびりしていて持続性がある。

沐浴　本能の赴くままに行動する。

冠帯　プライドの高い利己主義者。

建禄　ひたすらファイトで行動を維持する。

帝旺　独立心の強い大物の器。

衰　保守的で堅実、協調する人。

病　潔癖で風流を好む趣味人。

死　人当たりはソフトだが、芯は強い。

墓　堅実な実業家。

絶　頭だけ働いて行動が伴わない。

胎　思い通りにいかない不平不満の人。

養　温厚で親孝行な人。

あなたの吉凶を示す吉凶神殺星が分かる

吉凶神殺星は特殊星といわれ、吉に働く「吉星」と、凶に働く「凶星」とがあり、宿命星や十二補助星による判断に補助的な影響力を与える星です。

日干から求める吉凶神殺星の意味

天乙貴人(吉星)　あらゆる厄災から守られる星。とくに目上の強力な引き立てがある。

大極貴人(吉星)　周囲からの引き立てや援助に恵まれ、必ず成功する。

文昌貴人(吉星)　文才に秀で、大衆から尊敬され、社会的にも有名になる。

福星貴人(吉星)　金運に強く、物質的になに不自由のない生活が送れる。

天厨貴人(吉星)　生活の苦労を知らない星のもとに育ち、人よりも早く昇進する。

暗禄(吉星)　人によく尽くすので、困ったときほど人に助けられる幸福な人。

金輿禄(吉星)　性格が温厚で、円満、男女とも家庭運に恵まれる。

羊刃　吉凶両面があり、性格が強情で積極的。

飛刃(凶星)　闘争心が旺盛でギャンブル好きのため身を誤る。

紅艶　多情多感で愛嬌があり、異性間でのトラブルが多い。

魁罡　性格に二面性があり細心にして大胆、慈悲深くして冷酷。

月支から求める吉凶神殺星の意味

天徳貴人・月徳貴人（吉星）　凶を吉に転ずる強い力があり、２つそろえば鬼に金棒。

天徳合貴人・月徳合貴人（吉星）　物心ともに人から過分な援助があり、幸運に導かれる。

華蓋　芸術や宗教には吉星で、一方に家庭運には恵まれず孤独の暗示を持つ。

年支・日支から求める吉凶神殺星の意味

駅馬　吉凶両面があり、旅行や移転など人生の旅を意味し、職業・住所が安定しない。

劫殺　吉凶両面に作用し、吉に働けば物事を成就させ、凶なら恨みが強くなる。

咸池（凶星）　別名「桃花殺」といい、セックストラブルで人生をしくじる暗示。

亡神　吉凶両面に作用し、吉に働くと指導力を発揮し、凶なら病弱になる。

囚獄（凶星）　囲まれたところにいる職業や引きこもりがちになりやすく、陰険な性格。

血刃（凶星）　交通事故や病気のために手術を受けたり、血を見る暗示がある。

隔角（凶星）　生まれ故郷に縁がうすく、遠く離れた場所や外国で暮らす暗示がある。

あなたのすべてを裸にする

四柱推命①

※2004年発行当時の原稿をそのまま掲載しています。黒川式四柱推命の的中率の高さがよく分かります。

【例1】この10年が最高の期間

明石家さんま

この命式は、自分の「五行」水が3つもある上に、自己のエネルギーを強める劫財星が2つあって、日干の十二補助星が、帝旺とまた、強いので、自己中心的性格となります。しかし、本質的性格の元命には、偏財星があって、サービス精神は抜群です。この命式の特徴は月柱の十二補助星の「絶」です。「絶」は「瞬間の大器」といわれ、瞬間的な集中力とひらめきはすばらしく、司会業に向いています。また「絶」は華やかなスポットライトをあびればあびる程に盛り上がる性格で、タレントには、必要な星です。「劫財星」があるので、一筋縄ではいかない面と、人間関係の巧みさと本音で開きなおって生きる生き方は仕事にプラスになっています。大運（10年運）が48歳を節に「偏財星」が巡ってきており、お金もどんどん入り、十二補助星で、「冠帯」が巡っているので社会的評価はますます高く、この10年間は最高の人生となるでしょう。

＊推測するに「**時柱**」には「**金**」の五行があると思われますので五行のバランスが良くなります。

宿命星＋《プラス》十二補助星は

劫財②＋帝旺①＝③となり運は強く、帝旺が、自己の星（日柱）にあるので、生命エネルギーも強く、体力（健康度）に恵まれています。

明石家 さんま

順運7日　○逆運25日《節入りから》÷3≒8歳《立運》

1955	乙未己 （木）（土）	食神星	偏官星	墓	飛刃
7	壬午丁 （水）（火）	劫財星	偏財星	絶	
1	癸亥壬 （水）（水）		劫財星	帝旺	天徳貴人

空亡 ——→ 子丑

月柱の干支　立運

0	8	18	28	38	48	58	68	78
壬午 火	辛巳 火	庚辰 土	己卯 木	戊寅 木	丁丑 土	丙子 水	乙亥 水	甲戌 土
	偏印星	印綬星	偏官星	正官星	偏財星	正財星	食神星	傷官星
	胎	養	長生	沐浴	冠帯	建禄	帝旺	衰

自己の五行

木	→	火	→	土	→	金	→	水
1		1		1		0		3

あなたの活躍度を裸にする

四柱推命②

※2004年発行当時の原稿をそのまま掲載しています。引退の年までぴったり当たっています。

【例2】一層の飛躍が期待できる　松井秀喜

この命式は年柱の天干「甲」、蔵干「戊」と日柱の天干「甲」と蔵干「戊」がそれぞれ同じ「五行」なので、日干にエネルギーを与えています。元命は「食神星」なので、基本的性格はおおらかな人生を楽しむことに長けた楽天的な性格で衣食住にこまらない吉星です。人徳があり、好きなことで成功する暗示があり、健康にも恵まれます。副的性格の日柱の蔵干は「偏財星」なので、サービス精神が旺盛です。その上、日柱十二補助星の「絶」は、タレント性と、瞬間の集中力にすごいものがあり、バッターとしては、最高の星をもっています。月柱の十二補助星の、「死」は研究熱心な性格で、常に勉強と努力をしていると思われます。月柱の天干の「偏官星」は表面的、社会的、精神的にプレッシャーを受ける宿命をもっていますが、内面の本質は楽天的なので、心配ないと思います。大運（10年運）の節に28歳が当たりますので、メジャーリーグに移籍となり、人生が開けたと思います。

また、38歳から「比肩星」となり、独立の星なので、37歳までは、大リーグで、活躍すると思われます。「駅馬」が2つあって、「貴人」が3つあるので、移動が多いほど、運は開けますので、広いアメリカでの野球人生はぴったりです。これからの活躍が楽しみですね。

松井　秀喜

次の節入りまで　立運

○順運25日÷3≒8　逆運6日

1974	甲寅戊 （木）（土）	比肩星	偏財星	建禄	福星貴人　天徳合貴人 駅馬　血刃
6	庚午丙 （金）（火）	偏官星	食神星	死	紅艶　月徳貴人 囚獄
12	甲申戊 （木）（土）		偏財星	絶	血刃　駅馬

空亡 ──→ 午未

月柱の干支　立運

0	8	18	28	38	48	58	68	78
庚午 火	辛未 土	壬申 金	癸酉 金	甲戌 土	乙亥 水	丙子 水	丁丑 土	戊寅 木
	正官星	偏印星	印綬星	比肩星	劫財星	食神星	傷官星	偏財星
	墓	絶	胎	養	長生	沐浴	冠帯	建禄

＊「時柱」には「水」の五行があると思われる。

自己の五行

火	→	土	→	金	→	水	→	木
1		2		1		0		2

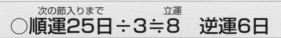

あなたの人気度を裸にする

四柱推命③

※２００４年発行当時の原稿をそのまま掲載しています。

【例3】25歳まで上昇機運

松浦亜弥

特徴として、命式の五行のバランスがとてもよく、五行（木火土金水）のすべてをもっている（五気周流という）ので、運がとてもよいことがわかります。

次に元命の宿命星が「印綬星」で、非常に頭がよいことがわかります。元命が、本質的な性格を表しています。副本質的性格の日干の蔵干は「傷官星」なので、頭の回転が速く、ひらめきの星なので、気持ちのよいくらい歯切れがよいおしゃべりとなります。

その言葉に傷官のいやみが出ないのは、「印綬星」と「貴人」が、４つもあるからです。月柱の天干の、表面的な性格を表す場所に「偏財星」があるので、人に尽くし、人を楽しませる性格、奉仕の星なので、タレントとしては、これから伸びていくものと思われます。

「囚獄」が2つありますが、他人から距離を置いたり隠れたりする星で、タレントに多い星です。大運（10年運）は、16歳から、辰（土）が巡っているので、自分の星（金）にエネルギーを与え続けていますから、25歳までの10年間は、最高の活動期間になると思われます。

松浦　亜弥

節入りから　立運

順運12日　○逆運19日÷3≒6歳

1986	丙寅甲 （火）（木）	偏官星	偏財星	絶	駅馬　大極貴人 月徳貴人　天徳合貴人
6	甲午己 （木）（土）	偏財星	印綬星	沐浴	福星貴人　囚獄
25	庚子癸 （金）（水）		傷官星	死	囚獄

空亡 ——→ 辰巳

月柱の干支　立運

0	6	16	26	36	46	56	66	76
甲午 火	癸巳 火	壬辰 土	辛卯 木	庚寅 木	己丑 土	戊子 水	丁亥 水	丙戌 土
	傷官星	食神星	劫財星	比肩星	印綬星	偏印星	正官星	偏官星
	長生	養	胎	絶	墓	死	病	衰

自己の五行

水 →	木 →	火 →	土 →	金
1	2	1	1	1

Prologue

驚異の的中率

秘伝 黒川式四柱推命とは

ここに解説されている四柱推命の最も優れている点は、4つの柱から導き出された運勢を変えることのできない運命という感覚ではなく、そのときどきに自分に与えられた1つの機会、チャンスとしてとらえていることです。

人生は毎日がひと言でいえば決断しなければならないことの連続です。つまり、そのときが選択をし決断をしなければならない最善の機会（時と場所）であるかどうかということです。生年月日による自分の命式により解明された性格の長所と短所を理解し、もって生まれた運命やそのときどきの運気を知れば、間違いのない選択や決断をすることができ、自信をもって人生を歩むことができるのです。

黒川式▼3つの占術方法

ここでは四柱推命をより簡単に分かりやすくするために、3つの占術方法を解説しています。これが〈秘伝〉黒川式四柱推命の大きな特徴であり、真骨頂です。

1 命式の五行のバランスで運の強弱を判断する（43ページ参照）。

2 月令点数、五行点数、宿命星点数の合計で「身旺・身弱」を判断する（55ページ参照）。

3 「月別五行強弱運表」で身旺・身弱を判断する（54ページ参照）。

1 五行のバランスを見る

まず命式で五行（木火土金水）がそろっているか、片寄っているかを見ます。

＊生年月日だと五行が6個ですが、時間が分かれば8個となります。

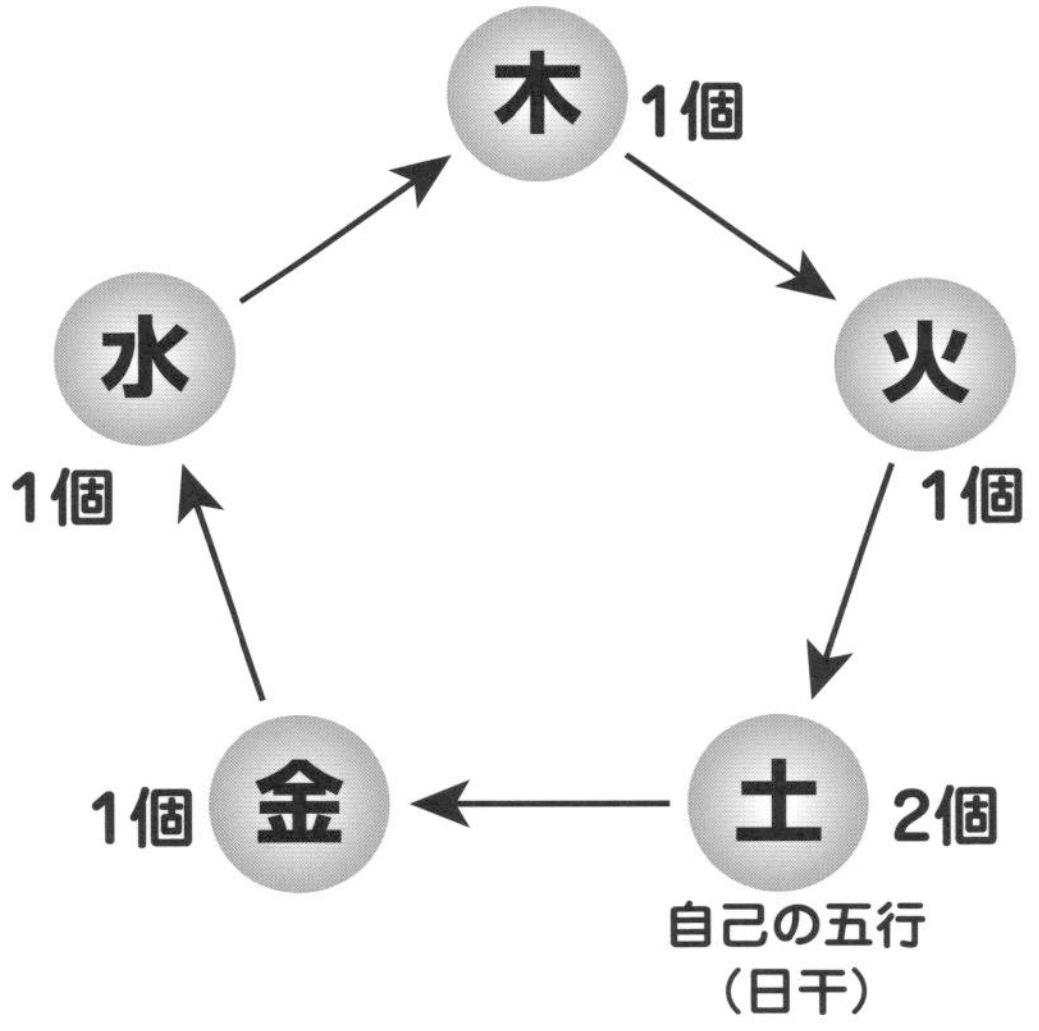

1 命式に五行がそろいバランスがよい

命式に五行のすべてがそろっている（五気周流）と、止まることなく生命エネルギーがよく巡り、生命力が外部に発揮されます。持って生まれた先天運が非常によく、素直で明るく才能があり、表現力も大変豊かです。名誉と金運に恵まれた、すべてにバランスがよく、日々楽しく幸せな一生を過ごせるでしょう。

＊五行がそろっている命式をもつ人は数が少ないので、あまり気にしないでください。

大運（10年運）、歳運（1年運）に巡ってくる五行によって、人生の流れに変化が生じます。自己の五行（日干）にプラスの五行がくるか、マイナスの五行が巡ってくるかによって、運が変化するのです。「五行の吉凶早

【五行の吉凶早見表】

※生月は節入日以降とする

癸《みずのと》		壬《みずのえ》		辛《かのと》		庚《かのえ》		己《つちのと》		戊《つちのえ》		丁《ひのと》		丙《ひのえ》		乙《きのと》		甲《きのえ》		日干	
凶	吉	凶	吉	凶	吉	凶	吉	凶	吉	凶	吉	凶	吉	凶	吉	凶	吉	凶	吉		生月
水金	木火土	水金	土木火	木水	火土金	水木	火土金	水金	火土	水金	火土	水金	木火	金	木火	水木	火	水木	火土金	子《ね》	12月
水金	木火	水金	木火	土	火木	水	火木	水金	火木	水金	火木	水金土	木火	金土	木火	水	火	水	火	丑《うし》	1月
木火土	金水	木火土	金水	木火	土金	木水	火土金	木水	火土	木水	火土	火木	金土	木火	土金水	木水	火土金	木水	火土金	寅《とら》	2月
木火土	金水	木火土	金水	木火	土金	木水	火土	木水	火土	木水	火土	火木	金土	木火	土金水	木水	火土金	木水	金火土	卯《う》	3月
木火土	金水	木火土	金水	木	水	水	火	金水	火	金水	火	土金	木	土	水金	土金	水	木水	金火	辰《たつ》	4月
火木土	金水	火木土	金水	火木	水金	火	水	火土	金水	火土	金水	火	水金	火木	水金	火土	水木	火土	水木	巳《み》	5月
火木土	水金	火木土	水金	火木	水金	火	水金土	火土	金水	火土	金水	火木	水金	火木	水金	火土	水木	火土	水木	午《うま》	6月
火木土	金水	火木土	金水	土火	水木	土	火木	火土	金水木	火土	金水	土	木	火	水金	火土	水木	金土	水木	未《ひつじ》	7月
金水	木火	金水	木火	金土	水木	金土	火木	金水	火土	金水	火土	金水	木火	金土	木火	金土	木火水	金土	木火水	申《さる》	8月
金水	木火	金水	木火	金土	水木	金土	火木	金水	火土	金水	火土	金水	木火	金土	木火	金土	木火水	金土	木火水	酉《とり》	9月
土火	金水	土火	金水	土金	木水	土金	火木	土火	木金水	土火	木金水	土金水	木	土金	木	土金	木水	土金	木水	戌《いぬ》	10月
水金	木火土	水金	木火土	水木	土金	水木	火土金	水金	火土	水金	火土	金水	木火	金	木火	水木	火	水木	火土金	亥《い》	11月

※五行は陰陽同じとする

見表」で吉か凶かを見分けてください。「五行の吉凶早見表」にない五行（命式に欠けている五行）が巡ってくるときは、五行の「気」の流れが良好になるので、若干運がよい方向へ動きます。

また、十二補助星の強弱によっても運は左右されます。運は強すぎても、弱すぎてもよくないのです。バランスのよい中庸が基本です。

2 命式の五行が片寄りバランスが悪い

命式の五行が片寄っていると、生命エネルギーがスムーズに流れないので、人生が良いときと悪いときの落差が大きくなります。

命式の五行が片寄っているとバランスを欠いた不安定な性格になり、よくいえば個性的、悪くいえばクセのある性格になります。精神的な面でも単純ではなく複雑多岐に渡るため、つねに心の中で葛藤があり、他人には分かりづらい人物と見られるようになります。

しかし、個性的であるがため1つのことにこだわり執念を燃やすので、意外と才能を発揮することが多く見られます。そのため、自己研鑽に励めば、社会で活躍する機会も増えます。

大運（10年運）に巡ってくるのが日干に対してプラスの五行なのか、マイナスの五行なのかによって運は変ってきます。片寄った五

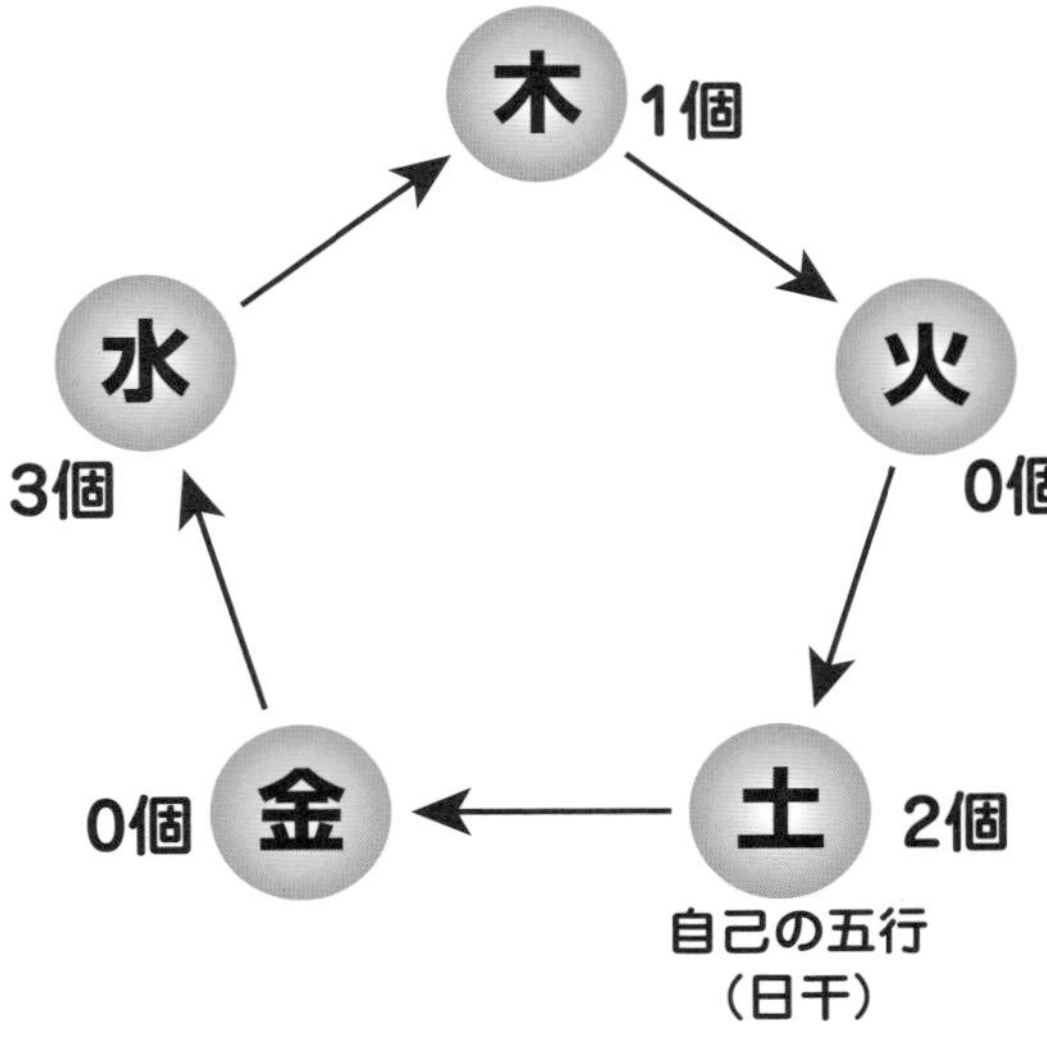

行の命式は、運の吉凶の変化が大きく表われます。その五行が「五行の吉凶早見表」で「吉」なら大きく飛躍して、運が開けます。逆に「凶」ならかなり大きな落ち込みとなり、運は下降線を辿ることになります。また、命式で欠けていた五行が大運で巡ってきたときは、片寄りのマイナス面が是正され「気」の流れがよくなり、運も開けてきます。もちろん、命式の十二補助星の強弱も大きく「運」に影響することも、考慮に入れておいてください。

◆自己の日干が強すぎる場合は　日干のエネルギーをマイナスにする五行が必要です。また全体のバランスをよくする五行（欠けている五行）が必要です。

◆自己の日干が弱すぎる場合は　日干のエネルギーをプラスにする五行が必要です。また全体のバランスをよくする五行（欠けている五行）が必要です。

自己の五行（例えば㊏の場合）に対して、どの五行が来れば吉（火・土）か、凶（金・木）を見ます。

五行の吉凶早見表で日干と生月の支をクロスして、吉凶を見ます。

大運（10年運）の十二支、歳運（1年運）の十二支で、吉の五行もしくは凶の五行が巡ってくるかを見ます（十二支五行表・410ページ⑬参照）。

自分の運命表（〈宿命〉自分の運）＋〈運命〉大運（10年運）を作ります。

大運、歳運（1年運）の十二支（五行）がどんなとき巡ってくるかを見ます（十二支五行表参照）。

●〈命式〉十干五行表

五行	十干
木	甲
木	乙
火	丙
火	丁
土	戊
土	己
金	庚
金	辛
水	壬
水	癸

●〈大運・歳運〉十二支五行表

五行	十二支
水	子
土	丑
木	寅
木	卯
土	辰
火	巳
火	午
土	未
金	申
金	酉
土	戌
水	亥

2 五行で運の強さを見る

1 強運か弱運か

命式の中に自己の五行が2～3個あれば普通〈中和〉の運があり、4～5個あれば強運です。

自己の五行が1～2個でも自己の五行を助ける五行が2～3個あればプラスされて3～5個となり運が強くなって、相性のよい五行となります。

自己の五行が1～2個でも五行がそろっている場合（木火土金水）は五行の循環（五気周流という）がよければ、生活が安定して波乱のない人生を送ることができます。また、木2↓火1↓土1↓金1↓水1は自己の五行が水と木で3個と見てよく、強運といえるでしょう。

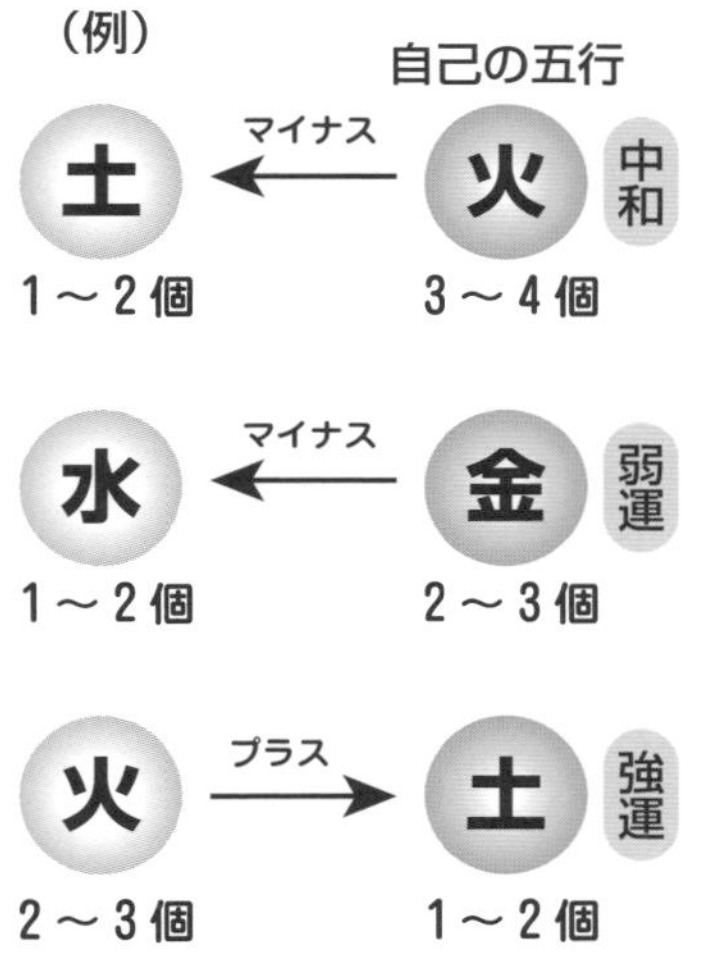

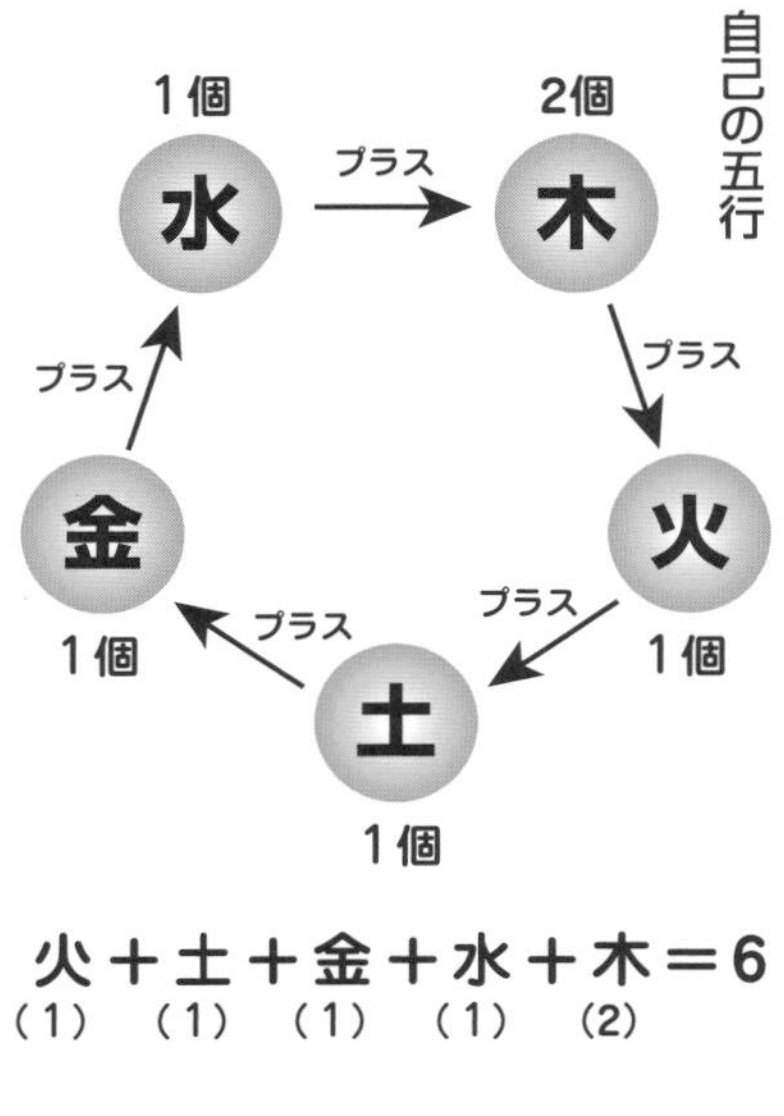

自己の五行が1～2個で、剋《こく》する五行（例・火↓金、水↓火）で片寄った五行（例・自己の五行水2個、火4個）の場合は、運のよいときと悪いときがはっきりしていて波乱の多い人生となります。

自己の五行が1～2個で他の五行が多かったりして自己の運が弱いときに、大運で自己を助ける五行（例・自己の五行が土のとき大運〈十二支の五行で見る〉で土〈丑、辰、未、戌〉、または土を助ける五行の火〈巳、午など〉）が巡ってくると、運が3個分ぐらいよくなります。自分の命式に欠けている五行が回ってきたときも1個分運はよくなります。

逆に自分の五行を剋する五行が回ってくると運が悪くなります（例・自己の五行が土のとき、大運で木が回ってきたとき。しかし、運が強すぎるときは逆に運はよくなります）。

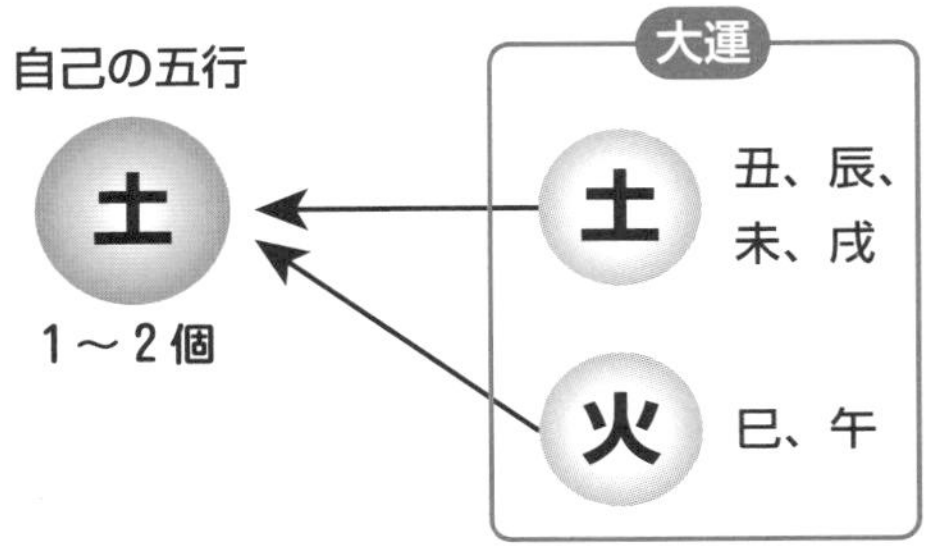

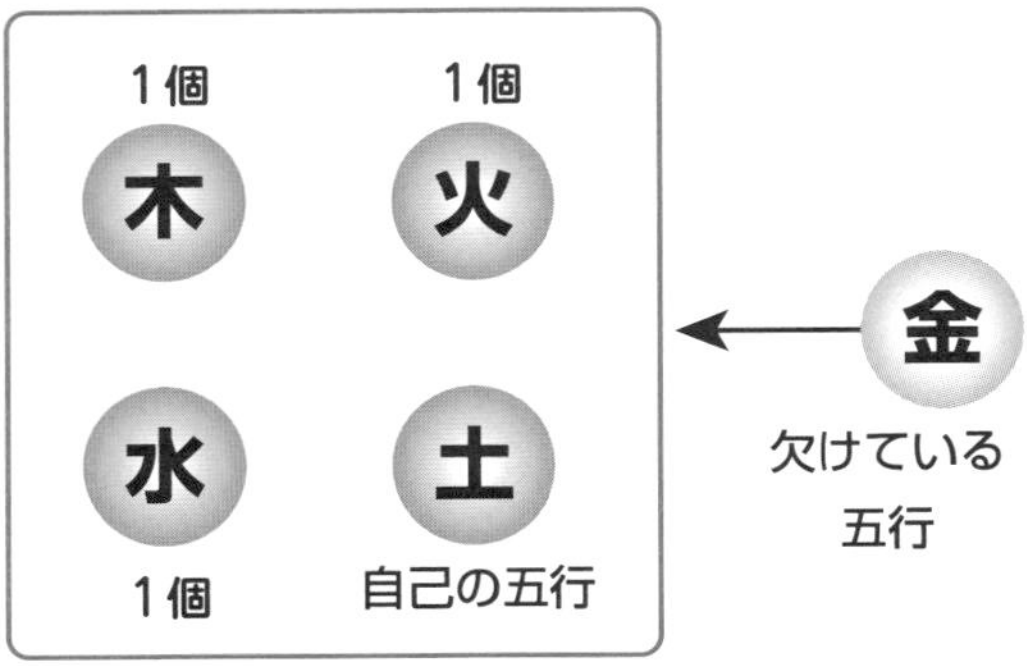

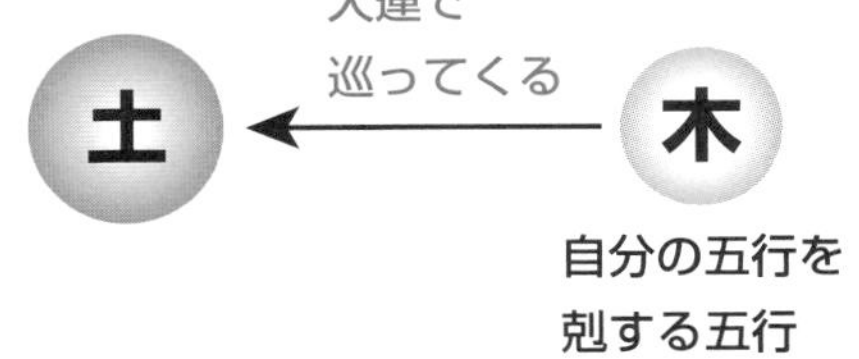

2 五行についている十二補助星の働き

大運で自己の五行を助ける五行が巡ってきて、その五行に十二補助星の帝旺、建禄、冠帯、長生があればプラス1くらい運が強くなりますが、絶、病、死、衰などだとあまり十二補助星は働きません。

逆に自己の五行に対して剋する五行が回ってきた場合には、十二補助星が弱い「絶」、「病」、「死」などのほうが働かないので結果的によくなります。自己のマイナスの五行に十二補助星の帝旺や建禄、冠帯があるとマイナスエネルギーが強くなり、さらに運が悪くなります。

自分の五行

◆運が弱い（身弱） →	1個または0個
◆普　通（中和） →	2〜3個
◆運が強い（身旺） →	4〜5個
◆運が強すぎる（大身旺・過旺） →	6個以上

3 五行はバランスが大切

四柱推命はバランスなので、自己の五行が5個を超えて6〜7個になると強すぎ、自己破壊をしたり暴走したりして、社会的な問題を起こしたり、自殺したりすることもあります。政治家やジャーナリスト、タレントなど社会で活躍している人は、4個以上あっても社会で常に活動することができます。

自己の五行が1個で助ける五行も大運もよくないと、病気になったり、経済的に行詰まったりして他の人の介護や補助がないと、一人では生きていくことができなくなります。

大運で自己の五行を助ける五行と剋する五行

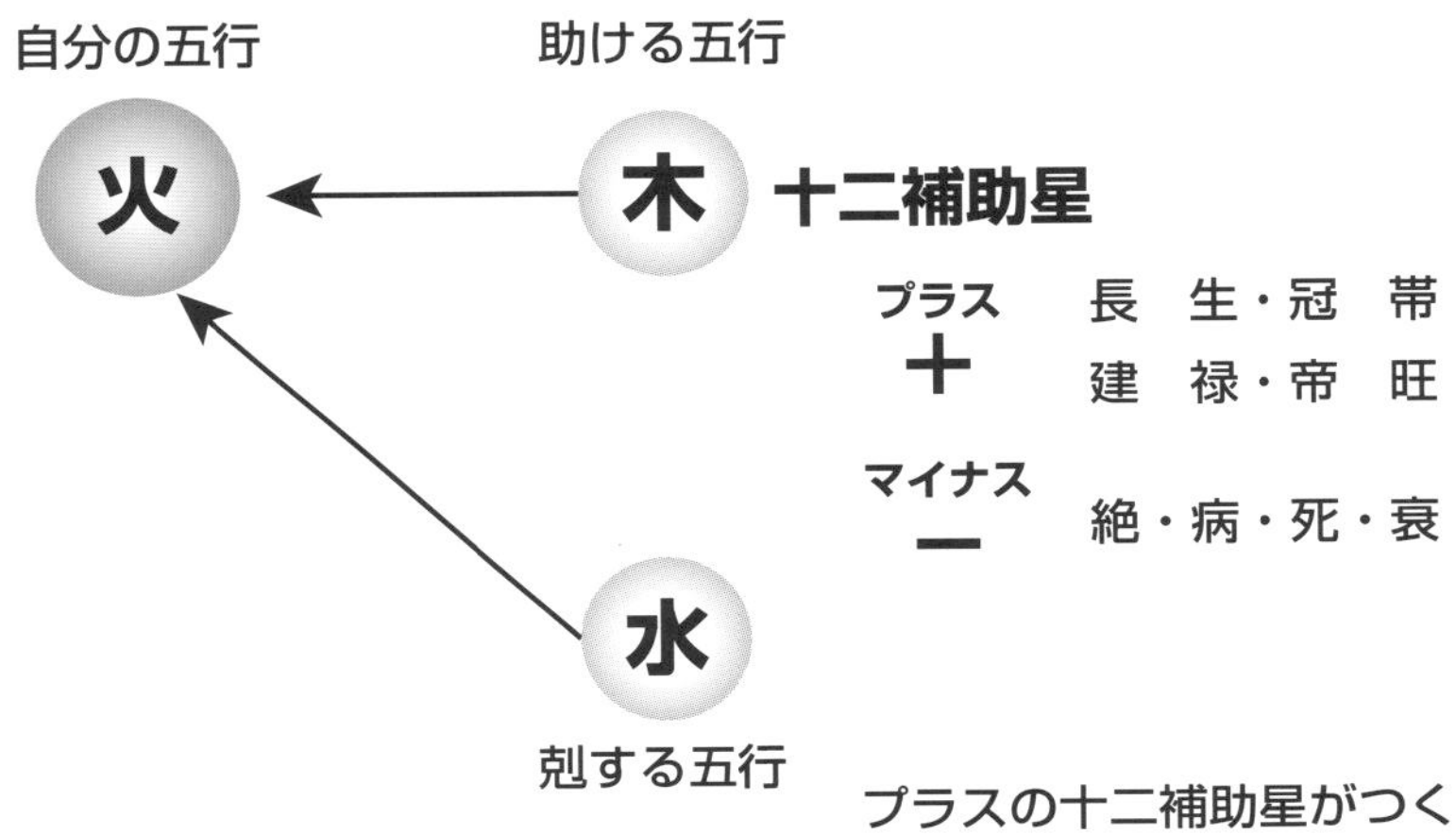

プラスの十二補助星がつくと、ますますマイナスエネルギーが強くなる
マイナスの十二補助星がつくと結果的によくなる

過ぎたるは猶及ばざるがごとし

自己の五行

強すぎると、自己破壊的な行動を起こす
弱すぎると、他人の保護がないと生活できない

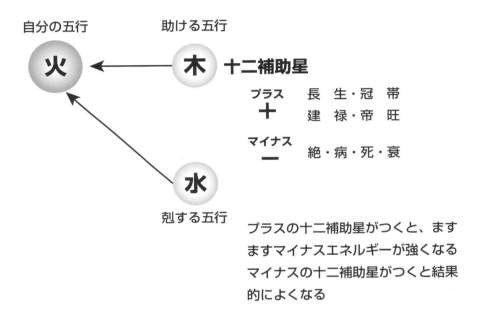

3 よい命式の条件

命式に生命力があるかどうかを見ます。言葉を換えていえば、社会で活躍するだけのエネルギーがあるかどうかです。自動車にたとえればエンジンの容量が大きいか小さいかです。そのエネルギーを正しく消費し、才能を発揮して社会で元気に思いどおりに活躍できる命式かどうかを見ることが大切なのです。

ガソリンを入れる容量が大きくて性能がよくても、運転するハンドルさばきが悪ければ、車は暴走してしまいます。車にもダンプカーから軽自動車まで容量の違う車種があります。人間にも世界的な舞台で活躍する人もいれば、日本国の首都や県、市だけで活躍する人もいます。このようにそれぞれ活躍する場にあった器というものが人間にはあるのです。

中には身体に障害のある人や体力がなく病気がちで人の助けが必要な人もいます。それを命式で知るわけです。

①日干が強いこと

日干が強ければエネルギーは大きく運も働くので、社会的に実力を発揮して活躍できます。逆に日干が弱ければ、社会的にあまり活躍ができないことになります。

日干が強い人は社会で活躍するためにエネルギーを消費しなければならないので、宿命星の食神、傷官、正財、偏財、正官、偏官が吉星となり、人のために役立ち自分も実力を発揮します。日干が強い人でもエネルギーを消費できない命式だと、実力が発揮できません。

日干が弱い人は、日干を強める比肩、劫財、印綬、偏印の数が多ければ社会で活躍できます。

2 命式に五行がそろっていること

木火土金水の五行が命式にあれば循環（五気周流）が良く、命式のバランスが取れていて、一生の生活のリズムが滑らかで、波乱の少ない人生になります。大運の影響も比較的少ないです。

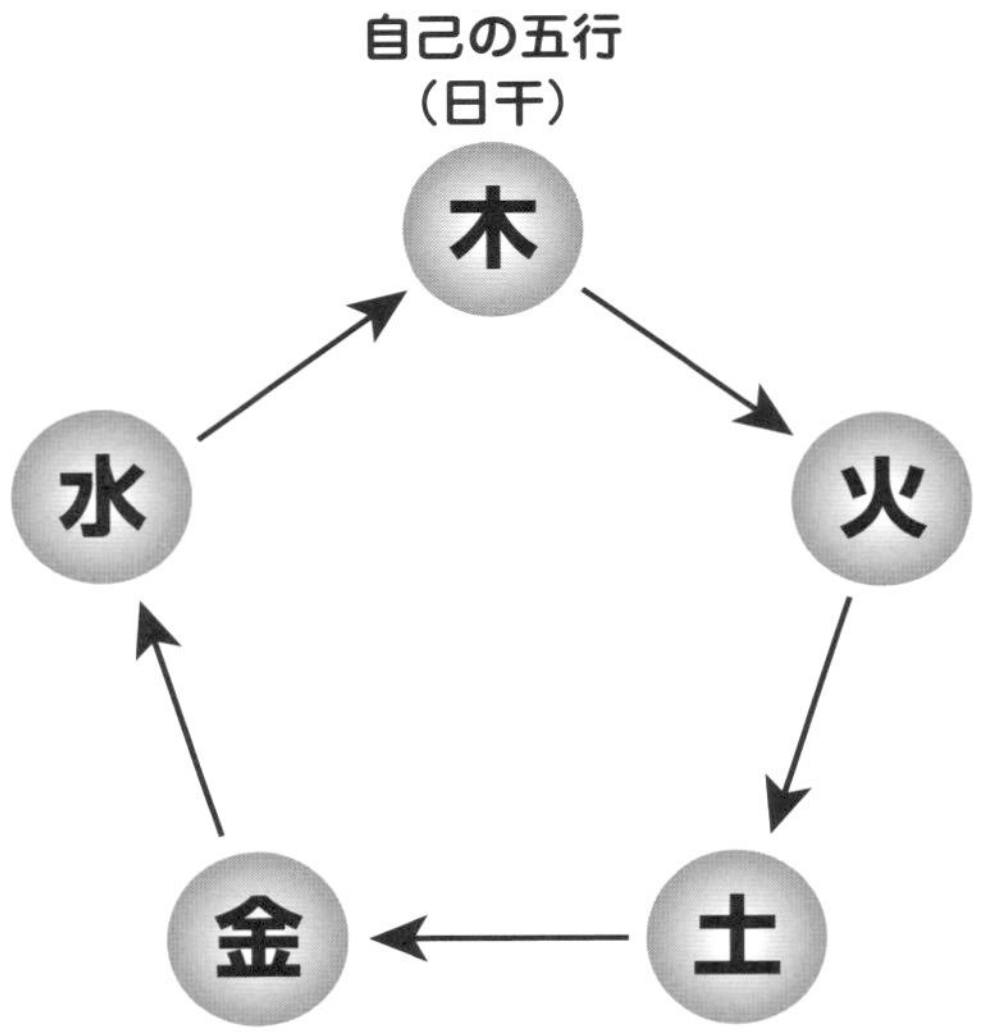

3 地支に支合、三合、方合があること

支合、三合、方合が地支にある人は、社会的に才能を発揮し、頭脳明晰で大きく発展し成功します。

◆支合　次の組合せを支合といいます。

子—丑　寅—亥　戌—卯

辰—酉　申—巳　午—未

◆三合　十二支のうち特定の三支が結びつくことです。すなわち、三支がそろうと五行が

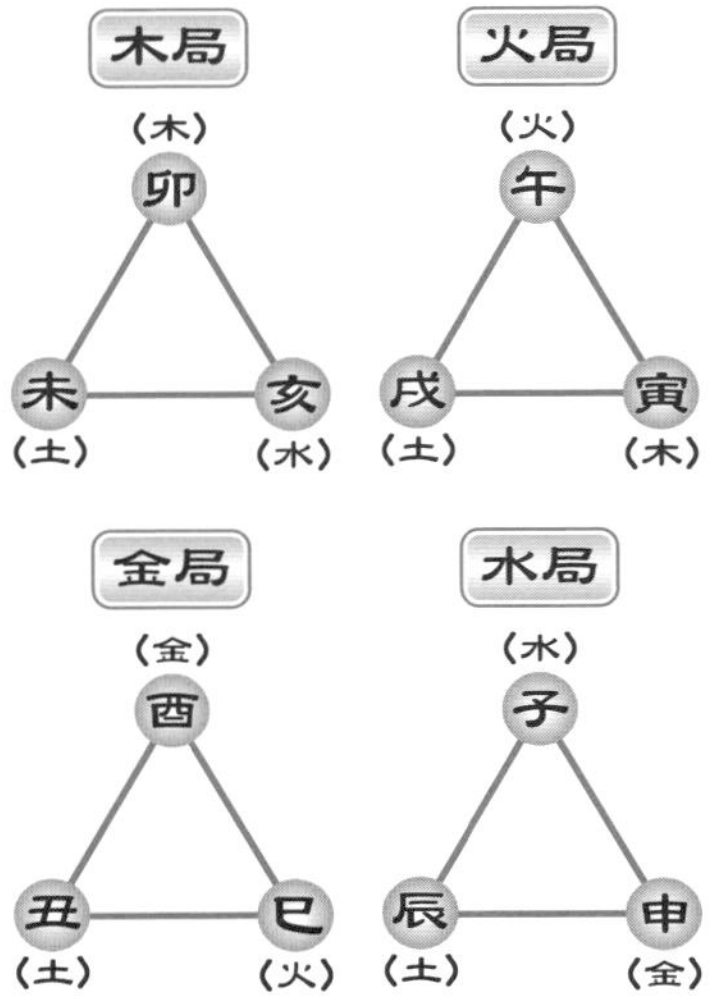

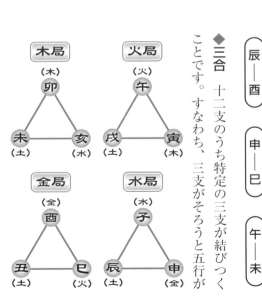

変化して、木・火・金・水になり、命式で働きます。

◆**方合**　季節を表す三支がそろうことです。

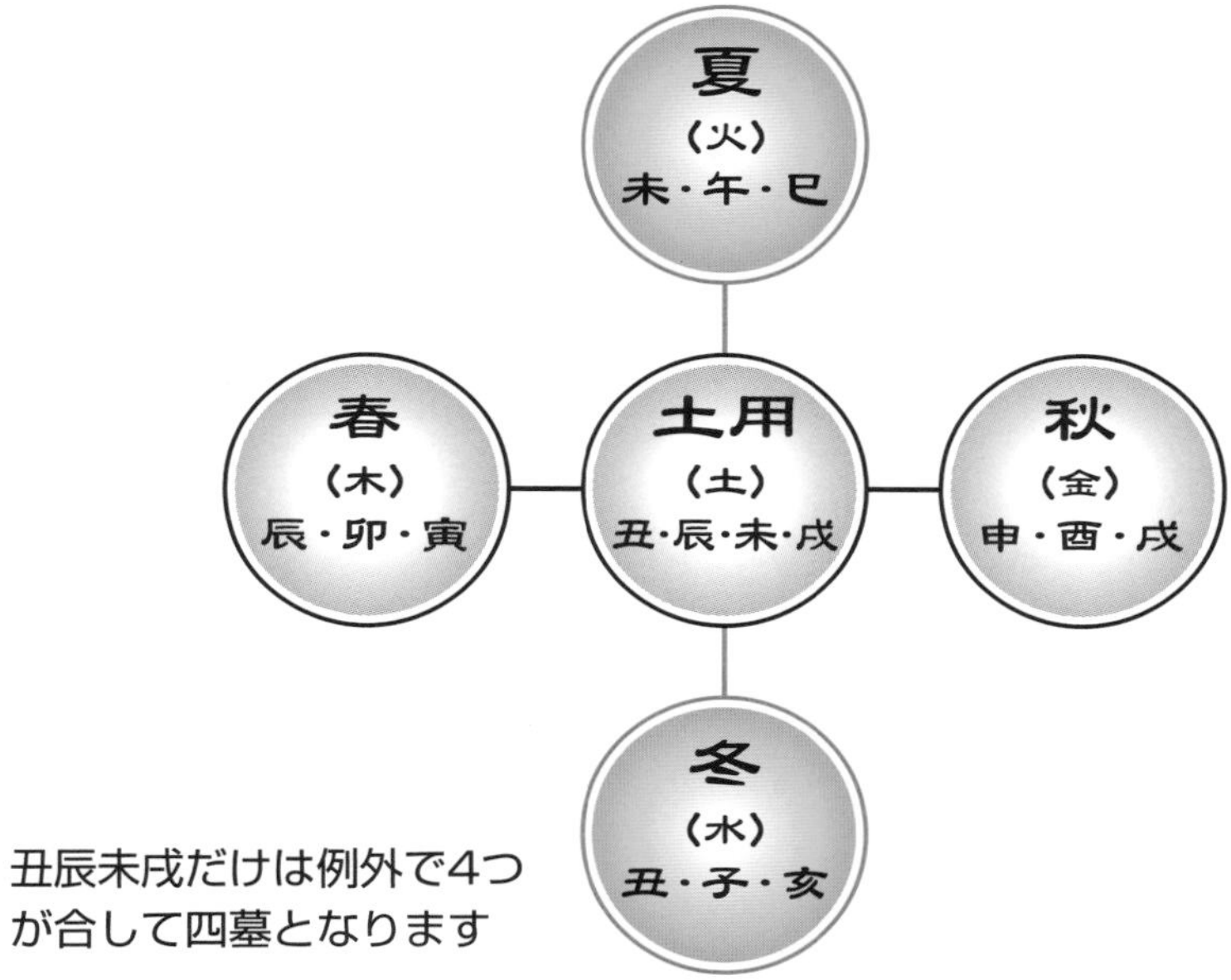

丑辰未戌だけは例外で4つが合して四墓となります

4 同じ五行が日干と月柱蔵干にある

日干と同じ五行が月柱の蔵干にあることを「根」があるといい、力を発揮します。

また、日干以外の年干や月干、時干にも月柱の蔵干と相性がよい五行があると、力を発揮します。

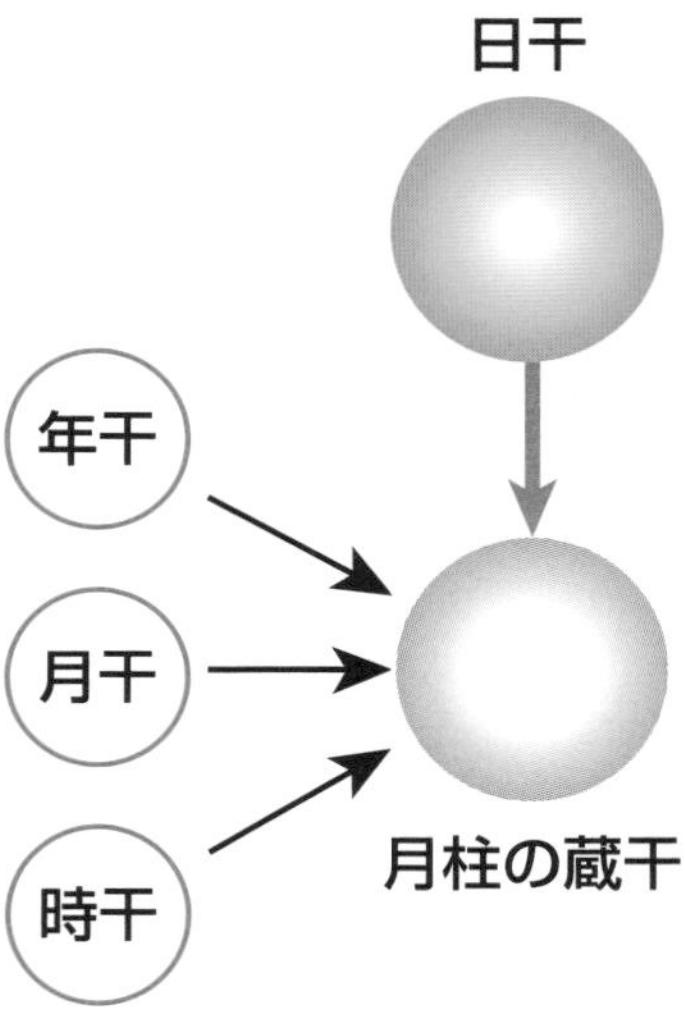

5 月柱の蔵干に「根」があるとき

月柱の蔵干に「根」があるのは、「強」（4）と「最強」（5）であることを示し、「身旺」となります。それ以外は「身弱」となります。

「月別五行強弱運表」の見方は、自己の日干（C―1）と月柱の地支（B―2）がクロスしたところで見ます。

＊土用生まれの人は土用の期間しか該当しません。

【月別五行強弱運表】

五行	四季	春	夏	秋	冬	※土用
	月／日干	寅（2月）卯（3月）辰（4月）	巳（5月）午（6月）未（7月）	申（8月）酉（9月）戌（10月）	亥（11月）子（12月）丑（1月）	①丑 ②辰 ③未 ④戌
木	甲乙	5 最強	3 中	1 弱	4 強	2 小弱
火	丙丁	4 強	5 最強	2 小弱	1 弱	3 中
土	戊己	1 弱	4 強	3 中	2 小弱	5 最強
金	庚辛	2 小弱	1 弱	5 最強	3 中	4 強
水	壬癸	3 中	2 小弱	4 強	5 最強	1 弱

※《土用の期間》
①丑：立春の前18日間（立春は含まず）1/17-1/20頃～2/3頃
②辰：立夏の前18日間（立夏は含まず）4/17-4/21頃～5/5頃
③未：立秋の前18日間（立秋は含まず）7/20-7/23頃～8/7頃
④戌：立冬の前18日間（立冬は含まず）10/21-10/24頃～11/7頃

4 命式の身旺身弱で判断する

1 「身旺」と「身弱」の求め方

身旺、身弱は「日干」の強弱を示すもので、先天運を判断するポイントになります。身旺は運勢や性格が強く、身弱は運勢や性格が弱いことを示しています。

身旺と身弱は正式には命式から総合的に判断するのですが、「月令点数」や「五行点数」「宿命星」「十二補助星」などで簡単に判断することができます。

◆月令点数の求め方

「日干」と生まれ月（月支）が調和しているかで、月令の強弱を点数に表したのが月令点数です。次ページの月令点数表を見て点数をチェックします。

◆五行点数の出し方

五行点数は「日干」と「年支」の五行が同じだと2点で、「日干」と「日支」「時支」の五行が同じだと4点になります。

◆宿命星の点数の出し方

プラス（＋2点）	マイナス（－2点）
比肩星・印綬星 劫財星・偏印星	食神星・正財星・正官星 傷官星・偏財星・偏官星

以上の3つの表により求められた点数を合計し、マイナス（－）になれば身弱で、プラス（＋）になれば身旺、±0なら中和となります。

【月令点数表】

月支＼日干	戊・己 四季の土用	甲・乙 春	丙・丁 夏	庚・辛 秋	壬・癸 冬
寅　2月		6			
卯　3月		6			
辰　4月	4				
巳　5月			6		
午　6月			6		
未　7月	4				
申　8月				6	
酉　9月				6	
戌　10月	4				
亥　11月					6
子　12月					6
丑　1月	4				

【五行点数表】

十二支＼日干	戊・己		甲・乙		丙・丁		庚・辛		壬・癸	
	日支 時支	年支	日支 時支	年支	日支 時支	年支	日支 時支	年支	日支 時支	年支
寅			4	2						
卯			4	2						
辰	4	2								
巳					4	2				
午					4	2				
未	4	2								
申							4	2		
酉							4	2		
戌	4	2								
亥									4	2
子									4	2
丑	4	2								

5 身旺・身弱の意味

① 過旺（身旺過剰）の特徴

過旺とは運が強すぎて、運勢のバランス（過ぎたるは猶《なお》及ばざるが如し）がくずれて、運を悪くする人をいいます。

過旺は自我があまりに強いため、実社会ではトラブルや事故を起こしたり、暴走して社会に迷惑をかける傾向があり、引いては凶悪な犯罪を犯すこともあります。

夫は妻を剋し、妻は夫を剋して、財に対しても執着が強く、自己破壊、モラル無視の性向があります。

《開運法》自己コントロールが秘訣

過旺の人は常にバランス感覚をもち、自己コントロールすることが開運の秘訣です。もう1つ注意することは、人の意見をよく聞き、生命エネルギーに任せて暴走しないことです。

2 身旺の特徴

身旺とは運が強く、運勢のバランスがよい人をいいます。

身旺の人は先天的に運が強く、実社会で活躍できるエネルギーをもち、目標をもって仕事をすれば身内や周囲からの援助などがあるので、仕事を成し遂げる運があります。その結果として財にも恵まれ、名誉や地位も築き、社会で名声を博します。

身旺の人はこのように自信にあふれ、自己表現力や勇気、意志力、持続力、実行力もあり、意志が強固で積極性にあふれていますが、自己中心的な性向があります。

繁華街の華やかな表通りに家をもつ傾向があります。晩年も健康で、孫たちに囲まれ死ぬときはポックリと大往生します。

身旺の人は性格が積極的で、やや強引なところもありますが、男性は指導的な立場に立つことが多いでしょう。女性は男性に不満を持つ人が多く、男性を尻に敷くこともあります。キャリアウーマンとして仕事で活躍する人も多くなります。

身旺の人は吉運が巡ってくると、運勢が大きく向上します。反対に凶運（衰運）が巡ってきても、大きな運勢の落ち込みが少なくてすみます。しかし、身旺の人が大運で「帝旺」や「建禄」が巡ってきて、運が強すぎると逆に凶となるので、注意しなければなりません。

《開運法》人の立場で考え行動する

自己中心的な傾向が強く我が強いので、他人に対する思いやりと、人の立場になって考え行動することが大切です。そうすれば、さらに運がよくなり大成します。

3 身弱の特徴

身弱とは運勢のバランスが少し悪く、運が平均より低い人をいいます。先天的に運が弱いのです。

身弱は実社会で苦労が多く、活躍するエネルギーも弱いので、目標をもって仕事をしても身内や周囲からの援助が少なく、いくら努力しても仕事が計画どおりに進行せず、結果として成果が上がらないので財にも恵まれません。

身弱の人は生命力が弱く、自信もないので、意志も弱くなり、消極的で持続性に欠け、表現力、行動力にも強さが見られません。精神面も弱いので、環境に振り回されることになります。

裏通りの閑静な住宅街に家をもつ傾向があります。晩年、病気をすると長患いになって死に至ることが多くなります。

身弱の人は吉運が巡ってきても福運が薄いため、それほど影響がありません。逆に凶運が巡ってきてもそれほど落ち込むことはありません。ただ、まれに極端に悪くなることがあるので、注意する必要があります。

《開運法》人間関係を大切にする

徳を積み利他心をもち、人に好かれるようにすると、身内や周囲の援助が得られるようになり開運します。人間関係を大切にすることがポイントです。身弱でも大運に「建禄」、「帝旺」、「長生」、「冠帯」が巡ってきたり、「比肩」、「劫財」、「印綬」、「偏印」などの自己の運を強くする星が巡ってくれば、運勢は向上し発展します。

④過弱（身弱過剰）の特徴

過弱とは運がとても弱く、活力がなくて生きることが大変な人をいいます。先天的に運が弱いのです。

いつも病気がちであったり、常に悩みが絶えない傾向にありますが、希望を捨てずに生きていれば、よい大運が巡ってきて、生活が向上することもあります。

薄命の人なので、自殺など投げやりにならないことが大切です。過弱の人に凶運（衰運）が巡ってくると病気になったり、事故にあったりして、悪いときには生死の境を彷徨うことになります。

《開運法》自分の分をわきまえる

過弱の人は意思を強くもち、自分を見極めて自分の生活を大切にし、省エネルギーで生活して健康に気をつけるようにします。

大運で「建禄」、「帝旺」が巡ってくると、わずかに運が向上します。

第1章

四柱推命とはなにか？

驚くほど当たる四柱推命とは

四柱推命とは、生まれた年、月、日、時間の4つを柱に、その人の生まれながらにもっている宿命を解明する占術です。

なぜ、この4つを知ると運命がわかるのか。それには、東洋に古代から伝わる、ものの考え方を理解していなければなりません。

すでに紀元前一四〇〇〜一五〇〇年頃、中国ではかなり正確に、太陽の運行や月の満ち欠けに関する知識をもつようになっていました。この2つを調和させた「太陰太陽暦」は非常に優れたものとして知られています。

また、同じころ、古代中国で森羅万象《しんらばんしょう》、この世にある万物は5つの要素、つまり、「木」「火」「土」「金」「水」の5つから成り立っているという、「五行説」が生まれました。

「木」は、林や森などの木々のほか、木を原料につくられるすべてのものを意味します。芽生えを連想させ、「春」を象徴します。

「火」は、燃える火だけでなく、太陽や星など、光輝くものも意味します。熱を発するものはこの要素に含まれます。燃える季節ということから、「夏」を象徴します。

「土」は、大地や山、湿った「気」を意味し、季節感でいえば、季節と季節の変わり目「土用」を象徴します。

「金」は、金だけでなく、鉱物全般を意味し、涼しい気候や、季節でいえば、「秋」を意味します。

「水」は、海、川、湖などの水だけでなく、液体すべてを意味しています。冷たさを連想させ、冷たい季節、「冬」を象徴します。

互いに助けあう相生と傷つけあう相剋

その後、この5つは、木は土に勝つ、水は火に勝つというように、互いに滅ぼしあうという「相剋五行説」が生まれました。

「木」は「土」に根を張って、「土」の養分を奪い取って生長します。しかし、この「土」は水を汚したり、せき止めたりして、「水」を滅ぼします。「水」は「火」の勢いを衰えさせたり、消してしまって、滅ぼします。この「火」は金属を溶かして、滅ぼします。「金」は刃物などに転じて、「木」を滅ぼします。

このように、この世を成り立たせている五つのものは、互いに傷つけ、滅ぼし合う関係にある。これが、「相剋《そうこく》」の考え方です。

その後、これら五つの要素は互いに滅ぼし合うのではなく、木は燃えて火を生じ、火は燃え尽きると土を生じるというように、五行のうち2つが互いに助け合う関係にあるという考え方が出てきました。これが「相生《そうせい》」です。

相生では、「木」はすり合うことによって「火」を生じます。この「火」が燃え尽きれば灰から、やがて「土」になります。「土」の中から「金（属）」が生まれ、「金（属）」の表面に水滴が結び、やがて水になります。水は木を育てます。このように、5つの要素が互いに助け合い、ポジティブに働き合っていくという考え方を「相生」といいます。

相剋の関係

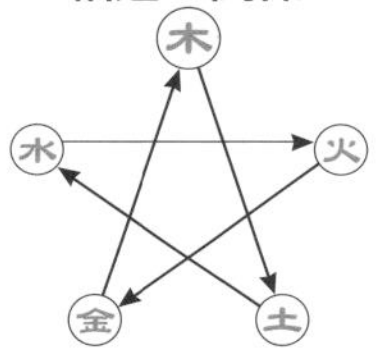

ひとつおきが相剋で反発し、
傷つけ合う関係となる

相生の関係

円を描くように循環する。
隣り同士が相生で調和する関係

「陰陽五行説」が四柱推命の基盤

五行説とは別に、古代中国には、世の中は、光と影、男と女、表と裏というように、すべて2つの面から成り立っているという陰陽思想がありました。この2つを合わせた「**陰陽五行説**」。これが、四柱推命占いの基盤となっています。

この「**陰陽五行説**」から「**十干十二支**」が生まれました。この十干と十二支を組み合わせたものが「干支」と呼ばれるもので、それぞれの年、月、日、時刻には、この干支があてはめられており、四柱推命を進めるうえでも重要なファクターになっています。

十干も、陰陽と、五行に分類されています。

「**木**」甲《きのえ》（陽）＝直木《ちょくぼく》……大きな木、枯れた木を意味する。

乙《きのと》（陰）＝従木《じゅうぼく》……草木など小さな木、活きた木を意味する。

「**火**」丙《ひのえ》（陽）＝明火《めいか》……太陽など、昼間の明るい光を意味する。

丁《ひのと》（陰）＝暗火《あんか》……灯火のように、暗いところを照らす光を意味する。

「**土**」戊《つちのえ》（陽）＝剛土《ごうど》……山、堤防、城壁など硬い土を意味する。

己《つちのと》（陰）＝柔土《じゅうど》……田畑など、柔らかな土を意味する。

「**金**」庚《かのえ》（陽）＝剛金《ごうきん》……鉄、銅など固い金属を意味する。

辛《かのと》（陰）＝柔金《じゅうきん》……宝玉など、貴金属を意味する。

「**水**」壬《みずのえ》（陽）＝明流《めいりゅう》……海、湖、河川など、大量にたまった水を意味する。

癸《みずのと》（陰）＝暗流《あんりゅう》……雨、葉にたまった露

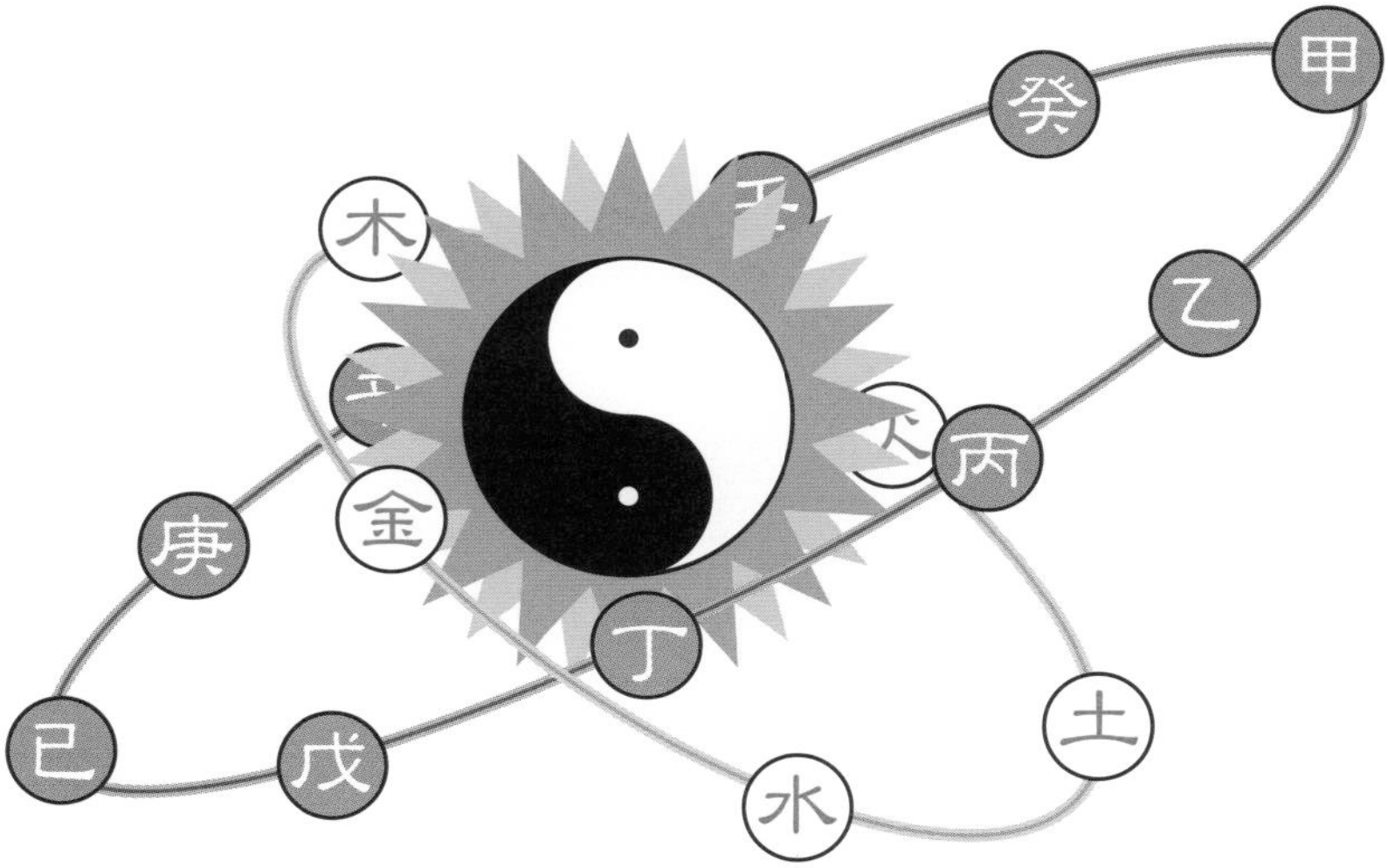

など、少量の水を意味する。

こうした考え方のうえに、古代から伝えられた「太陰太陽暦」が加わり、さらに、紀元三〇〇～四〇〇年、バビロニアで発達した星の運行に基づく占い「占星術」が中国に伝えられ、この理論も加えられて完成されたのが四柱推命です。

こうした歴史が物語っているように、四柱推命は古今東西の占星術の粋を集めて作られたもので、その的中率がすばらしいのもうなずけます。

四柱推命のオリジナルが完成されたのは、六～七世紀の始め、随・唐の時代です。現在伝えられている最古の本は宋の時代のもの。明の時代（一三六八～一六四四年）には、国の宰相を務める大政治家であり、有名な占星術師でもある劉伯温という人が、四柱推命の本『滴天髄』を著しています。

日本に、系統的な四柱推命の考え方が伝えられたのは江戸時代の中期頃のことだといわれています。

四柱推命の命式を構成する要素

四柱推命は複雑で難しいというイメージがあるようですが、それはいくつかの要素が互いに関係し合っている様子から、運命を知る方法だからです。それぞれの要素を理解すれば、あんがい簡単で、わかりやすい占術だとわかるはずです。

四柱推命では、自分の生年月日時刻から「命式」と呼ばれる、運命を知るための「図表」を作ります（命式のつくり方は、後に詳しく解説します）。そして、その命式から運命を読み取っていきます。ここではまず、命式を構成する各要素についてお話しましょう。

●十干とは

十干は「天干」といい、天のエネルギーを示します。甲（きのえ）、乙（きのと）、丙（ひのえ）、丁（ひのと）、戊（つちのえ）、己（つちのと）、庚（かのえ）、辛（かのと）、壬（みずのえ）、癸（みずのと）、の十種類で、陽干と陰干に分かれており、陽干を兄、陰干を弟としています。陽干と陰干、つまり、兄弟の関係は左上の表のようになっています。

●十二支とは

十二支は「地支」といい、地エネルギーを表します。子（ね）、丑（うし）、寅（とら）、卯（う）、辰（たつ）、巳（み）、午（うま）、未（ひつじ）、申（さる）、酉（とり）、戌（いぬ）、亥（い）、の十二種類で、これも、陽と陰に分かれます。また、十二支は、月や時刻、方位、季節なども表します。

●十干は干合がある

十干には結合しやすい2つの干があってこれを干合といい、干合すると、違う五行に変

時刻	月	季節	方位	五行	陰陽	十二支
23:00～0:59	12月	冬	北	水	陽	子《ね》
1:00～2:59	1月	土用	東北	土	陰	丑《うし》
3:00～4:59	2月	春		木	陽	寅《とら》
5:00～6:59	3月		東		陰	卯《う》
7:00～8:59	4月	土用	東南	土	陽	辰《たつ》
9:00～10:59	5月	夏		火	陰	巳《み》
11:00～12:59	6月		南		陽	午《うま》
13:00～14:59	7月	土用	西南	土	陰	未《ひつじ》
15:00～16:59	8月	秋		金	陽	申《さる》
17:00～18:59	9月		西		陰	酉《とり》
19:00～20:59	10月	土用	西北	土	陽	戌《いぬ》
21:00～22:59	11月	冬		水	陰	亥《い》

陽干（兄）	陰干（弟）	五行	方位	季節
甲《きのえ》	乙《きのと》	木	東	春
丙《ひのえ》	丁《ひのと》	火	南	夏
戊《つちのえ》	己《つちのと》	土	中央	四季の土用
庚《かのえ》	辛《かのと》	金	西	秋
壬《みずのえ》	癸《みずのと》	水	北	冬

十干と五行の関係

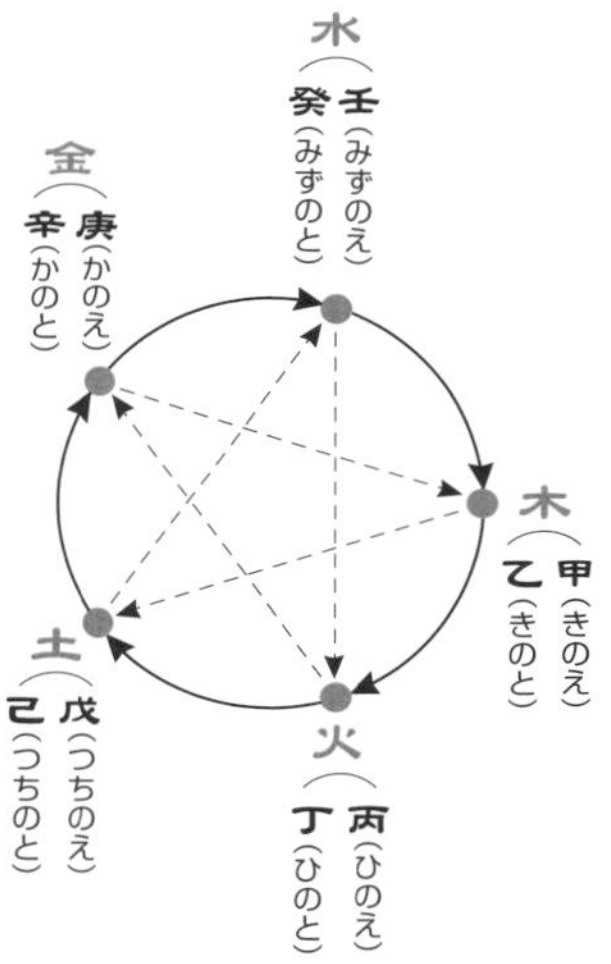

化します。これを化気の五行といいます。
○甲（木）己（土）の干合は「土」に化す「中正の合」（信の合）と言われ、性格は心広く人徳がある人で尊敬されます。
○乙（木）庚（金）の干合は「金」に化す「仁義の合」（義の合）と言われ、性格は進取の気性で義理がたく穏やかな思いやりのある人です。
○丙（火）辛（金）の干合は「水」に化す「威制の合」（智の合）と言われ、性格は情熱的で少し偏屈で知力に秀でている人です。
○丁（火）壬（水）の干合は「木」に化す「性情の合」（仁の合）と言われ、性格は少し好色で情にもろい愛情豊かな人です。
○戊（土）癸（水）の干合は「火」に化す「無情の合」（礼の合）と言われ、性格は情が少し薄く容姿端正で礼儀を重んじる礼儀正しい人です。
○十干の合は、日干と月干又は時干と言うように隣り合わせている事が条件です。
○干合は命式の十干と行運（大運・歳運）の十干とも干合します。

支《し》合《ごう》	
丑《うし》——子《ね》	土
亥《い》——寅《とら》	木
戌《いぬ》——卯《う》	火
酉《とり》——辰《たつ》	金
申《さる》——巳《み》	水
未《ひつじ》——午《うま》	火

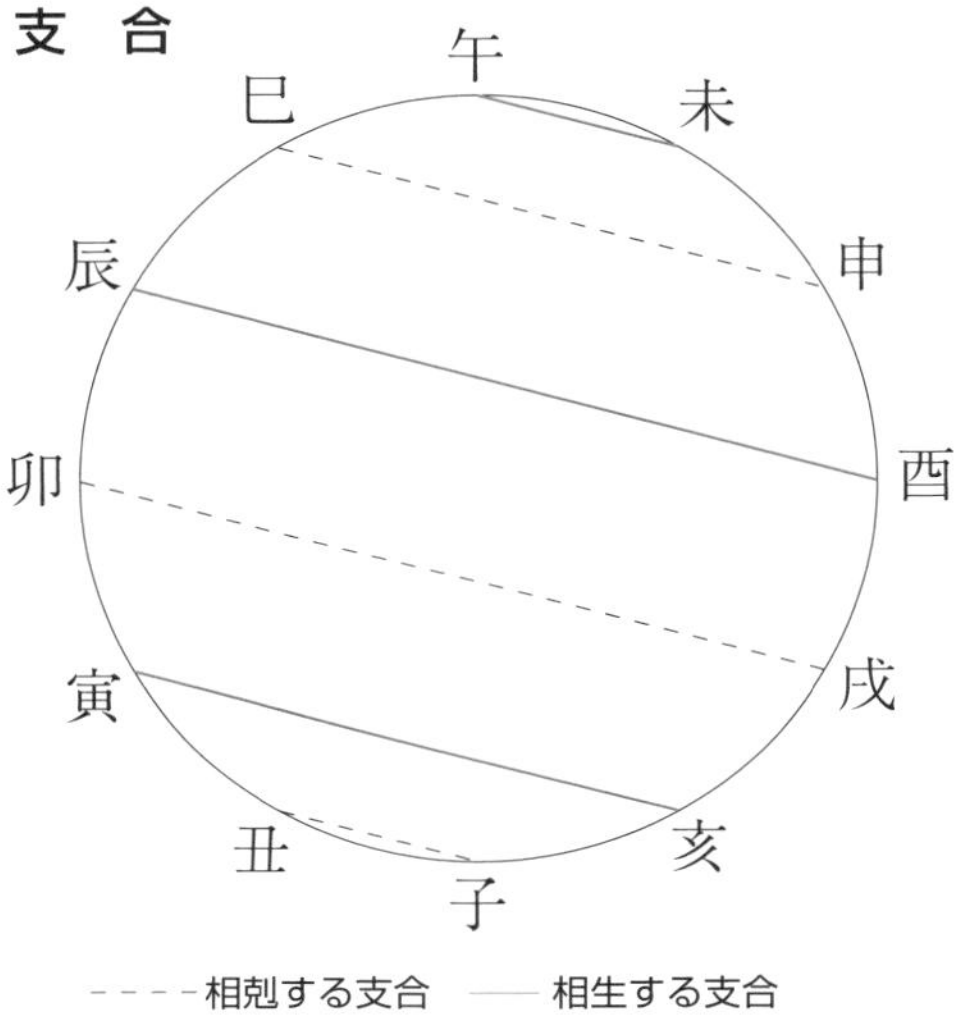

＊支合で五行が変わる。

●命式の五行で運命が分かる

自己の命式の五行の強さやバランスを見て、さらに、大運や歳運で自己の命式に大運の十二支や歳運の十二支がどのように巡ってくるかによって、自分の運命がどのように変化していくかがわかります。

◆大運四角図により大運の流れがどの五行（木火金水）のときかを知り、吉凶を見ます。大運四角図の内側には年齢を書き入れます。

亥子丑—北方水運
寅卯辰—東方木運
巳午未—南方火運
申酉戌—西方金運

順行運は右回り
逆行運は左回り

＊詳しい説明は大運四角図（296ページ）にあります。

三　合

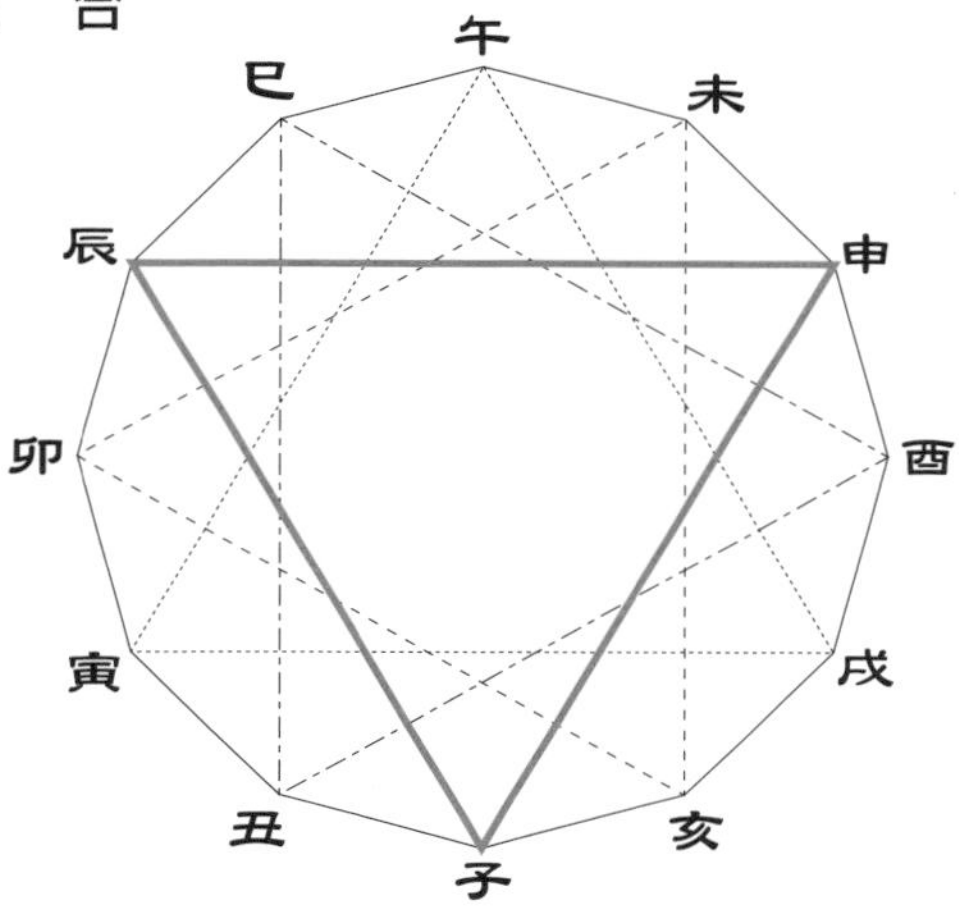

五行	三　合
木←	亥《い》—卯《う》—未《ひつじ》
火←	寅《とら》—午《うま》—戌《いぬ》
金←	巳《み》—酉《とり》—丑《うし》
水←	申《さる》—子《ね》—辰《たつ》
土←	丑《うし》—辰《たつ》—未《ひつじ》—戌《いぬ》

丑辰未戌だけは例外で4つが合する

大運四角図

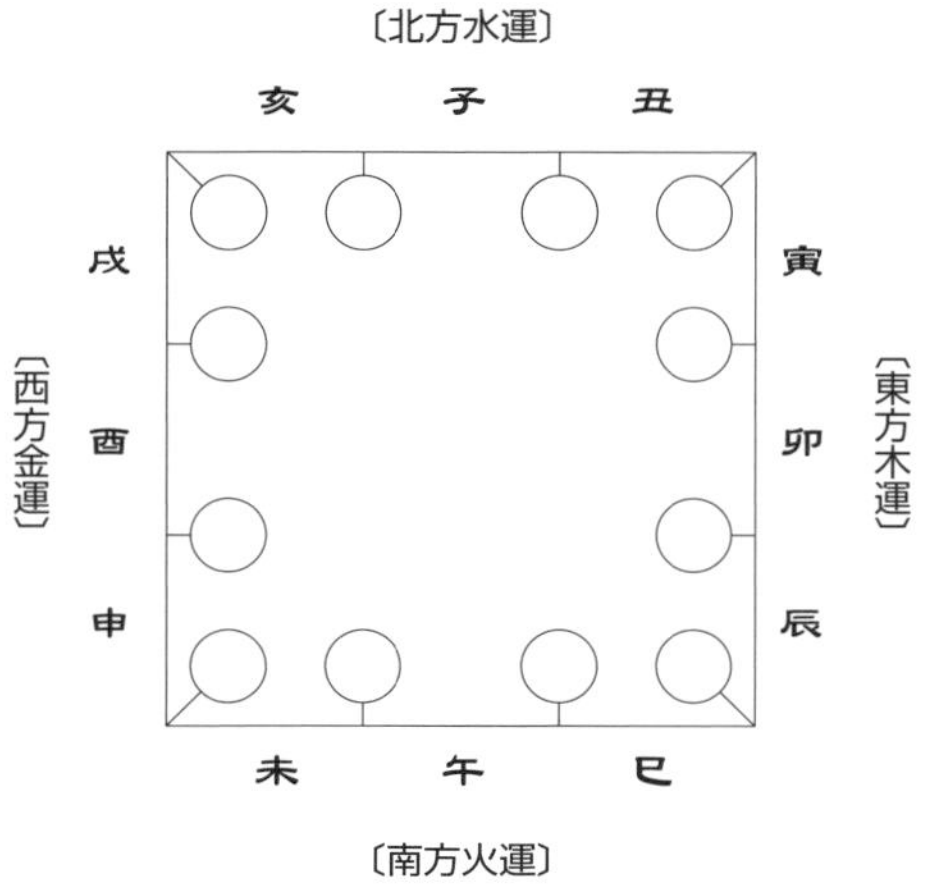

五行	四時の吉凶（方合）
水←北方	（冬）亥《い》—子《ね》—丑《うし》
木←東方	（春）寅《とら》—卯《う》—辰《たつ》
火←南方	（夏）巳《み》—午《うま》—未《ひつじ》
金←西方	（秋）申《さる》—酉《とり》—戌《いぬ》

基本的性格と運命を支配する宿命星

宿命星は生まれ持った運命を表す星です。よく「……の星の下に生まれた」という表現をしますが、この「星」が宿命星なのです。四柱推命では、一人の人が８つの宿命星をもっていると考えます。この８つの星の総合的な判断で性格や運命を解き明かしていくわけですが、とくに命式の「月柱」の右に位置する宿命星（元命という〈Ｂ―５〉）が重要で、70％位いその人の本質的な性格を物語る星となります（72ページ参照）。

「日柱」の右に位置する宿命星（Ｃ―５）も副本質的性格星なので、30％位いを参考にしてください。

第2章

プロが教える性格と運命の強弱

宿命星から何がわかるか

1 宿命星による見方

1宿命星の組合せで運命の吉凶を見る場合、②の「宿命星は人間のカルテの記号である」の項で解説しているとおり〈自己主張の星〉〈才能の星〉〈表現の星〉〈お金の星〉〈出世の星〉の5つに分けられます。

2宿命星（元命）〈B―5〉には吉星（吉神）と凶星（凶神）の2つの意味をもつ星があります。

3「宿命星でわかる性格と運命」（78ページ）の項で解説している宿命星（元命）〈B―5〉の特徴を理解してください。

4元命（B―5）とほかの宿命星との組合せ（例＝「比肩」―「正財」）による吉凶運の強弱があることを理解してください。

この組合せは大きく3つに分けて見ることができます。

①1番目は月柱蔵干宿命星（元命）〈B―5〉と月柱天干宿命星〈B―4〉の組合せで見ます。

②2番目は月柱蔵干宿命星（元命）〈B―5〉と大運の宿命星〈N〉の組合せで見ます。

③3番目は月柱蔵干宿命星（元命）〈B―5〉と歳運の宿命星〈T〉の組合せで見ますが、大運を中心に見てください（大運80％で歳運20％の比率で見る）。

◆宿命星の組合せで、人生の吉凶を読みとります。

Ⅰ月柱の宿命星（元命）〈B―5〉と宿命星〈B―4〉の組み合わせで見ます。月柱の組み合わせで見る場合は、命式の組合せのうち先に書いてあるものを「右」〈B—5〉に、後に書いてあるものを「左」〈B—4〉に見るという組合せでの運勢を読みとります。

Ⅱ大運は命式の宿命星（元命）〈B—5〉と大運の宿命星〈N〉の組合せで見ます。

Ⅲ歳運は命式の宿命星（元命）〈B—5〉と大運の宿命星〈N〉と歳運の宿命星〈T〉の組合せで見ます。

「参考」組み合わせのまとめ

★月柱の宿命星（元命）〈B—5〉と宿命星〈B—4〉の組合せ。

★宿命星（元命）〈B—5〉と大運（10年運）の宿命星〈N〉との組合せ。

★宿命星（元命）〈B—5〉と大運の宿命星〈N〉、歳運（年運）の宿命星〈T〉の組合せの場合も自己の命式にどんな宿命星があるかで変わってきます。「宿命星のまとめ」（例—「比肩のまとめ（81ページ）」）を読んで、他の宿命星によって吉が凶になったり、凶が吉に変わることがあるので、「宿命星のまとめ」の項をよく理解し加味して判断してください。

四柱推命では、「比肩」「劫財」「食神」「傷官」「偏財」「正財」「偏官」「正官」「偏印」「印綬」の十種の宿命星があるとしており、十種の宿命星は、吉星と凶星、吉凶の問えない星の三群に分けられています。宿命星のうち、「食神」「偏財」「正財」「正官」「印綬」は吉星。「劫財」「傷官」「偏官」「偏印」は凶星。「比肩」は吉凶の問えない星です。吉星は相剋や空亡では吉運が薄らぎます。反対に、凶星は相剋や空亡では、凶意が抑えられます。それぞれの組合せで運勢が異なるのです。

2 宿命星は人間のカルテの記号である

命式にどんな宿命星がそろっているかで、その人間性のすべてがわかります。

★「比肩」と「劫財」は自己主張の星である

宿命星を大きく分類すると、「比肩」と「劫財」が自我の強弱を表しています。つまり、よいにつけ悪いにつけこの2つの宿命星により、その人間の主体性が決まってきます。

★「印綬」と「偏印」は才能の星である

「比肩」と「劫財」を助け補ってくれるのが、「印綬」と「偏印」の宿命星です。この2つの宿命星は、ものの考え方や判断の仕方に中庸を得ており、しかも一方向からばかりではなく、さまざまな角度から思考したり判断する柔軟性をもっています。また、豊富なアイディアの持ち主でもあります。そのため、「比肩」と「劫財」の自我を正しい方向に導き、その強さを生きるエネルギーへと変えていきます。「印綬」と「偏印」は頭脳に当たる宿命星でもあるので、「比肩」と「劫財」の自我に才能が加わったと考えればよいのです。

★「食神」と「傷官」は表現の星である

「食神」と「傷官」の宿命星は自分の考えやアイディアなどを他人に伝える、人並み以上に優れた表現力の持ち主です。自己主張がはっきりとでき、さまざまな才能にも恵まれた、豊かな思考能力もある宿命星です。

★「正財」と「偏財」はお金の星である

「正財」と「偏財」は生きていくために必要な人生の経済状態を支配する宿命星です。命式にどちらかの宿命星があれば、金運があることになり、人生においてそれほど経済的に困窮することはありません。

★「正官」と「偏官」は出世の星である

「正官」と「偏官」は会社や組織で出世したり、社会で名誉を得たりし、会社や団体で勝れた経営・管理の能力を発揮する宿命星です。そのため、この宿命星が命式にバランスよくそろい配置されていれば、順風満帆な人生を送ることができます。

★「十二補助星」の働き

命式に「十二補助星」の「帝旺」「建禄」「冠帯」「長生」などがあれば、ますます宿命星のもつよい働きが強くなります。逆に命式に「十二補助星」の「絶」「死」「病」があるとエネルギーが弱められ、せっかくよい宿命星がそろい配置されていても、その効力がほとんど働きません。

★大運での巡り合わせで大開運する

命式に悪い五行や宿命星、十二補助星などがあっても、大運（10年運）でよい五行やよい宿命星、良い十二補助星などが巡ってくれば、大きく開運します。

★バランスのよい命式は少ない

これまで多くの人の命式を見てきましたが、バランスのよい命式をもった人はそれほど多くはなく、あまり気にすることはありません。

自己の命式を見て、どの部分が不足しているためバランスを欠いているのかを認識し、優れた部分を伸ばすようにします。そして、自己をよく知り、生涯を通じて人間形成に努力すれば、運命は大きく開けてくるものです。このことを忘れず、死の直前まで希望をもち、生き抜くならば、来世にはすばらしい人生が待っています。その証拠は、死ぬ前の生活環境に表れてきます。子どもや孫に囲まれて、幸せな老後を迎えられるかどうかにかかっているのです。

3 宿命星のもつ意味

比肩（吉凶なし）—自我をしっかりもっている星です。自尊心、負けず嫌い、活動的、独立心、我がままなどのイメージです。

劫財（凶星）—柔軟性があってもハッキリ自己主張するタイプで、環境に振り回されることはありません。友人も多い、他人の財産をかすめ取る、独立心、勝ち気、競争力などのイメージです。

食神（吉星）—食生活を司る星です。飲食を好み表現力も豊かなので、自然にさまざまな人達との交わりが多くなります。心に余裕があり、ゆったりした性格なので、多くの人から好かれます。そのため、会社などの組織の中で活躍しやすく、成功の確率が高くなります。「食神」は宿命星の中で第一の「福星」であり、「寿星」の別名もあって、生涯衣食住に困窮することはありません。

傷官（凶星）—感受性が強く、感性も鋭い性格です。学業も優秀で秀才肌の人が多く、本質を見抜く能力が優れているので、その為人を傷つけてしまう言動が見られるのが欠点です。いくら人に尽くしても感謝されない傾向があるので、損な性格といえます。決断力もあり、潔くスッキリしています。傷官美人といわれるように、顔やスタイルに自信がある美男美女が多いとされています。自由に個人で活躍できる場が適しています。

正財（吉星）―財産を守る星です。融通性に欠けるところがあるが、誠実で信用を重んじる性格です。人間的におもしろ味がなく、几帳面《きちょうめん》でまじめで、地味な性格です。財産を守ることにかけては執念があり、お金に細かく全般的にケチです。不動産運があって一戸建て、マンションなどをもつことができます。

偏財（吉星）―流通の財、大衆の財を表す星です。つまり、流通経済の中心を司る星なので、営業の才能が豊かです。財を人間関係の架け橋の1つの道具としてとらえているので、流通間経営能力にも長けています。自然に人間関係も広くなり、話術も巧みで、さまざまな形で仕事上の自己の活動範囲を広げることにかけては超一流の才能を有しています。

正官（吉星）―温厚で聡明な性格の持ち主です。仕事に対して緻密で用心深く、生活では質素な暮らしを望んでいます。組織の中での管理能力にも優れており、サラリーマンに向いている性格といえます。人間関係をまとめ上げることにも長けており、人使いもうまく、管理職向きといえます。規律や法律には厳しく従い、忍耐力もあります。

偏官（凶星）―自分自身に厳しい星です。積極的で行動力があり、組織では常にリーダーシップを執り、全員をリードしていくタイプです。自分に対しては厳しくプレッシャーをかけ、その刺激に立ち向かっていこうとする気負いがあります。自制心が強く、それに打ち負けないために大胆な行動に打って出ることもあります。

印綬（吉星）―慈悲心の強い星で、頭脳と才能の星でもあります。理想を追い求め、その過程をも理論化してしまうほどの頭脳明晰な人です。利己的な面がありますが、学業に優れていることが特徴で、文才もあります。「寿元」「福禄」などの別名があるほど、よい面をもち合わせている宿命星です。研究心や向上心も人一倍で、学校の教師や学者などに向いている学業の星です。

偏印（凶星）―アイディアと独創性を兼ね備えた星です。利己的な面があり、集中力に秀でていて、ものごとにこだわる性質でもあります。忙しい動きが多く見られ飽きっぽく、仕事もやりっぱなしと言うことがよく見られます。環境の変化が多くプランナーやデザイナー、編集など、自由業に向いています。

4 大過とは？

人間は8個の宿命星をもっているとされています。年柱と月柱の左（A―4・B―4）と右（A―5・B―5）に各1個ずつ、日柱の左（隠れた宿命星・比肩）と右（C―5）に各1個、時柱の左（D―4）と右（D―5）に各1個の計8個です。

このうち、同じ宿命星が3つ以上あることを「大過」といい、〝過ぎたるは猶及ばざるがごとし〟と言うように、むしろ大過は凶に転じてしまいます。

宿命星でわかる性格と運命

十種の宿命星のうち、性格や運命を司っているのは月柱の右（B―5）の宿命星で、「元命」と呼ばれます。個々の柱の宿命星と「元命」との関係で見るのが性格ですが、一般的には「元命」のみで判断しており、それでほぼ確実に、性格、運勢を判断できます。

①元命が「比肩」のとき

■「比肩」＝吉凶なし……勝ち気で行動的。独立心旺盛なリーダータイプ

◆負けず嫌いで、独立心が旺盛

比肩とは「人と肩を並べる」という意味をもつ星で、最低でも人と対等であるか、望むなら、平均以上でないと自分を許せない性格の持ち主です。

負けず嫌いで、プライドが高く、常にその場のリーダー格で、人をぐいぐい引っ張る反面、自己中心である場合が多くなります。

◆人間関係は男性なら孤立派。女性なら友達夫婦タイプ

なにごとであれ、主導権を握るのが好きですから、仕事も恋愛も積極的で、自分から攻めていくタイプです。

男性なら、サラリーマンなど人に使われるのに適さず、やがては独立し、たとえ小さくとも一国一城の主になる道を選びたがります。うまく成功すればよいのですが、失敗しても懲りずに独立劇を繰り返すため、「比肩」の男性は生涯、生活が安定しにくい恐れがあ

ります。女性の「比肩」は、夫や恋人と対等でいたいという望みが強く、専業主婦には向いていません。結婚相手は、お互いにお互いを認め合い、それぞれの生き方を尊重できる間柄でないと失敗につながります。学生時代の友達など、友人夫婦のほうがうまくいくかもしれません。

◆周囲の支援や助力で成功する

「比肩」は、自分自身のみならず、周囲の人間関係も肩を並べるという意味があります。つまり、周囲の人々が自ずと助力を惜しまない、そんな人徳をもっているのです。したがって、周囲と協調的な人間関係を育てるようにすると、幸運になれたり、成功に導かれます。しかし、人間関係において、好き嫌いが激しいという一面もあり、嫌いな人とソツなく付き合うことが苦手です。若い間は、そのために失敗することも少なくありません。周囲の人とはできるだけ等間隔な付き合いを心がけ、人からの忠告にも素直に耳を傾けるように注意しましょう。

仕事では苦労がつきまといますが、人との和を心がけ、その苦労を乗り越えると、組織のトップになり、大きな成功を収める可能性も大きくなります。

■「元命」(B—5)に「比肩」がくる場合

・「比肩」—「比肩」＝凶運

主流から分かれる運命をもっていて、本社から支社に出向させられたり、養子にいくというような運命があります。父親とか夫との縁が薄く、父との若いときの死別、離婚などを経験することがあります。家族の面倒を見る立場、たとえば、一家の柱となって、経済を背負うなどの暗示があります。仕事運はライバルとの激しい競争の末、みごとな勝利を収めます。

・「比肩」—「劫財」＝極めて凶運

夫婦間のトラブル、仕事では資金繰りが行き詰まるなどがあり、よいことはあまりない運勢です。病気、人のトラブルに巻き込まれることも多いので、よけいなもめ事には首を突っ込まないように。親との縁が薄く女性は、夫との縁が薄く、離別、離婚の危機に見舞われます。金銭的に大きな損失が暗示されているので、株式投資やギャンブルなどは避けましょう。

・「比肩」―「食神」＝極めて強運

金銭運に恵まれ、一生のうちで経済的には春一番、豊かな運勢のときです。人の世話をすると、それが巡り巡って大きな幸運に結びつくという運命ももっています。人が困っていたら、積極的に援助の手を差し伸べましょう。衣・食・住の運も強くなるので、マイホームを取得するなら、この時期に。思いがけないほど、幸運な物件に巡り合ったりします。

・「比肩」―「傷官」＝凶運

家庭内がうまくいかず、ゴタゴタが頻発します。経済的にも問題が噴出し、それもたいてい、家族の誰かの事故、失敗の尻ぬぐいというような問題です。それまでうまくいっていた兄弟や家族の結束がくずれたり、親の扶養の問題などで一家の和が乱れたりします。

家族の誰かが病気になりやすい時期でもあるので、くれぐれも健康には注意しましょう。

・「比肩」―「偏財」＝極めて凶運

それまで波風の立たない人生を歩んできたのに、突然、すべてが乱れてしまうというような運勢。まじめな夫が何の取り柄もない女性に心乱され、すべてを失ってしまったり、妻が突然、離婚届けをつきつけたり、……といった具合です。病気、借金、リストラ、倒産など、思いもかけない苦労に見舞われることがあります。

・「比肩」―「正財」＝極めて強運

これほど幸せでいいのかしら、と思えるような順風満帆。経済的にも、お金が入ってきます。ギクシャクしていた恋人との仲、夫婦の間も、雨降って地固まるの言葉どおり、満ち足りた人間関係へと熟していきます。子どもも第一志望校に合格するなど、すべての面で絶好調です。

・「比肩」―「偏官」＝凶運

なにかと苦労が多くなり、身辺にトラブルが多発するなど、運勢の陰りを実感することが増えてきます。それまで健康そのものだった配偶者が突然病気になったりします。最悪の事態にはなりませんが、健康には十分、注意したほうがよいでしょう。配偶者の不倫問題が起こったりするのも、この星の組合せのときが多いものです。

・**「比肩」―「正官」＝極めて強運**

子どものない親類から思いがけず遺産が転がり込むなど、めったにない幸運に恵まれます。仕事も順調そのもので、願ってもないポストについたり、取得していた特許が急に注目を浴び、大金が入ったりします。健康運、人間関係運も上々ですが、健康面は気がかりが。人間ドックに入るなど、健康面の注意を怠らないようにしましょう。

・**「比肩」―「偏印」＝凶運**

トラブルや苦労の多い時期。好意で人の世話をしてあげても、それがまともに評価されず、かえって恨みをかったりします。それまで、信頼していた上司に裏切られたり、妻や夫が長年愛人をもっていることが露顕したり、とにかく、最終的にどんでん返しを食うような時期。積極的な行動を控え、少なくとも現状を維持するよう努めましょう。

・**「比肩」―「印綬」＝極めて強運**

非常によい運勢の時期。この時期には何をやってもうまくいきますが、とくに仕事では、思いもかけない人の引き立てで、大きな成功のきっかけをつかみます。それまで、副業にしていたことが認められたり、大きな賞を得たりします。女性なら、付き合っている彼や夫が大出世し、〝あげまん〟の評判をほしいままにすることになるでしょう。

比肩のまとめ

●比肩の七殺は偏財で大敵である。
●比肩は月支に根がなく（月令を得ない）印綬、偏印がない身弱の場合は吉である。
●比肩は食神、傷官が3個以上で過多の場合は吉である。

●比肩は正財、偏財が過多の場合は吉である。
●比肩は正官、偏官が過多の場合は吉である。
●正財、偏財が強く、身弱の場合、行運で比肩が巡ってくれれば大吉である。
●正財、偏財が弱く、身旺の場合は行運で比肩が巡っていれば凶で生活に困る。
●大身旺に比肩があると災難が多く、性格も激しく、財産をなくし妻を傷つける。
●比肩が時柱にあって偏財があると凶である。
●比肩過多で正官、偏官がないと離婚する。
●比肩は兄弟や友人が力になってくれる。お金に対するこだわりが希薄で、貯蓄は苦手。一生、食べるには困らないが、大金にも縁のない星。
●比肩・劫財が多いと凶になるが、傷官があると吉になる。
●比肩に印綬があると吉。しかし、正財または偏財があると凶に変わる。
●比肩・劫財が多いと養子になる。また父を剋し夫婦縁が悪い。しかし、正官があれば吉に変わる。
●比肩・劫財・印綬・偏印のみでほかの星がない男性は大吉。女性は凶。
●比肩は食神があると吉。比肩が2個以上のときに食神1個は凶。しかし、正官があると吉になる。

❷元命が「劫財」のとき

■「劫財」＝（凶星） 意地っ張りだけど、世話好きで、なぜか周囲の人気者

◆お人よしでお山の大将タイプ

「劫財」は「お金や地位を奪う」という意味をもつ星で、本人はあまり自覚はないのですが、他人が自分よりよくなることに敏感で、打算的な面もあります。しっかりした性格でプライドの高さもなかなかのものです。

しかし内向的自我なので、こうした性格が表に現れることはなく、人あたりが柔らかく、誰とでも上手に付き合え、面倒見もよく、現

代のような複雑な時代には力を発揮するタイプです。

◆人間関係の駆け引きが巧みである

周囲との分離を表す星ですが、融通の利かない比肩とは違い、臨機応変な人付き合いができます。この星も意志が強くプライドも高い性格です。

自分の気持ちをストレートにぶつけず、それとなく自己主張し、知らず知らずのうちに自分の思った方向へ相手を向かわしてしまう力を内在しています。この遠隔操作的な潜在能力は、夫婦の場合には不信感につながりやすく、夫婦間に亀裂が生ずることもあります。仕事面では取引相手や上司、同僚などとの摩擦も少なく、スムーズに進行し成功を収めます。

我も強く、相手の出方次第で柔軟に対応することができ、駆け引きも巧みで実行力もあるところから、自分の思いどおりに人を動かす能力を秘めていますが、その能力が悪い方向に働くと、手に負えない泥沼に陥ることもあります。この星は両極端に作用する傾向にあるのが特徴です。

年柱か月柱のどちらかに劫財のある人は、金銭に執着がなく、有り金全部を使い果たしてしまう傾向があります。しかし、女性は吉星で、男勝りの絶世の美女となります。

◆人間関係は意外に派手でギャンブル好き。恋愛は不倫に走りがち

にこやかでソフトな印象ですが、実は人一倍、派手でゴージャスなイベントやグッズに関心があります。浪費癖があるので、無理をしてブランドものなどを買いそろえながら、内情は火の車、ということもあります。

しかし、この派手好きな性格をパワーにして、株式投資で大儲けしたり、仕事で成功を収めることも多い星です。

恋愛では「奪う」という星の性格から、他人の恋人や配偶者を欲しがる傾向が強く、不倫に走ったり、二またをかけたりしがちなので、要注意です。しかも手に入れてしまうと

興味を失うパターンが多く、恋多き女（男）といわれたりします。

この星は本質的には強い自我をもっているため、本当に心を許せる相手をもてず、結婚しても本心は孤独だったりすることがあります。そうしたあなたを十分理解し、なおかつ切磋琢磨できるような包容力のある人と巡り会い、お互いに思いやりを大切にしながら生活すれば、お互いの長所をさらに高め、発展させていくことができます。

◆うまく波にのれば大成功する

「劫財」は理論派で、論理的にものごとを構築するのが大の得意です。こうした長所を生かしきれれば大成功、大発展する力をもっており、ベンチャー企業を大成功させたりするのはたいていこの星です。

よくいえば個性的なので、その個性を生かせるクリエイティブな職業を選ぶのがよいでしょう。命式の組合せによっては組織の中で和を保つのは苦手で、むしろ、トラブルメーカーになってしまう人もいます。

■「元命」（B―5）に「劫財」がくる場合

・「劫財」―「比肩」＝凶運

家庭運が悪くなる時期。したがって、結婚話を進めるには向かない運勢です。夫や妻の不倫など、夫婦の絆が根底から揺らぐような出来事があります。しかし、一気に離婚へとは進まず、時期を待てば修復の可能性があります。仕事は取引先のトラブルの余波で、大きな失点をし、せっかくの出世街道からはずれてしまうことになりかねません。

・「劫財」―「劫財」＝極めて凶運

婚約直前の彼が突然、仕事先で倒れて人事不省に、あるいは、彼女が交通事故で半身不随になってしまうなど、予想もしなかった不幸に見舞われる運勢。仕事面でも大きな欲を出すととんでもない失敗をしかねません。窮地を脱するまで地道に、地道にと心がけ、いつか夜明けの訪れるのを待ちましょう。

・「劫財」―「食神」＝普通の運

経済的に最も隆盛で、やることなすこと、よい目、よい目へと転がります。仕事でも、長年の下積みの努力が報われ、輝かしい評価を受けることがあります。人間関係は順調そのもの。誰が考えても、不釣り合いなほどの玉の輿や逆玉の結婚話がまとまります。ただし、女性のこの星には、離婚の可能性があります。が、必ず再婚できます。

・「**劫財**」―「**傷官**」＝**凶運**

ふとつき合った彼女にとんでもない影の男がいて脅されるなど、不注意な行動から大きな代償を求められたり、スキャンダルに巻き込まれたりします。しかし、それまで人知れず、面倒を見てきた人の存在によって、窮地を救われるなど、情けは人のためならず、を実感します。金運はまずまずで、商売は順調に発展し、着実に利益を手にします。

・「**劫財**」―「**偏財**」＝**凶運**

大きなお金が入ってくるのですが、そのお金は必ず、やがて消えてしまいます。したがって、いい気になったり、見栄を張って大きな買い物をすると、あとで泣きをみます。異性問題が暗礁に乗り上げる兆候もあります。突然、大もてになったのだが、その裏にはこわい背景があった……というようなことにならないように、慎重に相手を選びましょう。

・「**劫財**」―「**正財**」＝**極めて凶運**

運転を誤った車が飛び込んできて自宅が大破するなど、予想もつかないような災難に見舞われたり、信用していた人の保証人になったところ、黙って姿を消してしまった……などとんでもないことで大金を失う暗示があります。家族が大病し、蓄えを全部吐き出してしまうのも、この星の組み合わせの時期だったりします。

・「**劫財**」―「**偏官**」＝**凶運**

二度あることは三度あるという言葉どおり、結婚や離婚を繰り返したり、何度も転職をするなど、人生の大事を二度三度繰り返す時期。不思議な星の巡り合わせとしかいえません。よいことの二重奏ならいいのですが、往々にして悪いことが重なるケースが多いのです。一度で懲りたことは、重々気をつけるべき時期といえます。

・「劫財」―「正官」＝凶運

取引先のトップからヘッドハンティングされるなど、仕事面ではまずまずの幸運に恵まれますが、反対に、人間関係には陰りが出てきます。その人間関係が、せっかくうまく運んでいる仕事運に水をさすことも珍しくありません。夫婦間に溝ができたり、親子の対立が深まったりします。また、若いのに生死にかかわるような病気をしたりします。

・「劫財」―「偏印」＝凶運

迷いや気まぐれから失敗を招く時期。一つのことに専念していればよいのですが、ついついほかのことに目がいってしまい、それがいけないとわかっていても、つい、そちらに手を出しては失敗してしまいます。人間関係の縁が薄くなる時期で、女性は不妊に悩みます。男性は、水商売の女性に骨抜きにされてしまい、すべてを失ったりします。

・「劫財」―「印綬」＝凶運

頭脳明晰を鼻にかけ、人をバカにして、総スカンをくい、基本的には強い運勢をもっているのに、ほぼ手中にしていたポストを失うというような、不用意な言動から墓穴を掘ってしまいます。女性は、自分に非がないのに、離婚を迫られ、泣きをみます。でも、やがてもっとよい再婚運がちらついているので、きれいに身を退いたほうがよいでしょう。

■劫財のまとめ

●劫財の七殺が正財で大敵である。
●劫財は日干を助けるので身弱には吉である。
●劫財は正財、偏財過多の場合は吉である。
●劫財は正官、偏官があると吉である。
●劫財は印綬があると凶で、正官または偏官があると吉に変わる。
●劫財は食神があると吉である。
●劫財に正財があると凶。しかし正官、偏官があると吉である。
●劫財は傷官があると凶。しかし、正財、偏財があると吉に変わる。

●劫財は吉凶神殺星「羊刃」があると、吉凶ともに激しくでる。
●劫財に比肩が2個以上あると、夫婦縁が悪くなる。

③ 元命が「食神」のとき

■「食神」＝（吉星）ロマンティックで快楽的。のんびりとしたマイペース型

◆**おおらかなマイペース型。一生、衣食住には困らない運をもっています。**

「食神」とは衣食住を司る星で、この星をもって生まれたかぎり、生涯、暮らしには困りません。又、飲む事と食べる事が好きで太っている人が多く、飲食業関係の仕事をする人が多いようです。欧米で「銀のスプーンをくわえて生まれた」という表現があります。親から巨額の財産を受け継ぎ、いくら使っても心配がないというような人をいいますが、そういう人はまさにこの星の典型です。

こういう生まれですから、人の気持ちなどあまり考えずに自分の感情のままに振る舞い、よくも悪しくもマイペースです。のんびりおだやかな性格なので、はたで見ていても、気持ちの休まるような、癒し系のキャラクターです。

◆**明るく元気。ただし、どうしようもない浪費家**

とにかく明るく元気、そのうえ大らかでロマンティックなので人には嫌われず、周囲から愛され、人望がある人物が多いようです。

この星の人の周囲はいつも笑い声に包まれています。

華やかで、愛嬌もよいので、男女とも異性には大モテ。恋愛運は華麗。いつも彼、彼女がいるタイプです。ところが、意外なことに本命の相手にはなかなか巡り会えず、気がつくと、同期でも、最後の独身なんてことになりかねません。

また、女性の「食神」は子どもに恵まれな

いケースも少なくないようです。

◆恵まれた財力に加えて、芸術的センスに恵まれている人も多く、画家やデザイナーなど美しいものを追求する仕事が向いている

努力や苦労をしなくても食べるのに困らないのですから当然といえば当然ですが、歯を食いしばってでも向上したいというような考え方はしないタイプ。現状でも「まぁ、いいか」とぬるま湯につかって満足してしまいがち。意志も弱いほうなので、自分を駆り立て、より上を目指し、頑張る必要があります。

この星の長所でもあり、欠点でもあるのが、とにかく美しいもの、新しいものを手に入れることが好きなこと。遊びや買い物に熱中してしまい、その気持ちにブレーキをかけることができません。無類の浪費家なので、財力は豊かなのですが、財布の中はお寒いかぎりということが多いようです。

■「元命」(B―5)に「食神」がくる場合

・「食神」―「比肩」＝普通の運

サラリーマンなら、それまでうだつが上がらなかった人が上役の引きなどで突然、とんとん拍子に出世したりします。脱サラをしても成功、転職しても、うまくいきます。女性もキャリアアップのチャンスです。異性関係もうまくいくようになり、彼氏いない歴、彼女いない歴の長い同士が恋に落ちて結ばれたりします。

・「食神」―「劫財」＝強運

両親を相次いで亡くすという不幸の代償に巨額の遺産を手にしたり、夫が仕事の上で命を落とし、大きな補償金のうえに労災に認定され、一生、遊んで暮らせるお金をもらうなど、不幸と幸運、それも経済的な幸運が同時にやってきます。そのお金で豊かに暮らすうちに、新たな道が開け、究極的には、それまでより大きな幸せに導かれます。

・「食神」―「食神」＝普通の運

経済運が強く、ちょっとした投資のつもりで買った株が大化けして大金を得ることなど

があります。お金の苦労は解決しますが、入れ代わりのように、異性関係のトラブルが多発するようになり、まじめだと信じていた夫に、長年の愛人がいることがわかったりします。不幸が子どもに及ぶこともあるので、子どもの動向から目を離さないように。

・「食神」―「傷官」＝凶運

脱サラで共同事業を始めた友人が、それまでの利益をもって遁走してしまうなど、順調だった運勢に急に暗雲がたちこめてきます。夫婦運も同様で、それまで、はた目にもむつまじかった夫婦がちょっとした行き違いから修復不能になり、突然、離婚に追い込まれてしまったりします。病魔も黒い口を開けているので、健康面には十分、注意を。

・「食神」―「偏財」＝極めて強運

事業は打つ手、打つ手が大成功。仕事を大きく伸ばす絶好のチャンスです。サラリーマンなら、異例の出世をとげたり、大抜擢されたりします。異性運も生涯最高の時期で、はたもうらやむような相手とラブラブになったりします。この時期に生まれた子供は、親に最高の幸福をもたらしてくれる子になります。

・「食神」―「正財」＝極めて強運

願ってもない良縁に恵まれ、それがきっかけで仕事も大きく開けていくなど、人生の歯車が急に快調に回転しはじめます。もちろん、金銭運もしり上がりによくなっていき、それまでの人生では考えられなかったような、贅沢な暮らしを送れるようになります。しかも、夫婦の間は円満そのもの。ヒビひとつ入らない関係が続きます。

・「食神」―「偏官」＝凶運

なんで自分ばかり不幸続きなのだろう、と思わずグチの一つも言いたくなるような運勢です。99%確実、と思えた商談が成立寸前で他社に取られてしまうなど、仕事面でも信じられないようなエラーを犯します。異性運も同様。結婚式を直前にドタキャンされたり、子どもが家出をしてしまったり。ただ、耐え忍ぶだけの時期といえます。

・「食神」―「正官」＝極めて強運

幸運の星の下、という言葉はあなたのためにある、といいたくなるほど、すべてが幸運に恵まれます。道を歩いていたら、スカウトに声をかけられ、三か月後には大スターになっている、というようなことも夢ではありません。女性なら、まさに夢としかいいようがないような結婚運があります。ただし、あまり調子に乗りすぎないこと。

・「食神」―「偏印」＝極めて凶運

通り魔の被害にあうなど、いわれのない不幸を背負い込んでしまいます。親や兄弟の借金を身代わりで返済するなど、自分が招いたわけではない不幸にもさらされます。人間関係の縁が薄くなっており、離別、死別を問わず、配偶者を失ったり、上司や部下に去られることもあります。病気にも注意したほうがよいようです。

・「食神」―「印綬」＝強運

自分の提案が採用され、新プロジェクトチームのリーダーに任命されるなど、仕事運が急に上向きます。独立して事業を興しても、いまなら成功間違いなしです。異性運もよく、突然、すばらしい恋に落ちたりします。長年、子どもができず、悩んでいた夫婦に、かわいい子どもが授かったりします。健康運も上々ですが、過信は禁物です。

■食神のまとめ

●食神は身旺の人なら衣食住に恵まれる。
●食神は1個がもっとも吉である。
●食神は2個までよい。月柱の食神は吉である。
●食神と偏印は七殺の関係なので、食神を倒す偏印は別名「倒食」といい大敵である。食神より偏印のほうが強いと貧困、もしくは短命となるが正財、偏財があると吉となる。
●食神に偏印は凶だが、偏財か、もしくは干合すれば吉である。
●食神に偏財があると吉である。
●食神に偏官があると食神が偏官を生かすので吉である。
●食神は建禄、長生、帝旺があると財運に恵まれ吉である。月柱の食神に天乙貴人があれば大吉である。

●食神は吉星なので、空亡、死、絶は凶である。行運で死や絶が巡ってくれば衣食住に困ることがある。

●食神が3個以上あると食神過多となり凶である。女性で食神が3つ以上あると、男性との恋愛関係が多くなり結婚が難しくなる。しかし、偏印があると吉になる。

●比肩または劫財があると大吉である。

4 元命が「傷官」のとき

■「傷官」＝（凶星） 鋭い頭脳の持ち主。ただし、神経は細かく、傷つきやすい

◆頭の回転が速く、鋭い直観力の持ち主

「傷官」は、「官」を傷つけるという意味の星。「官」とは社会的な地位を示し、頭がよく、鋭敏な感性、直観力をもっており、素晴らしく優秀なのに、恋人や夫運には恵まれない……。それは、知らず知らず、正官（女性の場合は男性〈夫〉の星）を傷つける働きと言動が多いからです。口に難があり、感じたことをそのまま口に出すクセがあり、そのため、最悪の場合は大事な人を失ってしまうこともあります。

努力が苦手で、現状で満足してしまう傾向にあります。また、苦境に陥るとすぐに他人の援助をあてにし、自分で頑張ろうとしません。が、不思議なくらい、人の助力を得られ、それで苦境はなんなく脱してしまいます。

◆正義感が強く、気に入らない相手とはつき合わない

正義感が強く、他人の愚かさを受け入れることは潔しとしない人です。反面、困っている人を見捨てておけず、自分の損を承知のうえでとことん面倒を見たりします。ところがここでも、つい言わずもがなの一言を口にしてしまい、せっかくの好意が無になってしまうこともまれではありません。〝口は禍いのも

と〟を地でいくような星なのです。

身近な人を心にもなく傷つけてしまう性格なので、結婚も波乱が続きます。バツイチになる可能性も少なくありません。しかし、子ども運はよく、鳶が鷹を生むの例え通りの子どもに恵まれ、子どものお陰で一生涯、幸せに暮らすこともあります。

◆根本的には非常に優秀な頭脳、感性をもっている

芸術的な才能にも恵まれ、絵画や音楽など、芸術面で大きな飛躍を見せます。ただし、ここでもブレーキになるのはプライドの高さ。上手に欠点をコントロールしていければ、素晴らしい星だといえます。

技術畑・医療など、ごく限られた専門的な世界で、歴史に名を残すような立派な業績を修めるような仕事をする可能性を秘めています。

傷つきやすいという、この星のもつ運命は自分の金銭運や健康運にもダメージを与えてしまうことがあります。お金遣いが荒くならないように気をつけ、健康にも日頃から気を配り、大きな病気や事故に気をつける必要があります。

■「元命」(B―5)に「傷官」がくる場合

・「傷官」―「比肩」＝凶運

人の好意をそのまま受け取らず、逆らったり、疑ったりするために、とんでもない失敗をします。他人の成功を素直に喜べないのも周囲の反感をかい、それらがすべて不幸な巡り合わせをもたらす原因になってしまうのです。本当は力があるのに、結局、自業自得で、報われないことが少なくありません。

・「傷官」―「劫財」＝きわめて凶運

運勢が最低レベルまで落ちていることを知らずに、向こう見ずな行動をしてしまい、取り返しのつかない大きなダメージを背負ってしまいます。女性はほんの火遊びで、最高の夫を失ったりします。また、子どもに背かれ、一生、心に傷を負ってしまうこともあります。

仕事運もあまりよいとはいえないので、冒険を避け、地道な努力を続けましょう。

・「傷官」―「食神」＝凶運

間違いのないと思われていた取引先が倒れ、連鎖倒産の憂き目にあったり、親会社のトラブルでイメージダウンし、売り上げが落ちたりと、仕事運は悪く不運なトラブルが多発します。しかし、異性運はよく、昔、つき合っていた人に再会し、再びラブ関係になったりします。子どもの縁に恵まれることも多く、このとき生まれた子どもは親より頭角を現す子となります。

・「傷官」―「傷官」＝極めて凶運

まさか、と信じられないような不祥事に巻き込まれ、長年の努力が水泡に帰してしまうなど、仕事面、社会的な立場が窮地に陥ります。しかも、それを機に、夫婦の間にも亀裂が生じ、支えてくれるべき妻に去られたり、夫に突然、捨てられたり、運命の局面が大きく暗転してしまいます。自分が突然、重病になることもあります。

・「傷官」―「偏財」＝強運

勤務先からリストラ勧告を受けたところ、以前以上の転職先が見つかった。夫の突然の交通事故死で、三倍もの生命保険料が下りたなど、不幸を土台にしながらも、その後、大きく運勢が開けます。ただし、異性との交際運には赤信号が。お金目当ての危険な異性につけこまれないように、交際相手は慎重に選ぶことです。

・「傷官」―「正財」＝極めて強運

とんとん拍子に出世し、サラリーマンとしては最高の栄誉である取締役に選出されるなど、人生の繁栄を一手にする思いを味わいます。女性は夫の栄誉ばかりか、子どもも有名校に合格するなど、すばらしい幸運を手にします。唯一の心配は健康運ですが、これも、日頃から気をつけていれば、問題はないでしょう。

・「傷官」―「偏官」＝凶運

身に覚えのない、悪い噂が広がり、会社内でいじめの対象になったり、部下の使い込みが露顕し、自分までとばっちりを受けて減給処分になったりと、少しずつ運勢の歯車が狂ってきます。金銭的にも同じようなことが起こり、最悪の場合は、連帯保証人になったばかりに、丸裸にされてしまったりします。女性は愛情運の陰りにも注意しましょう。

・「傷官」―「正官」＝極めて凶運

順調に出世していた夫が突然、病に倒れ、それまでの幸運が幻のように、はかなく消えてしまう。そんな運勢です。男性の場合も、寄らば大樹の陰、と信じていた大きな勤務先が倒産するなど、思いもかけない有為転変《ういてんぺん》に翻弄されます。配偶者と若くして死別するのもたいてい、こうした星回りのときです。とにかく、慎重に、地道に暮らすように。

・「傷官」―「偏印」＝凶運

女性は姑との仲がうまくいかずに離婚の危機に、男性はそれまでうまくいっていた人間関係にひびが入り、仕事が暗礁に乗り上げるなど、人間関係の破綻がもとで、想像もしていなかった不幸に見舞われる運命です。こうした時期の結婚はくれぐれも慎重に。できれば、星の巡り合わせが変わるまで待つことをお勧めします。

・「傷官」―「印綬」＝凶運

長年の友と思いがけずライバル関係になってしまい、その結果、人間関係までギクシャクしてくるというように、心労の多い時期です。女性は、夫の同僚の女性と対立しますが、できるだけゆったりと構えていれば、夫を失わずにすみます。父母がとんでもない不幸をもたらすことがありますが、これは忍耐力で乗り越えられます。

■傷官のまとめ

●傷官は正官の七殺で大敵である。しかし、正官がきてもよいのは五行の金水、木火の多い傷官であり、吉となって、サラリーマンとして出世する。傷官に正官が凶になるのは火土、土金の傷官である。サラリーマンになっても出世せず、けんかして転職をくり返す。

●傷官は女命（女性の場合）傷官美人といい、美しいのだが、結婚運が悪いか、一生独身である。

●傷官は身旺の命式には吉である。

●傷官に正財、偏財があると財運に恵まれ吉である。

●傷官に印綬、正財、偏財があれば吉となる。

●傷官に印綬がある場合は身弱が吉である。

●傷官に劫財があると凶。しかし、偏官があれば吉となる。

●傷官が弱いのに印綬が多く身旺の場合、薄命となって凶である。

●傷官には印綬と偏印が命式に両方あるのは凶である。

●傷官と偏印が干合すると大吉である。

●傷官が3個以上の傷官過多は災難が多く病気にもなる。しかし、時柱に傷官があると吉となる。行運で傷官が巡ってくると大凶となる。

5 元命が「偏財」のとき

■「偏財」＝（吉星） 類まれな財産運。多趣味、多才なタイプ

◆商才の鋭さは抜群

「偏」には流動的な、という意味があり、この星の周囲では絶えずお金が動き回っています。お金と一緒に自分も動き回ります。つまり、非常に行動的で、社交的。話題も豊富で、一緒にいるだけで楽しくなってしまう人です。

「偏財」の金運はアップ・ダウンするのが特徴。金は天下の回りものとばかり、金離れのよさも特徴で、手にしたお金を惜しげもなく人に貸したり、あげたりして、天国も経験すれば、地獄も経験します。

世話好きで、いつも人のために動いています。ところが、弁舌さわやかに、その行動をまくしたてるので、ときには売名行為や、計算高い行為だと誤解されてしまうこともあります。

◆人間関係は、男女とも大もて。浮気性の場合も

この星の人は、ひと所にじっとしているの

が苦手。だから、恋愛も相手をゲットするともう興味を失ってしまい、浮気の虫がムズムズと動き出します。とくに、男性の「偏財」は浮気性であることが多く、どんなにすばらしい女性と結婚しても、しばらくすると浮気をしたくなってしまいます。「浮気性」とか「あの人の浮気は病気みたいなもの」といわれるのは、たいていこの星です。偏財または正財が2つ以上ある男性は女性関係が多いようです。

女性の「偏財」は主婦、母親、キャリアとどれもこれも手に入れないと満足できないタイプ。もっともそれを目標に、エネルギーを出して活躍することも多いようです。

◆ベンチャー企業で大成功

お金を動かす才能に長けている星なので生かして、貯金よりも、株式投資など、お金を回転させるとよい結果が出ることが多いようです。

人より半歩先のビジネスを展開して、あっという間に仕事を大きく発展させてしまう人は、ほとんどこの星です。自分が額に汗して働くというより、お金にお金を稼がせるタイプ。投資した株が大きく値上がり、労せずして大金を手に入れたりすることが多いです。

忙しいことが苦にならないので、テレビ、新聞、週刊誌など、〝生き馬の目を抜く〟といわれるような仕事、たとえば、シナリオライター、フリーライターに向いています。

■「元命」(B―5)に「偏財」がくる場合

・「偏財」―「比肩」=極めて凶運

父母が相次いで亡くなり、そのうえ、遺産争いで兄弟姉妹が係争する、というように不幸が不幸を生んでしまいます。結婚話が決まったのに、突然、親が倒れ、結婚式は無期延期になったりします。金銭トラブルも少なくなく、取引先の破綻から、焦げつきを生じてしまい、勤務先で失脚したりします。女性は子どもに裏切られることも。

・「偏財」―「劫財」=凶運

それほど親しい友でもないのに、しつこく借金を申し込まれ、根負けして貸したところ、案の定ドロン。高価なブランド品をプレゼントし続けた彼女に、結局はふられてしまうなど、金銭的に報われないことが続きます。仕事でも思わぬミスを連発するなど、不幸・不運が続くので、一度失敗したら、それを繰り返さないよう、注意しましょう。

・「偏財」―「食神」＝極めて強運

なにかを始めるには最高のとき。すべてが好循環で回っており、やること、なすことうまくいきます。金銭運はとくに好調で、投資をするなら今。転職、独立など大きな勝負に出るのも、今をおいてほかにチャンスはありません。異性運も最高なので、交際中の彼、彼女があれば、結婚に踏み切る最高のタイミングだといえます。

・「偏財」―「傷官」＝強運

知らないうちに、人が応募していたタレントコンクールで、最高賞に輝く。大して努力をしなくても幸運が向こうから転がり込んでくるような時期です。金銭的にはいまいち運が弱いので、ギャンブル、投資、マイホームなど大きな買い物は控えましょう。異性問題にも陰りがあり、女性は父親、男性は母親など異性の親の心配ごとが起こります。

・「偏財」―「偏財」＝普通の運

仕事はきわめて順調で好成績をあげているのに、不景気でサービス残業ばかりというように、仕事の成果と金銭運に食い違いが出たりします。女性は素晴らしい恋人に巡り合うのですが、彼はド貧乏。つまり、仕事運、愛情運は強いのですが、金銭運がない。それがこの星回りの特徴です。健康運も弱いところがあります。

・「偏財」―「正財」＝強運

運は最高に強いのですが、細胞増殖のように、次々拡大するという運があるため、事業なら支店を次々出店するという良い目が出ますが、異性運だと二また、三また恋愛になってしまい、結局、すべてを失う結果となります。金銭運は小さな成功を得る程度。健康運は一種の曲がり角。総点検をすると、重大な病気が見つかったりします。

・「偏財」―「偏官」＝普通の運

安定した星回りで、男性ならまずまずの出世を遂げ、女性はそうした夫と、波風の立たない日々を送ります。金銭運はやや上り調子ですが、さして苦労しなくても、世間並みの暮らしが保証される程度です。愛情運もほどほどで、キープの彼と結婚したり、結局はお見合いで無難な彼と結婚したりします。

・「偏財」―「正官」＝強運

それまでの誠実な仕事ぶりが認められ、抜擢人事で、思いがけない高いポストを与えられます。女性は、落とし物を拾ったというなにげない出会いで、別世界に住んでいる素晴らしい彼と出会います。結婚までもっていけるかどうかはあなたの生まれもった星の強さにかかっています。健康運も心配はありません。

・「偏財」―「偏印」＝普通の運

二つのことがまあまあうまくいく星回り。たとえば、本業は大学教授だが、タレントとしてテレビで脚光を浴びたり、サラリーマンが作家としても成功したり。女性なら、二またかけていた彼の両方から真剣なプロポーズを受けたりします。ただし、欲張りすぎるとアブハチ取らずになるので、控え目の選択をお勧めします。

・「偏財」―「印綬」＝普通の運

仕事運、家庭運、金銭運とも大きな破綻がなく、それはそれでいいのですが、ややもするとときめきがなく、ふと浮気の虫が騒いだりしますが、全体の強運が味方して、離婚まで発展することはないでしょう。サラリーマンなら、なにか資格を取れば、その資格がモノをいって出世したりします。健康運に小さな影があり、人間ドック入りを。

■偏財のまとめ

●偏財の七殺は比肩で大敵である。
●偏財は天干地支どこにあっても吉で財に恵まれる。
●偏財は十二補助星が帝旺、建禄、長生、冠帯なら財に恵まれ大吉である。

●偏財は身旺の場合と比肩が多い場合は他人に財を奪われ凶である。

●偏財はよい行運がめぐると大きな財に恵まれ大吉である。

●偏財の柱に吉凶神殺星「咸池」があると色情にふける。

●偏財に比肩、劫財があると凶。しかし、正官または偏官があれば吉に変わる。

●偏財が多いと決断力がない。

●偏財は流動性があるので故郷よりもほかの土地で発達し成功する。

●偏財は正官があると大吉である。

●月柱蔵干が偏財で日柱天干が正財、偏財で建禄、長生、帝旺、墓があれば財に恵まれ大吉である。

●偏財に正官、偏官または傷官があると吉となる。

●偏財は食神、傷官があると吉で財に恵まれる。しかし正財、偏財が多い場合は凶である。

●偏財は身弱だと財に恵まれない。しかも、他に正官、偏財があると日干が弱まり、凶で災いが多くなる。

●偏財過多（3個以上）は凶であるが、行運で印綬、偏印か比肩、劫財が巡れば吉である。

●偏財の空亡は凶で財に恵まれない。

●偏財と正財が2個以上ある場合、男命（男性の場合）は妻以外の女性をもつことになる。しかし、劫財があれば吉となる。

6 元命が「正財」のとき

■「正財」＝（吉星）勤勉で、まじめだが、面白みに欠け、人気はイマイチ

◆性格はコツコツ努力する堅実派

「正財」とは、まじめに働いて手に入れた正当的な財という星。なにごとにもコツコツと努力し、確実に目標を達成します。金銭運や財産運に強く、不動産などをうまく運用して、しっかり財を築きます。社会的な成功、名誉、信用などを手に入れ、それらをさらに

育てていく底力をもっています。誠実でまじめ、努力家と何一つ欠点はないようですが、その反面融通が利かず、人間的にも魅力があるとはいえない人が多いのが現実です。

そのうえ、ときどきお酒や異性で失敗することもあるので注意する必要があります。

しかし、受験も仕事も努力のみで、ある程度の結果は出し、人生で大きな失敗をしたり落伍者になる危険性は少ないタイプです。

お金はよく稼ぎ、よく貯め、よく使う人で、お金に対して汚い感じはありません。ただし、一見、ムダに見えるけれど、生活を心豊かにする効果がある出費、たとえば、リビングに花を飾るとか、凝ったティーカップを使うとかが不得手。生活の潤いをもっと大切にするとよいでしょう。

まじめ人間の正財は、情にもろい人情家の面ももち合わせています。コツコツと努力するアリのタイプではありますが、感情はロマンティックで、キリギリス的な側面をもっています。

◆波乱の恋に憧れながら、結局は平凡な幸せをつかむ

この星の人は、恋に恋することはあっても、実際に恋愛する相手は、コンピュータで選んだ結婚相手のように、客観的な条件のそろった人に限られます。星の性格上、リスキーな組み合わせには最初から心が動かされないのです。

結婚後もごくごく平凡、平穏で、男性は仕事も家庭もほどほどにという中庸タイプ。女性は家事・育児に専念しながら、手すさび程度の仕事をして、周囲も自分も満足します。

◆コツコツ型の努力が報われるサラリーマン、公務員・小売業などに

「正財」の取り柄は、コツコツ地道な努力を続けること。生涯、華やかで、脚光を浴びることはありませんが、大きな落ち込みもなく、ほどほどの人生を約束されているといってよいでしょう。

子どもの頃から、成績も中の上ぐらい。進

学コースを順調に進んで、難しい試験に合格して報われる仕事、上級公務員や医者、弁護士などに向いています。信用が重んじられる金融マンなどもよいでしょう。

■「元命」（B―5）に「正財」がくる場合

・「正財」―「比肩」＝普通の運

これこそ、自分の運命を変えるものだとまで思い込んだものに裏切られる星回り。投資ならまったくの詐欺であり、全財産を失ってしまうこともあります。異性なら、実はとんでもない食わせ者だったりします。しかも、他人を巻き込んでしまい、あなたが責められることになってしまいます。できるだけ、人になにかを勧めることは控えましょう。

・「正財」―「劫財」＝極めて凶運

正義感が強く、仲間を脅している少年たちを諌めたばかりに、少年たちに暴行され、大怪我をしてしまう。そんな不幸を呼び込む星回り。お節介は避けるようにしましょう。浪費癖から、夫婦間のトラブルに発展することが少なくありません。女性では初婚に破れる運命。しかし、再婚の運があるので、一生、一人ということはありません。

・「正財」―「食神」＝きわめて強運

異性の助けを得て、大いに伸長する星回り。妻の内助の功や恋人の助力、あるいはその両親などの引き立てによって、願ってもない就職口やポストにつくことができます。結婚運は最上で、この星回りのときに結婚した相手は、最高の夫、最高の妻となり、生涯、波乱のない人生を送れます。子供も人が羨むような優秀な子どもに恵まれます。

・「正財」―「傷官」＝強運

人生の中でもめったにないほど、運勢が不安定な時期で、仕事運も恋愛運も猫の目のようにくるくる変わり、安定しません。出世したかと思うと、部下の失敗のとばっちりを受け、左遷されたり、突然、日の当たるポストに返り咲いたりします。しかし、基流は強運なので、取り返しがつかないほどのダメージは受けません。

・「正財」―「偏財」＝普通の運

大過ない日々が続きます。けっこう幸運な星回りです。恋愛運はかなり強く、生涯最高の恋をしますが、この恋は結婚には至りません。結婚はごく無難な人と結ばれることになるでしょう。

金銭運は非常に強く、サラリーマンなら能力給がアップし、大幅増収が実現します。

・「正財」―「正財」＝強運

親から受け継いだ資産が大膨張するなど、強い金銭運を持っています。しかし、意外なほど出費も多く、収支ではトントンかも。生活をとことんエンジョイする性格で、誰からも好かれ、異性運も最高です。母子の縁が薄い場合があるので、子どもの健康には十分、目配りをして下さい。

・「正財」―「偏官」＝凶運

人の世話をすれば、その人がトラブルを起こし自分にツケが回ってきてしまうなど、要らない悩みを背負い込む苦労の多い星回りです。女性は中高年になって知り合った男性と若者顔負けの恋をします。ところがその男性がくわせ者だったりして、高い月謝を払うことになりかねません。仕事運は横ばい。大きな失敗はないはずです。

・「正財」―「正官」＝極めて強運

まじめな努力が着実に実を結び、最高のポストに上り詰めます。人望も厚くそのポストから、さらなる飛躍が望めます。サラリーマンなら、年俸が三倍というような引き抜きの話があったりします。女性は最高の夫に恵まれ、安泰で豊かな日々が約束されます。子どもも運にやや陰りがあり、受験は第二志望校程度に留まりますが、これで満足すべきです。

・「正財」―「偏印」＝普通の運

長いこと志していた道で、たとえば、シナリオコンクールに入賞する、文学賞にノミネートされるなど、ようやく成功の道が見えてきて、栄光に包まれるようになる可能性は大。飽きっぽいところがあり、恋愛運は長続きせず、すぐに新しい恋人が欲しくなり、結局、恋は成就しません。

・「正財」―「印綬」＝凶運

仕事運、家庭運、金銭運とも大きな破綻がなく、ときめきがないため、ふと浮気の虫が騒いだりします。サラリーマンなら、リストラ風が吹いてくる頃。なにか資格をとっておくと、その資格がモノをいい、次の仕事を見つけやすいでしょう。

■正財のまとめ

●正財の七殺は劫財で大敵である。
●日干が強いともともと吉星なので、強力となり大金を残す。
●正財は2個あってもよい、3個以上は財が散じやすいが、正財過多の場合は劫財があると吉、正官、偏官があれば大吉である。
●正財は日干との強弱バランスがポイントである。日干が強く、正財の十二補助星が弱い場合は正財、偏財、食神、傷官が大運か歳運で巡ってくれれば吉となる。日干が弱い場合は印綬、偏印、比肩、劫財が大運か歳運で巡ってくれれば吉となる。
●正財は天干にあると散じ、蔵干に隠れている方が財が残る。
●正財は吉神なので、干合と空亡、絶は凶である。
●正財が蔵干にあって、地支が丑辰未戌の人はケチな人である。
●正財は食神または傷官、正官、偏官があると吉になる。
●正財は劫財または比肩があると凶。しかし、正官または偏官があると吉に変わる。
●正財に十二補助星の「墓」がつくと、ケチで爪に火を灯すようにしてお金を貯める。
●正財で日柱に食神があると、名誉を得る。
●身弱の人は印綬があると吉となる。

7 元命が「偏官」のとき

■「偏官」＝（凶星） 人並すぐれたパワーの持ち主。義理人情に厚く、親分肌

◆性格はパワフルで実行力がある実力派

「偏官」とは大将を意味し、人並み以上に優れた社会的な地位や力があることをいいます。「正官」が努力して社会的成功を手にするのに対して、「偏官」のほうは期せずして、人の上に立つ地位や権力を手にする星です。

しかし、本来的には素晴らしいエネルギーや行動力をもっており、出世も実力相応なので、人の恨みを買うことはありません。

頭脳明晰で策略が巧み、権謀術数の才能もあります。人を巧みに操る能力にも優れています。

◆人間関係は、駆け引き上手

勘がよく人の気持ちがよくわかる人情家の顔をもつ一方で、強引に自分を押し通すところがあり、どんな場合も主導権を握りたがります。その結果、本来のやさしさが抑えられ、乱暴な言動になったり、相手を抑え込もうとするため、偏屈や変わり者だと思われ、嫌われてしまうこともあります。

相手が何を望んでいるかを直感的に見抜く才能に優れているため、交渉の場において抜群の力を発揮します。外交官や営業関係の仕事に向いているといえるでしょう。

女性の場合も、男顔負けの度胸のよさと責任感をもち、工場などでの力仕事でも抜群の実績を残します。多くはカカア天下になりますが、より以上の包容力がある男性を選べば、円満で、最高の組み合わせになります。

◆サラリーマンなどに向く

サラリーマンなど、組織内で働く仕事に向いています。出世街道を一気に上り詰め、あっという間に頂点をきわめる場合も少なくありません。ところが、なにごとにつけ、やりすぎ、ゆきすぎの傾向があり、親分肌の性格が両刃の剣となってしまい、人を攻撃したり、あとに尾を引くトラブルに巻き込まれたりします。一芸に秀でる人が多く、芸術の世界でも成功します。

「偏官」の金運は可もなく不可もなし。お金はほどほどに入ってくるのですが、景気よく振る舞ってしまう性格であるため、手元には残らず、もちろん蓄えもできません。

■「元命」(B―5)に「偏官」がくる場合

・「偏官」―「比肩」＝凶運

人から反対されるようなことを貫くと、必ず、手ひどいしっぺ返しを食い、大きなダメージを受けます。人の忠告をなるべく素直に受け入れるようにしましょう。思いもかけない大病をして、その後の人生が変わってしまうこともあります。金銭運はほどほど。盗難や詐欺にかかる暗示があるので、投資は慎重に。

・「偏官」―「劫財」＝凶運

義侠心が強く、それだけに、人の損を買って出て背負ってしまうことになり、結果的に金銭的な犠牲を強いられることがあります。そのことから、夫婦間が不仲になることも。自分の世界、自分の家庭第一に過ごすように心がければ、大過なくその後のライフステージへと歩めます。その家庭に幸運をもたらすような子どもに恵まれます。

・「偏官」―「食神」＝凶運

一見、平穏無事な日々のように見えますが、水面下でさまざまなことが進んでおり、気がついたときには取り返しがつかないということがよくあります。たとえば、わずかな赤字だと思って借金で埋め合わせをしていたところ、気がついたときには山のような借金で身動きがとれず、あっという間に倒産してしまうなどです。ウミは小さなうちに出すこと。

・「偏官」―「傷官」＝凶運

自分は絶好調。ところが子どもや夫が覚醒剤問題で逮捕され、自分も仕事にダメージが。この例のように、人の失敗によって、自分にトラブルが及んでしまう。そんな事件の主はおそらくこの星回りである可能性が大。しかし、その後、かえって夫婦の絆が強くなったりするので、長い人生にとってはそれほど凶運ではないといえるかもしれません。

・「偏官」―「偏財」＝凶運

女性問題で、せっかく手にしたポストを失ってしまうようなことが起こるなど、異性問題がらみで、人生が大きく狂うことがあります。金銭運はわずかながら上り坂で、投資したお金が順調に増加したり、ほどほどの遺産が入ったりします。健康運にわずかな陰りがあるので、暴飲暴食を慎みましょう。

・「偏官」—「正財」＝強運

信じてついていった上司がついに重役になり、ついでにあなたも引き立てられるなど、仕事上で大きな進展が見られます。女性の場合も、その会社始まって以来の管理職に抜擢されるなど、仕事上で嬉しいことがあるはずです。その抜擢によって、かなりの年齢になってから結婚することになったりします。

・「偏官」—「偏官」＝極めて凶運

これほど凶運が強いことはないので、開き直ることにより運を反転させていくはずです。とくに夫婦間の問題は、あなたの願う方向に展開していきます。四柱のどこかに「食神」があると、凶運を消してくれます。

・「偏官」—「正官」＝極めて凶運

決断力がないために、せっかくのチャンスを逃してしまい、つかむのはカスばかりという星回りです。それも結局は、欲の皮を突っ張らせた自分のせいだと考えましょう。男女とも人生最高に迷う時期で、転職や離婚を考えたりしますが、結局は踏み出しきれず、それが内にこもった悩みとなります。

・「偏官」—「偏印」＝凶運

上司とウマが合わず、日頃は我慢してきたのに、ある日、ついに衝突し、気がついたら殴ってしまっていたりします。そのため、しばらく日の当たらない場所で過ごすことになります。婚約はドタキャン。妻の心も離れてしまうなど、異性運は低迷している時期。経済的にも苦しい時期が続きます。健康にも注意しましょう。

・「偏官」—「印綬」＝普通の運

仕事運、家庭運、金銭運とも、ほぼ安定しており、その意味では平穏無事を象徴するような星回りです。女性はこうした星のほうが幸せだという人もあります。おだやかな春の光を浴びるような人生で、大きな波乱や波風とも無縁です。晩年運がよく、子どもや孫に

恵まれる星回りでもあります

偏官のまとめ

●偏官は比肩から七番目の日干を剋す強烈な宿命星で別名七殺という凶暴神である。宿命星を単に「七殺」というのは「偏官」を指している。

●偏官は災難の多い運命か、手につけられない無頼の人になる強烈な大凶の星なので、食神、傷官、印綬、偏印が命式にあれば、災い変じて薬となり、風格のある人となって大吉となり大発達する。

●偏官は月柱蔵干に1個あるのが吉で風格のある人となる。命式にほかにないのが吉である。

●偏官は時柱蔵干に1個のみあるのも吉である。

●日干と偏官の強弱のバランスから、身旺の人は正財、偏財があると大吉で大成功する。

●日干に作用し助ける印綬、偏印、比肩、劫財があれば、身弱の偏官でも吉である。

●偏官が強く身弱である場合は、貧亡や災難が多く、短命で凶。印綬、偏印があると吉である。

●偏官は干合すると吉に変わる。

●偏官に正官があると凶。しかし、比肩または食神、傷官があると吉。

●偏官に正財があると凶。しかし、比肩または劫財があれば吉に変わる。

●偏官に食神と吉凶神殺星「羊刃」があると、社会的に活躍し海外で成功する。

●女性で正官や偏官が3個以上ある人は男性関係が多く、離婚の憂き目にあう。

●偏官が3個以上の偏官過多は日干を剋する力が強すぎて凶である。しかし、食神、傷官、または印綬、偏印の両方があると吉となる。

●偏官が過弱の場合は正財、偏財があると吉である。

●偏官が強い場合は凶暴性を制する食神があれば吉である。

●偏官の同柱に墓があると災難が多く凶である。行運（大運、歳運）で墓が巡ってくるのも凶である。

8 元命が「正官」のとき

■「正官」＝（吉星） 誠実でまじめ。ちょっと堅苦しいがマネジメントが上手

◆性格は教科書みたいな人

「正官」とは、誠実さを認められて、組織人として立身出世するという意味の星。現代でも地道な努力のすえ、最終的には、大企業の重役に上り詰めたり、さらに運が味方すれば社長の座も望めるタイプです。

しかし、清濁併せ呑むといった腹芸は苦手、きまじめ一辺倒。とてもピュアな精神の持ち主で、いつまでも少年のような純真さを残している、素晴らしい性格です。

◆本気で勝負！が苦手

恋愛運にも、まじめさがよい方向に出ることもあれば、裏目に出ることもあります。順調だった恋愛が、相手の要求を強く拒絶したり、結婚前には外泊もしない生真面目さから、せっかく出会った本命の人と、ゴールインしないこともあります。

世間体を気にするあまり、相手の気持ちを受け入れられずに、傷つけてしまい、取り返しのつかない結果を招くこともまれではありません。

いわゆる堅物で、男性も女性も決して、モテるタイプではなく、恋愛運には恵まれてるとはいえません。

「正官」の女性は、お見合い結婚で条件がぴったりあった相手と結ばれると、最高の幸福を手にします。

男性の「正官」は誠実さがそのままウリになり、上司に目をかけられて、素晴らしい縁談を持ち込まれたりします。

◆仕事は、融通性を身につければ鬼に金棒

この星の人は仕事には真剣に取り組み、目立った欠点はないのですが、世の中は理屈どおりには進まないものといった融通性を身につけ、ものごとの良い面も悪い面も受け入れる大らかさをもてるようになれば、社会的にも個人的にも、望んだ結果が得られます。

正攻法しか理解していないため、政治家、外交官、営業マンなどには向きません。自由業も向かず、大きな組織でコツコツ、仕事をするとよいでしょう。

■「元命」（B—5）に「正官」がくる場合

・「正官」—「比肩」＝極めて強運

周囲の人望を集め、その結果、仕事の成果以上のポストにつくことになり、思わぬ出世を遂げることになります。月柱が「正官」の人は、必ず、人の上に立つという星です。女性の場合はそれが裏目に出てしまい、夫を仕切ってしまうため、夫婦仲には問題が生じます。金銭運はよく、生涯、衣・食・住に不自由することはないはずです。

・「正官」—「劫財」＝凶運

せっかく立身出世がかなったとたんに病気になって、それらを不意にしてしまったり、お金はあるのに、病弱で、旅行やグルメを楽しめないなど、人生の歯車がうまくかみ合わない星回りです。金銭運も十分にあるのですが、それを台なしにする凶運も潜んでおり、出費も多くなる運勢です。

・「正官」—「食神」＝きわめて強運

自他ともに認める強運の持ち主がいます。仕事では、長年の努力が大きく花開き、思いがけない栄誉を与えられます。夫婦間もかつてないほどなごやかで、幸せを実感するような関係に変容してきます。その影響で、子どもとも信頼関係が築け、すべてがよい方向へと循環する……。なにかを決断するなら、今です。

・「正官」—「傷官」＝きわめて凶運

はた目には順調な運勢に見えますが、実際は破れ穴が多く、内心ではつらい悩みや苦労を抱えています。子どもの家庭内暴力や、夫のドメスティックバイオレンスに泣かされていたりします。仕事運はまずまず。独創的なアイディアが受けて、不況の中でもかなりの成功に恵まれます。

・「正官」—「偏財」＝極めて強運

憧れていた職業への道が開けるとき。夢を失わないで歩いてきたことが、ようやく実を結びます。異性関係にも同じことがいえ、誰もがうらやむラブラブ関係に発展します。未婚の女性は、〝白馬の王子さま〟と出会うとき。

・「正官」―「正財」＝極めて強運

最後に笑う者がいちばん大きなものをつかむ、という言葉どおり、同期最後の結婚をすることになりますが、その相手は、理想の異性そのもの。自分でも信じられないような幸運が次々と起こり、仕事上でも思いもかけないような展開で、飛び級の昇進辞令を受け取ります。

・「正官」―「偏官」＝極めて凶運

女性にとっては、危険な星回り。後で思えば、こんな男になぜ、というような相手にずるずる引かれてしまい、家庭を壊してしまったり、結婚目前の彼の心を失ったりしてしまいます。男性は仕事に障害がもち上がり、せっかく進めていたプロジェクトが頓挫したりします。交通事故にも注意しましょう。

・「正官」―「正官」＝普通の運

順調に進んでいた人生に暗雲がかかり、しだいに光が陰っていきます。仕事でも恋愛でも強行突破は控えたほうがよさそう。仕事も異性関係も、しばらくは充電期間と考えましょう。とくに女性は異性との関係が薄くなる時期。しかし、やがてすぐに別の男性が現れ、あなたを守ってくれるはず。

・「正官」―「偏印」＝凶運

日頃からよい人と評価され、それがアダになり、世話をした人の尻ぬぐいで、あなたの大切なものを失う羽目に陥ります。親身になって世話をした女性に夫を盗まれることがあるので注意しましょう。男性も、仕事は自分の持ち分だけ励めば十分です。

・「正官」―「印綬」＝きわめて強運

今まで、昼行灯とあだ名されぱっとしなかったあなたが、急に頭角を現し、周囲もびっくり。しかもそのプロジェクトは大成功。そんな好調な運勢に入っていきます。異性関係も順調そのもの。ふと知り合った相手が、大企業の社長の子どもであるなどドラマのような幸運な恋愛をします。

■正官のまとめ

●正官の七殺は傷官で大敵である。
●月柱蔵干に1個だけ正官があるのが最も大吉。他に正官、偏官がないのが理想である。
●正官は日干が強く、正財や偏財があると、財産のある家に生まれた人です。
●月柱の宿命星が2つとも、正官はとてもよい。
●正官、偏官は2個が限度で、3個以上は正官、偏官が過多となって、日干を剋す作用が強すぎて日干の力を弱めるのでよくない。しかし、食神または傷官があると吉に変わる。
●年柱の天干もしくは蔵干に正官があれば、若年より活躍できる。時柱の天干もしくは蔵干に正官があると晩年に活躍できる。
●正官に傷官があると凶。しかし、印綬、正財、偏財のどれかがあれば吉に変わる。
●正官は蔵干にあるより天干にあるほうが社会で活躍できる。
●身旺の人は正財、偏財または印綬があると正官を助け吉運となる。正財、偏財は支にある方が財運に恵まれる。天干にあると財運が浪費され財が残せない。
●身弱の人は印綬、偏印、比肩、劫財があると、正官と日干を助けて、バランスがよくなって吉運となる。
●命式に正官と偏官が一緒にあるのはよくない。しかし、印綬があると吉に変わる。
●同じ柱に正官と傷官は七殺の関係であるので、凶でよくない。年運、大運で傷官が巡ってくるのも凶である。
●正官の命式に食神過多で3個以上ある場合凶だが正財、偏財があれば吉となる。
●正官に印綬過多で3個以上だと凶だが正財、偏財があると吉になる。
●正官の十二補助星が墓運だと名声も財運も得られない。空亡も、凶である。
●女性は日柱の蔵干に正官が1個あれば玉の輿に乗って良妻賢母となる。
●女性にとって正官は男性の星なので、女性で正官が2個以上あると再婚する。

9 元命が「偏印」のとき

■「偏印」＝（凶星） 個性的な発想の持ち主。敵をつくりやすいのが難点。

◆性格は自由奔放。才能がきらきら輝いている

「偏印」とは、知恵の星である印綬の星と兄弟関係にあるため、芸術家、芸能人などに最高の星です。自由な発想、芸術的なひらめき、最先端の流行を生み出すような才能に恵まれています。ところが、典型的な熱しやすく冷めやすいタイプであり、気ままな性格です。そのため、せっかくの才能が散漫に使われ、器用貧乏に終わることもあります。

不死鳥のように蘇るという言葉があります。失敗しても再び立ち上がり、みごとに復活を遂げる人。ひどい失恋で心に深い傷を負いながら、しばらくすると、再び恋の美酒に酔いしれる人。この星には、こうした不屈の精神が隠れています。いつまでも過去を引きずらず、あっさりと新しい方向に足を踏み出せるバイタリティをもっています。

◆気まぐれな恋多き人生

周囲との人間関係も、山あり谷あり。極めてうまくいっている人もあれば、犬猿の仲を地でいくような人もあるといった具合で、ほどほどの和を保つことは苦手です。素晴らしい後援者を得て大成功したかと思うと、その人とトラブルを起こし、谷間に突き落とされたりします。

恋愛は数知れず。だから、家庭人としては向いていない星です。男性も女性も、一人の相手では満足しきれない性格です。好きで好きでたまらなかった相手と結婚しても、どうしても、ほかの異性に心を引かれてしまいます。それを心のうちだけに止める努力ができれば、なんとか平穏な人生を送れます。

しかし、多くの場合、次々と恋をして、相手も自分の運命も翻弄してしまいがちです。

◆マルチな才能が花開く人

頭脳明晰、才能豊か、とくに感性の鋭敏さ、デリケートさには定評があり、どんな世界にいても、必ず頭角を現します。ただし、いささか自信過剰で、それが厭味になり、人間関係がスムーズにいかなくなることが多いきらいがあります。

しかも、新しもの好きがアダとなり、つねに現状に飽き足らず、せっかく成功を収めても、すぐに関心は別のところに移ってしまったりします。作家であり、芸能人でもあり、最終的には政治家になった……というような人はほとんど、この星でしょう。

■「元命」(B―5)に「偏印」がくる場合

・「偏印」―「比肩」＝凶運

人間関係のトラブルが原因で、人生が大きく狂うという星回り。姑との仲が険悪になり、ついに離婚することになったり、男性なら、どうしてもウマが合わない上司と決定的な対立関係に。そのため、理不尽な人事を受けたりします。しかし、じっと我慢していると必ず復活する運をもっているので、自暴自棄にならないことです。

・「偏印」―「劫財」＝極めて凶運

自分では一生懸命努力しているのに、なぜか努力が裏目、裏目と出てしまう、そんな星回りです。こういうときは、大きなチャレンジを控え、できるだけ今、手元にあるものを手放さないように努めるとよいでしょう。縁談を進めるのも時期が悪く、焦らず、時が実るのを待ったほうが、結果的によい相手に巡り合います。

・「偏印」―「食神」＝凶運

運気の巡りがスムーズでない時期なので、なにごとも少しずつ期待した結果からはずれていき、ふと気がつくと投資が失敗、財産を失ったり、夫の愛人に子どもができてしまうなど、抜き差しならない事態になってしまいます。女性は、体の変調が起こりやすい時期。流産や乳がん、婦人科系の病気に注意しましょう。

・「偏印」―「傷官」＝凶運

金銭運が急激に悪くなります。マイホームなど大きな買い物はできるだけこの時期を避けたほうがよいでしょう。おいしい転職の話も、眉にツバをつけて考えたほうがよさそう。子どもを失うという兆しがありますが、死別を意味するのではなく、親子の信頼関係が断絶してしまうことを意味しています。子どもの動向から目を離さないこと。

・「偏印」―「偏財」＝普通の運

おだやかな小春日和のような日々が続き、当人はどこか不満に感じるもの。しかし、人生を通して見ると、この日々が、かけがえのない意味をもっていたことを痛感するはず。仕事運にはやや陰りがあるので、手慣れた仕事でも慎重に、十分チェックを欠かさないようにしましょう。親子の絆に亀裂が入る予感も。親と死別する可能性も大きい時期です。

・「偏印」―「正財」＝強運

長い下積み生活の努力がやっと認められるという星回り。サラリーマンなら、それまで日の当たらなかった部署が、急に脚光を浴び、あなたが次代を担うようになったりします。人間関係では、目上の人との縁に恵まれる運勢です。上司、両親、恩師、先輩などが素晴らしい縁を運んできてくれ、良縁がまとまります。

・「偏印」―「偏官」＝凶運

経済的に、何不自由のない暮らしを保証されていたはずだったのに。親の経営する会社が倒産し、突然、貧乏暮らしを余儀なくされたり、金銭的な苦労がどっと押し寄せてきます。女性の場合は、気まぐれでした浮気がばれ、本命の彼を失ってしまう危機。ここをうまく乗り切れば、安定した幸運期がやってきます。

・「偏印」―「正官」＝凶運

願っていたポストにつくなど、社会的には成功したように見えるのですが、家庭内に嵐が吹き荒れているというように、片方で素晴らしい幸運があり、もう一方でこれ以上ない不幸を背負い込むという運勢。あれもこれもと欲を出さず、幸運に恵まれたものだけで満足するようにしましょう。女性は夫に従っていれば、大きなトラブルを防げます。

・**「偏印」—「偏印」＝極めて凶運**

せっかく買ったマイホームが欠陥住宅だったり、将来を保証されていたはずの勤務先が突然、破産申請をしたり。幸運の後にぽっかり落とし穴が口をあけている。そんな星回りです。しかし、慌てずに、自分が本当に進みたい方向を信じて進んでいけば、その先には光明が待っています。親子の縁が薄くなる兆しも見えます。

・**「偏印」—「印綬」＝凶運**

自分の意思がぐらつき、大事なものを失いかけます。順調にいっていた仕事を辞めて、独立したばかりに大きな借金ができたり、妻に不満はないのに、よその女にちょっかいを出し、家庭が崩壊したり。とくに、男性は異性運が薄くなる時期なので、妻も愛人も失う結果になります。女性は子ども運が乏しくなり、不妊に悩みます。

偏印のまとめ

●偏印は食神と七殺の関係で「倒食」といい大凶である。
●偏印が月柱蔵干にあって強い場合は印綬と同じ力を発揮して吉である。
●偏印は協調性の欠如と利己主義で自己過信が強いが、自覚して自己コントロールするならば独創的な才能で大発展する可能性が大きいので偏印の判断は特に難しい。
●偏印、印綬が2個以上ある人は孤独である。
●偏印に正財、偏財があると吉で財に恵まれる。
●偏印に食神がある場合は正財、偏財があると吉である。しかし正官、偏官が行運で巡ると病気か財を減らす。
●偏印は正官、偏官が3個以上で官星過多の場合は吉である。
●偏印は干合または空亡で吉になる。
●偏印過多は財に恵まれず孤独な人生となる。
●偏印の身弱は財に恵まれない。
●偏印と印綬がある場合は集中力に欠け、あきっぽいので、凶である。

●偏印は劫財と吉凶神殺星「羊刃」があると冷酷な性格になる。
●偏印・印綬・比肩・劫財の星だけの人は大吉。
●偏印は正財、偏財、偏官があると吉。
●偏印は偏官があると凶。しかし、傷官があると吉に変わる。

10 元命が「印綬」のとき

■「印綬」＝（吉星） 頭脳明晰、穏やかで心やさしい人

◆学問と名誉を象徴する星

「印綬」とは、役所などで使う印鑑とその下げ紐のこと。つまり、学問とか名誉などを意味する星で、この星の生まれの人はほぼ例外なく、頭脳明晰で、勉強しなくても成績がよく、アカデミックな世界で頭角を現す優れた資質の持ち主です。

それでいて、偏屈なところはなく、性格は穏やかで心やさしく、誰にもソフトに接するため、およそ敵をつくりません。

欠点といえば、プライドが高いことで、プライドを傷つけられると、いわゆる〝キレ〟た状態になってしまい、相手にくってかかったりします。こうして、せっかく手にしていた成功を、わずかなことで水泡に帰してしまうことがある場合があります。

誰の目にも優秀だという人ほど、心穏やかに、できるだけ相手を受け入れる努力を惜しまないことが大事です。この星の人は、つねにそれを心がけてください。

◆人の好き嫌いが激しいのが欠点

対人関係では、とにかく人の好き嫌いが激しく、自分の気に入った人としか交際しないのが欠点。そのうえ、滅多なことでは心を開かず、本心を人に覗かれるのを嫌います。これでは、真に心を許し合う友人ができるわけもなく、恋に縁遠いのも仕方ありません。

しかし、一度、相手を受け入れてしまうと、家族以上の親しい関係になり、その強い絆は

生涯、続くことが多いようです。

◆創造性の高いものを

この星の人は、栄光に恵まれる運命にあり、精神的にも金銭的にも、どん底に落とされるということはほとんどありません。波乱もなく、順風満帆の人生を保証されているといってもよいでしょう。

アカデミックな世界で成功することはすでに述べましたが、創造性、独創性にも優れているので、アカデミックな才能とうまく融合させれば、優れた学説を世に問い、学者としてマスコミの寵児になったり、世界的に認められた評論活動で、オピニオンリーダーのような存在になる可能性も秘めています。

■「元命」(B―5)に「印綬」がくる場合

・「印綬」―「比肩」＝強運

比較的順調な星回りですが、なぜか金運だけは恵まれません。夫婦仲はよいのに、貧乏だとか、仕事は順調なのに、あまり儲からない、あるいは、突然、大きな出費を余儀なくされることが起こるなど。しかし、お金で幸福は買えないの言葉どおり、人間関係が満ち足りているので、基本的には幸福感にあふれた日々を送れます。

・「印綬」―「劫財」＝普通の運

他人の世話をしたり、面倒を見てやるなど、人のためにしてきたあなたの姿をじっと見ている人がいます。そういう人が、あなたの苦境に手をさし伸べてくれるので、大きなトラブルに発展しないですみます。金銭運はやや上りカーブ。あまり大きく儲かることはありませんが、仕事はまず順調に進みます。健康管理に注意しましょう。

・「印綬」―「食神」＝強運

突然、あなたの存在が社会に認められ、公私ともに多忙になります。骨身を惜しまず、それに対応していると、知らぬ間に大きなお金も入ってくるなど、人生が好循環に入っていることを実感します。人間関係は、人の縁が新たな人の縁を呼び、その結果、素晴らしい出会いにつながります。忙しさのあまり、体を壊すことがあるので要注意。

・「印綬」―「傷官」＝凶運

上の人との人間関係がうまくいかなくなります。親と意見が対立。ついに切れて家を出ることになったり、上司とぶつかり、辞表をたたきつけたり。そんなことから、家庭内にも職場にもトラブル続出。ここは、あなたが頭を下げて、トラブル修復に努力すると、次の展開が好循環に変換できます。子ども運はよく、優秀な子に恵まれます。

・「印綬」―「偏財」＝強運

人から信頼され、その結果、仕事運が急転回で開けていきます。長年、赤字に苦しんできた事業がようやく軌道に乗り、確実な利益も見込まれるようになります。家庭内も円満で、妻のありがたみが身にしみるとき。子どもたちが父親を見直したり、すべてのことがよい形で実ってきていることを実感できます。利益の一部は社会還元するとよいでしょう。

・「印綬」―「正財」＝極めて凶運

順風満帆で進んできたところ、大風を受けてマストが折れてしまった……。いうならばそんな時期で、人生のすべてが悪いほう、悪いほうへと向かってしまいます。家族の誰かが大病したり、訴訟事件に巻き込まれ、家屋敷が抵当に取られてしまったり。しかし、最後には家族が残り、必ず、よい形で再出発できます。

・「印綬」―「偏官」＝きわめて強運

それまでひそかにがんばってきた努力が実を結び、大きな成果をもたらします。会社では信じられないほど出世し、学生なら、絶対無理だと思われていた大学に合格したり。恋愛運も好調で、なかなか結婚に進めなかった彼との間に子どもができ、念願のゴールインへ。「トビが鷹を生む」、という言葉どおりのかわいい子に恵まれます。

・「印綬」―「正官」＝強運

自信満々なのはよいのですが、度がすぎれば、周囲は鼻について、足を引っ張ります。この時期のあなたはまさにそんな姿。もう少し、謙虚な振る舞いを覚えると、周囲の反応も違ってくるでしょう。職場ではとくに気をつけないと、現在のポストも危うくなります。金銭運は比較的順調です。ラブ運もまずまずでしょう。

・「印綬」―「偏印」＝凶運

はた目には順調そのものの運勢に見えますが、小さな破れ穴が多く、内心では悩みや苦労を抱えています。子どもや夫の家庭内暴力に泣くなどはたいていこうした星回りです。仕事運はまずまず。独創的なアイディアが受けて、不況の中でもかなりの成功に恵まれます。

・「印綬」―「印綬」＝凶運

もらい事故など、他人の起こしたトラブルの煽《あお》りを受けて、こちらまで大きなダメージを背負ってしまうことがあります。仕事では社会的な地位に恵まれます。女性は夫と死別したり、子どもとの縁も薄い傾向があります。しかし、再婚運が強く、初めの結婚よりも素晴らしい相手に巡り会い、晩年運は安定しています。

■印綬のまとめ

●印綬の大敵は七殺の正財である。

●月柱の元命に印綬があると一生を通じて豊かな生活が送れる。頭脳明晰で風格がある。

●月柱蔵干に印綬と天干に正官があり十二補助星が建禄や冠帯、帝旺、長生があれば、サラリーマンや政治家、官僚は成功する。

●印綬と正官は命式のどこにあっても吉である。行運（大運、歳運）に印綬、偏印、正官、偏官が巡ってくると吉である。

●正財、偏財が過多3個以上ある場合は、印綬も剋されるので比肩、劫財があると吉である。

●印綬があると日干を助け強化するので命式に正官、偏官、食神、傷官、正財、偏財が過多でも吉である。

●日柱の十二補助星が絶でも印綬があれば吉となる。

●印綬の十二補助星の死と絶は凶である。行運（大運・歳運）で死と絶が巡ってくるのもよくない。

●印綬に正財は七殺の関係で大敵である。その場合、命式に劫財があれば吉である。
●印綬は正官または偏官があると大吉である。
●印綬が2個あって吉凶神殺星「羊刃」が2つあればその人は天才である。1つであっても頭脳明晰の人物である。
●印綬は3個以上あると子どもに縁がない。
●印綬に正官、偏官がないと才能があるのに社会で認められない。
●印綬に偏印があると決断力がなくあまりよくない。
●印綬は2個までで3個以上あると印綬過多となり凶であるが、正財、偏財があれば吉になる。
●印綬のある人は身弱でも印綬の助けがある事で吉となる。命式が身旺に過ぎると、「過ぎたるは猶《なお》及ばざるが如し」で凶となる。正官もしくは偏官があれば吉となる。
●印綬は干合すると凶になる。

十二補助星で知る性格や運命

各柱の十二補助星は、その人の生まれもった性格や運命を物語ります。月柱の十二補助星が60％、日柱の十二補助星が30％、年柱と時柱の十二補助星が合わせて10％の影響力をもっているとされます。

①「長生」聡明で伸びやかな性格

聡明でなにごとにも積極性があるので、なんでも率先して取り組みますが、どこか伸びやかな側面もあり、これがよく出ればゆとりになり、悪く出れば、決断力が鈍いという欠点になるので、リーダーには向きません。

技術系、芸術系のように、個性的な能力を発揮する仕事につくと、成功する確率が高いでしょう。

人に従う性格もあるので、女性は夫に愛され、幸せな一生を送れます。

温厚で気が長く持続性と順応能力に優れています。

女性は少し理屈屋だが、愛嬌のある美人が多い。

日干に戊と己（土）と庚と辛（金）を持つ人は世の中を生きる知恵をもっています。

②「沐浴」自分本位でさびしがり屋

よくも悪しくも自分本位な性格ですが、反面、さびしがり屋で、つねに人とともにいたい性格です。落ち着きのなさも、この星の特徴です。

熱しやすく冷めやすい性格で、乗れば人一倍の能力を発揮しますが、乗らないと、どうしようもないほど役に立ちません。そうした性格から、自分の好きな道、芸術や芸能界などのほうが、成功のチャンスが多いはず。サラリーマンでは、転職を繰り返す傾向があります。

自分が心で思っていることを素直に言葉や行動に出しますが、人に好かれるのであまり嫌らわれませんが、本人は後で後悔することになります。

長男は父親と生死別もしくは縁が薄い。多種多才な能力をもっていますが、長続きしない欠点があります。

3「冠帯」プライドが高く見栄っぱり

自尊心が強く、我を張り、威張ってばかり……。ちょっと度を越すと、周囲の鼻摘みものになってしまいます。

仕事運では大器晩成タイプ。若い頃は成功を焦らず、地道に努力していると、中年以降に思いがけず、花が咲きます。

プライドが高く見栄っぱりで利己的、自分がリーダーにならないと納得しないところがありますから、その目的のために最大限の努力をしてリーダーになります。

女性は親戚の面倒も見るが、家庭では、夫を仕切る傾向があります。

4「建禄」自立心に富み金運あり

活発で、自立心に富み、金運、名声運ともに恵まれています。女性の「建禄」は家におさまっていられず、家庭との両立は難しいかもしれません。

この星の特徴は永続性がないこと。人生の前半がよい人は後半に思わぬ不幸に見舞われ、反対に、人生の前半に苦労をした人は、後半に人も驚くほどの名声や富に恵まれます。

人のことを気にせず、自分の目的のために、ひたすら前向きに仕事をしましょう。口も達者で行動力があるが、マイペースで協調性がない面があります。日干が陰陽の陽（兄）だと実行力があります。日干が陰（弟）だと知的能力に優れています。人生は浮き沈みが激しい暗示があります。男女とも、初婚に破れやすいので晩婚が望ましいでしょう。

女性は気性が激しいので、夫を立てるようにしないと離婚することになります。

5「帝旺」仕事運は強いが家庭運悪い

正義感、独立心が強く、堅実な行動力もあるので、ビジネスでは大成功する星です。ところが二重人格的な面があり、浪費家で、家庭も顧みないため、家庭崩壊してしまうなど、家庭運では薄幸です。

女性もキャリアアップには成功し、会社内で一目置かれる存在になりますが、結婚運には恵まれないことが多いようです。

清濁併せ呑む器で長男に生まれても、家と縁が薄く、妻の実家に縁が深く養子的存在となり、妻の実家の援助を受けます。

男性はなにを考えているかわからない感じでぼーっとしていますが、女性は性格の強さが外見にも見えるあねご肌の人で自我が強すぎて離婚したり、夫と生死別します。手に職をもつことが大切です。

6「衰」大きな失敗のない人生

温和な性格で、保守的、慎重な人なので、大きく失敗する心配がありません。反面、猜疑心が強く、大事な決断になればなるほど、揺れ動き、結局、誤った選択をしがちです。

苦労性でしなくてもよい苦労を背負い込むことが多く、女性では、病人や老人の世話など、人が避けて通りたいと思うようなことも積極的に受け入れてしまいます。

気力が衰えているので、すべてが保守的で、協調性に富み、温和な人柄です。

技能、技術には才能があります。

7「病」多才だが気分屋

サービス精神に富み、楽天的な面があるので、誰からも「いい人」といわれ、表面的には好かれます。しかし、空想家で現実味がないため、ときどき、大ポカを演じてしまうことがあるので、注意しなければなりません。

多才、多趣味なのですが、なにごとも中途半端になりやすい嫌いがあります。

保守的なのに潔癖性で、しかも趣味人。感受性が強いので、人の気持ちを読み取り、人に好かれます。しかし、苦労性で、先のことを思い悩んでくよくよ考えます。

8「死」頭がよく先見の明もある

頭がよく、先見の明もあり、けじめのある行動をするので、周囲から信用の厚い人であるはずなのですが、なぜかときどき精神的な異常をきたし、それまでの信用を一気に失ってしまうことがあります。

内弁慶で、人前でパフォーマンスすることが苦手。人に騙されやすいところもあるので要注意です。

短気で気ぜわしいが努力家で、ソフトな性格のうえ、しっかりしていて外面がよく、社会的な信用があります。しかし、内面が悪いので夫婦仲はよくない面があります。知的能力や研究心があるので才能を発揮します。

子どもの頃は病弱で青年期になると健康になります。

9「墓」研究熱心な努力家、老後安泰

流行など周囲にはとらわれずに、よい意味でマイペースで着実に成果を蓄えていきます。研究熱心な努力家。学者には最適の性格です。

経済観念がしっかりしており、ちょっと欲張りな面があるので、中年から先はお金に恵まれ、安定した老後を送ります。

お金や物を貯め込むタイプとものごとを計画することが好きなタイプとあり、共に経営者に向いています。人間関係も良好ですが、

少し偏屈な面があります。「墓」の人は前半生が良ければ後半生が悪く、前半生が悪ければ後半生は幸せのどちらかです。

命式に「墓」が2つある人は家庭的に恵まれないか孤独になります。

10「絶」波乱に満ちた人生を……

心身ともに不安定で、常にあてもなく動き回り、次から次へと触手を伸ばします。

結果的に、波乱に満ちた人生を送ることが多いので、就職、結婚など、一生の大事には慎重にことを進めること、周囲の意見に耳を傾けることが必要です。

明るく、激情家な面があるので、仕事、結婚の破綻も長く尾を引くことがなく、立ち直りは早いほうです。

仕事は、華やかで変わり目の早い人が成功する世界、芸能界入りなどを果たすと、意外に長く活躍できたりします。

精神的にはとても孤独なので、にぎやかで忙しいほうが精神がまぎれて好きなようです。頭はよく回転し、気は焦るが行動がともなわず、落ち着きがありません。

浮き沈みの多い人生となります。若いときに異性関係をもつ人が多く、女性は愛嬌があって可愛い人が多いです。晩婚が多いようです。

11「胎」理想家肌だが永続性なし

楽しくやさしい性格。日頃は無口ですが、お酒が入ると急におしゃべりになり、信用を失ってしまうという結果になりがちです。

ムード派、理想家肌で、ものごとにすぐ熱中しますが、永続性に欠け、すぐに熱中する対象が変わってしまいます。

幼少から病弱で大病を患う人もいますが、成長にともなって健康になります。向上心はあるのですが意志が弱く、環境に振り回される傾向があります。理想を追わず、現実的な考え方が大切です。

男女ともに結婚は初婚はうまくいかず再婚

で落ちつきます。

⑫「養」辛抱強さを身につけるが勝ち

素直で、大らかな性格ですが、自分勝手でわがままでもあります。男女とも、母親との縁が薄く、早い年代に死に別れたり、生き別れたりする運命にあります。

財産相続をするなど、与えられる金運をもっているので、辛抱強さを身につけ、その資産を上手に運用すれば、一生、食べることには困りません。

養子に行くと夫婦仲はよいですが、実家を継ぐと、トラブルが増えます。人柄は温厚で進歩的なので忍耐力があれば道は開けます。

女性は取り越し苦労が多く、潔癖性で消極的な考え方をします。

五行と十二支で読み取る性格

1 「五行」で性格を読む

性格は、「日柱天干」（C―1）の「五行」で見ます。

◆「木」

いわゆる一本気な性格で、まっすぐで正義感が強い反面、強情で執念深い側面をもっています。

◆「火」

情熱的で、よくも悪しくも熱しやすく冷めやすい人。陽気で、いつもその場の盛り立て役です。

◆「土」

粘着質なところはありますが、包容力があり、人間関係はきわめて良好です。ちょっと周囲の反応を気にしすぎるところがあります。

◆「金」

いわゆる堅物。短気で感情的なところがあります。頑固一徹で、自分の思いどおりにいかないと我慢できない性格です。

◆「水」

あまりに理知的であるため、一見、冷たそうな印象を与えますが、本質は、温かく融通性に富み、しかも、こだわりのない、爽やかな性格です。

2 「十二支」で性格を読む

「年支（A―2）」「月支（B―2）」「日支（C―2）」「時支（D―2）」を見ます。

◆「子」

いわゆる、お金に関して細かい人。その分、利得に敏感で、こまめにお金を貯めます。同様に、こまめな努力を実らせて、気がついたときには結構、成功しています。素直でよい性格ですが、飽きっぽく、すぐに気が変わりやすい点が欠点です。

◆「丑」

忍耐強く、目標に向かってじっくり力を蓄えていくタイプ。やさしい性格で、めったなことでは爆発しませんが、いったん怒り出すとなかなか収まりがつきません。人当たりがやわらかく、たいていの人と、人間関係はうまくいきます。

◆「寅」

力もあり、行動力もあるのですが、自己中心的なところがあり、常に、自分が一座の中心でないと我慢できないという性格的な傾向があります。周囲の人間と解け合えるような柔軟性を身につけていければ、すべてがもう少し、うまくいきます。

◆「卯」

愛嬌のよい性格で、誰にも愛される反面、我がままで見栄っ張りという側面が災いして、本当の信頼関係を築きにくいタイプです。八方美人をやめると活路が開けます。

男性は、女性に弱いという欠点があり、せっかくつかんだ栄光の道を女性問題でしくじることがあります。

◆「辰」

一見、おだやかで懐深い性格に見えますが、本質は激しいほどに独占欲が強く、自己主張もかなり強いほうです。しかし、たぐいまれな力をもっているので、反感を買いません。愛情深く、人を愛したら、生涯愛し続け、浮気心など起こしにくいタイプです。

◆「巳」

頭の回転が早く、行動力にも優れています。執念深い一面もありますが、この性格を上手に使えば辛抱強く努力を続けることにつながり、最後に笑うタイプです。

しかし、性格に一貫性が乏しく、心変わり

が激しいので、恋愛関係では泣くことが多いようです。

◆「午」

一直線に進んでいく性格はよいのですが、ややあわて者で、準備不足でしばしば失敗します。感情に走りやすく、社会に出てからはそれを抑えないと、組織内で対立しやすいでしょう。

◆「未」

やさしく温かな性格ですが、ややもすると地味で、存在感に乏しいのが欠点です。負けず嫌いで、妥協を知りません。性格的には弱く、それを見せないためにストレスをため込んでしまいがちです。

◆「申」

正義感に富み、人の不幸を放っておけないところがあります。頭がよく、器用で、なんにでもチャレンジするので成功しやすい印象がありますが、やや度量に欠け、そのために成功のチャンスを台無しにしてしまうことがあります。

◆「酉」

独立独歩精神はよいのですが、周囲との調和を心がけることを忘れがちで、結果的には唯我独尊になってしまいやすいところがあります。冷静沈着で、グループの中に一人、こういう人がいると、大きな失敗を防げます。

◆「戌」

責任感が強く、厚い信頼を得て、出世するタイプです。コツコツ誠実に努力することも厭わない性格で、やや保守的。しかし、人情家で、人の世話をとことん見るので、人望もあり、家庭にあってもよき父、よき母になります。

◆「亥」

信じたことを疑わず、どんどん突き進んでいく行動力があります。しかし、人の情けに敏感で、周囲との人間関係で問題を起こすことはまずないといってよいでしょう。組織内で生きていくよりも、独立して歩んでいくほうが向いています。

宿命星に影響を与える十二補助星

十二補助星〈A—6〉〈B—6〉〈C—6〉〈D—6〉とは、人の一生になぞらえて命名された「長生」「沐浴」「冠帯」「建禄」「帝旺」「衰」「病」「死」「墓」「絶」「胎」「養」の12の星のことで、宿命星の力を強めたり、弱めたりする働きがあります。

命式を見て、たとえば、「正財星」なら「正財星」が月柱に2つある人でも、十二補助星に「絶」があれば、その状態を「無」にする力が働くというわけです。

十二補助星のそれぞれの意味と、宿命星の、作用に働きかける強さは、次のとおりです。

①「長生」（強）

人生が始まったばかりの状態のように、どんどん成長していく勢いを示します。平穏、温和、人々に祝福されることも意味します。

長生＝のんびりしていて持続性がある。

長生は母親の体内で育った子どもがこの世の中に誕生して、どんどん成長していく状態を示しています。

②「沐浴」（中）

産湯を使うという意味。成長機運はあるものの、未熟であったり、不安定であることも示し、低迷、失敗、苦労、亀裂などの意味ももっています。

沐浴＝本能のおもむくままに行動する。

生まれた子どもが修養、教育を受け、身体を鍛えて成長していく姿を示しています。

3「冠帯」（強）

衣冠束帯、つまり、成人になることを意味し、これからの活躍が期待できるとともに、自尊心、名誉、虚栄心などの意味もあります。中年以降に人生が開け、発展することを暗示する意味もあります。

冠帯＝プライドの高い利己主義者。

知性や教養を身につけ一人前の人間として、実社会で力を発揮しようと意気に燃えている状態です。

4「建禄」（強）

人生の昇り坂で、社会に出て、活躍しているという意味。つまり、運気はどんどん向上し、活発、堅実、などの意味もあります。

建禄＝ひたすらファイトで行動持続。

実社会で自己の力を発揮し活躍して成功し、それなりの地位につき、人生を意気に感じている。働き盛りの壮年を表しています。

5「帝旺」（強）

人生の絶頂期。脂が乗り、気力も最も充実しています。名誉、地位なども暗示していますが、一方で、自尊心、横暴という暗示もあります。

帝旺＝独立心の強い大きな器。

人生の絶頂期の終末を迎え、大物の器であるものの衰退が近くなってきているので、運の変転があります。そのため、頭領でありながら、消極的となり、不安定になってくる状態を示しています。

6「衰」（弱）

絶頂期をすぎ、しだいに運勢が傾きかけてきているという意味。慎重、保守的、几帳面なことを意味する反面、消極的で衰退していくという暗示もあります。

衰＝保守的で堅実、協調する人。

人生の絶頂期を越えて気力、体力が衰えているが、余力で頑張っている初老の状態です。

7「病」（弱）

病弱という意味で、活力、運気ともに弱っていることを意味します。優柔不断、潔癖などの意味もあり、親との縁が薄くなるという暗示もあります。

病＝潔癖で風流を好む趣味人。

体力気力が衰えて衰弱し、変化が起こる前の状態を示しています。

8「死」（弱）

死は文字どおり、運気が停止しているという意味。考えすぎて結局は行動に移せず、なにも実りません。

男性は、妻から別れをいい出されるという暗示があります。

死＝人当たりはソフトだが芯は強い。

身体の働きが停止して、次の代の子どもが活動を開始する状態です。

9「墓」（中）

地中におさまって静かにしているという状態で、人生の充電期を意味しています。蓄えるという意味から、お金を蓄えることを暗示しますが、その一方で、ケチ、強欲、心が狭いことも暗示します。

墓＝堅実な事業家。

墓は人間が土にかえった姿で、これまでの業績が子どもに受け継がれて、まだ太陽の光が地平線に夕日として残っている状態です。

10「絶」（最弱）

途絶えること、無の状態を意味します。執着心がなくなり、なんでも途中で放り出してしまうことを暗示します。非接続性を意味するところから、予想外の、波乱に満ちた展開を意味することもあります。

絶＝頭だけ働いて行動が伴わない。

肉体がほろびて、生まれ変わって活動する生命が宇宙で内在している状態です。

11「胎」（弱）

母胎の中にいるように、静かに時がくるのをまっていることを意味し、しだいに活気に満ちていき、活動的になっていくことを暗示します。希望、転機などを意味することもあります。

胎＝思いどおりにいかない不平不満の人。

胎＝思い通りにいかない不平不満の人。母親の胎内に魂が宿った状態を示しています。

12「養」（中）

母体内で養われているという意味で、誕生、光明のときが近づいていることを意味します。忍耐力、発展などを意味する反面、八方美人で我がままな面もあることを暗示します。

養＝温厚で母親思いの人。

養は母親の胎内で宿った生命が養育されている状態を示しています。

■宿命星・十二補助星に与える
見逃せない吉凶神殺星の影響

①貴人は信仰心を表す

貴人は守護神、仏教でいうところの諸天善神です。

命式に貴人が1つもない人は、目に見えないものを信じられない人が多いことも確かです。逆に命式に貴人がある人は、目に見えないものを感じ想像し信じることができる人が多いようです。つねに自然や他人に感謝する心を持った信仰心の厚い人が多いので、自然と災いから守られているようです。

吉凶神殺星〈A—7〉〈B—7〉〈C—7〉〈D—7〉は特殊星といわれ、四柱の干支だけでは解釈が難しい場合に補助的に使います。吉凶神殺星には吉に働く星「吉星」と、凶に働く星「凶星」と吉凶に働く星がありま す。命式に吉凶神殺星があると、そのときどきの運に影響を与えます。

しかし、吉凶神殺星はあくまでも補助的な意味合いをもつもので、性格、運勢などを決定するのはあくまでも宿命星や十二補助星です。吉凶神殺星はそれらが物語る運勢に微妙な影響を与えるものと解釈してください。

②「日干」で求める吉凶神殺星と意味

◆「天乙貴人」

貴人中でも最高の貴人が「天乙貴人」です。凶、厄災などから守る働きがあります。とくに、サラリーマンなら上司、女性なら年上の親戚など、目上の者の引き立てで運勢がよい方向に発展し、昇進したり、良縁に恵まれたりします。

どの分野でも、レベルの高く社会で活躍ができます。

一生、平和で安定した生活ができ、一切の災難から守られます。

月柱にあるのが最もよいとされ、日柱、時柱、年柱の順に力が薄れます。天干が支合・三合する場合は人徳をもち、社会的な信用が得られます。生涯に渡って、刑罰などにあうことがありません。

「天乙貴人」の柱の十二補助星が「衰」「病」「死」「絶」「沐浴」ならば吉運が薄らぎます。その柱が「空亡」であると、吉・凶運とも力を発揮しません。

◆「大極貴人」（年柱だけを見ます）

大極貴人をもつ人は目上の引立てや、同僚、友人の援助を受け、金銭的にも恵まれ、必ず仕事でチャンスを得て成功します。晩年になるほど、幸せになるといわれています。

命式に「空亡」があると力を発揮しません。

◆「文昌貴人」

文学や芸術に才能を発揮し成功します。字のごとく、文章を書く才能に恵まれた人で、作家や新聞記者、編集者などを職業にしている人は必ずもっている貴人です。とくに同じ柱に「印綬」があると、大衆から尊敬され、社会的にも知名度が高くなります。

空亡がある場合は働きません。

◆「福星貴人」

金銭運が強く、物質的に不自由のない日々を暗示します。

多くの人に愛され、生涯、金銭に困らず、字のごとく、福運を招く貴人ですが年柱にある人は先祖から財産を受け継ぐか、親の力で財産を得ます。

月柱にある人は両親から遺産を受け継ぎます。

日柱にある人は中年期に自力で財産を作ります。

時柱にある人は晩年期に子どもや孫に恵まれ、長寿で幸せな一生を過ごせます。

◆「天厨貴人」

衣食住に恵まれて、生活の苦労を知らない星です。社会的な成功も意味するので、サラリーマンなら人より早く昇進します。

同じ柱に「食神」があると、さらに物質運が強まったり、飲食に関係する職業につくと成功します。同じ柱に「印綬」があると、さらに素晴らしい吉運がもたらされます。

しかし、同じ柱が「空亡」だと力を発揮しません。

◆「暗禄」

困ったときに、身内や他人から援助を得られる徳をもち、生涯、金銭に困らないといわれています。性格も器用で人に、よく尽くすので、困ったときほど、人に助けられる幸せな人です。

空亡がある場合は働きません。

◆「金輿禄」

配偶者の福徳を得られる星で結婚した相手から幸運を得る星で、子孫の繁栄が保証されます。

金輿禄のある人は性格が温厚で、円満なので、人に好かれます。同じ柱に貴人があれば、幸運はもっと強くなります。

女性は振る舞いが、優雅で、心が温かく思いやりがあります。しかも美人なのに険がないので、みんなから好かれ、夫婦仲もすこぶるよく、幸せが約束されています。

男性は妻が変わると、次には良妻を得られないので、離婚はしないことがポイントです。

◆「羊刃」

身旺の人で、同柱に「偏官」、「冠帯」に「羊刃」があると力を発揮し、運も強くなって風格が見られるようになります。「偏官」があると吉星になり、「劫財」「傷官」では凶星の働きとなります。身弱の人は災難や事故にあい、苦労の多い人生となります。

羊刃のある人は性格が強情で積極性があります。味方と敵をはっきりさせるので、人間関係で苦労があります。つまらないことでけんかや口論になり、トラブルとなるので気をつけてください。年柱にあれば家業を継がず、父母と縁が薄くなります。

月柱にあると強情で偏屈な性格になり、トラブルの原因になります。時柱にあるときが最も強力で、月柱、日柱、年柱の順で力が働きます。

日柱にあるとそれなりに力を発揮します。時柱にあると妻や子どもを剋し、晩年は凶作用があります。

◆「飛刃」

凶運をもたらす星です。男性は喧嘩っ早く、その性格が災いして、失敗します。ギャンブル好きなところもあり、そのため身を誤ることもあります。

女性は出産にかかわる災いがある暗示がありますので気をつけて下さい。

◆「紅艶」

多情多感で愛嬌があって人なつこく可愛い面をもっていますが、人にちょっかいを出され、異性問題を起こし、トラブルとなります。

性欲が強く、貞操観念が弱いため、命式に「咸池」があるとセックストラブルに巻き込まれる暗示となります。

◆「魁罡」

日柱にある場合だけ、影響力を発揮します。性格は二面性があり細心にして大胆、慈悲深くて冷酷と極端です。命式に「偏印」があれば吉の影響、「正官」「偏官」「正財」「偏財」などがあれば、凶の影響をもたらします。

「魁罡」の人はカリスマ性がありますが、聡明で気性が激しいことから、孤高の人になりやすい傾向が見られます。

「身旺」の男性で「魁罡」なら、大いに出世します。女性は結婚運が悪く、夫運には恵まれませんが、仕事では大いに面目をほどこし、キャリアウーマンとして大きく羽ばたきます。

3 「月支」で求める吉凶神殺星と意味

◆「天徳貴人」「月徳貴人」

ともに吉星で、凶を吉に転じてしまう強い力をもっています。この2つがそろっていれば、まさに鬼に金棒。非常に強い吉運を発揮します。

日柱にあるのが最もよく、時柱にあるのもまずまず。月柱、年柱にこれがあっても、あまり働きは期待できません。

日干から求める吉凶神殺星に「天乙貴人」があれば、吉運からさらに上昇し、この上ない吉運、まさに幸運の女神の申し子のような運勢となります。

◆「天徳合貴人」「月徳合貴人」

物心ともに、人から過分な助けを得て、幸運に導かれる暗示があります。この2つがそろっていれば、一段と強い吉運となります。

日柱にあるのが最もよく、時柱、月柱、年柱の順に働きが弱くなり、月柱、年柱ではほとんど力を発揮しません。

◆「華蓋」

芸術、僧侶の星といわれ、芸術家やタレント、芸能人として有名になり経済的に恵まれますが、孤独の星なので、家庭運に恵まれない暗示があります。

同じ柱に「印綬」があると、芸術面で社会的に大成功します。

また、同じ柱が「空亡」だと、男性は宗教に縁があり、僧侶などでは名の知られた存在になります。女性では、結婚運や子ども運に陰りが見られます。

4 「年支」「日支」で求める吉凶神殺星と意味

◆「駅馬」

旅行とか出張・移転など、人生の旅を意味する星で、この星のある人は、職業、住所などが安定しないようです。

命式に「天乙貴人」があれば、「天馬貴神」と変じて、社会的にどんどん上り詰めていき、地位、名誉、富に恵まれ、最高によい運勢となります。

駅馬が多いと生涯を通じて忙しく動き回ることになります。父親との縁が薄く、生死別することになります。

中年まで苦労しますが、中年以降は開運して運がよくなります。

同じ柱に「空亡」がある場合、寂しく不安定な運勢となります。

◆「劫殺」

この星は執念深く、吉に働けば物事を成し遂げ、凶に働けば人への恨みが強くなります。交通事故、戸外での事故などを暗示し、年柱を中心に月柱、日柱とみます。とくに同じ柱に十二補助星の「死」「絶」がある場合は胃腸、耳鼻咽喉が弱く病気になりやすい体質です。生命の危機に直面することもありますので、要注意です。

命式に「天乙貴人」があれば、行動力に優れていることを意味し、それが吉運につながることがあります。

「劫殺」が2つあると金銭への執着から犯罪を犯すことがあり、3つある人はさらに凶暴になるという暗示もあるので、くれぐれも自重が肝要です。

◆「咸池」

別名「桃花殺」といわれる色情の星で、この星があると、セックストラブルで人生をしくじる暗示があります。同じ柱に「沐浴」がある場合は、セックス欲を抑えられず、素晴らしい恋人や妻があっても、風俗で遊んでしまいます。しかし、同じ柱が空亡していると風流人となり芸術を愛します。

また、男性は命式に「偏官」があると、女性問題で失墜することがあります。

女性の場合は、この星の持ち主は非常な美人が多く、同じ柱に「偏官」がある場合は、ホステス、女優など、性的魅力を売り物にした仕事で大きな成功を収めます。

◆「亡神」

この星は吉に働くと指導力があります。

病気など、体の中に原因があるトラブルに見舞われる暗示をもつ星。日柱を主に見ます。命式に「亡神」が2つあると金銭的な凶運となり、経済的に苦労の多い運勢です。3つあると、犯罪や性病など、とりかえしのつかない凶運に見舞われます。

◆「囚獄」

「囚獄」は、囲いをされた所に居る職業の人で、受付、電話交換手、刑務官等にはあります。また、タレント、女優など大衆から隔離される人にもあります。この星がある人はイジワルな面を持っています。刑事事件に巻き込まれたり、税務署の摘発を受けたり、命式が悪いと刑務所にも入ります。

◆「血刃」

交通事故、事件などに遭遇したり、胃腸関係や女性は子宮関係の手術を必要とするような病気になるなど、血を見る暗示があります。

◆「隔角」

孤独で、人に誤解されやすい性格です。

生まれ故郷と縁が薄く、北海道生まれが九州で暮らすとか、外国で暮らすことになります。

第3章

あなたの人生の運命を読む

宿命星と十二補助星が解明する

「宿命星」と「十二補助星」との組合せのうち、とくに月柱、日柱の「十二補助星」は主として、その人の性格を強く示します。また、各柱の宿命星〈A—5〉〈B—5〉〈C—5〉〈D—5〉と十二補助星〈A—6〉〈B—6〉〈C—6〉〈D—6〉の組合せは肉親との宿命的な縁を物語り、仕事運も暗示しています。

◆年柱の十二補助星〈A—6〉は父母との相性や祖先の家柄や目上の人との相性を物語ります。

◆月柱の十二補助星〈B—6〉は兄弟姉妹と同僚と友人との関わり合いを物語ります。

◆日柱の十二補助星〈C—6〉は配偶者との相性を物語ります。

◆時柱の十二補助星〈D—6〉は自分の子どもや孫の運勢、自分の晩年運を物語ります。

1 柱が「比肩」の場合

1「比肩」—「長生」

兄弟そろって幸運に恵まれ、一生、仲良く過ごせます。先祖との縁が濃く、子どもの頃祖父母の家で育てられたりします。

2「比肩」—「沐浴」

兄弟との縁が薄いほうで、死別したり、あるいは子どもの頃から、別れ別れになったりします。引っ越しが多く、早くから家を離れる運命にあることもあります。

3「比肩」—「冠帯」

兄弟そろって幸せに暮らしていますが、一緒に過ごせる期間が短く、早くから家を出る兄弟があります。しかし、出ていった先も裕福で、幸福であることは変わりません。

4「比肩」—「建禄」

父親、母親の違う兄弟がいるなど、一緒に暮らしているわけではない兄弟がいます。しかし、それぞれ幸福で、頭も優秀で、成長してから力になってくれます。

5「比肩」—「帝旺」

運勢に大きなアップダウンがありますが、最終的には兄弟で助け合い、大きな成功を手にする星回りです。弟のほうがより力を発揮するケースが多いようです。

6「比肩」—「衰」

兄弟の縁が薄く、子どもの頃から別々に暮らしたり、長いこと、音信不通だったりします。自分のほうが、親元を離れる宿命にある場合もあります。

7「比肩」—「病」

実の兄弟でありながら、骨肉相い食むとい

った争いごとを起こします。相続問題がからむことがあるので、大きな財産のある人ほど、深刻なトラブルに発展する恐れがあります。

8「比肩」―「死」

兄弟の縁が薄いばかりか、自分自身のもって生まれた運も弱いほうなので、基本的には幸せ薄い星回りだといえます。親との縁も弱く、早く死別、生別することがあります。

9「比肩」―「墓」

身内との縁がきわめて薄く、両親、兄弟と別れて、一人、別なところで生きていく運命です。しかし、後に再会してよい関係になり、兄弟と助け合う関係になることもあります。

10「比肩」―「絶」

兄弟との縁は薄いほう。成長後はまったく別々の道を歩み、冠婚葬祭ぐらいにしか顔を合わせない関係になります。喧嘩別れではなく、疎遠になる関係です。

11「比肩」―「胎」

兄弟との相性が悪く、結果的に早く家を出てしまい、家業は別の兄弟が継ぐことになります。しかし、後に兄弟が手を取り合って、家業を大きく発展させることになります。

12「比肩」―「養」

兄弟ともに努力家で、それぞれの才能を開花させて、家業を、見違えるような大きな規模に育て上げます。義兄弟運もよく、配偶者の身内とも協力関係になります。

2 柱が「劫財」の場合

1「劫財」―「長生」

兄弟の仲がよく、兄弟の助力で、仕事運が急上昇したりします。父親、あるいは母親の連れ子があります。その連れ子ともよい関係を持続します。

2「劫財」―「沐浴」

小学校から寄宿舎生活をするなど、実家との縁が薄く、兄弟とも親しい関係にはなりにくい星回りです。家との縁が薄いので、成長後も住所がしょっちゅう変わります。

3「劫財」―「冠帯」

運勢が大きくアップダウンする傾向があります。したがって、兄弟の間でも幸不幸の落差が大きく、しかも必ずしも幸運な人が不幸な人を助けてくれるわけではありません。

4「劫財」―「建禄」

兄弟は仲良く、それぞれ幸運なのですが、義兄弟とのかかわりに凶運があり、義兄弟とトラブルを起こし、それが原因で夫婦の仲にもヒビが入ったりします。

5「劫財」―「帝旺」

親はそれ相当の資産を残してくれたのに、兄弟間で相続トラブルを起こし、その結果、親の資産まで台無しにしてしまう運勢が暗示されています。

6「劫財」―「衰」

互いに助け合う必要がないほど、兄弟それぞれが幸運に恵まれ、安泰な人生を送ります。父親、母親のどちらかとの縁が薄く、若いうちに生別、死別する暗示があります。

7「劫財」―「病」

生来、病弱だったり、運が悪く、仕事の失

敗や病気などの不幸に見舞われますが、このとき、兄弟を頼っても拒絶され、いっそう、悲しい思いをします。

8「劫財」―「死」

兄弟との縁は薄く、顔も性格もほとんど似ていないばかりか、生き方にも共通項が少なく、もちろん、日頃から疎遠です。一人っ子の場合も多いようです。

9「劫財」―「墓」

兄弟とは、早くに別れる宿命があり、子どものころから一緒に暮らすことはまれなようです。そのくせ、財産問題では兄弟が真っ向から争い、醜い財産争いを繰り広げたりします。

10「劫財」―「絶」

兄弟ばかりか、人間関係に恵まれず、親子の縁も薄く、一生、孤立無援で生きる星回りです。しかし、自分自身には力があり、立派に大成します。

11「劫財」―「胎」

父親、母親のどちらかが違う兄弟がいますが、意外なほど心が通じ合い、その兄弟の助けで安定した人生を送ります。体が弱いなど、他の苦労があります。

12「劫財」―「養」

兄弟とは縁が薄く、あまり一緒には過ごせませんが、仲はよく、年中行き来はあります。夫婦間のトラブルが生じたときも、兄弟の助けで復縁する暗示があります。

3 柱が「食神」の場合

1 「食神」―「長生」

サッパリした穏和な性格の人なので、みんなから愛され、生涯にわたって衣食住に困ることがないというラッキーな人です。

女性は聡明な子どもに恵まれます。

空亡があると、子どもを流産することがあります。

2 「食神」―「沐浴」

幼年の頃、他家に預けられ育てられることがあります。生家の生活が苦しいときに生まれた人が多いことが原因の一つと思われます。

命式に「正財」や「偏財」があると、よい妻に恵まれます。しかし、食神が2個以上あると、再婚や異性関係のトラブルの暗示があります。

女性の場合は、子どもで苦労することがあります。

3 「食神」―「冠帯」

穏和な性格で、命式に空亡がなければ、衣食住に一生困ることはありません。

夫唱婦随で仲良く、健康にも恵まれ長寿を全うします。子どもや孫にも恵まれ大切にされて、晩年は幸せになれます。

4 「食神」―「建禄」

経済的に豊かな家に生まれた人で、恵まれた幸せな生涯を過ごせます。あっさりした明朗な性格で、聡明な人です。家庭運にも恵まれ、頭のよい優秀な子どもを授かります。

5 「食神」―「帝旺」

お金持ちで家柄のよい家に生まれた人です。あっさりした明朗な性格で、聡明な人柄です。もちろん衣食住にも一生恵まれます。

両親の親族も裕福な家柄の人が多いようです。出世も早く、成功します。

6「食神」―「衰」

家が経済的に衰運のときに生まれた人です。命式に「比肩」または「劫財」のどちらかがあれば、食神を助けて家も経済的に恵まれ、よくなっていきます。

女性は聡明な子どもに恵まれます。

7「食神」―「病」

家が経済的にやや苦しくなったときに生まれた人です。命式に「比肩」または「劫財」のどちらかがあれば、少しは経済的によくなります。夫婦関係はあまりよくありません。

命式に「偏印」があると、食神を倒す「倒食」といって、晩年は厳しい人生となります。

8「食神」―「死」

家が経済的に苦しいときに生まれた人です。命式に「比肩」または「劫財」がある場合は平凡な一生となり、生活に困らない程度のお金には恵まれます。

命式に「偏印」があると経済的に恵まれず、苦労します。女性の場合は子どもで苦労するか、肉親との縁が薄い人生になります。

9「食神」―「墓」

経済的に恵まれた家に生まれた人ですが、中年を過ぎた頃から家運が衰え、経済的な困難が生ずることがありますので、晩年はあまりよくありません。

しかし、月柱に十二補助星の「墓」がある場合には「墓庫」といって、お金を貯めることができます。

夫婦関係はあまりよくありません。女性は子どもと生別または死別の可能性があり、縁が薄いようです。

10「食神」―「絶」

家が経済的に困窮しているときに生まれた人です。命式に「比肩」または「劫財」、「正財」、「偏財」のいずれかがあれば、経済的に恵まれます。この4つの宿命星のいずれもないときは、何かと不本意なことが次々と起こります。

女性はあまり子どもに縁のない人が多いようです。

⑪「食神」―「胎」

家が経済的によくなってきているときに生まれた人です。一生の間に何回かラッキーなことがあります。

晩年は経済的にも、子どもにも恵まれ幸せな暮らしができます。

⑫「食神」―「養」

家は経済的にほどほどに恵まれ、食に関係する仕事や、衣に関係する仕事をするか、サラリーマンになる人が多いようです。

晩年は子どもや孫に囲まれて、幸せに過ごせます。

女性は聡明な子どもに恵まれます。

4 柱が「傷官」の場合

①「傷官」―「長生」

母親が離婚。その後、再婚したが、子どもは実家にあずける運命です。実の親とは暮らせない暗示があります。女性は素晴らしくよい子に恵まれます。

②「傷官」―「沐浴」

兄弟の絆が強すぎ、その一方で、夫との縁が薄いので、一生独身か、結婚しても、離婚する可能性が強いようです。しかし、兄弟と楽しく、安定した一生を送ります。

③「傷官」―「冠帯」

祖父母から大きな遺産が舞い込み、それを兄弟でまとめて運用するなど、先祖の力と兄弟の力をうまく合わせると、幸運に恵まれます。女性は夫と別れる暗示があります。

④「傷官」―「建禄」

兄弟というより、姉妹の間で、一方の夫が大出世を遂げるのに対して、片方の夫はリストラにあうなど夫の運が大きく異なり、その落差のために仲違いしたりします。

⑤「傷官」―「帝旺」

兄弟そろって頭がよく、優等生一家です。しかし、うまくいっている印象は表面的なもの。本質的には仲が悪く、運勢もそれぞれで大きく幸不幸に分かれます。

⑥「傷官」―「衰」

幼い頃に片親を亡くす運命があり、そのおかげで兄弟は、固く結ばれます。その絆が生涯続きますが、なぜかともに夫婦運が悪く、晩年は再び兄弟で助け合うようになります。

⑦「傷官」―「病」

なぜか身内と縁が薄く、孤立無援で生きていく運命です。配偶者の運もあまりよいとはいえません。しかし、自分には力があり、運もよいので、仕事も家庭も成功します。

⑧「傷官」―「死」

両親、兄弟とも早く死別または、生別する運命にあります。金銭運もあまりよいとはいえません。

女性の場合は夫運もよくありません。自分の力でしっかり生きていく覚悟が必要です。

⑨「傷官」―「墓」

子どもの頃から他人の間で育ち、そのために人の顔色をうかがいながら生きていないと不安という人間になりがちです。

兄弟の仲はよく、たまに会っては楽しい時間を過ごします。

⑩「傷官」―「絶」

叔母に育てられる、あるいは、親戚の子どもを育てるようになるなど、親戚との縁が濃い運勢です。しかし、そうすることによって、人並みの幸福を味わえます。

11「傷官」―「胎」

複雑な家庭であることが多く、親の違う兄弟がありますが、その兄弟と強い絆があり、一緒に事業を起こしたりします。男女とも、配偶者には恵まれません。

12「傷官」―「養」

親類に社会的な成功者が現れ、その引きで兄弟揃って、仕事では幸運に恵まれます。女性の場合は、夫か子どもが大成功し、夢のような日々を送る暗示があります。

5 柱が「偏財」の場合

1「偏財」―「長生」

父母にしっかり育てられ、そのお陰で仕事、恋愛など、すべてが順調にいきます。他の柱にも「偏財」をもっていると、人柄はもちろん、強い金運の持ち主と結婚します。

2「偏財」―「沐浴」

両親の運が下降線のときに生まれ、その下降カーブを背負ってしまったため、なかなか運気が上昇しません。人間関係にもトラブルが多いので、恋愛結婚より見合い結婚が向いています。

3「偏財」―「冠帯」

配偶者の実家の助力で、結婚後は何不自由ない暮らしが保証されます。命式に「比肩」があると、女性は結婚運が悪く、独身でキャリアを積む生き方のほうが幸せをつかみます。

4「偏財」—「建禄」

両親の運気が上々のときに生まれ、その勢いを生涯持ち続ける幸運の星回りです。男性、女性とも結婚運が良く、いわゆる玉の輿や、逆玉の輿の縁に恵まれます。

5「偏財」—「帝旺」

豊かな家庭に生まれながら、どういうわけか金運が悪いので、相続した遺産を投資する場合は一にも二にも堅実な方法を選ぶようにしましょう。晩年は金運が回復します。

6「偏財」—「衰」

両親の金運が下降線のときに生を受けているためか、生涯、あまりお金には縁がありません。しかし、夫婦運がよく、心温まる夫婦愛に包まれ、安穏な晩年を迎えます。

7「偏財」—「病」

生家は名家と誉れの高い家ですが、蔵の中は空っぽ。そんな生まれですが、命式に「食神」「傷官」があれば、財運が蘇り、再び蔵をいっぱいに満たせます。

8「偏財」—「死」

父親とは不仲。あるいは父親がほかに女性をつくり、家から出てしまう。そんな暗示があります。不思議なもので、自分も同じことを繰り返し、妻に苦労をかける運命です。

9「偏財」—「墓」

父親との縁が薄く、早くに父を亡くすか、心が通じなくなってしまいます。金運は小吉。小金には不自由しませんが、大金は貯まらない星回りです。

10「偏財」—「絶」

両親が苦労の最中に生まれた子どもで、その運気を背負い、一生、苦労の絶え間がありません。

しかし、実力に恵まれ、仕事では成功し、一生、お金の苦労とは無縁です。

11「偏財」―「胎」

両親が若いときに生まれた子で、その分、両親からの影響は少なく、運勢は中吉。大きな波乱もないかわり、素晴らしい幸運にも縁はありません。

12「偏財」―「養」

二、三代前までの間に必ず養子があるでしょう。そのくらい、養子運で、本人が養子にいくか、養子を迎えるか、とにかく、養子と縁がきれない家系です。

6 柱が「正財」の場合

1「正財」―「長生」

すばらしい家柄に生まれるか、そうした家柄の出身者と結ばれるなど、家柄に縁がある星回りです。

仕事運も強く、自分が好きな道を歩むことができ、しかも大成功します。

2「正財」―「沐浴」

運気が安定していない星回りで、いいときとわるいときの落差が大きくなります。そのため、幸、不幸が入れ替わり立ち替わり訪れます。結婚相手も安定せず、再婚、再々婚したりします。

3「正財」―「冠帯」

生涯、金運が強く、しかも晩年運がよいので、素晴らしい老後を約束された人生です。

とくに配偶者運が最高で、美貌、富、知性を兼ね備えた配偶者に恵まれます。

4「正財」―「建禄」

代々、続いた資産家に生まれるか、そうした家柄の人と結ばれるなど、生涯、金運が安定的によい星回り。男性は、妻の内助の功で仕事運も上向きます。

5「正財」―「帝旺」

銀のスプーンをくわえて生まれたという言葉どおり、一生、お金に困ることはありません。しかし、配偶者と早く死別する暗示があります。その後、再婚はしないようです。

6「正財」―「衰」

何代も続いた家柄ですが、しだいに家運は傾いてきており、あなたが最後の代になる可能性があります。

命式に「食神」「傷官」があれば、よい運に変化します。

7「正財」―「病」

持参金つきの妻をもらって、ようやく家の体裁をつくろっている。そんな暗示があり、妻によってなんとか人並の生涯を送る星回りです。自分の運気は晩年に回復します。

8「正財」―「死」

名家といわれた家でありながら、家運はいよいよ傾き、とうとう家を売りに出す……といった星回りですが、家族の結束は固く、精神的にはとても幸せです。

9「正財」―「墓」

かなり蓄えのある家に生まれ、一生、何不自由ない暮らしを約束されています。しかし、配偶者との縁が薄く、男女とも、配偶者を早く亡くす宿命です。

10「正財」―「絶」

家運が衰えたところに生まれてきたうえ

に、配偶者との相性が悪く、何をやってもうまくいきません。

いっそのこと縁を切って、出なおす決心が求められます。

11「正財」―「胎」

両親の運気が上昇傾向にあるときに生まれ、本人も強い運気に助けられて、とんとん拍子に成功する……という言葉そのままの人生を過ごします。

ただ一つの弱点は配偶者が健康には恵まれないことです。

12「正財」―「養」

地震、災害など、予想外のことで、代々続いた家を失い、それがきっかけで運が傾いてしまいます。

しかし、晩年になると金運が上昇に転じ、再び笑顔が戻ります。

7 柱が「偏官」の場合

1「偏官」―「長生」

この星回りで「身旺」なら、男女とも必ず、いつかは人の上に立ち、人に影響を与える存在になります。女性の場合は子どもが立身栄達し、そのお陰で幸せな晩年を迎えます。

2「偏官」―「沐浴」

一生涯を振り返ると、有為転変《ういてんぺん》に満ちていたと、実感するような運勢をたどります。職業、住所などが不安定で、一生に何回も変わります。

3「偏官」―「冠帯」

人に使われることが耐えられない性格で、次々と起業しては失敗を繰り返す星回りです。とくに女性は夫に従うことができず、離婚はしないまでも、長く別居したりします。

4「偏官」―「建禄」

生まれも育ちもよいという典型的な人で、そのおっとりした人柄から人望も厚く、組織の長になります。女性はそうした人に嫁ぎますが、夫と早く死別する暗示があります。

5「偏官」―「帝旺」

家柄、実力ともに申し分ないのですが、なぜか人望がない。あまりに誇り高い性格が災いしているようです。しかし、頭脳明晰なので、社会的な成功は約束されています。

6「偏官」―「衰」

家運が衰えたときに生を受け、その衰運を継承してしまいます。男女とも実力はあるのですが、どうにも運が悪く、一生、あまり、陽が当たることはありません。

7「偏官」―「病」

家との縁が薄く、たとえば女性だと結婚しても、長続きしない暗示があります。しかし、晩年運がよいので、必ず、前の夫よりさまざまな意味でよい夫と再婚できます。

8「偏官」―「死」

この星も家との縁が薄い暗示があります。お金はあるのですが、夫が自由気ままな生き方を志向し、一生、マイホームをもてないというような運命があります。

9「偏官」―「墓」

単身赴任がえんえんと続き、妻子と一緒に住む時間が少ないなど、家や家族との縁が薄い星回りです。

女性は自立の星回りで、結婚しても夫には食べさせてもらえません。

10「偏官」―「絶」

生まれ故郷を早く離れ、ずっと外国で過ごすなど、生地との縁が薄い運命です。女性は夫と、男性は子どもとの縁がなく、女性は離婚し、男性は子どもに恵まれません。

11「偏官」―「胎」

生まれもった運は上昇運で、必ず、生まれたときよりもよい生活をするようになります。夫婦運がよく、とくに豊かではないものの、物心ともに満ち足りた家庭を築きます。

12「偏官」―「養」

珍しいほどの努力家で、人の見ていないところでもコツコツ努力し、やがて成功に導かれます。女性は一人娘が多く、優秀な養子に恵まれ、夫婦で家運を盛り立てます。

8 柱が「正官」の場合

1「正官」―「長生」

とにかく誠実で、人がよく、間違いなく、幸せな一生を約束されています。夫婦運、子ども運も申し分なく、とくに子どもは近所でも評判のよい優秀な子に恵まれます。

2「正官」―「沐浴」

両親の死後、知らない兄弟が出現するなど、相続にからんだトラブルで苦労します。それを機に仕事を変わることもあります。女性は夫に裏切られる暗示があります。

3「正官」―「冠帯」

社会的地位の高い家に生まれ、しっかりと教育を受けて、順風満帆で社会に出ます。結婚もよい家柄同士の縁組がまとまるという具合で、一生、不遇を知らないですむ運勢です。

❹「正官」―「建禄」

よい家に生まれ、何不自由なく育てられますが、若いころ、一度、運のツキが落ち、転落します。しかし、中年から晩年にかけて運勢が盛り上がり、最終的には幸運な人生を送ります。

❺「正官」―「帝旺」

豊かな財力があり、社会的なステータスの高い両親をもち、その両親の七光で、恵まれた条件で仕事をして大成功。さらに幸運を高めていくという、最高の星回りです。

❻「正官」―「衰」

生まれた家は平々凡々。しかし、そうした中からがんばって芽を伸ばし、親よりは高い地位に昇っていきます。努力によって、幸運をかちとる星回りです。

❼「正官」―「病」

生まれたときから運命がくるくる変わり、苦労続き。本人の運は悪くないのですが、男性は妻に大病されたり、女性は子どもに背かれたり、自分以外の家族のことで苦労します。

❽「正官」―「死」

家が傾きかけたときに生まれ、そのマイナス運を引きずっている星回り。男性はいくら努力しても、人並の経済力をもてず、女性は子ども運に恵まれません。

❾「正官」―「墓」

生まれた家との縁が薄く、早くに養子に出されたりします。結婚しても、若くして夫に先立たれ、苦労して働くことが多いでしょう。しかし、晩年運はよく、安定していきます。

❿「正官」―「絶」

配偶者との縁が薄い星回り。男性は、妻に先立たれたり、妻から離婚を通告されたりします。女性は夫としっくりいかず、離婚しないまでも空疎な関係で終わります。

11「正官」―「胎」

真面目を絵に描いたような人。コツコツ努力するので、しだいに運が開けていきます。女性も若いころは夫とともに身を粉にして働きますが、晩年は悠々自適です。

12「正官」―「養」

あまりによい人柄で周囲は放っておかず、その引き立てで、必ず成功に導かれる星回り。人生が末広がりで、女性、男性とも子ども運がよく、子どもによって幸運を味わいます。

9 柱が「偏印」の場合

1「偏印」―「長生」

実の親との縁が薄いのですが、義母との縁は十分あるので、実母以上によくできた義母に巡り合い、幸福に暮らす星回りです。

2「偏印」―「沐浴」

片親に早く死別し、残った親の再婚相手との折り合いが悪く、早く家を出ていくというような運命をたどります。女性は夫運、子ども運とも弱く、晩年運もよくありません。

3「偏印」―「冠帯」

片親との縁が薄く、両親が離婚し、片方の親に引き取られるというような暗示があります。女性は子ども運が悪く、子どもに恵まれないか、生まれたとしても、その子で苦労します。

4「偏印」―「建禄」

生まれたときは裕福だった実家も、物心ついたころには家運が衰え、しかも父親に早く死別するという星回り。女性は子どもとの縁が薄く、子宝に恵まれません。

5「偏印」―「帝旺」

両親が離婚し、父親の再婚相手と暮らす星回り。自分自身も、夫婦運が不安定で、結婚は再婚または再々婚します。子ども運もよくなく、いっそ、子どもはないほうがよいくらいです。

6「偏印」―「衰」

家運が衰退ぎみなうえに、家族の縁が薄く、夫婦なら離婚、親子なら生死別する宿命をもっています。この凶運を転換するのは、芸能界など、実力勝負の世界で生きることです。

7「偏印」―「病」

親譲りの膨大な財産を湯水のように使い果たしてしまうなど、この代で先祖からの幸運に終止符をうつ星回り。不運というより、自業自得としかいいようがありません。

8「偏印」―「死」

親との縁が薄く、他人の手で育てられることもあります。しかし、自分自身はしっかり家庭を築いていけば、こうした運勢を逆転でき、晩年は家族に囲まれて過ごせます。

9「偏印」―「墓」

まるで劇画の世界のように、大金持ちから、一転して貧乏のどん底に突き落とされるような、転変の人生を送ります。芸術家、医者などになれば、その凶運を断ち切れます。

10「偏印」―「絶」

片親との縁が薄く、父親、母親のどちらかを早く亡くします。その後、苦労を重ねますが、命式に正財、偏財があれば運が開け、とくに金運は好転できます。

11「偏印」―「胎」

浮草稼業という言葉が似合う、移り変わりの多い人生で、概して幸運とはいえません。しかし、人の縁には恵まれ、あなたをしっかり支える人が現れ、精神的には幸せです。

12「偏印」―「養」

子どもの頃から運勢が上がったり下がったりし、受験にもそれが現れ、結局、あまりよい学歴は得られません。自由業で身を立てれば運勢が逆転し、大きな成功を収めます。

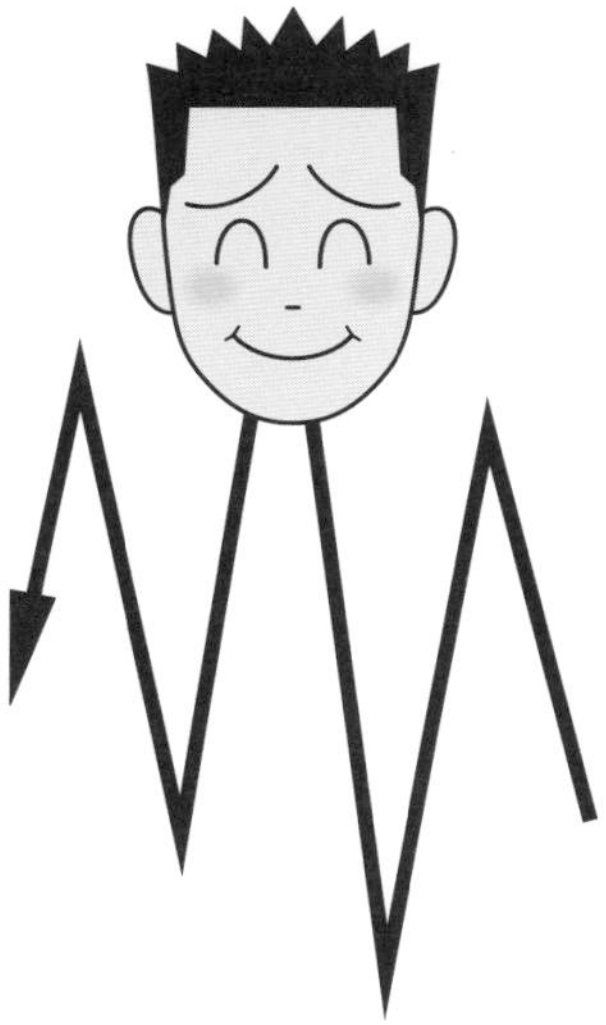

10 柱が「印綬」の場合

1「印綬」―「長生」

豊かな家庭で両親の愛情を一身に受けて育つなど、生来、運に恵まれている人です。人生に大きな波乱はなく、経済的にも人間関係でも安定した、幸福な人生を約束されています。

2「印綬」―「沐浴」

小さいときに母親が離婚して家を去ったというような経験があり、そのため、はた目には何一つ不自由のない人生のように見えますが、心のうちにすきま風が吹いています。

3「印綬」―「冠帯」

素晴らしい両親のもとに生まれ、世間並み以上の暮らしを送ります。頭脳明晰で、大して努力しなくても、人並み以上の成果を得ることができる幸運の星回りです。

④「印綬」―「建禄」

良い家柄に生まれ、経済的にも十分すぎるほど恵まれています。しかも、長命の家系で一家そろって健康に年を重ねていく、これ以上ない吉運をもっています。

⑤「印綬」―「帝旺」

学業で名高い家柄に生まれ、本人自身も比類ない頭脳をもっています。母親の家系を継ぐ星回りで、父親は養子。次男以下に生まれた場合は、本人も養子運があります。

⑥「印綬」―「衰」

家運はやや衰退ぎみ。しかし、一般に比べればまだ十分豊かなに育ちます。命式に「正官」があれば、あなたの代で家運をもう一度、再興できます。

⑦「印綬」―「病」

祖父の代までは土地きっての名家だったというような感じで、家運は下降カーブ。しかし、命式に「印綬」「偏印」があれば、再び家運を盛り立てることが可能です。

⑧「印綬」―「死」

実家はしだいに運勢が衰えつつあるうえに、母親が病気がちで、その看病に追われるため、恵まれているようですが、苦労は絶えません。仕事もトラブルが多い星回りです。

⑨「印綬」―「墓」

蔵をいくつももつ大きな家に生まれながら、質素倹約を旨として育てられ、しっかりとした人間になります。学者など、利益追求型でない職業を選ぶと成功します。

⑩「印綬」―「絶」

家の運が衰退期に入ったころに生まれたため、相続トラブルなどで苦労し、残ったものは家の名だけというようなことになります。

命式に「正官」「偏官」「印綬」があれば、運は上向きます。

11「印綬」―「胎」

一度、没落した家ですが、しだいに力を取り戻しつつあるときに生まれ、あなたの代で家運は完全に軌道にのります。とくに晩年には努力が報われ、成功に導かれます。

12「印綬」―「養」

父親の代で、家業を再び隆盛に向かわせ、あなたの代でさらに繁栄させる運勢です。母親との縁が濃いので、家業の隆盛にも母親の力が大きく関係しているはずです。

Column

「生命の永遠」と「縁（えにし）」と「相性」と「位」の関係

『チベット死者の書』や『法華経』には生命は永遠に続き、生まれ変わり、過去・現在・未来の三世にわたって続いていくと、あらゆる角度から説かれています。日蓮大聖人の御書にも「三世常住」（さんぜじょうじゅう）という言葉で、永遠の生命を示しています。

人間が生まれ変わるならば「過去世、現世、来世」があり、そこには縁（えにし）があります。生まれる前の過去世に縁がある人、今生きている現世、この世の中で縁ができる人もあります。それが、来世、次に生まれ変わってくる縁へと継がっていくと思われます。

その縁には、良縁と悪縁があります。

坂本龍馬とお龍のような相思相愛のよい

縁もあれば、織田信長と明智光秀の関係や忠臣蔵の浅野家と吉良家の関係のような悪い縁もあります。なかにはライバル関係の縁もあるでしょう。そこで大切なのは、相性です。

「三世（過去・現在・未来）、改まらざるを性（性格）という」、格言がありますが、相性は、生命のリズム（波長）がとても合う関係です。あの人とは、気が合うというのがそれです。もちろん、過去の縁が深く、相性がよいことが、縁の中でも、よい縁を選ぶ基準となると考えてよいと思います。

この相性は男女関係だけではなく、親子関係、上司、友人、部下との関係やペット、自然にも、もちろんあります。筆者も会社を選ぶときはトップとの相性を考え、人間関係も相性のよい人だけを選んで仕事をしています。

人間が幸福に楽しく生きるためには、相性がよい人だけとつき合うことが理想です。相性の悪い人とは、プライベートなつき合いをしないことです。仕事でどうしてもつき合うときは、間に人を入れるとか最小限度のつき合いをすることがよいでしょう。

人間には人格があります。人格は「人品」「人柄」という意味と「格」すなわち、「位」があります。人間は人間形成することによって成長し「位」があがっていきます。「位」が上がることによって人間関係も変り、環境も変化して、レベルの高い人達との新しい人間関係、縁ができます。

その縁で、仕事や金銭面にも影響が出てより恵まれた状態で生活ができるようになります。最も大切なことは、自分より優れた相性のよい人と人間関係を作ることです。そのためには、たえず自分自身を良く知り、人間的成長がなければレ

Column

ベルの高い人達は相手にしてくれません。「運がよくなるか、ならないか」は、相性と人間的成長の如何にかかっているといってもいいすぎではありません。ぜひ、今日から、自分の「位」を上げるために、多くの経験を積み、人間的に魅力のある素敵な人になってください。

男女の関係でいえば、過去世（前世）に深い契り（赤い糸で結ばれている）があって、相性が良ければ、二人の結婚生活は幸福になると思われます。逆に、相性の悪い人とは、縁があっても早く縁を切った方が良いと思います。

たとえば、知的レベルの高い人は、友人も恋人も、「類を以て集まる」のことわざどおり、同じような者同士が自然に集まります。くり返しになりますが、思いやり深く、慈悲心にあふれた、利他の心の強い人の周囲には、心の豊かな人が集まります。

アドバイスとして、人に好かれる人とは、楽しい人、心の温かい人、やさしい人です。自己に厳しく、他人にはやさしく思いやりをもって生きていくならば、その人にふさわしい友人や恋人ができ、幸せな結婚へと導かれます。つねに自分を磨いていれば、人間として福運（幸せな運）が積まれます。前世（過去世）の縁を大切にして、現世（今世）のよい縁をつくり、相性の良い人をたくさん作り、来世（未来）につなげてください。

第4章

相性
恋愛
セックス

あなたのラブライフを探る

命式で見るあなたの相性

自己の命式と相手の命式とで相性を見る場合、数種類の見方があります。ここではそのすべてを紹介していますので、1つだけの見方によるのではなく、いくつかを組み合わせて総合的に判断し、間違いのない答えを導き出してください。

また、解説文頭に、相性のよさを☆印と「大吉」「中吉」「吉」「凶」でランクづけをしましたので、参考にしてください。

9つの相性診断

①五行の相性
②三合の相性
③支合の相性
④七冲の相性
⑤宿命星の相性
⑥身旺と身弱の相性
⑦空亡の相性
⑧互換空亡の相性
⑨吉凶神殺星の相性

1 五行で見る相性

●五行の相性

☆☆☆☆☆五星　相性は大吉

自分を助ける五行が、相手の命式にある場合（ほしい五行がある場合）

【例】 自分の命式に火（丙丁）がなく火（丙丁）がほしいときに、相手の命式に火（丙丁）がある場合

※自分に必要な五行をもっている人と結婚することによって、相手に助けられ、自分も相手を助け、お互いに幸せになれます。

●干合日干（C—3）の相性

☆☆☆☆☆五星　相性は大吉

男性の日柱蔵干（C—3）と女性の日柱蔵干（C—3）との組合せで、相性を見ます。

干合が「大吉」となる

(干	合)		(五行)
己	甲	←	土
庚	乙	←	金
辛	丙	←	水
壬	丁	←	木
癸	戊	←	火

一度、知り合って、結婚すると、一生離れられない関係となります。前世の縁（えにし）は非常に深く、気心の知れた、おしどり夫婦になることは間違いありません。

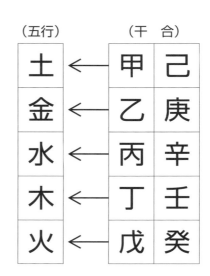

●相生、比和、相剋、自分の日柱天干（C—1）と相手の日柱天干（C—1）との組合せです。

☆☆☆☆四星（中吉）

（五行）

甲乙	⟷	丙丁
丙丁	⟷	戊己
戊己	⟷	庚辛
庚辛	⟷	壬癸
壬癸	⟷	甲乙

●比和が「吉」となる

☆☆☆三星（吉）

（比和）

甲	⟷	乙
丙	⟷	丁
戊	⟷	己
庚	⟷	辛
壬	⟷	癸

●相剋が「凶」となる

星なし（凶）

（凶）

甲乙	⟷	戊己
丙丁	⟷	庚辛
戊己	⟷	壬癸
庚辛	⟷	甲乙
壬癸	⟷	丙丁

となりますが、努力によって、愛を育てるならば「凶」の組合せでも、幸福になることはあります。努力しないと「腐れ縁」になってしまうことが多いようです。

■五行の相生、相剋、比和の関係

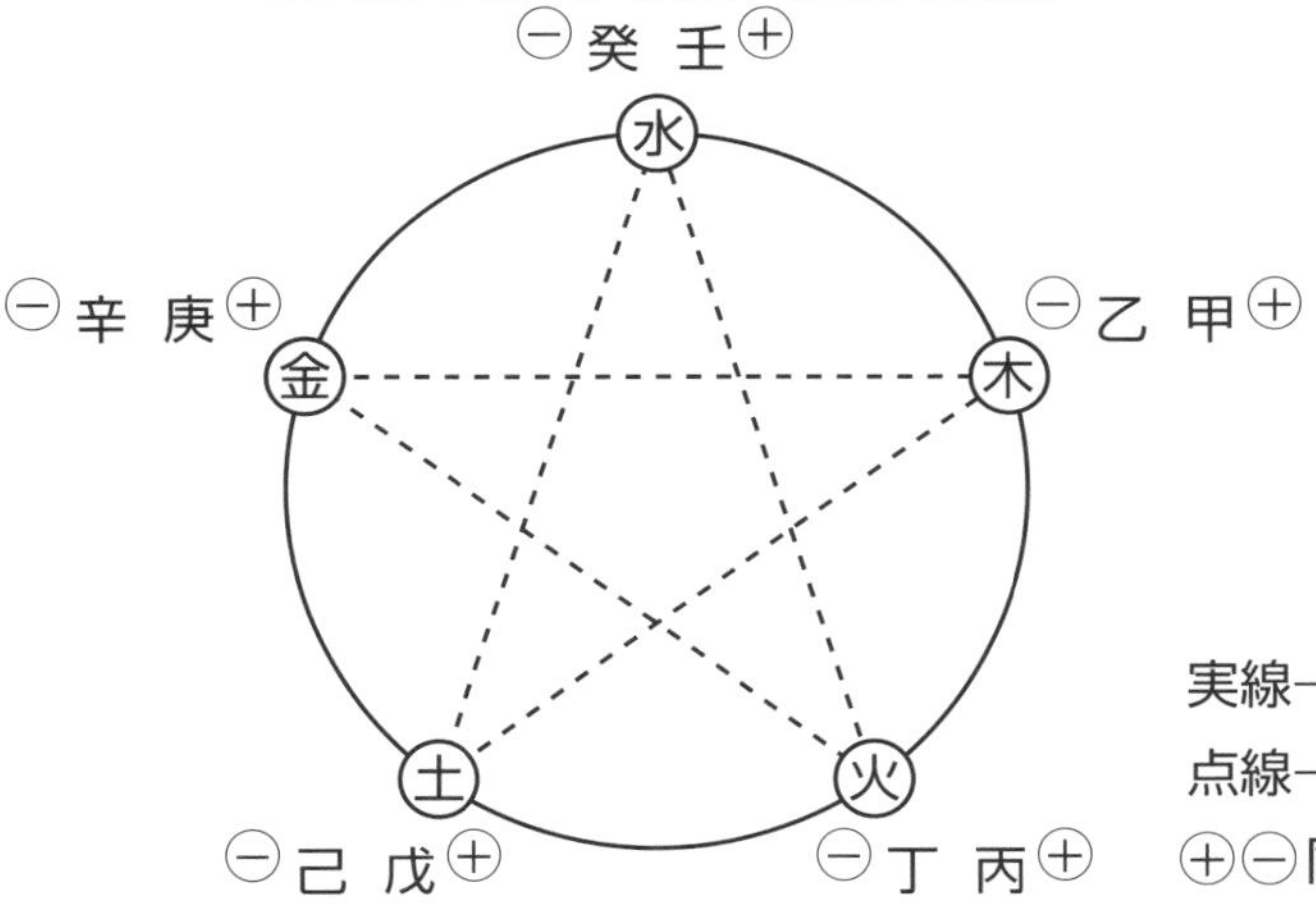

実線→相生の関係
点線→相剋の関係
㊉㊀同じ五行→比和の関係

2 三合で見る相性

●三合の組合せ

自分の日柱地支（C―2）相手の日柱地支（C―2）の相性

☆☆☆☆☆五星　相性は大吉

日柱地支（C―2）と日柱地支（C―2）の組合せ　三合の内2つの支の組合せ

三合　（例）

（C－2）	（C－2）
子	辰
子	申
丑	酉
寅	午
卯	未
卯	亥
巳	酉
午	戌

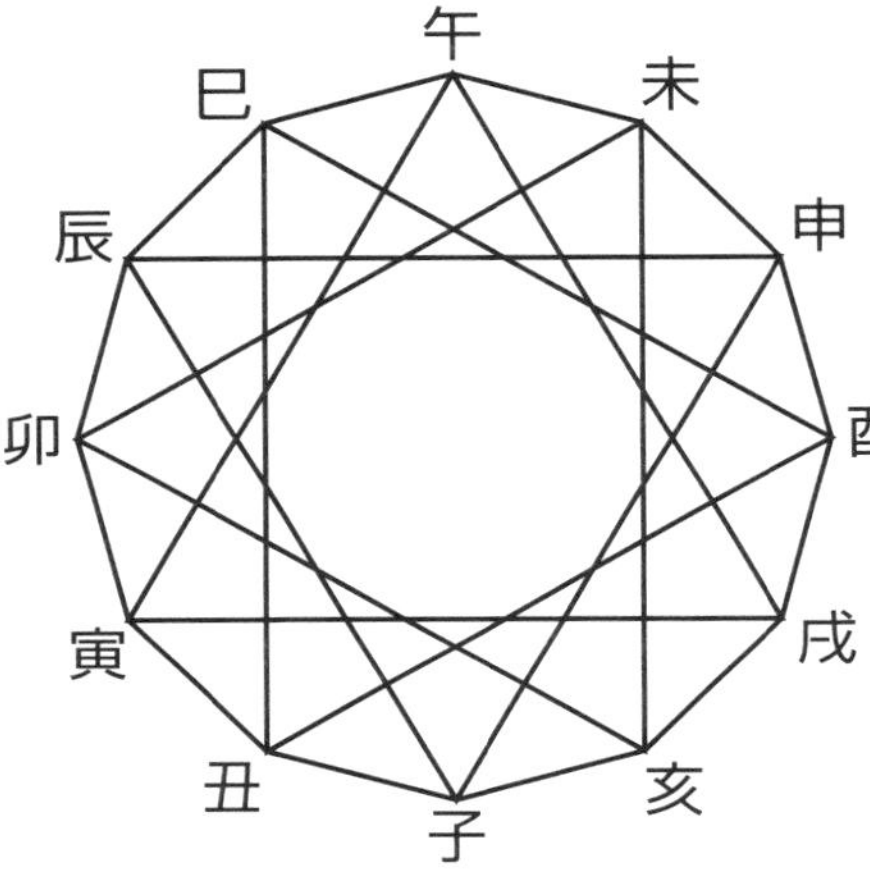

五行	三合局
木	亥《い》—卯《う》—未《ひつじ》
火	寅《とら》—午《うま》—戌《いぬ》
金	巳《み》—酉《とり》—丑《うし》
水	申《さる》—子《ね》—辰《たつ》

三合の組合せは、感性や感覚が同じなので、相性は本当にぴったりです。しかし、思考方法や人生観は違うので、つき合っていくうちに、お互いに理解し合います。本能的な部分が一致しているので、行動パターンや衣食住の好みやセックス面は最高の相性です。

※自分の三合の2つの支をもち、相手の三合の1つの支をもっている場合も、自分が三合の1つの支をもち、相手が三合の2つの支をもっている場合も、最高の組合せです（例—自分が「寅」、「午」、相手は「戌」）。または逆の場合。

3 支合で見る相性

●支合の組合せ

自分の地支（C—2）と相手の地支（C—2）又は自分の日柱地支（C—2）と相手月柱地支（B—2）の相性

☆☆☆☆四星　相性は中吉

支合の組合せ（C—2）と（C—2）または（C—2）と（B—2）の組合せ

（支　合）

丑《うし》	子《ね》
亥《い》	寅《とら》
戌《いぬ》	卯《う》
酉《とり》	辰《たつ》
申《さる》	巳《み》
未《ひつじ》	午《うま》

※男性と女性の命式に「支合」があればよく、できればともに（C—2）の支合が最高です。命式（A—2）（B—2）（D—2）に2つ以上の支合があれば、相性はぴったりで相思相愛となります。

支　合

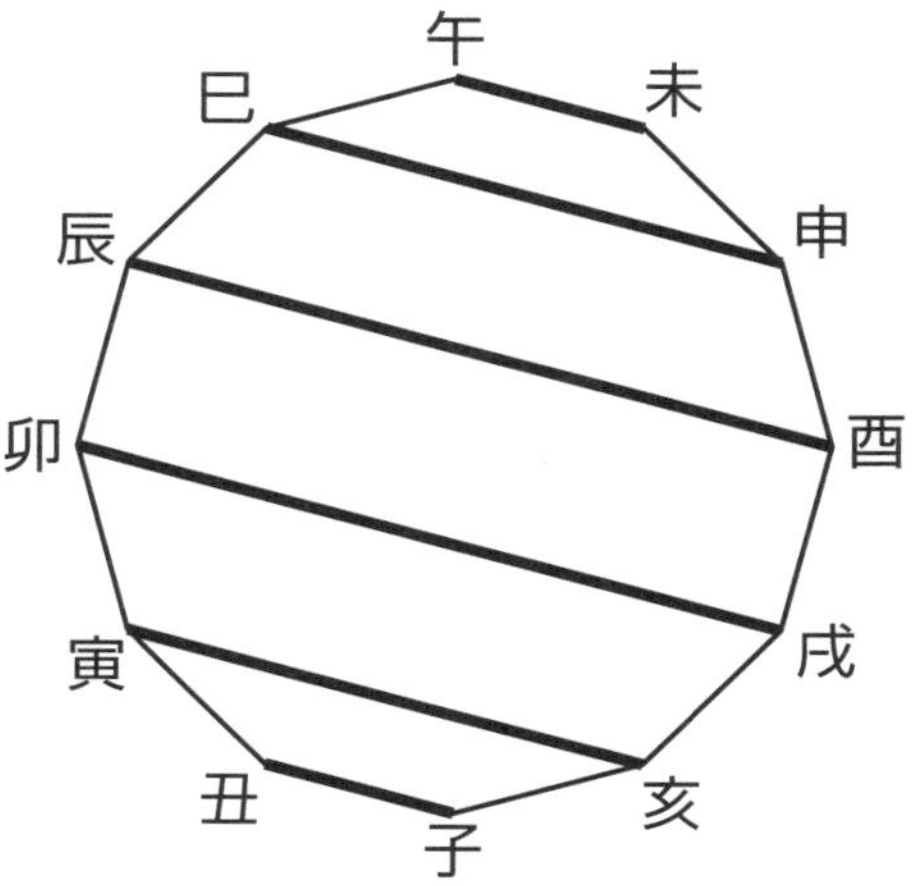

●自分の日柱地支（C—2）と相手の日柱地支（C—2）が同じ相性

☆☆☆☆四星　相性は中吉

日柱地支（C—2）が同じ十二支である場合相性がとても良い（腐れ縁もある）。

(C−2)	(C−2)
子	子
丑	丑
寅	寅
卯	卯
辰	辰
巳	巳
午	午
未	未
申	申
酉	酉
戌	戌
亥	亥

同じ「支」なので「縁（えにし）」がとても深く、人生観、生活習慣、感性、生命力、思考方法や好みが同じなので、気が合い、相性がよく、セックスもピッタリです。

お互いに相手の気持ちがわかるので、気を使わないから、楽に生活できます。

●自分の日柱地支、月柱地支（C—2、B—2）と相手の月柱地支、日柱地支の相性

☆☆☆三星　相性は吉

日柱地支（C—2）と月柱地支（B—2）の組合せ

月柱地支（B—2）と日柱地支（C—2）の組合せ

自分の日柱地支（C—2）と相手の月柱地支（B—2）

自分の月柱地支（B—2）と相手の日柱地支（C—2）

(B−2)	(C−2)
子	子
丑	丑
寅	寅
卯	卯
辰	辰
巳	巳
午	午
未	未
申	申
酉	酉
戌	戌
亥	亥

相性がよく、前世（過去世）に縁（えにし）が深いので、同じ時代に生まれて、巡り合った組合せです（十二支が同じ）。

(B−2)	(C−2)
子	辰
子	申
丑	酉
丑	巳
寅	午
寅	戌
卯	未
卯	亥
辰	申
巳	酉
午	戌
未	亥

性格はとても合いますが、同じ十二支ではないので、縁（えにし）は少し浅いですが、楽しくともに人生を送れます。

4 七冲で見る相性

●七冲　自分の日柱地支（C―2）と相手の日柱地支（C―2）の相性

七冲《しちちゅう》の組合せ

☆☆二星　相性は小吉

日柱地支（C―2）と日柱地支（C―2）の組合せ。「七冲《しちちゅう》」とは十二支の七番目の陽支と陽支または陰支と陰支同士が互いに剋し合う関係。

この組合せは、相反する性格なので、お互いに自分がもっていないものを、相手の性格に見出して、相手に魅力を感じて惹かれるので、一気に燃えあがる恋愛をしますが、すぐ冷めることになりそうです。

しかし、命式に、自分の日柱地支（C―2）と相手の月柱地支（B―2）または自分の月柱地支（B―2）と相手の日柱地支（C―2）の組合せがよい場合はうまくいきます。

☆☆☆三星　相性は吉

(C−2)	(C−2)
子	午
丑	未
寅	申
卯	酉
辰	戌
巳	亥

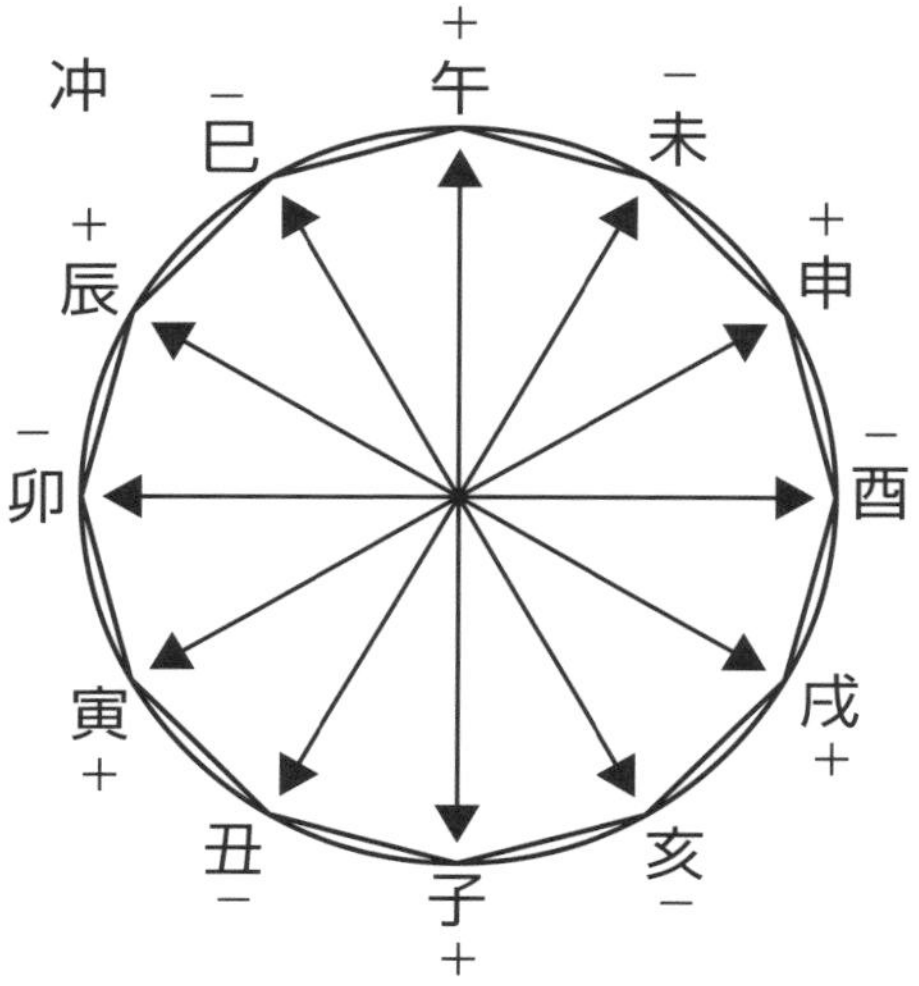

5 宿命星で見る相性

●宿命星　自分の宿命星（C―5）と相手の宿命星（C―5）の相性

☆☆☆☆☆五星　相性は大吉

男性の日柱の宿命星（C―5）が「正財」で女性が「正官」の組合せ。

女性の日柱の宿命星（C―5）が「正官」で男性が「正財」の組合せ。

※できれば、十二補助星が帝旺、建禄、冠帯、長生だと幸福になれます。

沐浴、墓、病、絶など弱い十二補助星だと、配偶者が身体が弱かったり、人生に波乱があると思われます。

※男女ともに、このような命式であれば理想的で、最高の組合せですが、あまり例を見ないので、片方だけでも当てはまれば、幸せな結婚生活が過ごせます。

もし、日柱の宿命星（C―5）に男性は「正財」、女性は「正官」がなくても、四柱の命式の中にあれば、幸福な家庭を築けます（その場合、できれば日干と干合する方が好ましいでしょう）。

●宿命星の組合せの相性

☆☆☆☆四星　相性は中吉

命式に比肩、劫財、印綬、偏印が多いときには相手は食神、傷官、正財、正官の多い命式の組合せが相性をよくします。

6 身旺と身弱で見る相性

●身旺と身弱の相性

☆☆☆三星　相性は吉

男性　身旺　↓　女性　身弱
男性　身弱　↓　女性　身旺
女性　身旺　↓　男性　身旺
女性　身弱　↓　男性　身旺

7 空亡で見る相性

☆☆☆☆四星　相性は中吉

年柱（A—2）または月柱（B—2）が、空亡している人は、相手（異性）が同じく空亡していると、縁が深い仲となります。

年柱（A—2）空亡と、年柱（A—2）空亡の組合せは縁が深く、一生別れることはありません。特に空亡、「午未」で、相手も同じ空亡、「午未」と、同じ「同一空亡」だと、その男女は永続性があり一生幸せに添い遂げます。

月柱（B—2）空亡と、月柱（B—2）、空亡の組合せも、同じ空亡体質で、仲良くそいとげます。

年柱（A—2）空亡と月柱（B—2）空亡は、相手に魅力を感じて、引き合いますが、数年くらいは愛し合い、後は友達づき合いとなり、友人関係で一生続くものです。

※とくに女性の月柱（B—2）空亡と、空亡していない男性の結婚は、必ず離婚となります。まれに長期出張や船員などで、一緒に暮らさなければ続くことがあります。

女性の月柱（B—2）空亡している人で離婚したときは、月柱（B—2）空亡している人と再婚すれば、必ず幸せになれます。

また女性で月柱（B—2）空亡している人は、始めから月柱（B—2）空亡している男性と結婚してください。

8 互換《ごかん》空亡で見る相性

星なし（凶）

男性の空亡の「支」が女性の日柱の地支（C—2）にあって、女性の空亡の「支」が男性の日柱の地支（C—2）にあると、離婚の確率はかなり高くなるようです。

例

男性（A—2〈午〉）で女性（C—2〈午〉）、男性（C—2〈未〉）で女性（B—2〈未〉）の場合。

9 吉凶神殺星で見る相性

●日柱の吉凶神殺星で相性を見る

☆☆☆三星　相性は吉

命式の五行、天干、地支、宿命星を主にした総合的な判断が基本ですが、従として、日柱の吉凶神殺星も参考にしてください。

命式（C—7）に吉神（天乙貴人、福星貴人、天徳貴人、月徳貴人、天徳合貴人、月徳合貴人、金輿禄）があると、恋愛、結婚は吉の働きが多くなります。

命式（C—7）に凶神（劫殺、羊刃、飛刃、亡神）があると、恋愛、結婚は凶の働きが出ることになります。

命式（C—7）に吉神、凶神がともに入っていると、吉と凶の働きが出るので、恋愛、結婚も少し波乱が考えられます。

吉凶神殺星なし（吉凶なし）

あなたはどんな恋をするのか

●恋愛の傾向は、日柱の右の宿命星（C―5）に現れる

①「比肩」心に響く相手でないとダメ

自我が強いため、自分の好みのタイプ以外とは妥協できません。したがって、いくら条件的にはすばらしい人でも、〝ビビッ〟とくるような、ハートに響くものを感じない相手とはうまくいかないと覚悟しましょう。お見合いや、合コンで相手を見つけるのは難しく、学生時代からの交際や職場の仲間など、じっくり相手を理解したうえで恋愛に発展させていくと失敗がありません。

●相性

男性は行動派らしく、相手の女性にもさっぱりとした、どちらかというと男性的で行動的な面を求めます。男性の「比肩」は、自分から押していくよりも、相手の出方を待って、相手に合わせるほうが成功率は高くなります。自己主張の強い女性を選ぶと、お互いの自我がぶつかって、失敗します。

女性は、年下の彼のほうがうまくいきます。自己主張の強いあなたをそのまま受け入れてくれ、自由に行動することを認めてくれるからです。

②「劫財」友達恋愛の形が多い

男性も女性も、お互い対等であることを望むところから、気がついたら友情が恋愛に変わっていたというような、友達恋愛、仲間恋愛に向く星です。

●相性

男性は恋愛に関してやや打算的なところがあり、仕事に有利につながる相手、自分を引っ張ってくれる相手を選びます。しかし、相手を選択するとその後は恋一筋になり、一途に相手を追いかけます。

女性は強い存在感の相手に引かれる傾向があり、自分はぼろぼろになっても、相手に尽くし抜きます。そのため、不倫であっても純愛的な精神状態に陥ってしまい、結果的にどろ沼に足を突っ込んでしまったり、ヒモのような男に引っかかってもなかなか縁を切れないなど、恋に泣くことが暗示されているので、要注意です。

③「食神」ルックス本位になりがち

この星の人は男女ともモテモテタイプが多く、恋多き男、恋愛マニアの女性などと称されます。自分から求める相手は、ルックス本位のところがあり、男女とも見た目に弱い傾向が大です。その結果、最後は泣くこともありますが、女性は遊び人のような男性につかまり、最後は泣くこともあります。そのくせ、恋愛と結婚を分けて考えることは大の苦手なのです。結婚を意識する年齢なら、目の前の彼が、結婚相手として望ましいかどうか、厳しくフィルターにかけることをお勧めします。

●相性

男性は、美人を妻にできればそれだけで満足、というところがありますが、この星の欠点は必ずといってもよいほど浮気をすること。結婚後は、浮気心のセーブに努力してください。

女性は、大らかでのんびり屋、やや頼りない程度の男性が最も相性がよい相手です。あなたはやや不満かもしれませんが、ちょっと不満なところをあなた自身がカバーしてあげる関係をつくり上げていきましょう。

④「傷官」障害があると燃え上がる

不思議なことに、障害のある恋愛であればあるほど夢中になり、燃え上がります。結果的に相手に婚約者や配偶者がある、いわゆる略奪愛が多く、しかも、必ず、相手をゲットするまであきらめません。ところが困ったことに、これほど苦労して手に入れた相手に、やがて飽きてしまうのです。男女とも攻撃的な恋愛志向なので、守りの姿勢に弱く、今度はあなたのほうが配偶者を略奪されてしまったりします。結婚後は、お互いの愛をたえず温めなおし、長続きさせるように配慮しましょう。

●相性

男性は、モデルのような、ほっそりした女性に引かれます。周囲から称賛の言葉を浴びてきたこうした多くの女性は誇り高く、近づいてくる男性を思いのままに振り回しますが、それでも辛抱強くつき合っていくと、やがて彼女もあなたの真心に心動かされてくるはずです。

女性は、頭のシャープな、頭脳派の男性との相性がよく、神経の疲れる仕事をしている彼を癒す存在になります。芸術家にも惹かれますが、神経の鋭敏な男性だけにややもすると超マイペースで、あなたは彼の一言一言に振り回されてしまいます。それでも、彼一途についていくと、やがては、彼の最高の理解者になるでしょう。

⑤「偏財」多様なデートを楽しむ

多趣味な「偏財」の人は、デート一つとっても、話題のデートスポットを次々と訪れる遊び心いっぱいの楽しい恋愛をします。グループデートも多く、多趣味多才で、スポーツからインドアの趣味まで、さまざまなパターンのデートを重ねながら、着実に恋を育んでいきます。

●相性

男性は、周囲の誰もが狙うような女性に心奪われ、そのためにほかの女性の存在が目に入らなくなってしまうほどです。しかし、意外にも浮気性で、仮にその女性と結婚しても、しばらくすると、ひそかに他の女性と交際したりします。恋愛に対してマメなので、妻子がいてもけっこうモテルはずです。

女性は、花形的存在の男性が好きで、一座の中心的な人に憧れます。社交的で明るいあなたに彼も関心を寄せますが、あなたが彼に尽くし始めると重たいといって逃げ腰になります。この星の女性は、むしろお見合いのほうが良縁をつかみます。

⑥「正財」恋を楽しむのが不得手

恋愛にも誠実さ、真剣さを求めるので、いわゆる恋を楽しむということは不得手です。「いいコなんだけど重い」といわれたり、「ルックスも仕事もまあまあだけど、一緒にいてもつまらない」などといわれ、なかなか恋に発展しないところがあります。しかし、恋愛から結婚に進むことを前提にすれば、地味だけど失敗のない恋愛をするタイプだといえましょう。

●相性

男性は、一目で目立つような女性ではないけれど、なにごとかに向かって一生懸命取り組んでいるような、縁の下の力持ち的な存在の女性とうまくいきます。しかし、そういう女性に目をつける人は多く、ライバルが多いことは覚悟してください。

女性は、さっぱりとした性格でものごとにこだわらず、それでいて、みなの気持ちを十分配慮できる、そんな、さわやかな、スポーツクラブのキャプテンタイプの男性とよく合います。

⑦「偏官」アウトドア・デートが向く

「偏官」という星はパワーと頭脳を象徴する星で、仕事がよくできる人であるため、そのストレスを癒すような、大らかでややのんびりしたタイプの人と、一緒に郊外でのんびり釣りを楽しむような恋をするとよいでしょう。デートはアウトドア派。それも、マス釣り、屋外での星の観察など、ロマンティックでどこか、ノスタルジックな時間を共有すると愛が育ちます。お互いの愛情は十分熟しているのに、どちらもテレ屋で、プロポーズの言葉を口に出せず、なかなか結婚に踏み切れなかったりします。

●相性

男性は、小悪魔のような女性に夢中になります。完全に「オレについてこい」タイプ。しかも一途に思いつめるタイプなので、相手が振り向いてくれるまで、諦めずに追いかけ、思いを遂げます。

女性は、そんな男と恋をしても傷つくだけ。親友からそう忠告されるような、危険で無頼な、しかし、強烈な個性をもつ男性に惹かれてしまいます。あなたを束縛するような人はダメで、かなり年齢差があるなど、あなたが主導権を握れる相手のほうがうまくいきます。

⑧「正官」相手の過去を気にしすぎ

あなたが惹かれる相手は、結婚しても間違いのない、まじめで努力家といったタイプ。自分のほうが全面的に頼れる、男の中の男にも惹かれます。

お互いにまじめなあまり、相手の過去を気にするところがありますが、あまり相手の過去を知りたがるとせっかくの恋愛を壊してしまう結果になります。

●相性

男性は、ルックス、とくにファッションモ

デルのようなスタイル美人に弱く、あとで性格的に合わず、苦労することがあります。「正官」の女性は、善良で、福祉関係やボランティアなど、とにかく人のために尽くしている人にメロメロに惹かれていきます。二人で協力して同じ仕事をすると、仕事も愛情もさらに大きく豊かに育っていきます。

⑨「偏印」恋愛と結婚を分けて考える

どこか社会を斜めに見ているような男性か、肩肘張ってがんばっている女性などに惹かれる星。それも、自分の中に同じようなファクターがあるからです。価値観を共有する同志のような恋愛をしますが、結婚に発展させると、悲劇的な将来が待っています。恋愛は恋愛、結婚は結婚とはっきり分けて考えるぐらいでちょうどよいでしょう。

●相性

男性は、一緒にいると楽しい、ラテン系の、とにかく明るい性格の女性を選ぶとよいでしょう。細かなことは気にせず、その日その日を目いっぱい楽しく生きる生き方に共感できる相手とのゴールインをお勧めします。

女性は、あなた自身は大らかで、その場を盛り上げる姐御肌ですが、相手の男性はピリピリしているぐらい神経質で、センス豊かな人のほうが向いています。お互いに趣味を共有できることが条件。同業者同士の結婚は向かないタイプです。

⑩「印綬」すぐに結婚を望むタイプ

先生、先輩など、年上だったり、自分を引っ張ってくれる、信頼、尊敬がベースにある人との恋愛運が強いタイプです。しかし、基本的には恋愛には慎重なのに、二、三度デートをしただけで、すぐに結婚を迫ってしまい、その結果、相手を及び腰にしてしまうところがあります。

●相性

男性は、お母さんのように心やさしく、あなたをすっぽり包んでくれるような相手ならうまくいきます。美人かどうかよりも、一緒にいて疲れない女性であるかどうかをチェックしてください。女性は、ユーモアセンスあふれ、話題の豊富な男性を選ぶようにしましょう。どこかお人よしという人ともうまくいきます。おそらく、あなたはちょっと物足りなさを感じていることでしょうが、恋愛から結婚へ進むことを意識しているなら、そのあたりの男性があなたにとって、幸せを約束してくれる男性であるはずです。

Column

好きな仕事だから長続きし成功する

■四柱推命で自分の適職を知るのがいちばん■

職業運とストレス

ある著名な女優さんと雑談をしているとき、私は「なぜ、いつもおきれいなのですか?」と尋ねたことがあります。すると、次のような答えが返ってきました。

「恐らく自分の好きなように生きて、好

Column

きな仕事ができることが一番なのではないでしょうか」と。「それに、いつも周囲から見られていることで自分が自然と磨かれていること。また、睡眠をよく取ることと、よく寝ることね。そして、いつも〈恋〉をしているわ」といって笑っていました。さらにつけ加えて「自由気ままに好きなように時間が使える。気に入らない嫌な仕事をしないでも生きていける。経済的にも多少余裕があるからでしょう」とのことでした。

占い師の仕事で多くの人の人生や運命を垣間見るにつけ、社会で成功している人達の多くは、必ずといっていいほど、自分がのめり込むほど好きな仕事をしています。つまり、適職についているということです。

社会で成功する条件の1つは一度始めた仕事は途中で投げ出さず、必ず成功するまで続けることだといわれています。好きな仕事を選べば、苦労も厭わずに克服して最大限の努力も惜しまずに働くから、当然長続きもします。

反対に自分に合わない嫌な仕事をしていると、集中することもできず、イライラして時間ばかりが長く感じられます。自分に適さない仕事を続けていると、いつの間にかストレスが蓄積し、そのために体調をくずして病気になることもあります。

一般的に見て社会で自分に適した好きな仕事についていると見られる人は、恐らく全体の10%にも満たないのではないでしょうか。そのうちで本当に自分に合った仕事につき、経済的にも恵まれ、楽しく仕事をしている人は、そのうちの3%ぐらいと考えられています。

できるだけ四柱推命で自分の適職を知り、好きな仕事につくことが人生の幸せにつながると思います。

宿命星であなたのセックスライフを解く

性の問題は恋愛や結婚がうまくいくかどうか、想像以上に大きな決め手となる

ファクターです。日柱の宿命星（C—5）が、あなたのセックス傾向を物語ります。

①「比肩」男女ともセックスには淡泊

男性は、男女同等に楽しむセックスでないと不満が残ります。基本的には淡泊なので、セックスアピール満点という女性よりも、可愛らしい、少女タイプの女性を好みます。それでいて、単調すぎるセックスではすぐに飽きてしまい、相手にまで失望してしまいがち。BGM、ナイトキャップなど、セックスシーンの演出にも凝るとよいでしょう。

●女性は、セックスにはあまり関心が強いほうではなく、ベッドの中でも、ネチッこい愛撫が続くとうんざりすることがあります。スポーツのように、あっさりとセックスを終わらせ、後にベッドの中で相手の存在を感じながら、いつまでも話を楽しみたいタイプです。

②「劫財」セックスプレーに熱中

男性のセックスは表面的な印象よりもずっと激しく、普通の体位だけでは満足できなかったり、凝った演出のラブホテルに通うようになったり、コスチュームプレイにはまったりすることがあります。テクニックに走るあまり、SMプレイに熱中することもあり、まともなセックスではとうてい満足できなくなってしまうので、ほどほどのところで歯止めをかけるようにしましょう。

●女性はかなりセックス好き。交際中の男性とはすぐに体で愛し合うようになり、デート＝セックスということになるタイプです。それも、テクニックや雰囲気を大切にするのが好きで、そのための研究も熱心です。ただし、頭のどこか一点が冷めていて、完全に熱くなるということがありません。

③「食神」精神的な愛を深めよう

男性は、セックスに強く、相手が応じてくれれば、一晩中でも相手を眠らせずに愛し続けることができるほどです。相手の数も多く、セックスフレンドは星の数ほどいるといいたくなるほど。若いときから、セックス体験も豊富です。また、同じ相手とのセックスだけでは満足しきれない欲望をもっています。当然、バラエティに富んだセックスプレイが好きで、さまざまな道具を使って、めくるめくようなセックスを楽しみます。もう少し、精神的な愛を深めるセックスにも目を開くことをお勧めします。

●女性もかなりのセックス好き。セックスの相手がいない時期はないといってもよいくらいです。しかし、自分だけ燃え尽きるのでは満足できず、必ず、相手とともに撃沈するセックスを好みます。ときには相手構わず、合コンで知り合ったその日のベッドインも厭いませんが、ときにはセーブし、慎ましやかな印象を演出しないと、結婚相手は見つからないかもしれません。

④「傷官」セックステクニックの研究を

男性は、欲求がつのるとそれを抑えられず、相手の気持ちを考えずに突撃してしまいます。自分のパワーに自信をもちすぎ、デリカシーに欠ける傾向があり、よほどセックスに強い女性でないと、長続きしにくいでしょう。

また、女性を喜ばせるためのセックステクニックの研究をする必要がありそうです。
●女性は、欲求不満をがまんできず、頂点に昇り詰めることができないセックスだと、男性を激しく攻撃してしまい、結果的に男性の自信喪失。ひどいときには男性をダメにしてしまうこともあるくらいです。また、いわゆる〝軽い〟ところがあり、酔っぱらうと名前も知らない相手とラブホテルに直行してしまうようなところがあります。お酒を飲むときは、ほどほどのところでブレーキをかけないと、一夜のセックスですべてを棒にふってしまいかねません。

⑤「偏財」セックスを心から楽しむ

男性はサービス精神が旺盛で、ムードメーカー。その気でなかった女性もその気にしてしまう、巧みなテクニックの持ち主です。自分の部屋も、スイッチ1つでラブホテルのように雰囲気が変わるようになっているなど、日頃からセックスを意識した暮らしを、なにくわぬ顔をして送っています。
●女性は、自分が楽しむよりも、相手に燃えてもらって満足するタイプ。基本的にはセックスが大好きで、セックスレスではがまんできず、理想的な彼であっても、セックスを楽しめないと、それが理由でやがて別れてしまいます。相手の求めることならなんでも応じ、アクロバティックな体位をこなしたり、変態プレイに近いようなことも受け入れます。

⑥「正財」相手を考えたセックスを

男性は、セックスへの欲望は人一倍強いのにやや道徳的で、ベッドの中でも女性に慎ましさを求めたりします。体位もワンパターンで、遊び好きの相手なら、すぐに退屈してしまうでしょう。しかも、いくらセックスに熱中しようとしても頭のどこかが冷めていて、完全には燃え上がりません。マイペースの、優等生セックスで満足し合える相手を求めるほかはないようです。

●女性は、潔癖性で、大胆に燃えるということができにくいタイプ。それだけに男性には不満が残りがち。頭のいい人なので、それはわかっており、演技力でそれをカバーしようとしたりします。もう少し、本能に身を任せ、セックスの快楽に浸ってみるとよいでしょう。

⑦「偏官」男性はリードされるタイプ

男性は、セックスに関心はありながら、それを自分でも認めようとせず、どこか不自然なセックスライフを送ります。結婚とセックス、妊娠とセックスを分けて考えることができず、つねに頭のどこかにそれらをセットで考える、モラリスト的な部分があります。また「偏官」の男性とセックスすると、意外な一面に驚くはず。あれほど、自分がリードしたいタイプに見えたのに、ベッドの中では母に甘える子どものように、ただただ甘えてきます。女性のほうがリードし、テクニックをこらすセックスでないと、満足できないタイプなのです。

●女性は「偏官」の男性よりもずっと解放されており、ベッドの中でも大胆で相手をリードしたりリードされたり、さまざまなシチュエーションのセックスに応じることができ、そのときどきで満足のいくまで堪能します。セックスだけの恋でも満たされる不思議な精神構造の持ち主でもあります。セックスもまじめで、なかなか許さないところがあります。しかし、いったん許してしまうとしだいに夢中になり、彼より自分のほうが燃え上がってしまうことが多くなります。

男性も、セックスに興味はありながら、そこまでもっていくのに時間がかかるタイプですが、一度、一線を越えれば、あとはセックスのないデートは考えられないほど、エネルギッシュになります。

⑧「正官」相手を大事にするセックスを

刺激や変化に富んだものでないと満足できにくく、テクニック本位のセックスをしたがります。相手もそういう志向ならうまくいくでしょうが、普通の相手では、ベッドインの回数を重ねるうちに、ちょっと辟易する可能性があります。大事にしたい相手とのセックスなら、少し自分を抑え、相手の満足感を大切にするセックスを心がけたほうがよいでしょう。

男性は、プラトニックラブでも満足できる人ですが、一度、セックスを体験すると、今度はそれにまじめに取り組み、ベッドの中にも本を持ち込み、セックスプレイを研究しかねないようなタイプです。

●女性は、セックスを楽しむことは苦手で、ベッドの中でもいつまでも固さがとれず、男性に失望されることが多いタイプです。お嬢さんぶっているというわけではなく、子どもの頃に受けた躾けがトラウマのように残っているのです。しかし、感度そのものはすばらしく、しだいに、男性を虜《とりこ》にしてしまうような、セックス名人に進化します。

⑨「偏印」刺激的セックスを好む

この星の人は極端なことを好む傾向があり、セックスも例外ではありません。SMプレイとか、ホモ、レズに走るなど、普通のセックスでは満たされない傾向のある可能性が強いようです。結婚はそうしたセックス癖を隠蔽する目的であるケースが多く、したがって、セックスレス夫婦であることが少なくありません。

男性は、女性を愛する場合も若い女性を好み、援助交際などに明け暮れたりしがちです。ごく一般的な年齢層の女性とのセックスでも、普通のホテルでは満足できず、演出過剰のラブホテルの常連になったりします。こうした趣向をともに楽しめるセックスフレンド的な恋人に巡り会えば、それなりにハッピーなセックスライフを送れます。

●女性は、本当はセックスに強い関心があるのですが、それを自分で認めようとせず、セックスを毛嫌いしたり、セックスの話題を軽蔑したりする素振りをみせます。それでいて、実際は欲望は人一倍強いので、自分の中でもバランスが狂ってしまい、つまらない男性とセックス目的の交際にふけったりすることがあります。自分のそうした傾向を知っておき、好きな男性から求められたときは、強いて拒絶したりせず、自然体のセックスを楽しむようにするとよいでしょう。

⑩「印綬」セックスへのプロセスを楽しむ

セックスそのもので燃え上がるということはまれで、恋愛から結婚に進めていくにはセックスは避けられないと考えているようなところがあります。したがって、変化や刺激に富んだセックスには関心がなく、ひたすら相手との絆を強めることが関心の的。その〝堅さ〟に飽きられたり、退屈されてしまい、セックスプレイの巧みなライバルに、恋そのものまでさらわれてしまうこともまれではありません。この星の人は、大事な恋をしたら、ビデオなどでセックステクニックを勉強することをお勧めします。そのテクニックをわざとらしく発揮するのではなく、自分も心からエンジョイできるように変われれば、こわいものはありません。

男性は、セックスそのものよりも、セックスできる相手をモノにするプロセスが面白くてたまらないというタイプ。ベッドの中での振る舞いもスマートで、一度、ベッドをともにした女性はなかなか彼を忘れられません。

●女性は、気まぐれで、セックスに淡泊なのか、それともねっとり熟したセックスが好みなのか、両極端に別れます。しかし、どちらも演技ではなく、この星の本性なのです。セックスそのものにこだわりはなく、ベッドインの印象で、彼の評価を変えることはあまりないようです。

第5章

あなたの適職と進むべき会社は

1 身旺・身弱で見る職業と進路

命式で「身旺」か「身弱」がわかったら、そこから、その人に向いた職業や進路を大まかに読み取れます。さらに細かな判断は、「五行」「宿命星」などから調べ、それらを総合して、適職、進路を求めます。

①「身旺」独立心旺盛な起業家に

ベンチャー企業を起こすなど独立心旺盛で、自営業に向いています。サラリーマンなら、早い時期に取締役など経営陣の仲間入りをします。人の上に立ったり、人を引っ張っていく仕事にも向いており、職種でいうなら政治家、上級公務員などにチャレンジしてみるとよいでしょう。

②「身弱」資格を生かした職業に

人に従いながら力を発揮するタイプで、ナンバー2の位置で光を放ちます。技術職など、専門性の高い仕事に向いています。エンジニア、医者、弁護士など、特殊能力や資格を必要とする職業につくとよいでしょう。

2 宿命星で見る職業と進路

命式にある「元命」（B―5）で判断します。命式を眺め回したとき、さまざまな宿命星、十二補助星、吉凶神殺星が混在している人は仕事が安定せず、生涯にいくつもの職業を変遷します。

①「比肩」どんな分野でもトップに

人に使われていることを潔しとせず、独立独歩を目指します。現在はサラリーマンでもやがては独立し、小さいながらも会社の社長になる星です。どんな分野でもトップになる星なので、ニッチ産業（すきま産業のこと）など、特異分野にフォーカスしたビジネスのほうが成功につながるでしょう。サラリーマンなら、一つのプロジェクトや、一分野を完全に任されると、ほかの者が驚くような力を発揮し、すばらしい結果を出します。政治家や、イベントプロデューサーを目指しても、きっと成功します。

②「劫財」クリエイティブな職に

人に使われるのは苦手というより、もともと一匹狼的な仕事、たとえば、小説家とかシナリオライター、フリーライターなどの文筆に関係ある、クリエイティブな自由業を目指すとよいでしょう。いわゆる堅い仕事、公務員、銀行マンなどには向いていません。また、人と一緒に仕事をするのは不向き。独立独歩、というより、孤独な作業に没頭するほうがよい結果をもたらします。人にモノを教える能力に恵まれているので、趣味を教える生き方、ダンス教師、音楽教師、スポーツインストラクターなども適職です。

③「食神」楽しく働ける職業を

〝楽して生きていく〟ことを選ぶ星なので、自分がいちばん楽しいと思えることを仕事にするとよいでしょう。女性なら、キャリア志向よりも、専業主婦、それもできるだけ経済力のある相手を探すことをお勧めします。

「食神」という星の宿命から、衣食住など暮らしをキーワードにした仕事、たとえば、暮らしをカバーするジャンルの流通業、不動産関係などが適しています。

また、食べ物関係にも向いており、ファーストフードの店長になったり、脱サラしてレストランや居酒屋などの経営者になっても成功します。サラリーマンなら、数字に現れる成績一辺倒といった実力主義の企業より、家族的な経営を心がけているような企業の方が向いています。

④「傷官」個性的能力生かす職に

個性的な能力、芸術的な才能に優れているので、画家、作曲家、歌手、音楽関係のプロデューサー、服飾デザイナー、グラフィックデザイナー、マスコミ関係などの仕事に向いています。いずれにしても美しいもの、楽しいものを求める仕事に向いています。そのかわり、ごく一般的なサラリーマンには向いておらず、仮にそうした方面に進んでも、結局は途中で転職し、結果的には前項のような画家やデザイナー、マスコミ関係などの仕事につくケースが多いようです。企業人として生きる覚悟を固めると、今度は組織のトップ目指して邁進し、やがてはリーダーシップを発揮する立場につきます。

⑤「偏財」サービス産業が適職

人とは変わったことや派手なことを好む傾向があり、さらに人に喜んでもらうのが好きで、サービス産業、芸能界などに進出しても成功する可能性大です。金銭運をもっているため、投資家など、お金を動かす仕事にも向いています。旅行関係、イベントコンパニオン、忙しいマスコミ関係などにも適性があります。人に奉仕する気持ちをもっているので、介護、福祉関係の仕事もよいでしょう。

⑥「正財」金融関係の職種に向く

まじめ、誠実が洋服を着ているような人。コツコツとひたすら努力していく堅実な仕事、サラリーマンなら銀行マンなどにぴったりです。「財」という星が物語るように、金融、経理、証券マン、経営コンサルタント、エコノミスト、税理士など、お金にかかわる仕事に向いています。「身旺」でほかにも「財」を含む星があったり、同じ柱に「駅馬」があれば、独立しても大型小売店、飲食業などを始めると大成功します。

⑦「偏官」組織的な仕事に向く

組織内の和がないとつらくなってしまう性格で、たとえ小さくとも、なごやかに家庭的な雰囲気のある職場を選ぶとよいでしょう。公務員など、組織力で仕事をするという職業にも向いています。あるいは、芸術関係でも名前を知られるような活躍をするようになるでしょう。堅実路線をいくなら、広告代理店など、サラリーマンでありながらクリエイティブな才能を求められる仕事がいちばん適職といえるかもしれません。

⑧「正官」判事、弁護士的な職種に

権力や正義にかかわる仕事、具体的には判

事、弁護士などに向いています。プライドが高いので、いい加減なところで妥協しないこと。司法試験は何度落ちても、とことん挑戦し続けるとよいでしょう。サラリーマンの道を選ぶなら、協調性を求められるより、個人の力を要求される開発関係、企画、新聞記者などをお勧めします。女性なら、外資系の職場など、男性女性を問わず、実力本位で評価される職場がよいはずです。

⑨「偏印」精神性の高い職業へ

かなりの理想主義者で、収入以上に、社会的な評価や存在感を軸にして、仕事を選ぶようにしましょう。具体的には医者や哲学者、教育家、評論家など、知的で、精神性の高い仕事に向いています。また、NGOで社会貢献事業にあたるとか、難民救助、あるいは、海外青年協力隊などに応募すると、生き甲斐を実感できるでしょう。女性は看護師、介護関係、さらにはホステス、芸能界などでも成功するはずです。

⑩「印綬」特別な素質を生かす

創造性豊かであり、宗教とのかかわりがあるので、宗教家として大成したり、あるいは大学教授など社会的地位を得ながら、私生活では新興宗教を信仰したりします。コンピュータ関連、コンサルティング、企画など、サラリーマンでも、ある種の特別な素質が必要な仕事が向いています。

3 五行で見る職業と進路

「日干」と同じ「五行」が「地支」にある場合は、その「五行」で見ます。ない場合は、命式の中で最もよいとされる「五行」で見ます。

①「木」木に関係する職業へ

木に関係する職業を選ぶとよいでしょう。もちろん、直接的に「木」にかかわる仕事ばかりでなく、広い意味で「木」にかかわりがあればOKです。林業、木材関係、建具、家具関係、紙・パルプから紙にかかわる仕事であればなんでも（出版、印刷なども含む）。また「木」は薬草に通じるところから、薬剤師、医師、看護師、保健関係など医療関係も適職です。

「木」を育てるように人を育てるところから、教育関係、宗教関係、とくに僧侶にも向いています。

「元命」が「木」で宿命星に「官」がある場合は、官公庁勤務、公務員がぴったりです。

②「火」派手で勢いのある職業

火に関するもの、熱に関するもの、派手で勢いのある職業が向いています。電気関連事業、ガス、発電などの事業、新聞などマスコミ関連、美容師、俳優、音楽関係などもよいでしょう。

③「土」土に関係する職業

土に関係する職業、農業、園芸、林業、道路関係、倉庫業、運輸業、佐官などに向いています。また、不動産業にも向きます。宗教関係者、僧侶にも適性があります。

④「金」金融関係・公務員向き

金属、貴金属、鉱業、冶金など、直接的に金に関わる仕事はもちろん、金融業、経済関係、質屋なども適職です。硬いものを連想させるところから、公務員、自衛隊などもよいでしょう。

⑤「水」醸造業・水産業向き

水に関するもの、水を連想させるもの、水産業、漁業などはいうまでもなく、酒、醤油などの醸造業、自由業いわゆる水商売も適職です。知的レベルが高いので、頭を使う仕事もいいです。

第6章

あなたの人生を左右する金運

宿命星で金運を読み取る

「金がすべて！」といい切るのはあまり に寂しい人生観だといえますが、しかし、お金は生きていく上でなくてはならない もの。金運は大いに気になります。四柱推命では、元命（B―5）の宿命星で、金運を見ます。

仕事運とからめて、独立する機運が強く、サラリーマンでいるよりも、思い切って独立し、自営に転じたほうが金運がよくなる暗示があります。

①「比肩」自営に転じ金運がUP

特別にゴージャスでリッチな暮らしに憧れるというタイプではありません。しかし、締まり屋というわけでもなく、きわめてバランスのとれた金銭感覚の持ち主です。

ブランド物のバッグが欲しい、海外旅行にいきたいなど目的が明確になると、俄然張り切ってお金を貯めるタイプ。こうして貯めたお金は一気に使いきる大胆さをもっています。

②「劫財」臨時収入で預金増やす

自分のためよりも人のために惜しげもなくお金を使ってしまう傾向が見られます。したがって、貯金は自分名義でなく、奥さんや子ども名義でためると、着実に預金額を増やしていかれるはずです。

特別付録

日本四柱推命能力検定４級・３級模擬問題

日本四柱推命能力検定は、四柱推命に関する知識・理解度を問う検定試験です。幅広い知識と総合的な判断力、さらに相手に適切なアドバイスを与えられるかをはかります。四柱推命を学ぶことで、想像力、推理力、知的好奇心が活性化されて脳のトレーニングにもなりますので、楽しく勉強してください。

試験概要

受験級※1	３級	４級
受験料（税込）※2	13,200円	5,500円
試験時間	60分	60分
出題形式	記　述	記　述
合格基準	70点以上	60点以上

※1　併願受験も可能です（受験会場は同じです）。

※2　４級と３級を同時に申し込む場合は、合計18,700円が合計15,400円に割引となります。

受験資格　年齢・性別・国籍・学歴に制限はありません。

●お問い合せ●

日本四柱推命能力検定運営事務局

TEL　03-6627-3884（土・日・祝日除く 10:00～12:00及び14:00～17:00）

E-mail　information@kentei-uketsuke.com

＊受験料等は変更になる場合がございます。必ず日本四柱推命能力検定のホームページをご覧いただくか、上記運営事務局までご確認ください。

4級 模擬問題

問1 四柱推命の五行を(　)内に記入してください。

(　)(　)(　)(　)(　)

問2 四柱推命の十二支を(　)内に記入してください。

(　)(　)(　)(　)(　)(　)(　)(　)(　)(　)(　)(　)

問3 四柱推命の10個の宿命星を(　　)内に記入してください。

(　　)　(　　)　(　　)　(　　)　(　　)

(　　)　(　　)　(　　)　(　　)　(　　)

問4 四柱推命の支合の組合せを(　)内に記入してください。

土　(　)　(　)　　木　(　)　(　)　　火　(　)　(　)

金　(　)　(　)　　水　(　)　(　)　　火　(　)　(　)

問5 日柱の宿命星でどんな事が分かるか述べてください。

問6 身旺と身弱と中和について述べてください。

問7 大運について述べてください。

問8 空亡について述べてください。

3級 模擬問題

次ページの命式表を干支歴早見表・時刻干支表・六十干支表・蔵干早見表・宿命星早見表・十二補助星早見表・吉凶神殺星表等を使って①〜⑪に従って完成させてください。

女性 1988年6月11日 AM11:25 兵庫県(時差なし)

①男又は女の欄に○印をつける　②出生地を記入する

③生年月日時を記入する　④天干・地支・蔵干を記入する

⑤宿命星を記入する　⑥吉凶神殺星を記入する

⑦干合・方合・三合・支合・七冲があれば丸でかこむ

⑧順行運・逆行運の欄に数字を記入する　⑨身旺・身弱に○印をつける

⑩空亡の十二支・月を記入する　⑪地支に空亡がある場合は丸でかこむ

出生国

様　　　　出生地

男		女	

	生年月日時	干支暦	干支暦	蔵干表	宿命星早見表		十二補助星早見表	吉凶神殺星早見表
年柱		天　干	地　支	蔵　干	宿命星	宿命星	十二補助星	吉凶神殺星
	年	(　)		(　)				
月柱		天　干	地　支	蔵　干	宿命星	宿命星(元命)	十二補助星	吉凶神殺星
	月	(　)		(　)				
日柱		天　干	地　支	蔵　干	╳	宿命星	十二補助星	吉凶神殺星
	日	(　)		(　)				
時柱	午前	天　干	地　支	蔵　干	宿命星	宿命星	十二補助星	吉凶神殺星
	午後	(　)		(　)				

干合	方合	三合	支合	七冲
甲己 土	亥子丑 水	亥卯未 木	子・丑	子・午
乙庚 金	寅卯辰 木	寅午戌 火	寅・亥	丑・未
丙辛 水	巳午未 火	巳酉丑 金	卯・戌	寅・申
丁壬 木	申酉戌 金	申子辰 水	辰・酉	卯・酉
戊癸 火		丑辰未戌 土	巳・申	辰・戌
			午・未	巳・亥

	順　運		日
	逆　運		日

空亡	
月	(　　月　：　　月　)

身旺	
身弱	

※A4サイズの紙に、141％で拡大コピーしてお使いください。

4級 答え

問1 (木) (火) (土) (金) (水)

問2 (子) (丑) (寅) (卯) (辰) (巳) (午) (未) (申) (酉) (戌) (亥)

問3 (比肩)(劫財)(食神)(傷官)(偏財)(正財)(偏官)(正官)(偏印)(印綬)

問4 土 (丑) (子)　木 (亥) (寅)　火 (戌) (卯)
金 (酉) (辰)　水 (申) (巳)　火 (未) (午)

問5 日柱の宿命星は配偶者の座、場所になります。 例えば、女性には夫の座なので、夫の星である「正官」があればもっとも理想的な宿命星となります。日柱では性格の20～30%が分かります。

問6 身旺は運が強く運勢のバランスが良い人です。命式のそれぞれの宿命星が働き、自分自身を強く主張し、指導的な立場になり、積極的に運命を切り開き社会的に活躍します。身弱は先天的に運が弱いため、宿命星の運命のままに引きずられていく傾向が強く、自分で運命を切り開くことが出来ません。中和はバランスが取れた人格で、平凡な人生を送り、良識があります。

問7 大運は10年運のことで、10年ごとの運勢の変化を見ます。
大運と歳運のパワー(運勢)の比率は大運が80%です。

問8 空亡とは別名天中殺のことで、空しく亡びるという意味です。
空亡の作用は宿命星の働きを無にします。

3級 答え

検定　花子 様

出生国 日 本
出生地 兵 庫 県

男		女	○

	生年月日時	干支暦	干支暦	蔵干表	宿命星早見表		十二補助星早見表	吉凶神殺星早見表
		天干	地支	蔵干	宿命星	宿命星	十二補助星	吉凶神殺星
年柱	1988年	戊(土)	㊟辰 (circled)	乙(木)	傷官星	偏印星	衰	
		天干	地支	蔵干	宿命星	宿命星(元命)	十二補助星	吉凶神殺星
月柱	6 月	戊(土)	午	丙(火)	傷官星	劫財星	建禄	天厨貴人、月徳貴人、咸池、囚獄、血刃
		天干	地支	蔵干		宿命星	十二補助星	吉凶神殺星
日柱	11 日	丁(火)	酉	庚(金)	╳	正財星	長生	天乙貴人、文昌貴人、福星貴人、咸池
		天干	地支	蔵干	宿命星	宿命星	十二補助星	吉凶神殺星
時柱	(午前) 11:25 午後	丙(火)	午	丙(火)	劫財星	劫財星	建禄	天厨貴人、月徳貴人(2)、咸池、囚獄、血刃

干合	方合	三合	支合	七冲
甲・己 土	亥・子・丑 水	亥・卯・未 木	子・丑	子・午
乙・庚 金	寅・卯・辰 木	寅・午・戌 火	寅・亥	丑・未
丙・辛 水	巳・午・未 火	巳・酉・丑 金	卯・戌	寅・申
丁・壬 木	申・酉・戌 金	申・子・辰 水	辰・酉	卯・酉
戊・癸 火		丑・辰・未・戌 土	巳・申	辰・戌
			午・未	巳・亥

	順 運		日
○	逆 運	6	日

空亡	辰 巳
月	(4 月 : 5 月)

身旺	○
身弱	

またこの星の人は、宝くじで一〇〇万円程度のお金が当たるなど、思いがけない収入に恵まれる暗示があります。しかし、ギャンブル運はないので、競輪、競馬などにお金をつぎ込むことはやめたほうがよいでしょう。

③「食神」大金が舞い込む暗示

ムダなお金を使わずに、ほどほどリッチな生活を演出できる暮らしの達人です。その分、貯金を増やし、同じ収入の人の中ではワンランク上のマイホームを手に入れたりします。

この星の人には、遺産など、他から大金が舞い込んでくるという暗示があります。欲の皮をつっぱらせ、このお金を投資に回したりして増やそうとすると、かえって損を招く恐れがあります。

一般に「食神」の人に投資運はないとされていますが、ほかの柱に「正財」があれば話は別。投資などによって、資産を大きく増やす可能性が暗示されています。

④「傷官」中年以降に金運上昇

金運はあまり強いほうではなく、とくに若い頃は苦労の割りにはお金には縁がありません。しかし、中年以降になると、しだいに金運が上昇してきますので、生涯をトータルすれば、まずまずの金運だといえるでしょう。

また、配偶者のもっている金運により、大きく経済がうるおう暗示もあります。妻の遺産相続で大金が転がり込んできたというような、人もうらやむラッキーなことがありそうです。

ただし、この星の人は、トラブルを起こしがちで、それにより、本来なら必要でないような出費が出てきます。ちょうど火災保険の切り替え中のほんのわずかな期間に小火を起こしてしまった。しかも燃えたのはわずかだが、消火活動のために家財が冠水して使い物にならなくなってしまったなど。

⑤「偏財」人がいいのが弱点

堅実で金銭感覚に優れ、いわゆるガッチリ屋さんです。たとえば高価なブランド品を買ったりしますが、結果的には長く使えるものを購入したことになり、かえって経済的だったりするわけです。

この星の人の弱点は、人が好すぎること。「お金を貸して」といわれると断れず、返ってこないことを知りながら、ついつい貸してしまったりします。自分が欲しいものを我慢してでも、ボランティア活動に寄付するようなところがあります。くれぐれも、保証人の判だけは押さないように気をつけましょう。

⑥「正財」財布は開くときに開く

コツコツ型で一見したところ、金運とは無縁のように見えますが、チリも積もれば……の言葉ではありませんが、結局はかなりの財を残します。しかも、人並みの生活を楽しんでいるのですから、申し分のない金運だということができるでしょう。

しかし、中には、貯蓄好きが高じて、義理人情、あるいは冠婚葬祭の費用まで惜しんでひたすら貯めることに専心するようになる場合もあります。人生でいちばん大切なのはお金ではなく、自分を心から思ってくれる人の存在であることを肝に銘じ、出すべきときは鷹揚に財布を開くようにしましょう。結果的には、それがかえって後年の金運を上昇させます。

他の柱に「比肩」があると、親兄弟のトラブルの尻ぬぐいや世話を引き受けなければならない羽目に落ちいり、かなりの出費を余儀なくされます。

⑦「偏官」経済的浮沈の大きい人生

この星の人は何につけても両極端に別れることが多いのですが、金運に関しても、〝ド〟

のつくような貧乏暮らしか、さもなければ、バブリーな、成り金暮らしをしたりします。一生のうち、経済的にも浮沈が大きいのですが、たとえ一時にせよ、夢のような暮らしができたと思えば、納得もいくかもしれません。

リッチなときに留学をする、資格を取るなど、自分の身につくことにお金を注ぎ込んでおくと、それが後に役に立ち、一生、ほどほどに安定した生活ができます。

⑧「正官」妻によって金運上昇

ブランドづくめの出で立ちなのに、住まいは風呂もないボロアパート……というようにバランスの欠けた生活を送るタイプ。極端な見栄っ張りで、人の目に触れるものはぜいたくなものでないといたたまれないのです。

男性は妻によって金運が上向くという暗示があります。いわゆる〝あげまん〟を妻に迎え、事業が大きく発展したりします。

他の柱に「比肩」があると、遺産相続運があり、大きな遺産に恵まれます。

⑨「偏印」ギャンブルに要注意

金運はほどほどにあり、きわめて経済観念も発達しているので、経済的には破たんを知らない人生を送ります。

作曲家、イラストレーターなど、特別な才能を発揮して、それが大金につながる運勢ももっています。手記を出版したら、メガヒットセラーになり、数億円の印税が入ってきたりすることもあります。

ところが唯一の欠点が底知れぬギャンブル好きであること。冷静に考えれば、馬鹿馬鹿しい儲け話に乗って大金を投じたり、ねずみ講に出資したりしてコツコツ貯めてきたお金をあっという間に失ってしまったりする暗示があります。大金を手にしたら、信用のおけるマネーコンサルタントに一任し、自分では運用しないほうがよいかもしれません。

⑩「印綬」生涯経済的に苦労しない

生まれついての大金持ち、そんな人は不思議にこの星の人が多いのです。生まれてからお金に不自由をしたことがないため、反対にお金に執着がなく、大金をあっさり人に貸してしまったり、友人の独立資金に提供したりしてしまいます。それでも、生涯を通じてお金に困ることはまずないはずです。

他の柱に「正財」があると、配偶者の相続により、さらに大金を手にします。しかし、「偏印」があると、せっかくもっていたお金を株などに投資し、大失敗。先祖伝来の土地を手放すような大損をする暗示もあります。

第7章

命式があなたの健康と病気を暗示する

1 五行で見る健康運

健康運や病気になりやすいかどうかを示すのは命式のバランスです。命式の「五行」を見たとき、「陽」ばかりが多かったり、反対に「陰」ばかりに偏ったりしている人は、たいてい大病をしたり、生来の病弱だったりします。

「木」……肝臓の病気。神経系の病気、足の病気、ストレスからくる不安神経症など。脳血管系の病気、不眠症などにも要注意。

「火」……循環器系の病気。口から食道、胃腸まで、消化器系統の病気など。耳鼻咽喉科系が弱い傾向があり、眼病にも要注意です。

「土」……皮膚、手指の病気や怪我などの暗示があります。歯など口腔内が弱く、消化器の病気にもなりやすい傾向があります。

「金」……脊椎、腰椎、骨などが弱く、病的な肩凝り、腰痛などの持ち主です。呼吸器、肺、咽喉なども弱いので要注意です。

「水」……腎臓、膀胱、子宮などの生殖器など下腹部にある臓器が弱い傾向があります。血液に欠陥がある暗示があるので、白血病、高脂血症などに要注意。

2 十二補助星で見る健康運

歳運の十二補助星が、その年のあなたの健康運、なりやすい病気を暗示しています。その中にある以下の暗示から、その年の健康でとくに注意すべきところを知り、できるだけ気をつけるように心がければ、病気の発病を防ぐことができ、結果的に健康・長寿を実現できます。

①「長生」ケガしやすい暗示に注意

体調が上向きで、健康には不安はない年です。ただし、ケガをしやすい暗示があるので、交通事故、やけど、切り傷などに注意したほうがよいでしょう。ちょっとしたケガのつもりで素人療法ですませるとこじれてしまい、結果的に手術を必要とするような大事になったりします。

適正体重を保つようにし、太りすぎ、痩せすぎに注意しましょう。ダイエットにチャレンジするなら最高のチャンス。かなりハードなダイエットでも、この年から健康を害さずに目標達成できるでしょう。

②「沐浴」少しの不調にも注意

きわめて不安定で、ちょっとした風邪をこじらせ、肺炎になって入院したり、最悪の場合は命を落としかねません。寒さ、暑さの厳しい時期には、ちょっとした不調も軽く見ないことです。

体調不良の時期もありますが、その時、ハードな仕事をこなすなど、無理を重ねると、一気に健康を損ない、後遺症が残るような大病をしかねません。

美容上の注意も必要。肌やヘアのケアには十分、心を配り、衰えを進めてしまわないようにしましょう。

③「冠帯」パワフルに仕事に熱中

体力が充実し、最高潮に。パワフルに仕事に熱中しても疲れることを知りません。かなり無理をしても大丈夫ですから、思い切り、エネルギッシュに仕事をしてもよい年です。

女性は内面の充実が輝きを添え、美しさにさらに磨きがかかります。

そのかわり、妊娠しやすい年なので、子どもの欲しくない人は、避妊を忘れないようにしましょう。

④「建禄」正しい生活習慣を守ろう

健康運は並。とくによいわけでも、反対に悪いわけでもありません。持病のある人は、持病が悪化しないように、生活習慣をきっちり守るようにしたほうがよいでしょう。

肥満ぎみの人は、気をつけていないと、さらに肥満が進んでしまい、その肥満から、高血圧、糖尿病などの病気に発展しやすくなります。カロリー摂取オーバーに気をつけ、適正体重を維持するようにしていれば、健康上、大きな問題を抱える心配はないといえます。

⑤「帝旺」不規則な生活を慎む

仕事に乗るのはよいのですが、睡眠時間を削ってまでのめり込み、結果的に健康運をそこなってしまいがちです。1年間はなんとかもっても、翌年、ツケが回り、とんでもない病気になることがあり、壮年でくも膜下出血で倒れるなどというようなことが起こります。

ダイエットをする場合は、ドクターが勧めるダイエットなど、専門家のアドバイスを受けながら、やるようにしましょう。素人考えで乱暴なダイエットに走ると、とりかえしのつかない結果になりがちです。

⑥「衰」バランスのよい食生活を

日頃から健康に関心がなく、不摂生な生活のツケが一気に吹き出す年です。驚くほど太ってしまったり、反対に、栄養不足になり、視力が落ちたり、歯が悪くなってしまったり。栄養のバランスのよい食生活を心がけ、ウオーキングなどほどよい運動も取り入れるとよいでしょう。

お酒の飲みすぎに注意。タバコもできれば、禁煙を決意するとか、本数を半減してください。

⑦「病」消化器系の病気に注意

胃腸など消化器系に問題が起こりやすい年です。暴飲暴食に気をつけ、下痢便秘などの不調を軽んじないようにしましょう。大したことはないと思っていると、それが大腸がんの初期症状だったというような事もありえます。心因性の大腸炎、胃腸障害などにもかかりやすくなっているので、できるだけストレスを上手に解消し、癒し系のものを暮らしに取り入れるのもよいでしょう。

女性は、消化器系の不調から、肌にもトラブルが起こり、いわゆる大人のニキビに悩まされたりします。

⑧「死」ストレスと過労に注意

ストレスがたまりやすく、それが原因で身体に不調が現れることがあります。突然、吐血し、調べてみたら、胃に大きな潰瘍ができているというようなことがあったりします。

過労にも要注意。ストレスと過労が重なり、働き盛りで突然、倒れてしまう暗示があるので、くれぐれも過密スケジュールを組まないようにしましょう。

女性は膀胱炎、婦人科系の病気に注意してください。

⑨「墓」冷えからの症状に注意

冷え症、冷房病など、体の冷えに関係する病気にかかりやすくなっています。また、冷えからくる神経痛、リウマチなどにも注意しましょう。

歯が悪くなる暗示があるので、少しでも歯に痛みやしみるような感じがあったら、早めに歯科にいき、治療を受けるようにしましょう。

血圧がかなり低くなっており、生理不順にも悩まされます。女性は流産にも注意しましょう。

⑩「絶」運動で生活の乱れ正す

体調は悪くはないのですが、日頃の生活習慣に乱れがあり、暴飲暴食、とくにお酒の飲みすぎ、コーヒーなどの刺激物の取り過ぎ、ひどい場合には薬に手を染めるなど、意志が弱いことから招いてしまう健康上のトラブルに見舞われます。

アウトドアスポーツに凝るなど、なにかほかのことで気持ちの余裕を取り戻すよう努めましょう。アマチュア参加のフルマラソンで、どんなに時間がかかってもよいから、完走を目指すこともよいでしょう。

女性は乳がんになりやすい星。定期的に人間ドックに入るなど、兆候を見落とさないようにしてください。

⑪「胎」運動で体の負担を軽減

コンピュータなどのストレスで、身体がぼ

ろぼろになってしまう暗示があります。思いあたるような仕事についていたり、自宅でパソコンに向かっている時間の長い人は、水泳、ジョギングなどスポーツを日課に取り入れ、気分転換と、姿勢、視力への負担を軽減するようにしましょう。

腰痛に悩まされることもありそうです。体重を絞ると、体調不良が驚くほど改善するでしょう。

⑫「養」ストレス→糖尿病が恐い

肩凝り、腰痛などの不調に悩みがちですが、それらの原因はストレスです。人間関係など、気づかぬうちにストレスに身をさいなまれているのです。職場を変わるなど思い切った対応を図ったほうがよいかもしれません。

糖尿病からくる眼病、パソコンの使いすぎからの眼精疲労、老化による白内障など目の病気になる暗示があるので、目が疲れる、見えにくいなどのわずかな症状でも見逃さずに、眼科の診察を受け、早めの発見、早めの治療を心がけましょう。

女性は、長年、望んで得られなかった子宝に恵まれることがあります。

3 身旺と身弱で寿命を見る

「日干」の強弱と、「五行」が寿命を示します。

「身旺」は健康で、かなり長命です。「身弱」は、体が弱いことが多く、あまり長命とはいえません。

命式の「五行」のバランスがよい場合は長命、反対にバランスが悪いと短命です。

Column

現代人のかかる生活習慣病はストレスが引き金に

ストレスについて

ガンを始めとする生活習慣病など現代人のかかるほとんどの病気が、ストレスを引き金にして発症しているといわれています。

ストレスに強くなるには、スポーツや運動によって自分に負荷をかけ精神的に強くなる方法と、旅行などで一時的に日常的な生活環境を変えることにより気分転換を図って気持ちを切り替える方法、さらに、さまざまな趣味を生かしてそれらに没頭しストレスを解消する方法などがあります。

そのためには、気持ちの切り替えを素早く行えるように訓練をすることです。例えば、テレビのチャンネルを切り替えるように、同時に複数のものに拘泥せず、頭のスイッチをリセットしてしまうのです。

一般的に人は、一つのことを行いながら、別のことに考えを巡らせていることが多いようです。これではいつになってもストレスは解消しません。集中力をつけて、そのときどきのことだけに気持ちを集約し、ほかのことは考えないようにするのです。

仏教で悟ると言うことは、その瞬間の一瞬一瞬を誠実に生きることであると言われています。これの実行が困難であると思われる人は、さまざまな趣味に没頭されることをお勧めします。

ストレスは自律神経と大きなかかわりをもっています。人間の全身の内臓や血管の働きを支配しているのが自律神経です。自律神経には主に昼間に働く「交感神経」と夜間などの休息時に働く「副交感神経」とがあります。自律神経はこの二つの神経のバランスを保つことにより、人間の健康を維持しているのです。ストレスなどがかかると「交感神経」が優位になり、リラックスすると「副交感神経」が優位になります。このため、いずれが優位に立っても病魔に襲われるなどの危険があります。自律神経のバランスがいかに大切であるかがわかります。

そこで、いかにしたらストレスを解消できるかが問題となりますが、ここに五行で、できるストレス解消法があります。「吉凶早見表」を利用して、自分に合ったストレス解消法を探し出してください。

Column

自分に「吉」に働く五行によるストレス解消法

ここでは五行を用いて、さらに効果的なストレス解消法を紹介します。

「木」の五行が吉に働く人のストレス解消法

＊「木」に関係した趣味を行えばより効果的。

森林浴、盆栽、草花の栽培、日曜大工、植木職人、宗教に入信、読経、写経、ボランティア活動、占い師、神社・仏閣めぐり、木器・漆器・織物などの作成、木工家具作り、漢方薬の研究、ログハウス、

五行別のストレス解消法

命式の五行（木火土金水）の中で自分に「吉」に働く五行（吉凶早見表を見る）によるストレス解消法を探してください。

これまで、趣味として貸し農園や自宅の庭などを利用しての「家庭菜園」で野菜を栽培したり、休日などには海や山へ車で「ドライブ」したり、ゴルフをしたり、またコンサートなどに出かけて音楽を聴くなどして、ストレスを解消していることが多いと思います。

パラグライダー、看護士、教師など。

「火」の五行が吉に働く人のストレス解消法

＊「火」に関係した趣味や創造的な趣味を行えばより効果的。

小説、詩、俳句、絵画、著述、読書、日記、書道、作詞、作曲、歌、声楽、音楽鑑賞、カラオケ、美術、演劇、日光浴、電気治療、無線、装飾品、骨董、彫刻、温泉、入浴、玩具、もぐさ治療、消防団、たき火、美容、デザインなど。

「土」の五行が吉に働く人のストレス解消法

＊「土」に関係した趣味を行えばより効果的。

園芸、家庭菜園、野菜作り、農村や田園の広がる地方に休日に行く、陶器作成、土石・煉瓦等の仕事、陶器鑑賞、左官、週末出家、散歩など。

「金」の五行が吉に働く人のストレス解消法

＊「金」に関係した趣味を行えばより効果的。

ドライブ（バイク・オートバイ）、金・銀・プラチナなどの手工芸に関係した趣味、時計・カメラ・コインなどのコレクション、コンピュータ関係にまつわるさまざまな趣味、機関車・飛行機・精密機械関係の趣味、ハリ治療、スポーツ、刀剣など。

「水」の五行が吉に働く人のストレス解消法

＊「水」に関係した趣味や頭脳を使う趣味を行えばより効果的。

滝に打たれる修行、水郷・河川・湖周辺の散歩、海釣り・川釣り、水辺での静養、ボート・サーフィン、ダイビング、数学・哲学、クイズ・ゲーム、将棋・囲碁、ビール・酒・焼酎作り、風呂、水商売など。

誰にでもできる

黒川式命式作成法

番号に従って順番に記入していけば
命式は完成する（命式表の数字を参照）

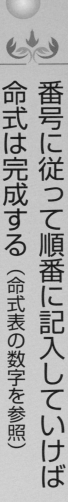

四柱推命の用語は読み方も難しいものがあり、かなり苦労している人が多いようです。さらにその上、意味を理解するとなると、もうまったくのお手上げです。しかしここであきらめてしまっては、せっかく入口まできたのに引き返してしまうのと同じです。

そこで、用語の読み方や意味などを考えず、単なる「記号」と思い、Lesson 1から27までの説明文に機械的に従い、順番に記入していけば、自然に命式が完成するように解説しました。

様

男		女	

	①	②	⑤	⑦	⑧		⑨⑩⑪	⑫⑬
	生年月日時	干支暦	干支暦	蔵干表	宿命星早見表		十二補助星早見表	吉凶神殺星早見表
		天干	地支	蔵干	宿命星	宿命星	十二補助星	吉凶神殺星
年柱	M T S H A 年	A-1( )	A-2	A-3( )	A-4	A-5	A-6	A-7
		天干	地支	蔵干	宿命星	(宿命星元命)	十二補助星	吉凶神殺星
月柱	B 月	B-1( )	B-2	B-3( )	B-4	B-5	B-6	B-7
		天干	地支	蔵干		宿命星	十二補助星	吉凶神殺星
日柱	C 日	C-1( )	C-2	C-3( )		C-5	C-6	C-7
		天干	地支	蔵干	宿命星	宿命星	十二補助星	吉凶神殺星
時柱	AM PM D 時	D-1( )	D-2	D-3( )	D-4	D-5	D-6	D-7

大運表【十年運】

年齢	天干	地支 ⑯	宿命星 ⑰	十二補助星 ⑱	吉凶神殺星 ⑲	五行 ㉔	○△× ㉖
0 (立運)							
K	L	M	N	O	P	Y	

歳運表【一年運】

年	歳	天干	地支 ⑳	宿命星	十二補助星 ㉑	吉凶神殺星 ㉒	五行 ㉕	○△× ㉖
Q		R	S	T	U	V	Z	

⑭ ④

I	順行運	G	日

⑭ ③

J	逆行運	F	日

⑮

G. F ÷ 3 = ※E … 余り

1 − 1 = 0

2 + 1 → ※E + 1

⑥

空亡	H

㉗

身旺	
身弱	

㉓

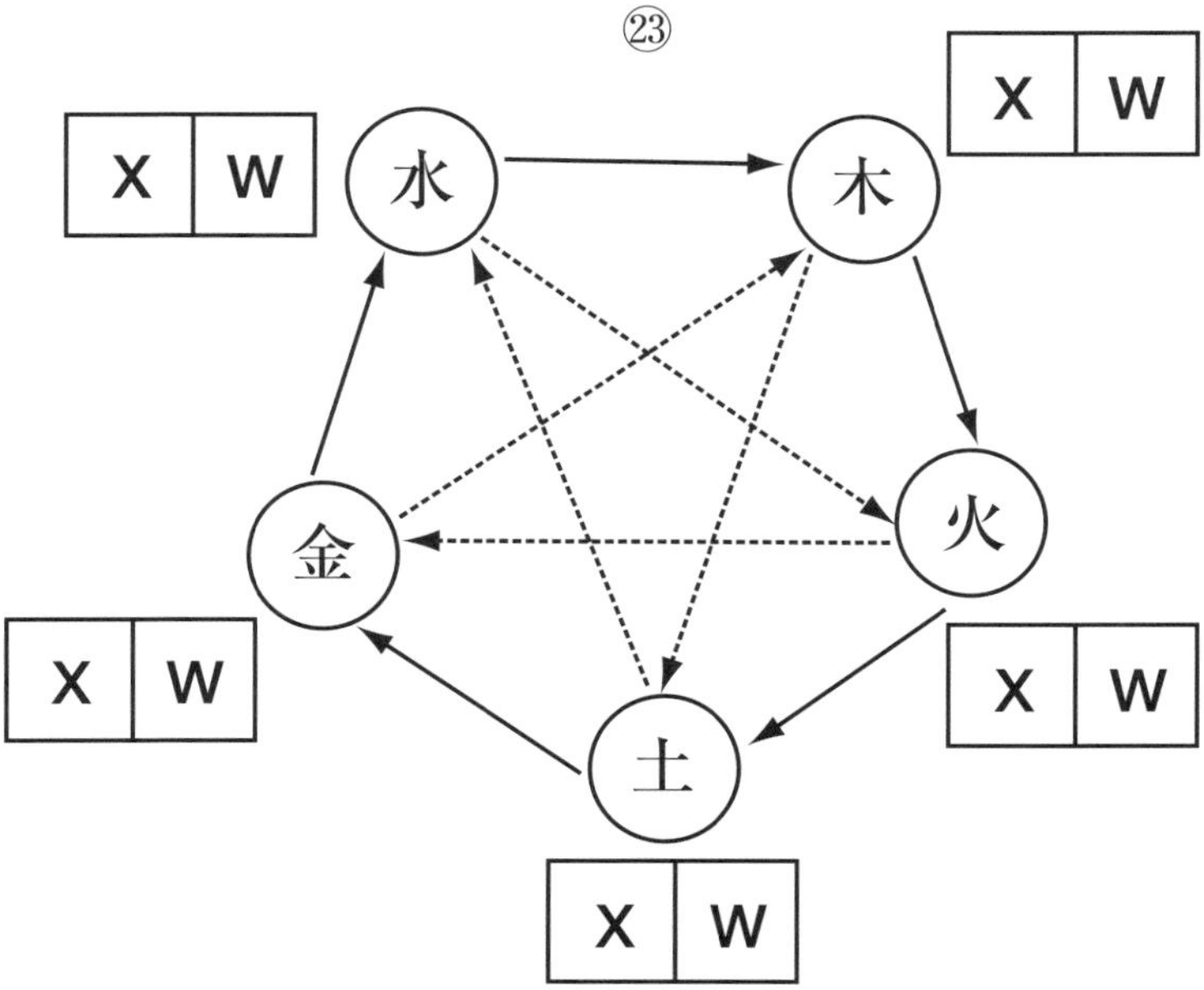

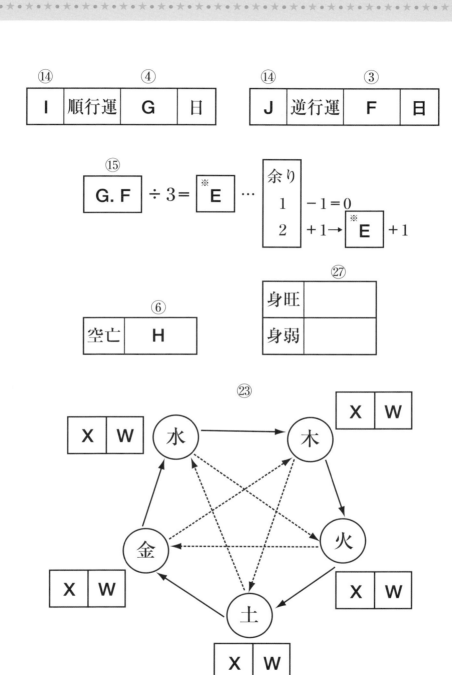

Lesson 1

ABCDの欄に生年月日と生まれた時間をそれぞれ記入してください（生まれた時間がわかなければ空欄にしてください）。

Lesson 3 F=19日　Lesson 4 G=12日

	生年月日時 Lesson 1	干支暦 Lesson 2 5	干支暦 Lesson 2 5	蔵干表 Lesson 7
年柱	M T S H 1986年	天干 丙（火）	地支 寅	蔵干 甲（木）
月柱	6月	天干 甲（木）	地支 午	蔵干 己（土）
日柱	25日	天干 庚（金）	地支 子	蔵干 癸（水）
時柱	(AM) PM 11.25時	天干 壬（水）	地支 午	蔵干 己（土）

Lesson 6　空亡 → 辰巳

	宿命星早見表 Lesson 8		十二補助星早見表 Lesson 9	吉凶神殺星早見表 Lesson 10 11 12		
	生日の天干×各柱の天干	生日の天干×各柱の蔵干	生日の天干×各柱の地支	生日の天干×各柱の地支	月支×天干·蔵干·地支	年支・日支×各柱の地支
年柱	宿命星	宿命星	十二補助星	吉凶神殺星	吉凶神殺星	吉凶神殺星
月柱	宿命星	宿命星（元命）	十二補助星	吉凶神殺星	吉凶神殺星	吉凶神殺星
日柱		宿命星	十二補助星	吉凶神殺星	吉凶神殺星	吉凶神殺星
時柱	宿命星	宿命星	十二補助星	吉凶神殺星	吉凶神殺星	吉凶神殺星

巻末にある**干支暦**を見て、あなたの生まれた年、月、日を干支（天干・地支）に置き換えて記入してください。

年（天干A―1に記入、地支A―2に記入）

月（天干B―1に記入、地支B―2に記入）

日（天干C―1に記入、地支C―2に記入）

天干の五行を（　）内に記入する。

（410ページ⑫参照）。

例　女性1986年6月25日AM11：25

1986	丙	寅
6	甲	午
25	庚	子
AM11：25		

昭和61年（1986）

丙寅・五黄土星年

翌1月	12月	11月	10月	9月	8月	7月	6月	5月	4月	3月	2月	月
辛丑	庚子	己亥	戊戌	丁酉	丙申	乙未	甲午	癸巳	壬辰	辛卯	庚寅	月の干支
6日 6:13	7日 19:01	7日 2:13	8日 23:07	8日 7:35	8日 4:46	7日 19:01	6日 8:44	6日 4:31	5日 11:06	6日 6:12	5日 12:08	節入り 日時
庚戌	己卯	己酉	戊寅	戊申	丁丑	丙午	丙子	乙巳	乙亥	甲辰	丙子	1日
辛亥	庚辰	庚戌	己卯	己酉	戊寅	丁未	丁丑	丙午	丙子	乙巳	丁丑	2日
壬子	辛巳	辛亥	庚辰	庚戌	己卯	戊申	戊寅	丁未	丁丑	丙午	戊寅	3日
癸丑	壬午	壬子	辛巳	辛亥	庚辰	己酉	己卯	戊申	戊寅	丁未	己卯	4日
甲寅	癸未	癸丑	壬午	壬子	辛巳	庚戌	庚辰	己酉	己卯	戊申	庚辰	5日
乙卯	甲申	甲寅	癸未	癸丑	壬午	辛亥	辛巳	庚戌	庚辰	己酉	辛巳	6日
丙辰	乙酉	乙卯	甲申	甲寅	癸未	壬子	壬午	辛亥	辛巳	庚戌	壬午	7日
丁巳	丙戌	丙辰	乙酉	乙卯	甲申	癸丑	癸未	壬子	壬午	辛亥	癸未	8日
戊午	丁亥	丁巳	丙戌	丙辰	乙酉	甲寅	甲申	癸丑	癸未	壬子	甲申	9日
己未	戊子	戊午	丁亥	丁巳	丙戌	乙卯	乙酉	甲寅	甲申	癸丑	乙酉	10日
庚申	己丑	己未	戊子	戊午	丁亥	丙辰	丙戌	乙卯	乙酉	甲寅	丙戌	11日
辛酉	庚寅	庚申	己丑	己未	戊子	丁巳	丁亥	丙辰	丙戌	乙卯	丁亥	12日
壬戌	辛卯	辛酉	庚寅	庚申	己丑	戊午	戊子	丁巳	丁亥	丙辰	戊子	13日
癸亥	壬辰	壬戌	辛卯	辛酉	庚寅	己未	己丑	戊午	戊子	丁巳	己丑	14日
甲子	癸巳	癸亥	壬辰	壬戌	辛卯	庚申	庚寅	己未	己丑	戊午	庚寅	15日
乙丑	甲午	甲子	癸巳	癸亥	壬辰	辛酉	辛卯	庚申	庚寅	己未	辛卯	16日
丙寅	乙未	乙丑	甲午	甲子	癸巳	壬戌	壬辰	辛酉	辛卯	庚申	壬辰	17日
丁卯	丙申	丙寅	乙未	乙丑	甲午	癸亥	癸巳	壬戌	壬辰	辛酉	癸巳	18日
戊辰	丁酉	丁卯	丙申	丙寅	乙未	甲子	甲午	癸亥	癸巳	壬戌	甲午	19日
己巳	戊戌	戊辰	丁酉	丁卯	丙申	乙丑	乙未	甲子	甲午	癸亥	乙未	20日
庚午	己亥	己巳	戊戌	戊辰	丁酉	丙寅	丙申	乙丑	乙未	甲子	丙申	21日
辛未	庚子	庚午	己亥	己巳	戊戌	丁卯	丁酉	丙寅	丙申	乙丑	丁酉	22日
壬申	辛丑	辛未	庚子	庚午	己亥	戊辰	戊戌	丁卯	丁酉	丙寅	戊戌	23日
癸酉	壬寅	壬申	辛丑	辛未	庚子	己巳	己亥	戊辰	戊戌	丁卯	己亥	24日
甲戌	癸卯	癸酉	壬寅	壬申	辛丑	庚午	庚子	己巳	己亥	戊辰	庚子	25日
乙亥	甲辰	甲戌	癸卯	癸酉	壬寅	辛未	辛丑	庚午	庚子	己巳	辛丑	26日
丙子	乙巳	乙亥	甲辰	甲戌	癸卯	壬申	壬寅	辛未	辛丑	庚午	壬寅	27日
丁丑	丙午	丙子	乙巳	乙亥	甲辰	癸酉	癸卯	壬申	壬寅	辛未	癸卯	28日
戊寅	丁未	丁丑	丙午	丙子	乙巳	甲戌	甲辰	癸酉	癸卯	壬申		29日
己卯	戊申	戊寅	丁未	丁丑	丙午	乙亥	乙巳	甲戌	甲辰	癸酉		30日
庚辰	己酉		戊申		丁未	丙子		乙亥		甲戌		31日

節入日後から誕生日までの数を「逆行運」「F」の欄に記入します。

※誕生日が節入日前の場合は前月の節入日から誕生日までの数を「逆行運」「F」の欄に記入します。

誕生日　節入日

例　25日−6日＝19日

「逆行運」は「19日」と「F」に記入します。

昭和61年（1986）

丙寅・五黄土星年

翌1月	12月	11月	10月	9月	8月	7月	6月	5月	4月	3月	2月	月
辛丑	庚子	己亥	戊戌	丁酉	丙申	乙未	甲午	癸巳	壬辰	辛卯	庚寅	月の干支
6日 6:13	7日 19:01	7日 2:13	8日 23:07	8日 7:35	8日 4:46	7日 19:01	6日 [illegible]	6日 4:31	5日 11:06	6日 6:12	5日 12:08	節入り 日時
庚戌	己卯	己酉	戊寅	戊申	丁丑	丙午	丙子	乙巳	乙亥	甲辰	丙子	1日
辛亥	庚辰	庚戌	己卯	己酉	戊寅	丁未	丁丑	丙午	丙子	乙巳	丁丑	2日
壬子	辛巳	辛亥	庚辰	庚戌	己卯	戊申	戊寅	丁未	丁丑	丙午	戊寅	3日
癸丑	壬午	壬子	辛巳	辛亥	庚辰	己酉	己卯	戊申	戊寅	丁未	己卯	4日
甲寅	癸未	癸丑	壬午	壬子	辛巳	庚戌	庚辰	己酉	己卯	戊申	庚辰	5日
乙卯	甲申	甲寅	癸未	癸丑	壬午	辛亥	辛巳	庚戌	庚辰	己酉	辛巳	6日
丙辰	乙酉	乙卯	甲申	甲寅	癸未	壬子	壬午	辛亥	辛巳	庚戌	壬午	7日
丁巳	丙戌	丙辰	乙酉	乙卯	甲申	癸丑	癸未	壬子	壬午	辛亥	癸未	8日
戊午	丁亥	丁巳	丙戌	丙辰	乙酉	甲寅	甲申	癸丑	癸未	壬子	甲申	9日
己未	戊子	戊午	丁亥	丁巳	丙戌	乙卯	乙酉	甲寅	甲申	癸丑	乙酉	10日
庚申	己丑	己未	戊子	戊午	丁亥	丙辰	丙戌	乙卯	乙酉	甲寅	丙戌	11日
辛酉	庚寅	庚申	己丑	己未	戊子	丁巳	丁亥	丙辰	丙戌	乙卯	丁亥	12日
壬戌	辛卯	辛酉	庚寅	庚申	己丑	戊午	戊子	丁巳	丁亥	丙辰	戊子	13日
癸亥	壬辰	壬戌	辛卯	辛酉	庚寅	己未	己丑	戊午	戊子	丁巳	己丑	14日
甲子	癸巳	癸亥	壬辰	壬戌	辛卯	庚申	庚寅	己未	己丑	戊午	庚寅	15日
乙丑	甲午	甲子	癸巳	癸亥	壬辰	辛酉	辛卯	庚申	庚寅	己未	辛卯	16日
丙寅	乙未	乙丑	甲午	甲子	癸巳	壬戌	壬辰	辛酉	辛卯	庚申	壬辰	17日
丁卯	丙申	丙寅	乙未	乙丑	甲午	癸亥	癸巳	壬戌	壬辰	辛酉	癸巳	18日
戊辰	丁酉	丁卯	丙申	丙寅	乙未	甲子	甲午	癸亥	癸巳	壬戌	甲午	19日
己巳	戊戌	戊辰	丁酉	丁卯	丙申	乙丑	乙未	甲子	甲午	癸亥	乙未	20日
庚午	己亥	己巳	戊戌	戊辰	丁酉	丙寅	丙申	乙丑	乙未	甲子	丙申	21日
辛未	庚子	庚午	己亥	己巳	戊戌	丁卯	丁酉	丙寅	丙申	乙丑	丁酉	22日
壬申	辛丑	辛未	庚子	庚午	己亥	戊辰	戊戌	丁卯	丁酉	丙寅	戊戌	23日
癸酉	壬寅	壬申	辛丑	辛未	庚子	己巳	己亥	戊辰	戊戌	丁卯	己亥	24日
甲戌	癸卯	癸酉	壬寅	壬申	辛丑	庚午	庚子	己巳	己亥	戊辰	庚子	25日
乙亥	甲辰	甲戌	癸卯	癸酉	壬寅	辛未	辛丑	庚午	庚子	己巳	辛丑	26日
丙子	乙巳	乙亥	甲辰	甲戌	癸卯	壬申	壬寅	辛未	辛丑	庚午	壬寅	27日
丁丑	丙午	丙子	乙巳	乙亥	甲辰	癸酉	癸卯	壬申	壬寅	辛未	癸卯	28日
戊寅	丁未	丁丑	丙午	丙子	乙巳	甲戌	甲辰	癸酉	癸卯	壬申		29日
己卯	戊申	戊寅	丁未	丁丑	丙午	乙亥	乙巳	甲戌	甲辰	癸酉		30日
庚辰	己酉		戊申		丁未	丙子		乙亥		甲戌		31日

次に誕生日から、生まれ月の次の月の節入日前までの数を「順行運」「G」の欄に記入します。

※誕生日が節入日前の場合は誕生日から生まれ月の節入日前までの数を「順行運」「G」の欄に記入します。

月末日　誕生日 節入日

例　30日−25+7=12日

「順行運」は「12日」と「G」に記入します。

昭和61年（1986）

丙寅・五黄土星年

翌1月	12月	11月	10月	9月	8月	7月	6月	5月	4月	3月	2月	月
辛丑	庚子	己亥	戊戌	丁酉	丙申	乙未	甲午	癸巳	壬辰	辛卯	庚寅	月の干支
6日	7日	7日	8日	8日	8日	7日	6日	6日	5日	6日	5日	節入り
6:13	19:01	2:13	23:07	7:35	4:46	[illegible]	8:44	4:31	11:06	6:12	12:08	日時
庚戌	己卯	己酉	戊寅	戊申	丁丑	丙午	丙子	乙巳	乙亥	甲辰	丙子	1日
辛亥	庚辰	庚戌	己卯	己酉	戊寅	丁未	丁丑	丙午	丙子	乙巳	丁丑	2日
壬子	辛巳	辛亥	庚辰	庚戌	己卯	戊申	戊寅	丁未	丁丑	丙午	戊寅	3日
癸丑	壬午	壬子	辛巳	辛亥	庚辰	己酉	己卯	戊申	戊寅	丁未	己卯	4日
甲寅	癸未	癸丑	壬午	壬子	辛巳	庚戌	庚辰	己酉	己卯	戊申	庚辰	5日
乙卯	甲申	甲寅	癸未	癸丑	壬午	辛亥	辛巳	庚戌	庚辰	己酉	辛巳	6日
丙辰	乙酉	乙卯	甲申	甲寅	癸未	壬子	壬午	辛亥	辛巳	庚戌	壬午	7日
丁巳	丙戌	丙辰	乙酉	乙卯	甲申	癸丑	癸未	壬子	壬午	辛亥	癸未	8日
戊午	丁亥	丁巳	丙戌	丙辰	乙酉	甲寅	甲申	癸丑	癸未	壬子	甲申	9日
己未	戊子	戊午	丁亥	丁巳	丙戌	乙卯	乙酉	甲寅	甲申	癸丑	乙酉	10日
庚申	己丑	己未	戊子	戊午	丁亥	丙辰	丙戌	乙卯	乙酉	甲寅	丙戌	11日
辛酉	庚寅	庚申	己丑	己未	戊子	丁巳	丁亥	丙辰	丙戌	乙卯	丁亥	12日
壬戌	辛卯	辛酉	庚寅	庚申	己丑	戊午	戊子	丁巳	丁亥	丙辰	戊子	13日
癸亥	壬辰	壬戌	辛卯	辛酉	庚寅	己未	己丑	戊午	戊子	丁巳	己丑	14日
甲子	癸巳	癸亥	壬辰	壬戌	辛卯	庚申	庚寅	己未	己丑	戊午	庚寅	15日
乙丑	甲午	甲子	癸巳	癸亥	壬辰	辛酉	辛卯	庚申	庚寅	己未	辛卯	16日
丙寅	乙未	乙丑	甲午	甲子	癸巳	壬戌	壬辰	辛酉	辛卯	庚申	壬辰	17日
丁卯	丙申	丙寅	乙未	乙丑	甲午	癸亥	癸巳	壬戌	壬辰	辛酉	癸巳	18日
戊辰	丁酉	丁卯	丙申	丙寅	乙未	甲子	甲午	癸亥	癸巳	壬戌	甲午	19日
己巳	戊戌	戊辰	丁酉	丁卯	丙申	乙丑	乙未	甲子	甲午	癸亥	乙未	20日
庚午	己亥	己巳	戊戌	戊辰	丁酉	丙寅	丙申	乙丑	乙未	甲子	丙申	21日
辛未	庚子	庚午	己亥	己巳	戊戌	丁卯	丁酉	丙寅	丙申	乙丑	丁酉	22日
壬申	辛丑	辛未	庚子	庚午	己亥	戊辰	戊戌	丁卯	丁酉	丙寅	戊戌	23日
癸酉	壬寅	壬申	辛丑	辛未	庚子	己巳	己亥	戊辰	戊戌	丁卯	己亥	24日
甲戌	癸卯	癸酉	壬寅	壬申	辛丑	庚午	庚子	己巳	己亥	戊辰	庚子	25日
乙亥	甲辰	甲戌	癸卯	癸酉	壬寅	辛未	辛丑	庚午	庚子	己巳	辛丑	26日
丙子	乙巳	乙亥	甲辰	甲戌	癸卯	壬申	壬寅	辛未	辛丑	庚午	壬寅	27日
丁丑	丙午	丙子	乙巳	乙亥	甲辰	癸酉	癸卯	壬申	壬寅	辛未	癸卯	28日
戊寅	丁未	丁丑	丙午	丙子	乙巳	甲戌	甲辰	癸酉	癸卯	壬申		29日
己卯	戊申	戊寅	丁未	丁丑	丙午	乙亥	乙巳	甲戌	甲辰	癸酉		30日
庚辰	己酉		戊申		丁未	丙子		乙亥		甲戌		31日

誕生日が節入日と同じで
生まれた時刻が節入時刻より前の場合

例　4月5日AM10：55の場合

（節入り時AM11：06の時刻より前）

3月末日		3月節入日6日		4月節入日5日		「F」
31	−	6	＋	5	＝	30

※節入時の前なので月の干支は前月3月（辛卯）となります。誕生日はそのまま5日（己卯）となります。

昭和61年（1986）

丙寅・五黄土星年

翌1月	12月	11月	10月	9月	8月	7月	6月	5月	4月	3月	2月	月
辛丑	庚子	己亥	戊戌	丁酉	丙申	乙未	甲午	癸巳	壬辰	辛卯	庚寅	月の干支
6日 6:13	7日 19:01	7日 2:13	8日 23:07	8日 7:35	8日 4:46	7日 19:01	6日 8:44	6日 4:31	5日 11:06	6日 6:12	5日 12:08	節入り日時
庚戌	己卯	己酉	戊寅	戊申	丁丑	丙午	丙子	乙巳	乙亥	甲辰	丙子	1日
辛亥	庚辰	庚戌	己卯	己酉	戊寅	丁未	丁丑	丙午	丙子	乙巳	丁丑	2日
壬子	辛巳	辛亥	庚辰	庚戌	己卯	戊申	戊寅	丁未	丁丑	丙午	戊寅	3日
癸丑	壬午	壬子	辛巳	辛亥	庚辰	己酉	己卯	戊申	戊寅	丁未	己卯	4日
甲寅	癸未	癸丑	壬午	壬子	辛巳	庚戌	庚辰	己酉	己卯	戊申	庚辰	5日
乙卯	甲申	甲寅	癸未	癸丑	壬午	辛亥	辛巳	庚戌	庚辰	己酉	辛巳	6日
丙辰	乙酉	乙卯	甲申	甲寅	癸未	壬子	壬午	辛亥	辛巳	庚戌	壬午	7日
丁巳	丙戌	丙辰	乙酉	乙卯	甲申	癸丑	癸未	壬子	壬午	辛亥	癸未	8日
戊午	丁亥	丁巳	丙戌	丙辰	乙酉	甲寅	甲申	癸丑	癸未	壬子	甲申	9日
己未	戊子	戊午	丁亥	丁巳	丙戌	乙卯	乙酉	甲寅	甲申	癸丑	乙酉	10日
庚申	己丑	己未	戊子	戊午	丁亥	丙辰	丙戌	乙卯	乙酉	甲寅	丙戌	11日
辛酉	庚寅	庚申	己丑	己未	戊子	丁巳	丁亥	丙辰	丙戌	乙卯	丁亥	12日
壬戌	辛卯	辛酉	庚寅	庚申	己丑	戊午	戊子	丁巳	丁亥	丙辰	戊子	13日
癸亥	壬辰	壬戌	辛卯	辛酉	庚寅	己未	己丑	戊午	戊子	丁巳	己丑	14日
甲子	癸巳	癸亥	壬辰	壬戌	辛卯	庚申	庚寅	己未	己丑	戊午	庚寅	15日
乙丑	甲午	甲子	癸巳	癸亥	壬辰	辛酉	辛卯	庚申	庚寅	己未	辛卯	16日
丙寅	乙未	乙丑	甲午	甲子	癸巳	壬戌	壬辰	辛酉	辛卯	庚申	壬辰	17日
丁卯	丙申	丙寅	乙未	乙丑	甲午	癸亥	癸巳	壬戌	壬辰	辛酉	癸巳	18日
戊辰	丁酉	丁卯	丙申	丙寅	乙未	甲子	甲午	癸亥	癸巳	壬戌	甲午	19日
己巳	戊戌	戊辰	丁酉	丁卯	丙申	乙丑	乙未	甲子	甲午	癸亥	乙未	20日
庚午	己亥	己巳	戊戌	戊辰	丁酉	丙寅	丙申	乙丑	乙未	甲子	丙申	21日
辛未	庚子	庚午	己亥	己巳	戊戌	丁卯	丁酉	丙寅	丙申	乙丑	丁酉	22日
壬申	辛丑	辛未	庚子	庚午	己亥	戊辰	戊戌	丁卯	丁酉	丙寅	戊戌	23日
癸酉	壬寅	壬申	辛丑	辛未	庚子	己巳	己亥	戊辰	戊戌	丁卯	己亥	24日
甲戌	癸卯	癸酉	壬寅	壬申	辛丑	庚午	庚子	己巳	己亥	戊辰	庚子	25日
乙亥	甲辰	甲戌	癸卯	癸酉	壬寅	辛未	辛丑	庚午	庚子	己巳	辛丑	26日
丙子	乙巳	乙亥	甲辰	甲戌	癸卯	壬申	壬寅	辛未	辛丑	庚午	壬寅	27日
丁丑	丙午	丙子	乙巳	乙亥	甲辰	癸酉	癸卯	壬申	壬寅	辛未	癸卯	28日
戊寅	丁未	丁丑	丙午	丙子	乙巳	甲戌	甲辰	癸酉	癸卯	壬申		29日
己卯	戊申	戊寅	丁未	丁丑	丙午	乙亥	乙巳	甲戌	甲辰	癸酉		30日
庚辰	己酉		戊申		丁未	丙子		乙亥		甲戌		31日

※誕生日が節入日と同じ日の場合で、生まれた時間が節入時間より前だった場合は前月の節入日後から数えて誕生日までの数を逆行運「F」に数字を記入してください。

また命式も月の干支は前月の干支を記入します。日の干支は誕生日の干支を記入します。

誕生日が節入日と同じで
生まれた時刻が節入時刻より後の場合

例　4月5日AM11：15の場合
（節入り時AM11：06の時刻より後）
4月5日節入日のその日なので「0」日
となります。
月の干支は4月（壬辰）となります。

※誕生日が節入日と同じ日の場合で、生まれ時間が節入時間より後だった場合は、「逆行運」「F」に「0《ゼロ》」を記入してください。

昭和61年（1986）

丙寅・五黄土星年

翌1月	12月	11月	10月	9月	8月	7月	6月	5月	4月	3月	2月	月
辛丑	庚子	己亥	戊戌	丁酉	丙申	乙未	甲午	癸巳	壬辰	辛卯	庚寅	月の干支
6日 6:13	7日 19:01	7日 2:13	8日 23:07	8日 7:35	8日 4:46	7日 19:01	6日 8:44	6日 4:3[illegible]	5日 11:06	6日 [illegible]:12	5日 12:08	節入り 日時
庚戌	己卯	己酉	戊寅	戊申	丁丑	丙午	丙子	乙巳	乙亥	甲辰	丙子	1日
辛亥	庚辰	庚戌	己卯	己酉	戊寅	丁未	丁丑	丙午	丙子	乙巳	丁丑	2日
壬子	辛巳	辛亥	庚辰	庚戌	己卯	戊申	戊寅	丁未	丁丑	丙午	戊寅	3日
癸丑	壬午	壬子	辛巳	辛亥	庚辰	己酉	己卯	戊申	戊寅	丁未	己卯	4日
甲寅	癸未	癸丑	壬午	壬子	辛巳	庚戌	庚辰	己酉	己卯	戊申	庚辰	5日
乙卯	甲申	甲寅	癸未	癸丑	壬午	辛亥	辛巳	庚戌	庚辰	己酉	辛巳	6日
丙辰	乙酉	乙卯	甲申	甲寅	癸未	壬子	壬午	辛亥	辛巳	庚戌	壬午	7日
丁巳	丙戌	丙辰	乙酉	乙卯	甲申	癸丑	癸未	壬子	壬午	辛亥	癸未	8日
戊午	丁亥	丁巳	丙戌	丙辰	乙酉	甲寅	甲申	癸丑	癸未	壬子	甲申	9日
己未	戊子	戊午	丁亥	丁巳	丙戌	乙卯	乙酉	甲寅	甲申	癸丑	乙酉	10日
庚申	己丑	己未	戊子	戊午	丁亥	丙辰	丙戌	乙卯	乙酉	甲寅	丙戌	11日
辛酉	庚寅	庚申	己丑	己未	戊子	丁巳	丁亥	丙辰	丙戌	乙卯	丁亥	12日
壬戌	辛卯	辛酉	庚寅	庚申	己丑	戊午	戊子	丁巳	丁亥	丙辰	戊子	13日
癸亥	壬辰	壬戌	辛卯	辛酉	庚寅	己未	己丑	戊午	戊子	丁巳	己丑	14日
甲子	癸巳	癸亥	壬辰	壬戌	辛卯	庚申	庚寅	己未	己丑	戊午	庚寅	15日
乙丑	甲午	甲子	癸巳	癸亥	壬辰	辛酉	辛卯	庚申	庚寅	己未	辛卯	16日
丙寅	乙未	乙丑	甲午	甲子	癸巳	壬戌	壬辰	辛酉	辛卯	庚申	壬辰	17日
丁卯	丙申	丙寅	乙未	乙丑	甲午	癸亥	癸巳	壬戌	壬辰	辛酉	癸巳	18日
戊辰	丁酉	丁卯	丙申	丙寅	乙未	甲子	甲午	癸亥	癸巳	壬戌	甲午	19日
己巳	戊戌	戊辰	丁酉	丁卯	丙申	乙丑	乙未	甲子	甲午	癸亥	乙未	20日
庚午	己亥	己巳	戊戌	戊辰	丁酉	丙寅	丙申	乙丑	乙未	甲子	丙申	21日
辛未	庚子	庚午	己亥	己巳	戊戌	丁卯	丁酉	丙寅	丙申	乙丑	丁酉	22日
壬申	辛丑	辛未	庚子	庚午	己亥	戊辰	戊戌	丁卯	丁酉	丙寅	戊戌	23日
癸酉	壬寅	壬申	辛丑	辛未	庚子	己巳	己亥	戊辰	戊戌	丁卯	己亥	24日
甲戌	癸卯	癸酉	壬寅	壬申	辛丑	庚午	庚子	己巳	己亥	戊辰	庚子	25日
乙亥	甲辰	甲戌	癸卯	癸酉	壬寅	辛未	辛丑	庚午	庚子	己巳	辛丑	26日
丙子	乙巳	乙亥	甲辰	甲戌	癸卯	壬申	壬寅	辛未	辛丑	庚午	壬寅	27日
丁丑	丙午	丙子	乙巳	乙亥	甲辰	癸酉	癸卯	壬申	壬寅	辛未	癸卯	28日
戊寅	丁未	丁丑	丙午	丙子	乙巳	甲戌	甲辰	癸酉	癸卯	壬申		29日
己卯	戊申	戊寅	丁未	丁丑	丙午	乙亥	乙巳	甲戌	甲辰	癸酉		30日
庚辰	己酉		戊申		丁未	丙子		乙亥		甲戌		31日

誕生日が年の節入日と同じで
生まれた時刻が節入時刻より前の場合

例　1966年2月4日PM15：30生まれの場合は（P229）
節入日時2月4日PM15：38、
誕生日が2月4日PM15：30なので、
その日の節入時刻の前に生まれているので、
前年（1965年）の年の干支（乙巳）となり（P228）
月の前月（1月）の月の干支（己丑）となります
誕生日はそのまま4日（甲午）となります

月の干支（己丑）　年の干支（乙巳）

昭和40年（1965）

乙巳　八白土星年

翌1月	12月	11月	10月	9月	8月	7月	6月	5月	4月	3月	2月	月
己丑	戊子	丁亥	丙戌	乙酉	甲申	癸未	壬午	辛巳	庚辰	己卯	戊寅	月の干支
6日 3:55	7日 16:46	8日 0:07	8日 21:11	8日 5:48	8日 3:05	7日 17:21	6日 7:02	6日 2:41	5日 9:07	6日 4:01	4日 9:46	節入り日時
庚申	己丑	己未	戊子	戊午	丁亥	丙辰	丙戌	乙卯	乙酉	甲寅	丙戌	1日
辛酉	庚寅	庚申	己丑	己未	戊子	丁巳	丁亥	丙辰	丙戌	乙卯	丁亥	2日
壬戌	辛卯	辛酉	庚寅	庚申	己丑	戊午	戊子	丁巳	丁亥	丙辰	戊子	3日
癸亥	壬辰	壬戌	辛卯	辛酉	庚寅	己未	己丑	戊午	戊子	丁巳	己丑	4日
甲子	癸巳	癸亥	壬辰	壬戌	辛卯	庚申	庚寅	己未	己丑	戊午	庚寅	5日
乙丑	甲午	甲子	癸巳	癸亥	壬辰	辛酉	辛卯	庚申	庚寅	己未	辛卯	6日
丙寅	乙未	乙丑	甲午	甲子	癸巳	壬戌	壬辰	辛酉	辛卯	庚申	壬辰	7日
丁卯	丙申	丙寅	乙未	乙丑	甲午	癸亥	癸巳	壬戌	壬辰	辛酉	癸巳	8日
戊辰	丁酉	丁卯	丙申	丙寅	乙未	甲子	甲午	癸亥	癸巳	壬戌	甲午	9日
己巳	戊戌	戊辰	丁酉	丁卯	丙申	乙丑	乙未	甲子	甲午	癸亥	乙未	10日
庚午	己亥	己巳	戊戌	戊辰	丁酉	丙寅	丙申	乙丑	乙未	甲子	丙申	11日
辛未	庚子	庚午	己亥	己巳	戊戌	丁卯	丁酉	丙寅	丙申	乙丑	丁酉	12日
壬申	辛丑	辛未	庚子	庚午	己亥	戊辰	戊戌	丁卯	丁酉	丙寅	戊戌	13日
癸酉	壬寅	壬申	辛丑	辛未	庚子	己巳	己亥	戊辰	戊戌	丁卯	己亥	14日
甲戌	癸卯	癸酉	壬寅	壬申	辛丑	庚午	庚子	己巳	己亥	戊辰	庚子	15日
乙亥	甲辰	甲戌	癸卯	癸酉	壬寅	辛未	辛丑	庚午	庚子	己巳	辛丑	16日
丙子	乙巳	乙亥	甲辰	甲戌	癸卯	壬申	壬寅	辛未	辛丑	庚午	壬寅	17日
丁丑	丙午	丙子	乙巳	乙亥	甲辰	癸酉	癸卯	壬申	壬寅	辛未	癸卯	18日
戊寅	丁未	丁丑	丙午	丙子	乙巳	甲戌	甲辰	癸酉	癸卯	壬申	甲辰	19日
己卯	戊申	戊寅	丁未	丁丑	丙午	乙亥	乙巳	甲戌	甲辰	癸酉	乙巳	20日
庚辰	己酉	己卯	戊申	戊寅	丁未	丙子	丙午	乙亥	乙巳	甲戌	丙午	21日
辛巳	庚戌	庚辰	己酉	己卯	戊申	丁丑	丁未	丙子	丙午	乙亥	丁未	22日
壬午	辛亥	辛巳	庚戌	庚辰	己酉	戊寅	戊申	丁丑	丁未	丙子	戊申	23日
癸未	壬子	壬午	辛亥	辛巳	庚戌	己卯	己酉	戊寅	戊申	丁丑	己酉	24日
甲申	癸丑	癸未	壬子	壬午	辛亥	庚辰	庚戌	己卯	己酉	戊寅	庚戌	25日
乙酉	甲寅	甲申	癸丑	癸未	壬子	辛巳	辛亥	庚辰	庚戌	己卯	辛亥	26日
丙戌	乙卯	乙酉	甲寅	甲申	癸丑	壬午	壬子	辛巳	辛亥	庚辰	壬子	27日
丁亥	丙辰	丙戌	乙卯	乙酉	甲寅	癸未	癸丑	壬午	壬子	辛巳	癸丑	28日
戊子	丁巳	丁亥	丙辰	丙戌	乙卯	甲申	甲寅	癸未	癸丑	壬午		29日
己丑	戊午	戊子	丁巳	丁亥	丙辰	乙酉	乙卯	甲申	甲寅	癸未		30日
庚寅	己未		戊午		丁巳	丙戌		乙酉		甲申		31日

誕生日が2月で節入日と同じ日のときは、「節入り時間」を見て生まれた時刻が「節入り時刻」の前か後かで年と月の干支が変わりますが、日の干支は前でも、後でも当日生まれ（誕生日）の扱いになります。

注意事項

●誕生日が2月で年の節入日（2月1日から、2月3日～5日の期間）の方は、年の干支に気をつけてください（前年の干支になります）。

●同じく月の干支もよく確認してください。

●外国で生まれた方は時差により、前日生まれになったり、次の日生まれになる場合がありますので、時差の違う国で生まれた方は確認してください。

日の干支（甲午）

昭和41年（1966）
丙午・七赤金星年

翌1月	12月	11月	10月	9月	8月	7月	6月	5月	4月	3月	2月	月
辛丑	庚子	己亥	戊戌	丁酉	丙申	乙未	甲午	癸巳	壬辰	辛卯	庚寅	月の干支
6日 9:49	7日 22:38	8日 5:56	9日 2:57	8日 11:32	8日 8:49	7日 23:07	6日 12:50	6日 8:30	5日 14:57	6日 9:52	4日 15:38	節入り日時
乙丑	甲午	甲子	癸巳	癸亥	壬辰	辛酉	辛卯	庚申	庚寅	己未	辛卯	1日
丙寅	乙未	乙丑	甲午	甲子	癸巳	壬戌	壬辰	辛酉	辛卯	庚申	壬辰	2日
丁卯	丙申	丙寅	乙未	乙丑	甲午	癸亥	癸巳	壬戌	壬辰	辛酉	癸巳	3日
戊辰	丁酉	丁卯	丙申	丙寅	乙未	甲子	甲午	癸亥	癸巳	壬戌	甲午	4日
己巳	戊戌	戊辰	丁酉	丁卯	丙申	乙丑	乙未	甲子	甲午	癸亥	乙未	5日
庚午	己亥	己巳	戊戌	戊辰	丁酉	丙寅	丙申	乙丑	乙未	甲子	丙申	6日
辛未	庚子	庚午	己亥	己巳	戊戌	丁卯	丁酉	丙寅	丙申	乙丑	丁酉	7日
壬申	辛丑	辛未	庚子	庚午	己亥	戊辰	戊戌	丁卯	丁酉	丙寅	戊戌	8日
癸酉	壬寅	壬申	辛丑	辛未	庚子	己巳	己亥	戊辰	戊戌	丁卯	己亥	9日
甲戌	癸卯	癸酉	壬寅	壬申	辛丑	庚午	庚子	己巳	己亥	戊辰	庚子	10日
乙亥	甲辰	甲戌	癸卯	癸酉	壬寅	辛未	辛丑	庚午	庚子	己巳	辛丑	11日
丙子	乙巳	乙亥	甲辰	甲戌	癸卯	壬申	壬寅	辛未	辛丑	庚午	壬寅	12日
丁丑	丙午	丙子	乙巳	乙亥	甲辰	癸酉	癸卯	壬申	壬寅	辛未	癸卯	13日
戊寅	丁未	丁丑	丙午	丙子	乙巳	甲戌	甲辰	癸酉	癸卯	壬申	甲辰	14日
己卯	戊申	戊寅	丁未	丁丑	丙午	乙亥	乙巳	甲戌	甲辰	癸酉	乙巳	15日
庚辰	己酉	己卯	戊申	戊寅	丁未	丙子	丙午	乙亥	乙巳	甲戌	丙午	16日
辛巳	庚戌	庚辰	己酉	己卯	戊申	丁丑	丁未	丙子	丙午	乙亥	丁未	17日
壬午	辛亥	辛巳	庚戌	庚辰	己酉	戊寅	戊申	丁丑	丁未	丙子	戊申	18日
癸未	壬子	壬午	辛亥	辛巳	庚戌	己卯	己酉	戊寅	戊申	丁丑	己酉	19日
甲申	癸丑	癸未	壬子	壬午	辛亥	庚辰	庚戌	己卯	己酉	戊寅	庚戌	20日
乙酉	甲寅	甲申	癸丑	癸未	壬子	辛巳	辛亥	庚辰	庚戌	己卯	辛亥	21日
丙戌	乙卯	乙酉	甲寅	甲申	癸丑	壬午	壬子	辛巳	辛亥	庚辰	壬子	22日
丁亥	丙辰	丙戌	乙卯	乙酉	甲寅	癸未	癸丑	壬午	壬子	辛巳	癸丑	23日
戊子	丁巳	丁亥	丙辰	丙戌	乙卯	甲申	甲寅	癸未	癸丑	壬午	甲寅	24日
己丑	戊午	戊子	丁巳	丁亥	丙辰	乙酉	乙卯	甲申	甲寅	癸未	乙卯	25日
庚寅	己未	己丑	戊午	戊子	丁巳	丙戌	丙辰	乙酉	乙卯	甲申	丙辰	26日
辛卯	庚申	庚寅	己未	己丑	戊午	丁亥	丁巳	丙戌	丙辰	乙酉	丁巳	27日
壬辰	辛酉	辛卯	庚申	庚寅	己未	戊子	戊午	丁亥	丁巳	丙戌	戊午	28日
癸巳	壬戌	壬辰	辛酉	辛卯	庚申	己丑	己未	戊子	戊午	丁亥		29日
甲午	癸亥	癸巳	壬戌	壬辰	辛酉	庚寅	庚申	己丑	己未	戊子		30日
乙未	甲子		癸亥		壬戌	辛卯		庚寅		己丑		31日

例　AM11：25を縦の欄で当てはまる時間を探してから横の欄で日干（C－1）と同じ字をさがして見つかったら、クロスして、その干支を（天干、D－1）（地支、D－2）にそれぞれ記入して下さい。　　（庚）と（11：00～12：59）をクロスすると、

（「壬」をD－1に記入）

（「午」をD－2に記入）

時刻干支表

日干／時間	戊　癸	丁　壬	丙　辛	乙　庚	甲　己
23:00～0:59	壬子	庚子	戊子	丙子	甲子
1:00～2:59	癸丑	辛丑	己丑	丁丑	乙丑
3:00～4:59	甲寅	壬寅	庚寅	戊寅	丙寅
5:00～6:59	乙卯	癸卯	辛卯	己卯	丁卯
7:00～8:59	丙辰	甲辰	壬辰	庚辰	戊辰
9:00～10:59	丁巳	乙巳	癸巳	辛巳	己巳
11:00～12:59	戊午	丙午	甲午	壬午	庚午
13:00～14:59	己未	丁未	乙未	癸未	辛未
15:00～16:59	庚申	戊申	丙申	甲申	壬申
17:00～18:59	辛酉	己酉	丁酉	乙酉	癸酉
19:00～20:59	壬戌	庚戌	戊戌	丙戌	甲戌
21:00～22:59	癸亥	辛亥	己亥	丁亥	乙亥

巻末にある「**時刻干支表**」（400ページ参照）を見て、あなたの生まれた時間の干支（天干・地支）に置き換えて記入してください。

生まれた時間は天干（D—1）と地支（D—2）に記入します。

巻末にある「**空亡早見表**」（401ページ参照）を見て、日干支（C—1・C—2）と同じ「字」を表から探して、その欄を下に見て行き（空亡）の横の欄の「字」を「空亡」の「H」に記入してください。

例　日干支（C－1＝庚）（C－2＝子）なので
（辰巳）を「H」に記入して下さい

六十干支表（空亡早見表）

六十干支	甲寅	甲辰	甲午	甲申	甲戌	甲子
	乙卯	乙巳	乙未	乙酉	乙亥	乙丑
	丙辰	丙午	丙申	丙戌	丙子	丙寅
	丁巳	丁未	丁酉	丁亥	丁丑	丁卯
	戊午	戊申	戊戌	戊子	戊寅	戊辰
	己未	己酉	己亥	己丑	己卯	己巳
	庚申	庚戌	庚子	庚寅	庚辰	庚午
	辛酉	辛亥	辛丑	辛卯	辛巳	辛未
	壬戌	壬子	壬寅	壬辰	壬午	壬申
	癸亥	癸丑	癸卯	癸巳	癸未	癸酉
空亡	子丑	寅卯	辰巳	午未	申酉	戌亥

	〔地支〕	〔蔵干〕
逆行運19日 例	（A－2＝寅）	（A－3＝甲）
	（B－2＝午）	（B－3＝己）
	（C－2＝子）	（C－3＝癸）
	（D－2＝午）	（D－3＝己）

それぞれ記入して下さい

巻末にある「**蔵干早見表**」（402ページ参照）から「蔵干」を出して「A―3」「B―3」「C―3」「D―3」に記入してみましょう。五行を（　）内にそれぞれ記入してください（410ページ⑫参照）。

まず「逆行運」Fの数を見て、その数字と同じ欄と上の地支の欄を横に見て行き、（A―2）（B―2）（C―2）（D―2）と同じ「字」を探してクロスし蔵干をそれぞれに記入してください。

蔵干早見表

地支／日数（節入り後）	亥	戌	酉	申	未	午	巳	辰	卯	寅	丑	子
7日目まで	戊	辛	庚	戊	丁	丙	戊	乙	甲	戊	癸	壬
8日目まで	甲	辛	庚	壬	丁	丙	庚	乙	甲	丙	癸	壬
9日目まで	甲	辛	庚	壬	丁	丙	庚	乙	甲	丙	癸	壬
10日目まで	甲	丁	庚	壬	乙	丙	庚	癸	甲	丙	辛	壬
11日目まで	甲	丁	辛	壬	乙	己	庚	癸	乙	丙	辛	癸
12日目まで	甲	丁	辛	壬	乙	己	庚	癸	乙	丙	辛	癸
13日目まで	甲	戊	辛	壬	己	己	庚	戊	乙	丙	己	癸
14日目まで	甲	戊	辛	壬	己	己	庚	戊	乙	丙	己	癸
15日目まで	壬	戊	辛	庚	己	己	丙	戊	乙	甲	己	癸
16日目まで	壬	戊	辛	庚	己	己	丙	戊	乙	甲	己	癸
17日目まで	壬	戊	辛	庚	己	己	丙	戊	乙	甲	己	癸
18日目まで	壬	戊	辛	庚	己	己	丙	戊	乙	甲	己	癸
19日目まで	壬	戊	辛	庚	己	己	丙	戊	乙	甲	己	癸
20日目まで	壬	戊	辛	庚	己	己	丙	戊	乙	甲	己	癸
21日以降	壬	戊	辛	庚	己	丁	丙	戊	乙	甲	己	癸

巻末の「**宿命星早見表**」（403ページ参照）から宿命星を出してください。

まず、日干（C—1）と同じ「字」を探してください。見つかったら、その欄を横に見ていき（A—1）（B—1）（D—1）（A—3）（B—3）（C—3）（D—3）と同じ「字」を探して、上の宿命星をそれぞれに記入してください。

例　日干（C－1）＝庚

A－1（丙）→A－4（偏官星）
B－1（甲）→B－4（偏財星）
D－1（壬）→D－4（食神星）
A－3（甲）→A－5（偏財星）
B－3（己）→B－5（印綬星）
C－3（癸）→C－5（傷官星）
D－3（己）→D－5（印綬星）

宿命星早見表

日干＼宿命星	印綬星	偏印星	正官星	偏官星	正財星	偏財星	傷官星	食神星	劫財星	比肩星
甲	癸	壬	辛	庚	己	戊	丁	丙	乙	甲
乙	壬	癸	庚	辛	戊	己	丙	丁	甲	乙
丙	乙	甲	癸	壬	辛	庚	己	戊	丁	丙
丁	甲	乙	壬	癸	庚	辛	戊	己	丙	丁
戊	丁	丙	乙	甲	癸	壬	辛	庚	己	戊
己	丙	丁	甲	乙	壬	癸	庚	辛	戊	己
庚	己	戊	丁	丙	乙	甲	癸	壬	辛	庚
辛	戊	己	丙	丁	甲	乙	壬	癸	庚	辛
壬	辛	庚	己	戊	丁	丙	乙	甲	癸	壬
癸	庚	辛	戊	己	丙	丁	甲	乙	壬	癸

巻末の「**十二補助星早見表**」（404ページ参照）から十二補助星を出してください。

まず日干（C—1）と同じ「字」を縦の欄で探してください。見つかったら、その欄を横に見ていき（A—2）（B—2）（C—2）（D—2）と同じ「字」を探してください。見つかったら、上の「十二補助星」を（A—6）（B—6）（C—6）（D—6）にそれぞれ記入してください。

例　日干（C－1）＝庚

〔地支〕　〔十二補助星〕

A－2（寅）→A－6（絶）

B－2（午）→B－6（沐浴）

C－2（子）→C－6（死）

D－2（午）→D－6（沐浴）

十二補助星早見表

日干＼十二補助星	養	胎	絶	墓	死	病	衰	帝旺	建禄	冠帯	沐浴	長生
甲	戌	酉	申	未	午	巳	辰	卯	寅	丑	子	亥
乙	未	申	酉	戌	亥	子	丑	寅	卯	辰	巳	午
丙	丑	子	亥	戌	酉	申	未	午	巳	辰	卯	寅
丁	戌	亥	子	丑	寅	卯	辰	巳	午	未	申	酉
戊	丑	子	亥	戌	酉	申	未	午	巳	辰	卯	寅
己	戌	亥	子	丑	寅	卯	辰	巳	午	未	申	酉
庚	辰	卯	寅	丑	子	亥	戌	酉	申	未	午	巳
辛	丑	寅	卯	辰	巳	午	未	申	酉	戌	亥	子
壬	未	午	巳	辰	卯	寅	丑	子	亥	戌	酉	申
癸	辰	巳	午	未	申	酉	戌	亥	子	丑	寅	卯

Lesson 10

巻末の「**日干から求める吉凶神殺星表**」（405ページ参照）から吉凶神殺星を出してください（吉凶神殺星は1つもない人もいますのでなくても気にしないでください）。

まず、日干（C―1）と同じ「字」を縦の欄で探してください。その「字」の欄を横に見て、地支（A―2）（B―2）（C―2）（D―2）と同じ字を探してください。見つかったら吉凶神殺星（A―7）（B―7）（C―7）（D―7）にそれぞれ記入してください。

※**魁罡**（戊戌、庚戌、庚辰、壬辰）については日干支（C―1、C―2）が該当する場合だけです。したがって日柱にだけ魁罡は記入されます。

Lesson 11

巻末の「**月支から求める吉凶神殺星表**」（406ページ参照）の表から吉凶神殺星を出してください（吉凶神殺星はない人もいますので、該当しなければ、それでよいので気にしないでください）。

まず、月支（B―2）と同じ「字」を縦の欄で探してください。その「字」の欄を横に見て（A―1）（A―2）（A―3）（B―1）（B―2）（B―3）（C―1）（C―2）（C―3）（D―1）（D―2）（D―3）と同じ「字」を探してください。あれば該当するので上の吉凶神殺星を「A―7」「B―7」「C―7」「D―7」記入してください。

例　日干（C－1）＝庚
B－2（午）→B－7（福星貴人）
D－2（午）→D－7（福星貴人）
A－2（寅）→A－7（大極貴人）

日干から求める吉凶神殺星表

日干＼神殺星	魁罡(干支)	紅艶	飛刃	羊刃	金輿禄	暗禄	天厨貴人	福星貴人	文昌貴人	大極貴人	天乙貴人
甲		午	酉	卯	辰	亥	巳	寅	巳	子午	丑未
乙		申	戌	辰	巳	戌	午	丑亥	午	子午	子申
丙		寅	子	午	未	申	巳	戌子	申	酉卯	酉亥
丁	戊戌	未	丑	未	申	未	午	酉	酉	酉卯	酉亥
戊	庚戌	辰	子	午	未	申	申	申	申	丑辰未戌	丑未
己	庚辰	辰	丑	未	申	未	酉	未	酉	丑辰未戌	子申
庚	壬辰	戌	卯	酉	戌	巳	亥	午	亥	寅亥	丑未
辛		酉	辰	戌	亥	辰	子	巳	子	寅亥	寅午
壬		子	午	子	丑	寅	寅	辰	寅	巳申	卯巳
癸		申	未	丑	寅	丑	卯	丑	卯	巳申	卯巳

※大極貴人は生年のみ求める。

例　月支（B－2）＝午
A－1（丙）→A－7（月徳貴人）
A－2（寅）→A－7（天徳合貴人）

月支から求める吉凶神殺星表

神殺星 / 月支	華蓋	月徳合	月徳貴人	天徳合貴人	天徳貴人
子	辰	丁	壬	申	巳
丑	丑	乙	庚	乙	庚
寅	戌	辛	丙	壬	丁
卯	未	己	甲	巳	申
辰	辰	丁	壬	丁	壬
巳	丑	乙	庚	丙	辛
午	戌	辛	丙	寅	亥
未	未	己	甲	己	甲
申	辰	丁	壬	戊	癸
酉	丑	乙	庚	亥	寅
戌	戌	辛	丙	辛	丙
亥	未	己	甲	庚	乙

巻末の「**年支・日支から求める吉凶神殺星表**」（407ページ参照）から吉凶神殺星を出してください。

まず年支（A―2）と同じ「字」を縦の欄で探してください。その「字」の欄を横に見て（A―2）（B―2）（C―2）（D―2）と同じ「字」を探してください。見つかったら（A―7）（B―7）（C―7）（D―7）に記入してください。

例　（A－2寅）
C－2（子）　C－7（囚獄）
B－2（午）
D－2（午）　該当なし

年支・日支から求める吉凶神殺星表

年支日支＼神殺星	隔角	血刃	囚獄	亡神	咸池	劫殺	駅馬
子	卯	戌	午	亥	酉	巳	寅
丑	卯	酉	卯	申	午	寅	亥
寅	午	申	子	巳	卯	亥	申
卯	午	未	酉	寅	子	申	巳
辰	午	午	午	亥	酉	巳	寅
巳	酉	巳	卯	申	午	寅	亥
午	酉	辰	子	巳	卯	亥	申
未	酉	卯	酉	寅	子	申	巳
申	子	寅	午	亥	酉	巳	寅
酉	子	丑	卯	申	午	寅	亥
戌	子	子	子	巳	卯	亥	申
亥	卯	亥	酉	寅	子	申	巳

※隔角は（A－2）年支から生日のみ求める。

年支ができたので「日支（C—2）」と同じ「字」を縦の欄で探してください。その「字」の欄を横に見て（A—2）（B—2）（C—2）（D—2）と同じ「字」を探してください。見つかったら（A—7）（B—7）（C—7）（D—7）に記入してください。

例　（C－2子）

〈吉凶神殺星〉

B－2（午）地支（B－7）（囚獄）
D－2（午）地支（D－7）（囚獄）
A－2（寅）地支（A－7）（駅馬）

年支・日支から求める吉凶神殺星表

年支・日支＼神殺星	隔角	血刃	囚獄	亡神	咸池	劫殺	駅馬
子	卯	戌	午	亥	酉	巳	寅
丑	卯	酉	卯	申	午	寅	亥
寅	午	申	子	巳	卯	亥	申
卯	午	未	酉	寅	子	申	巳
辰	午	午	午	亥	酉	巳	寅
巳	酉	巳	卯	申	午	寅	亥
午	酉	辰	子	巳	卯	亥	申
未	酉	卯	酉	寅	子	申	巳
申	子	寅	午	亥	酉	巳	寅
酉	子	丑	卯	申	午	寅	亥
戌	子	子	子	巳	卯	亥	申
亥	卯	亥	酉	寅	子	申	巳

※隔角は（A－2）年支から生日のみ求める。

順行運・逆行運表（408ページ参照）で（A—1）を見て同じ「字」を探し、「I」または「J」の欄に○印をつけます（男性と女性では違いますので、間違わないようにしてください）。

例　女性（A－1＝丙）

女性（丙）－逆行運「J」に
○印を記入する

順行運・逆行運表

	陽干（甲、丙、戊、庚、壬）	陰干（乙、丁、己、辛、癸）
男性	順行運	逆行運
女性	逆行運	順行運

※順行運の場合は「I」に○印を
逆行運は「J」に○印をつけてください。

「I」「J」の○印のついているほうの数字「G」または「F」を3で割ってください（FまたはG÷3＝E）。

※出た数字に余りが「1」でしたらそのままの数が立運となり、余りが「2」でしたらプラス「1」（E＋1＝K）の数字が立運となるので大運表の「K」に記入して、後は10をプラスして80代まで記入してください。

（例1）

立運「0」の場合

0
0 ―― 立運L
10
20
30
40
50
60
70
80

（例2）

F19÷3＝6　余り「1」

0
立運L ―― 6
16 ）プラス10
26 ）＋10
36 ）＋10
46
56
66
76
86

※「F」または「G」の数字が「0」の時は0÷3＝0で立運は「0」として、プラス（＋10）の所を「10」にして記入してください。立運「0」「10」「20」「30」と記入してください。「1」の場合も同じです。「E」の数字が「6」の場合は「6」「16」「26」「36」「46」……となります。

（例3）

余り「2」の場合

F20÷3＝6　余り「2」

E+1で　6+1=7

0
立運L 7
17＋10
27＋10
⋮

大運の「立運」を出すために、月柱干支を巻末の「**大運の順行運・逆行運表**」（409ページ参照）で（B―1・B―2）と同じ「字」を探して、「L」「M」に順に記入してください。

逆行運の場合

		LM
例	0	甲午
	6	癸巳
	16	壬辰
	26	辛卯
	36	庚寅
	46	己丑
	56	戊子
	66	丁亥
	76	丙戌
	86	乙酉

※順行運の場合は順行運表を使ってください。

大運の干支順行運・逆行運表

干支逆行運					干支順行運				
丙子	戊子	庚子	壬子	甲子	壬子	庚子	戊子	丙子	甲子
乙亥	丁亥	己亥	辛亥	癸亥	癸丑	辛丑	己丑	丁丑	乙丑
甲戌	丙戌	戊戌	庚戌	壬戌	甲寅	壬寅	庚寅	戊寅	丙寅
癸酉	乙酉	丁酉	己酉	辛酉	乙卯	癸卯	辛卯	己卯	丁卯
壬申	甲申	丙申	戊申	庚申	丙辰	甲辰	壬辰	庚辰	戊辰
辛未	癸未	乙未	丁未	己未	丁巳	乙巳	癸巳	辛巳	己巳
庚午	壬午	甲午	丙午	戊午	戊午	丙午	甲午	壬午	庚午
己巳	辛巳	癸巳	乙巳	丁巳	己未	丁未	乙未	癸未	辛未
戊辰	庚辰	壬辰	甲辰	丙辰	庚申	戊申	丙申	甲申	壬申
丁卯	己卯	辛卯	癸卯	乙卯	辛酉	己酉	丁酉	乙酉	癸酉
丙寅	戊寅	庚寅	壬寅	甲寅	壬戌	庚戌	戊戌	丙戌	甲戌
乙丑	丁丑	己丑	辛丑	癸丑	癸亥	辛亥	己亥	丁亥	乙亥

※「癸亥」の次は甲子にもどる。

大運の「宿命星」を出すために巻末の「**宿命星早見表**」（403ページ参照）で日干（C—1）と同じ「字」を縦の欄で探して、その「字」の欄を横に見ていき、「L」に当たる「宿命星」を順番に「N」に記入していってください。

宿命星早見表

日干＼宿命星	印綬星	偏印星	正官星	偏官星	正財星	偏財星	傷官星	食神星	劫財星	比肩星
甲	癸	壬	辛	庚	己	戊	丁	丙	乙	甲
乙	壬	癸	庚	辛	戊	己	丙	丁	甲	乙
丙	乙	甲	癸	壬	辛	庚	己	戊	丁	丙
丁	甲	乙	壬	癸	庚	辛	戊	己	丙	丁
戊	丁	丙	乙	甲	癸	壬	辛	庚	己	戊
己	丙	丁	甲	乙	壬	癸	庚	辛	戊	己
庚	己	戊	丁	丙	乙	甲	癸	壬	辛	庚
辛	戊	己	丙	丁	甲	乙	壬	癸	庚	辛
壬	辛	庚	己	戊	丁	丙	乙	甲	癸	壬
癸	庚	辛	戊	己	丙	丁	甲	乙	壬	癸

例　日干（C－1庚）

	LM	N
0	甲午	偏財星
6	癸巳	傷官星
16	壬辰	食神星
26	辛卯	劫財星
36	庚寅	比肩星
46	己丑	印綬星
56	戊子	偏印星
66	丁亥	正官星
76	丙戌	偏官星
86	乙酉	正財星

Lesson 18

大運の「十二補助星」を出すために巻末の「**十二補助星早見表**」（404ページ参照）で日干（C―1）と同じ字を縦の欄で探して、その「字」の欄を横に見ていき「M」に当たる「十二補助星」を順番に「O」に記入してください。

Lesson 19

「**吉凶神殺星表**」（405・406・407ページ参照）で該当する星を（P）に記入してください。

十二補助星早見表

十二補助星／日干	養	胎	絶	墓	死	病	衰	帝旺	建禄	冠帯	沐浴	長生
甲	戌	酉	申	未	午	巳	辰	卯	寅	丑	子	亥
乙	未	申	酉	戌	亥	子	丑	寅	卯	辰	巳	午
丙	丑	子	亥	戌	酉	申	未	午	巳	辰	卯	寅
丁	戌	亥	子	丑	寅	卯	辰	巳	午	未	申	酉
戊	丑	子	亥	戌	酉	申	未	午	巳	辰	卯	寅
己	戌	亥	子	丑	寅	卯	辰	巳	午	未	申	酉
庚	辰	卯	寅	丑	子	亥	戌	酉	申	未	午	巳
辛	丑	寅	卯	辰	巳	午	未	申	酉	戌	亥	子
壬	未	午	巳	辰	卯	寅	丑	子	亥	戌	酉	申
癸	辰	巳	午	未	申	酉	戌	亥	子	丑	寅	卯

例　日干（C－1庚）

	LM	O
0	甲午	沐浴
6	癸巳	長生
16	壬辰	養
26	辛卯	胎
36	庚寅	絶
46	己丑	墓
56	戊子	死
66	丁亥	病
76	丙戌	衰
86	乙酉	帝旺

Lesson 20

歳運（年運）を出すために、大運と同じ方法で出してください。知りたい10年の西暦を「Q」に記入し、巻末の干支暦から「年の干支」の10年間を「R」「S」に記入してください。
＊その時の年齢を「歳」に記入してください。

例

Q	RS
2005	乙酉
2006	丙戌
2007	丁亥
2008	戊子
2009	己丑
2010	庚寅
2011	辛卯
2012	壬辰
2013	癸巳
2014	甲午

平成17年（2005）

乙酉 四緑木星年

翌1月	12月	11月	10月	9月	8月	7月	6月	5月	4月	3月	2月	月
己丑	戊子	丁亥	丙戌	乙酉	甲申	癸未	壬午	辛巳	庚辰	己卯	戊寅	月の干支
5日 20:58	7日 9:45	7日 16:53	8日 13:43	7日 21:58	7日 19:00	7日 9:10	5日 22:56	5日 18:50	5日 1:35	5日 20:48	4日 2:50	節入り日時
庚寅	己未	己丑	戊午	戊子	丁巳	丙戌	丙辰	乙酉	乙卯	甲申	丙辰	1日
辛卯	庚申	庚寅	己未	己丑	戊午	丁亥	丁巳	丙戌	丙辰	乙酉	丁巳	2日
壬辰	辛酉	辛卯	庚申	庚寅	己未	戊子	戊午	丁亥	丁巳	丙戌	戊午	3日
癸巳	壬戌	壬辰	辛酉	辛卯	庚申	己丑	己未	戊子	戊午	丁亥	己未	4日
甲午	癸亥	癸巳	壬戌	壬辰	辛酉	庚寅	庚申	己丑	己未	戊子	庚申	5日
乙未	甲子	甲午	癸亥	癸巳	壬戌	辛卯	辛酉	庚寅	庚申	己丑	辛酉	6日

平成18年（2006）

丙戌 三碧木星年

翌1月	12月	11月	10月	9月	8月	7月	6月	5月	4月	3月	2月	月
辛丑	庚子	己亥	戊戌	丁酉	丙申	乙未	甲午	癸巳	壬辰	辛卯	庚寅	月の干支
6日 2:48	7日 15:35	7日 22:42	8日 19:31	8日 3:47	8日 0:48	7日 14:58	6日 4:44	6日 0:38	5日 7:24	6日 2:37	4日 8:40	節入り日時
乙未	甲子	甲午	癸亥	癸巳	壬戌	辛卯	辛酉	庚寅	庚申	己丑	辛酉	1日
丙申	乙丑	乙未	甲子	甲午	癸亥	壬辰	壬戌	辛卯	辛酉	庚寅	壬戌	2日
丁酉	丙寅	丙申	乙丑	乙未	甲子	癸巳	癸亥	壬辰	壬戌	辛卯	癸亥	3日
戊戌	丁卯	丁酉	丙寅	丙申	乙丑	甲午	甲子	癸巳	癸亥	壬辰	甲子	4日
己亥	戊辰	戊戌	丁卯	丁酉	丙寅	乙未	乙丑	甲午	甲子	癸巳	乙丑	5日
庚子	己巳	己亥	戊辰	戊戌	丁卯	丙申	丙寅	乙未	乙丑	甲午	丙寅	6日

平成19年（2007）

丁亥 二黒土星年

翌1月	12月	11月	10月	9月	8月	7月	6月	5月	4月	3月	2月	月
癸丑	壬子	辛亥	庚戌	己酉	戊申	丁未	丙午	乙巳	甲辰	癸卯	壬寅	月の干支
6日 8:38	7日 21:24	8日 4:31	9日 1:20	8日 9:35	8日 6:36	7日 20:45	6日 10:32	6日 6:26	5日 13:13	6日 8:26	4日 14:30	節入り日時
庚子	己巳	己亥	戊辰	戊戌	丁卯	丙申	丙寅	乙未	乙丑	甲午	丙寅	1日
辛丑	庚午	庚子	己巳	己亥	戊辰	丁酉	丁卯	丙申	丙寅	乙未	丁卯	2日
壬寅	辛未	辛丑	庚午	庚子	己巳	戊戌	戊辰	丁酉	丁卯	丙申	戊辰	3日
癸卯	壬申	壬寅	辛未	辛丑	庚午	己亥	己巳	戊戌	戊辰	丁酉	己巳	4日
甲辰	癸酉	癸卯	壬申	壬寅	辛未	庚子	庚午	己亥	己巳	戊戌	庚午	5日
乙巳	甲戌	甲辰	癸酉	癸卯	壬申	辛丑	辛未	庚子	庚午	己亥	辛未	6日

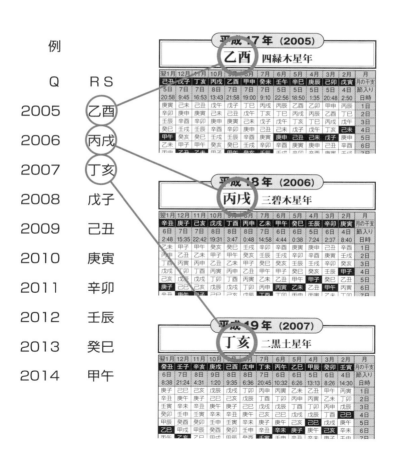

Lesson 21

歳運（年運）の宿命星、十二補助星も日干（C―1）と同じ「字」を縦の欄で探して、その「字」の欄を横に見ていき「T」「U」に10年間を記入してください。

十二補助星早見表

十二補助星／日干	養	胎	絶	墓	死	病	衰	帝旺	建禄	冠帯	沐浴	長生
甲	戌	酉	申	未	午	巳	辰	卯	寅	丑	子	亥
乙	未	申	酉	戌	亥	子	丑	寅	卯	辰	巳	午
丙	丑	子	亥	戌	酉	申	未	午	巳	辰	卯	寅
丁	戌	亥	子	丑	寅	卯	辰	巳	午	未	申	酉
戊	丑	子	亥	戌	酉	申	未	午	巳	辰	卯	寅
己	戌	亥	子	丑	寅	卯	辰	巳	午	未	申	酉
庚	辰	卯	寅	丑	子	亥	戌	酉	申	未	午	巳
辛	丑	寅	卯	辰	巳	午	未	申	酉	戌	亥	子
壬	未	午	巳	辰	卯	寅	丑	子	亥	戌	酉	申
癸	辰	巳	午	未	申	酉	戌	亥	子	丑	寅	卯

Lesson 22

「吉凶神殺星表」（405・406・407ページ参照）を見て吉凶神殺星を記入してください。

例　　（C－1庚）

Q	RS	T	U
2005	乙酉	正財星	帝旺
2006	丙戌	偏官星	衰
2007	丁亥	正官星	病
2008	戊子	偏印星	死
2009	己丑	印綬星	墓
2010	庚寅	比肩星	絶
2011	辛卯	劫財星	胎
2012	壬辰	食神星	養
2013	癸巳	傷官星	長生
2014	甲午	偏財星	沐浴

宿命星早見表

宿命星／日干	印綬星	偏印星	正官星	偏官星	正財星	偏財星	傷官星	食神星	劫財星	比肩星
甲	癸	壬	辛	庚	己	戊	丁	丙	乙	甲
乙	壬	癸	庚	辛	戊	己	丙	丁	甲	乙
丙	乙	甲	癸	壬	辛	庚	己	戊	丁	丙
丁	甲	乙	壬	癸	庚	辛	戊	己	丙	丁
戊	丁	丙	乙	甲	癸	壬	辛	庚	己	戊
己	丙	丁	甲	乙	壬	癸	庚	辛	戊	己
庚	己	戊	丁	丙	乙	甲	癸	壬	辛	庚
辛	戊	己	丙	丁	甲	乙	壬	癸	庚	辛
壬	辛	庚	己	戊	丁	丙	乙	甲	癸	壬
癸	庚	辛	戊	己	丙	丁	甲	乙	壬	癸

五行（木火土金水）の数を「十干五行表」（409ページ⑫参照）を見て記入してください。（A―1）（B―1）（C―1）（D―1）（A―3）（B―3）（C―3）（D―3）のそれぞれの干を「十干五行表」を見て、「木火土金水」がそれぞれいくつずつあるか、それぞれを合計して「W」に記入してください。ない五行は「0」を入れてください。

十干五行表

十干	五行
甲	木
乙	木
丙	火
丁	火
戊	土
己	土
庚	金
辛	金
壬	水
癸	水

例

1986	（A－1）丙（火）	（A－3）甲（木）
6	（B－1）甲（木）	（B－3）己（土）
25	（C－1）庚（金）	（C－3）癸（水）
AM11：55	（D－1）壬（水）	（D－3）己（土）

合計

	木	火	土	金	水
「W」記入	②	①	②	①	②

※必ず合計⑧となります。
（生まれた時間がわからない場合は合計⑥となります。）

次に自分の日干の五行（C—1）（**例**　庚＝金）の場合は、「X」の五行「金」の所に◯印を記入してください。

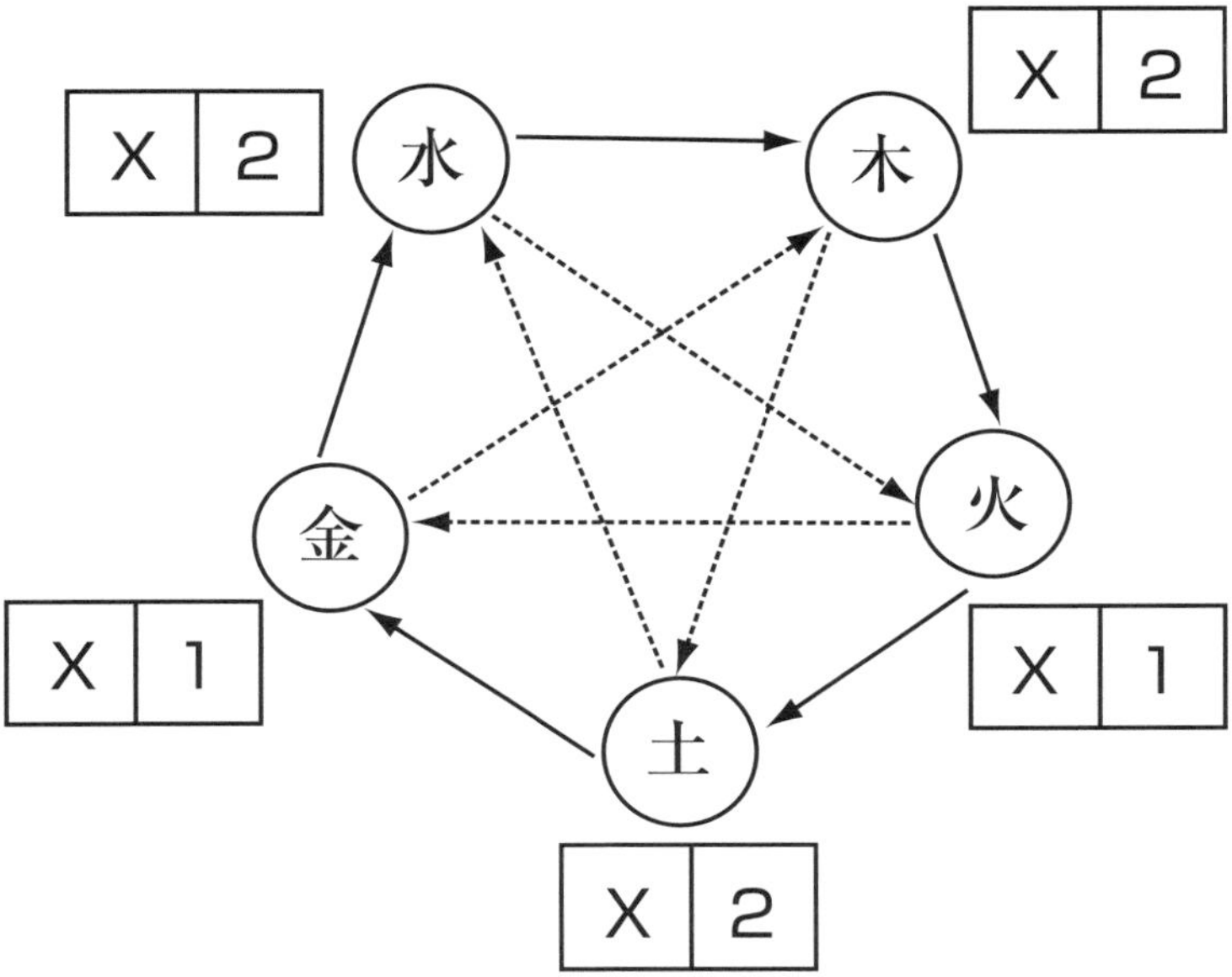

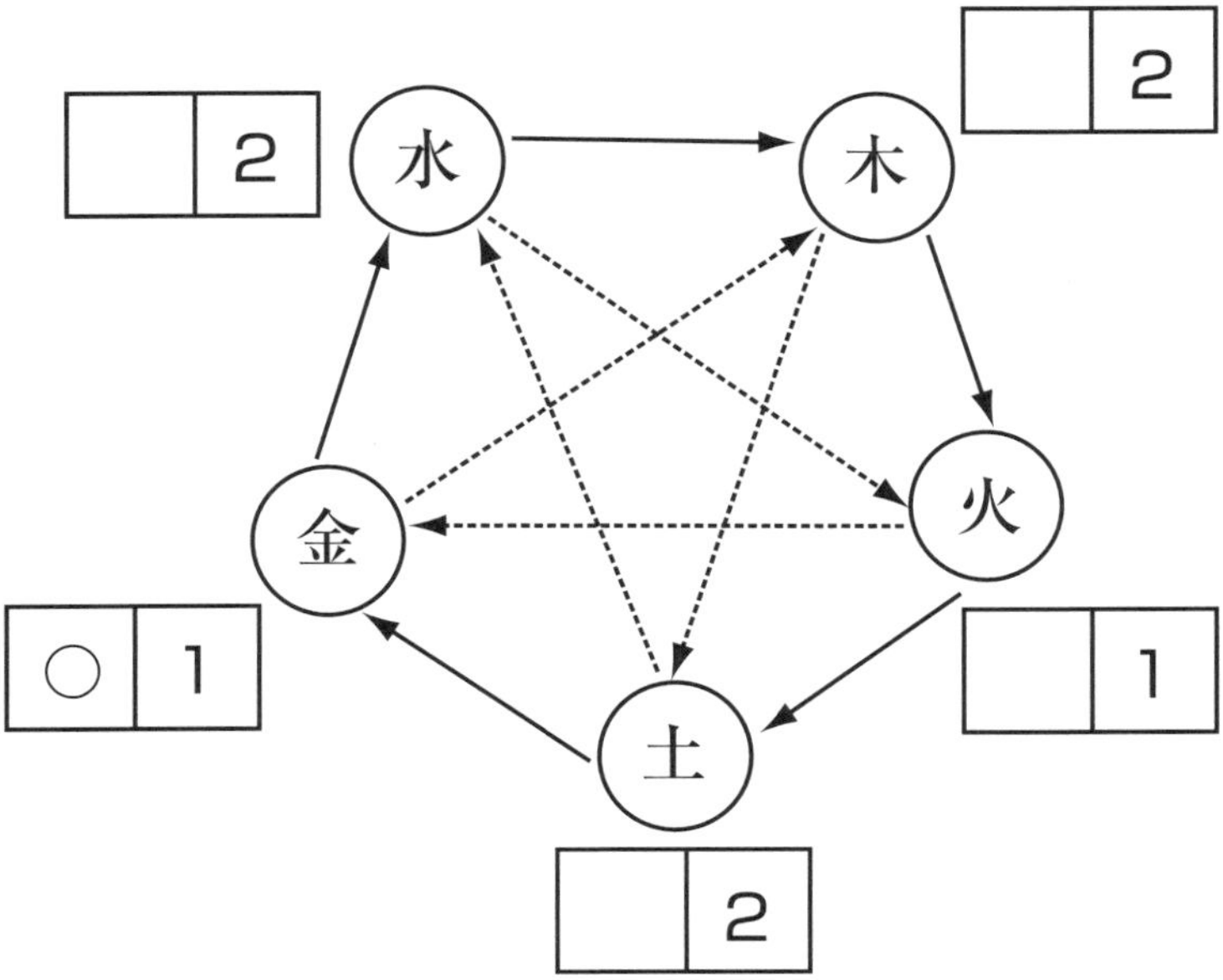

大運表（十年運）に「M」と同じ「字」を「Y」に五行「木火土金水」をそれぞれ記入してください。

十二支五行表（410ページ⑬参照）から探して

［例］

	年齢		
月柱干支	0	甲午	火
立運	6	癸巳	火
	16	壬辰	土
	26	辛卯	木
	36	庚寅	木
	46	己丑	土
	56	戊子	水
	66	丁亥	水
	76	丙戌	土
	86	乙酉	金

十二支五行表

十二支	五行
子	水
丑	土
寅	木
卯	木
辰	土
巳	火
午	火
未	土
申	金
酉	金
戌	土
亥	水

Lesson 25

歳運表（年運）に「S」と同じ「字」を十二支五行表から探して「Z」に五行「木火土金水」をそれぞれ記入してください。

［例］

2005	乙酉	金
2006	丙戌	土
2007	丁亥	水
2008	戊子	水
2009	己丑	土
2010	庚寅	木
2011	辛卯	木
2012	壬辰	土
2013	癸巳	火
2014	甲午	火

Lesson 26

○△×の欄は自分の五行を助ける五行の時は○印を、自分の五行を弱める五行の時は×印を、自分のもってない五行が巡ってきた時には△印をつけてください（別のところで詳しく説明します）。

Lesson 27

身旺・身弱の判断をします。
月令点数＋五行点数＋宿命星の点数。
（413・414ページで詳しく説明します）

※もっとくわしく知りたい方は『完全版 人生で起こることがすべてわかる四柱推命』（新星出版社）を参考にして下さい。

命式作りを再チェックする

命式を具体的な例を挙げて作ってみましょう。
Aさん（女性）は１９４９年（昭和24年）4月16日22時00分生まれとします。

①A、B、C、Dに記入します。

昭和24年（1949）
己丑・六白金星

10月	9月	8月	7月	6月	5月	4月	3月	2月	月
甲戌	癸酉	壬申	辛未	庚午	己巳	戊辰	丁卯	丙寅	月の干支
9日 0:12	8日 8:55	8日 6:16	7日 20:32	6日 10:07	6日 5:37	5日 11:52	6日 6:40	4日 12:24	節入り日時
甲子	甲午	癸亥	壬辰	壬戌	辛卯	辛酉	庚寅	壬戌	1日
乙丑	乙未	甲子	癸巳	癸亥	壬辰	壬戌	辛卯	癸亥	2日
丙寅	丙申	乙丑	甲午	甲子	癸巳	癸亥	壬辰	甲子	3日
丁卯	丁酉	丙寅	乙未	乙丑	甲午	甲子	癸巳	乙丑	4日
戊辰	戊戌	丁卯	丙申	丙寅	乙未	乙丑	甲午	丙寅	5日
己巳	己亥	戊辰	丁酉	丁卯	丙申	丙寅	乙未	丁卯	6日
庚午	庚子	己巳	戊戌	戊辰	丁酉	丁卯	丙申	戊辰	7日
辛未	辛丑	庚午	己亥	己巳	戊戌	戊辰	丁酉	己巳	8日
壬申	壬寅	辛未	庚子	庚午	己亥	己巳	戊戌	庚午	9日
癸酉	癸卯	壬申	辛丑	辛未	庚子	庚午	己亥	辛未	10日
甲戌	甲辰	癸酉	壬寅	壬申	辛丑	辛未	庚子	壬申	11日
乙亥	乙巳	甲戌	癸卯	癸酉	壬寅	壬申	辛丑	癸酉	12日
丙子	丙午	乙亥	甲辰	甲戌	癸卯	癸酉	壬寅	甲戌	13日
丁丑	丁未	丙子	乙巳	乙亥	甲辰	甲戌	癸卯	乙亥	14日
戊寅	戊申	丁丑	丙午	丙子	乙巳	乙亥	甲辰	丙子	15日
己卯	己酉	戊寅	丁未	丁丑	丙午	丙子	乙巳	丁丑	16日
庚辰	庚戌	己卯	戊申	戊寅	丁未	丁丑	丙午	戊寅	17日
辛巳	辛亥	庚辰	己酉	己卯	戊申	戊寅	丁未	己卯	18日
壬午	壬子	辛巳	庚戌	庚辰	己酉	己卯	戊申	庚辰	19日
癸未	癸丑	壬午	辛亥	辛巳	庚戌	庚辰	己酉	辛巳	20日
甲申	甲寅	癸未	壬子	壬午	辛亥	辛巳	庚戌	壬午	21日
乙酉	乙卯	甲申	癸丑	癸未	壬子	壬午	辛亥	癸未	22日
丙戌	丙辰	乙酉	甲寅	甲申	癸丑	癸未	壬子	甲申	23日
丁亥	丁巳	丙戌	乙卯	乙酉	甲寅	甲申	癸丑	乙酉	24日
戊子	戊午	丁亥	丙辰	丙戌	乙卯	乙酉	甲寅	丙戌	25日
己丑	己未	戊子	丁巳	丁亥	丙辰	丙戌	乙卯	丁亥	26日
庚寅	庚申	己丑	戊午	戊子	丁巳	丁亥	丙辰	戊子	27日
辛卯	辛酉	庚寅	己未	己丑	戊午	戊子	丁巳	己丑	28日
壬辰	壬戌	辛卯	庚申	庚寅	己未	己丑	戊午		29日
癸巳	癸亥	壬辰	辛酉	辛卯	庚申	庚寅	己未		30日
甲午		癸巳	壬戌		辛酉		庚申		31日

①2月の立春が1年の始まり

②節入りの日が月の始まり

	生年月日時	干支暦	干支暦	蔵干表
年　柱	M T S H　A　年	天　干	地　支	蔵　干
		A-1 (　)	A-2	A-3 (　)
月　柱	B　月	天　干	地　支	蔵　干
		B-1 (　)	B-2	B-3 (　)
日　柱	C　日	天　干	地　支	蔵　干
		C-1 (　)	C-2	C-3 (　)
時　柱	AM PM　D　時	天　干	地　支	蔵　干
		D-1 (　)	D-2	D-3 (　)

1 生年月日と時間を干支歴を見て干支に置き換える

４つの柱に含まれる十干を「天干」、十二支を「地支」といいます。巻末の干支暦を見て年柱の「天干」、「地支」を上の「命式表」の（A—1）（A—2）に、月柱の「天干」、「地支」とを（B—1）（B—2）に、日柱の「天干」、「地支」とそれぞれの五行を（C—1）（C—2）に、時柱の「天干」「地支」とを（D—1）（D—2）に記入します。

〈注意点①〉四柱推命で使う陰暦（干支暦）では立春が一年の始まりとなるので、立春以前に生まれた人は前年の干支を使います。

〈注意点②〉月についても「節入り」の日がその月の始まりとなるので、その前に生まれた人は前の月の干支を使います（年月の干支に関係なく日の干支はそのまま使います）。

◆命式十干五行表

五行	木	木	火	火	土	土	金	金	水	水
十干	甲	乙	丙	丁	㊞戊	㊞己	庚	辛	壬	癸

◆十二支五行表

五行	水	土	木	木	土	火	火	土	金	金	土	水
十二支	子	丑	寅	卯	辰	巳	午	未	申	酉	戌	亥

◆命式表

		天干	地支
年	1949 Ⓐ	己（土）A-1	丑　A-2
月	4 Ⓑ	戊（土）B-1	辰　B-2
日	16 Ⓒ	丙（火）C-1	子　C-2
時	22:00 Ⓓ	己（土）D-1	亥　D-2

2 命式に生年月日の干支と五行を記入する

Aさんは1949年4月16日生まれですから、2月4日の立春以降の生まれになり、年柱にはその年の干支をそのまま使います。この年の干支は己丑（つちのとうし＝五行・土）です。月柱も節入り後なので、干支暦の月の干支をそのまま使え、戊辰（つちのえたつ＝五行・土）になります。日柱も干支暦の丙子（ひのえね＝五行・火）をそのまま引き写します。巻末の時刻干支表の日干の丙の欄と22時（午後10時）とが交わるところを見ると己亥（つちのとい＝五行・土）で、これが時柱の干支になります（生まれた時間が不明な人は除いてよい）。

昭和24年（1949）

己丑・六白金星年

①年柱の干支

②月柱の干支

翌1月	12月	11月	10月	9月	8月	7月	6月	5月	4月	3月	2月	月
丁丑	丙子	乙亥	甲戌	癸酉	壬申	辛未	庚午	己巳	戊辰	丁卯	丙寅	月の干支
6日 6:40	7日 19:34	8日 3:01	9日 0:12	8日 8:55	8日 6:16	7日 20:32	6日 10:07	6日 5:37	5日 11:52	6日 6:40	4日 12:24	節入り日時
丙申	乙丑	乙未	甲子	甲午	癸亥	壬辰	壬戌	辛卯	辛酉	庚寅	壬戌	1日
丁酉	丙寅	丙申	乙丑	乙未	甲子	癸巳	癸亥	壬辰	壬戌	辛卯	癸亥	2日
戊戌	丁卯	丁酉	丙寅	丙申	乙丑	甲午	甲子	癸巳	癸亥	壬辰	甲子	3日
己亥	戊辰	戊戌	丁卯	丁酉	丙寅	乙未	乙丑	甲午	甲子	癸巳	乙丑	4日
庚子	己巳	己亥	戊辰	戊戌	丁卯	丙申	丙寅	乙未	乙丑	甲午	丙寅	5日
辛丑	庚午	庚子	己巳	己亥	戊辰	丁酉	丁卯	丙申	丙寅	乙未	丁卯	6日
壬寅	辛未	辛丑	庚午	庚子	己巳	戊戌	戊辰	丁酉	丁卯	丙申	戊辰	7日
癸卯	壬申	壬寅	辛未	辛丑	庚午	己亥	己巳	戊戌	戊辰	丁酉	己巳	8日
甲辰	癸酉	癸卯	壬申	壬寅	辛未	庚子	庚午	己亥	己巳	戊戌	庚午	9日
乙巳	甲戌	甲辰	癸酉	癸卯	壬申	辛丑	辛未	庚子	庚午	己亥	辛未	10日
丙午	乙亥	乙巳	甲戌	甲辰	癸酉	壬寅	壬申	辛丑	辛未	庚子	壬申	11日
丁未	丙子	丙午	乙亥	乙巳	甲戌	癸卯	癸酉	壬寅	壬申	辛丑	癸酉	12日
戊申	丁丑	丁未	丙子	丙午	乙亥	甲辰	甲戌	癸卯	癸酉	壬寅	甲戌	13日
己酉	戊寅	戊申	丁丑	丁未	丙子	乙巳	乙亥	甲辰	甲戌	癸卯	乙亥	14日
庚戌	己卯	己酉	戊寅	戊申	丁丑	丙午	丙子	乙巳	乙亥	甲辰	丙子	15日
辛亥	庚辰	庚戌	己卯	己酉	戊寅	丁未	丁丑	丙午	丙子	乙巳	丁丑	16日
壬子	辛巳	辛亥	庚辰	庚戌	己卯	戊申	戊寅	丁未	丁丑	丙午	戊寅	17日

③日柱の干支

【時刻干支表】

時間＼日干	戊 癸	丁 壬	丙 辛	乙 庚	甲 己
23:00 ~0:59	壬 子	庚 子	戊 子	丙 子	甲 子
1:00 ~2:59	癸 丑	辛 丑	己 丑	丁 丑	乙 丑
3:00 ~4:59	甲 寅	壬 寅	庚 寅	戊 寅	丙 寅
5:00 ~6:59	乙 卯	癸 卯	辛 卯	己 卯	丁 卯
7:00 ~8:59	丙 辰	甲 辰	壬 辰	庚 辰	戊 辰
9:00 ~10:59	丁 巳	乙 巳	癸 巳	辛 巳	己 巳
11:00 ~12:59	戊 午	丙 午	甲 午	壬 午	庚 午
13:00 ~14:59	己 未	丁 未	乙 未	癸 未	辛 未
15:00 ~16:59	庚 申	戊 申	丙 申	甲 申	壬 申
17:00 ~18:59	辛 酉	己 酉	丁 酉	乙 酉	癸 酉
19:00 ~20:59	壬 戌	庚 戌	戊 戌	丙 戌	甲 戌
21:00 ~22:59	癸 亥	辛 亥	己 亥	丁 亥	乙 亥

④４月16日の日干は丙で、生まれた時間が22時なので、交わる己亥が時柱の干支となる

3 蔵干を求める

「蔵干」とは十二支がそれぞれ持っている「干」のことで、巻末の「蔵干早見表」で求めます。

まず自分の生まれた日が節入りの日から数えて何日目になるかです。Aさんは4月16日生まれですので、4月の節入りの5日から数えると11日目（逆行運「F」に記入）になります。そこで「蔵干早見表」の11日目と年月日時のそれぞれの地支をクロスさせれば「蔵干」が分かります。

Aさんの年柱の地支は「丑」だから蔵干は「辛」（五行・金）になり、同じように月柱の地支は「辰」だから蔵干は「癸」（五行・水）になり、日柱の地支は「子」なので蔵干は「癸」（五行・水）になります。それぞれの蔵干を命式の欄（A―3）（B―3）（C―3）（D―3）に記入します。

【蔵干早見表】

	時							月			年	日
	亥	戌	酉	申	未	午	巳	辰	卯	寅	丑	子
（節入り後）7日目まで	戊	辛	庚	戊	丁	丙	戊	乙	甲	戊	癸	壬
8日目まで	甲	辛	庚	壬	丁	丙	庚	乙	甲	丙	癸	壬
9日目まで	甲	辛	庚	壬	丁	丙	庚	乙	甲	丙	癸	壬
10日目まで	甲	丁	庚	壬	乙	丙	庚	癸	甲	丙	辛	壬
11日目まで	甲	丁	辛	壬	乙	己	庚	癸	乙	丙	辛	癸
12日目まで	甲	丁	辛	壬	乙	己	庚	癸	乙	丙	辛	癸
13日目まで	甲	戊	辛	壬	己	己	庚	戊	乙	丙	己	癸
14日目まで	甲	戊	辛	壬	己	己	庚	戊	乙	丙	己	癸
15日目まで	壬	戊	辛	庚	己	己	丙	戊	乙	甲	己	癸
16日目まで	壬	戊	辛	庚	己	己	丙	戊	乙	甲	己	癸
17日目まで	壬	戊	辛	庚	己	己	丙	戊	乙	甲	己	癸
18日目まで	壬	戊	辛	庚	己	己	丙	戊	乙	甲	己	癸
19日目まで	壬	戊	辛	庚	己	己	丙	戊	乙	甲	己	癸
20日目まで	壬	戊	辛	庚	己	己	丙	戊	乙	甲	己	癸
21日以降	壬	戊	辛	庚	己	丁	丙	戊	乙	甲	己	癸

◆命　式　表

		天干	地支	蔵干
年	1949 Ⓐ	己（土）	丑	辛（金）
月	4 Ⓑ	戊（土）	辰	癸（水）
日	16 Ⓒ	丙（火）	子	癸（水）
時	22:00 Ⓓ	己（土）	亥	甲（木）

昭和24年（1949）
己丑・六白金星年

翌1月	12月	11月	10月	9月	8月	7月	6月	5月	4月	3月	2月	月
丁丑	丙子	乙亥	甲戌	癸酉	壬申	辛未	庚午	己巳	戊辰	丁卯	丙寅	月の干支
6日 6:40	7日 19:34	8日 3:01	9日 0:12	8日 8:55	8日 6:16	7日 20:32	6日 10:07	6日 5:37	5日 11:52	6日 6:40	4日 12:24	節入り 日時
丙申	乙丑	乙未	甲子	甲午	癸亥	壬辰	壬戌	辛卯	辛酉	庚寅	壬戌	1日
丁酉	丙寅	丙申	乙丑	乙未	甲子	癸巳	癸亥	壬辰	壬戌	辛卯	癸亥	2日
戊戌	丁卯	丁酉	丙寅	丙申	乙丑	甲午	甲子	癸巳	癸亥	壬辰	甲子	3日
己亥	戊辰	戊戌	丁卯	丁酉	丙寅	乙未	乙丑	甲午	甲子	癸巳	乙丑	4日
庚子	己巳	己亥	戊辰	戊戌	丁卯	丙申	丙寅	乙未	乙丑	甲午	丙寅	5日
辛丑	庚午	庚子	己巳	己亥	戊辰	丁酉	丁卯	丙申	丙寅	乙未	丁卯	6日
壬寅	辛未	辛丑	庚午	庚子	己巳	戊戌	戊辰	丁酉	丁卯	丙申	戊辰	7日
癸卯	壬申	壬寅	辛未	辛丑	庚午	己亥	己巳	戊戌	戊辰	丁酉	己巳	8日
甲辰	癸酉	癸卯	壬申	壬寅	辛未	庚子	庚午	己亥	己巳	戊戌	庚午	9日
乙巳	甲戌	甲辰	癸酉	癸卯	壬申	辛丑	辛未	庚子	庚午	己亥	辛未	10日
丙午	乙亥	乙巳	甲戌	甲辰	癸酉	壬寅	壬申	辛丑	辛未	庚子	壬申	11日
丁未	丙子	丙午	乙亥	乙巳	甲戌	癸卯	癸酉	壬寅	壬申	辛丑	癸酉	12日
戊申	丁丑	丁未	丙子	丙午	乙亥	甲辰	甲戌	癸卯	癸酉	壬寅	甲戌	13日
己酉	戊寅	戊申	丁丑	丁未	丙子	乙巳	乙亥	甲辰	甲戌	癸卯	乙亥	14日
庚戌	己卯	己酉	戊寅	戊申	丁丑	丙午	丙子	乙巳	乙亥	甲辰	丙子	15日
辛亥	庚辰	庚戌	己卯	己酉	戊寅	丁未	丁丑	丙午	丙子	乙巳	丁丑	16日
壬子	辛巳	辛亥	庚辰	庚戌	己卯	戊申	戊寅	丁未	丁丑	丙午	戊寅	17日
癸丑	壬午	壬子	辛巳	辛亥	庚辰	己酉	己卯	戊申	戊寅	丁未	己卯	18日

節入り日から生まれた日までの日数

※生まれた日から、次の節入りまでの数字を
順行運「G」の欄に記入する。

4 空亡を割り出す

空亡とは十干十二支の組合せが不調和のときで、別名天中殺ともいい、天のエネルギーの助けがないときです。空亡を求めるときは日柱の干支を六十干支表で探し、その一番下の空亡欄にある2つの支が空亡になります（空亡の欄（H）に記入）。Aさんの日柱の干支は丙子ですので、六十干支表から探すと、申酉が空亡になりますが、Aさんの命式を見ると、四柱のどこの地支にも「申」や「酉」がないので、命式は空亡していないことになります。

昭和24年
己丑・六白金星年

8月	7月	6月	5月	4月	3月	2月	月
壬申	辛未	庚午	己巳	戊辰	丁卯	丙寅	月の干支
8日 6:16	7日 20:32	6日 10:07	6日 5:37	5日 11:52	6日 6:40	4日 12:24	節入り 日時
癸亥	壬辰	壬戌	辛卯	辛酉	庚寅	壬戌	1日
甲子	癸巳	癸亥	壬辰	壬戌	辛卯	癸亥	2日
乙丑	甲午	甲子	癸巳	癸亥	壬辰	甲子	3日
丙寅	乙未	乙丑	甲午	甲子	癸巳	乙丑	4日
丁卯	丙申	丙寅	乙未	乙丑	甲午	丙寅	5日
戊辰	丁酉	丁卯	丙申	丙寅	乙未	丁卯	6日
己巳	戊戌	戊辰	丁酉	丁卯	丙申	戊辰	7日
庚午	己亥	己巳	戊戌	戊辰	丁酉	己巳	8日
辛未	庚子	庚午	己亥	己巳	戊戌	庚午	9日
壬申	辛丑	辛未	庚子	庚午	己亥	辛未	10日
癸酉	壬寅	壬申	辛丑	辛未	庚子	壬申	11日
甲戌	癸卯	癸酉	壬寅	壬申	辛丑	癸酉	12日
乙亥	甲辰	甲戌	癸卯	癸酉	壬寅	甲戌	13日
丙子	乙巳	乙亥	甲辰	甲戌	癸卯	乙亥	14日
丁丑	丙午	丙子	乙巳	乙亥	甲辰	丙子	15日
戊寅	丁未	丁丑	丙午	丙子	乙巳	丁丑	16日
己卯	戊申	戊寅	丁未	丁丑	丙午	戊寅	17日

日柱の干支

各柱の空亡がもたらす影響

空亡は空しく亡びるという意味があり、吉暗示にも凶暗示にも作用して、それぞれの力を弱める働きがあります。

●**年柱が空亡している**　親との縁が薄く中年頃までに片親と生死別するか、早く親元から離れて独立します。

●**月柱が空亡している**　兄弟や身内との中がうまくいかず、疎遠になるか、とくに女性は離婚や結婚後のトラブルを暗示をしています。

●**日柱が空亡している**　配偶者で苦労することを暗示しています。

●**時柱が空亡している**　成功も一時的なもので、子どもや孫にも相手にされず寂しい晩年を送る暗示があります。

【空亡の組合せの不調和の例】

十　干	甲	乙	丙	丁	戊	己	庚	辛	壬	癸	■	■
十二支	子	丑	寅	卯	辰	巳	午	未	申	酉	戌	亥

戌亥→空亡

【六十干支表（空亡早見表）】

六十干支	甲寅	甲辰	甲午	甲申	甲戌	甲子
	乙卯	乙巳	乙未	乙酉	乙亥	乙丑
	丙辰	丙午	丙申	丙戌	丙子	丙寅
	丁巳	丁未	丁酉	丁亥	丁丑	丁卯
	戊午	戊申	戊戌	戊子	戊寅	戊辰
	己未	己酉	己亥	己丑	己卯	己巳
	庚申	庚戌	庚子	庚寅	庚辰	庚午
	辛酉	辛亥	辛丑	辛卯	辛巳	辛未
	壬戌	壬子	壬寅	壬辰	壬午	壬申
	癸亥	癸丑	癸卯	癸巳	癸未	癸酉
空　亡	子丑	寅卯	辰巳	午未	申酉	戌亥

丙子→日柱干支
申酉→空亡

◆命　式　表

		天干	地支	蔵干
年	1949 Ⓐ	己（土）	丑	辛（金）
月	4 Ⓑ	戊（土）	辰	癸（水）
日	16 Ⓒ	丙（火）	子	癸（水）
時	22:00 Ⓓ	己（土）	亥	甲（木）

空　亡 ――→ 申　酉 H

5 宿命星を求める

◆天干の宿命星

宿命星は生まれた日の天干を中心に、生まれ年、生まれ月、生まれた時間の天干とクロスさせ、宿命星早見表で見ていきます。

Aさんの日柱の天干の「丙」を中心に、年柱の天干の「己」とをクロスした上の欄の宿命星を見ると「丙」→「己」は「傷官星」となり、月柱の天干の「戊」とクロスした上の欄の宿命星を見ると「丙」→「戊」は「食神星」で、同じく時柱の天干「丙」→「己」は「傷官星」と分かります。それぞれの宿命星を（A—4）（B—4）（D—4）に記入します。

生年月日時	干支暦	干支暦	蔵干表
1949 年	天　干	地　支	蔵　干
	己（土）	丑	辛（金）
4 月	天　干	地　支	蔵　干
	戊（土）	辰	癸（水）
16 日	天　干	地　支	蔵　干
	丙（火）	子	癸（水）
AM (PM) 22:00 時	天　干	地　支	蔵　干
	己（土）	亥	甲（木）

⑥ 空　亡 ——→ 申酉

◆蔵干の宿命星

蔵干の宿命星を求めます。生まれた日の天干を中心に、年柱、月柱、日柱、時柱のそれぞれの蔵干とクロスしたところを宿命星早見表で見ていきます。Aさんの日柱の天干「丙」を中心に、年柱の蔵干「辛」、月柱の蔵干「癸」、日柱の蔵干「癸」、時柱の蔵干「甲」とクロスした上のそれぞれの宿命星を見れば「丙」→「辛」は「正財星」、「丙」→「癸」は「正官星」、「丙」→「甲」は「偏印星」ですから、それらを命式のそれぞれの欄に記入します。「月柱蔵干」から求めた宿命星が「元命」といってもっとも重要な星で、性格や運命を表しています。

【宿命星早見表】

巻末402ページ参照

宿命星／日干	印《いん》綬《じゅ》星《せい》	偏《へん》印《いん》星《せい》	正《せい》官《かん》星《せい》	偏《へん》官《かん》星《せい》	正《せい》財《ざい》星《せい》	偏《へん》財《ざい》星《せい》	傷《しょう》官《かん》星《せい》	食《しょく》神《しん》星《せい》	劫《ごう》財《ざい》星《せい》	比《ひ》肩《けん》星《せい》
甲	癸	壬	辛	庚	己	戊	丁	丙	乙	甲
乙	壬	癸	庚	辛	戊	己	丙	丁	甲	乙
丙（生まれ日の干）	乙	甲	癸	壬	辛	庚	己	戊	丁	丙
丁	甲	乙	壬	癸	庚	辛	庚	己	丙	丁

	宿命星早見表		十二補助星早見表	吉凶神殺星表		
	生日の天干 × 各柱の天干	生日の天干 × 各柱の蔵干	生日の天干 × 各柱の地支	生日の天干 × 各柱の地支	月支 × 天干･蔵干･地支	年支・日支 × 地支
年柱	宿命星	宿命星	十二補助星	吉凶神殺星	吉凶神殺星	吉凶神殺星
	傷官	**正財**				
月柱	宿命星	宿命星（元命）	十二補助星	吉凶神殺星	吉凶神殺星	吉凶神殺星
	食神	**正官**				
日柱		宿命星	十二補助星	吉凶神殺星	吉凶神殺星	吉凶神殺星
		正官				
時柱	宿命星	宿命星	十二補助星	吉凶神殺星	吉凶神殺星	吉凶神殺星
	傷官	**偏印**				

6 十二補助星を求める

生年月日時	干支暦	干支暦	蔵干表
1949 年	天干	地支	蔵干
	己（土）	丑	辛（金）
4 月	天干	地支	蔵干
	戊（土）	辰	癸（水）
16 日	天干	地支	蔵干
	丙（火）	子	癸（水）
AM (PM) 22:00 時	天干	地支	蔵干
	己（土）	亥	甲（木）

⑥ 空亡 ──→ 申酉

十二補助星を求めるには、生まれた日の「天干」から生まれた年、生まれた月、生まれた日、生まれた時間のそれぞれの地支を十二補助星早見表で見ます。Aさんの日柱の天干は「丙」だから、丙の欄を横に見ていくと、年柱の地支「丑」、月柱の地支「辰」、日柱の地支「子」、時柱の地支「亥」とそれぞれクロスした十二補助星を見ます。「丙」→「丑」は「養」、「丙」→「辰」は「冠帯」、「丙」→「子」は「胎」、「丙」→「亥」は「絶」となります。それぞれを命式の欄〈A—6〉〈B—6〉〈C—6〉〈D—6〉に記入します。

【十二補助星早見表】

巻末403ページ参照

（生まれ日の干）

十二補助星 ＼ 日干	養《よう》	胎《たい》	絶《ぜつ》	墓《ぼ》	死《し》	病《びょう》	衰《すい》	帝《てい》旺《おう》	建《けん》禄《ろく》	冠《かん》帯《たい》	沐《もく》浴《よく》	長《ちょう》生《せい》
甲	戌	酉	申	未	午	巳	辰	卯	寅	丑	子	亥
乙	未	申	酉	戌	亥	子	丑	寅	卯	辰	巳	午
丙	丑	子	亥	戌	酉	申	未	午	巳	辰	卯	寅
丁	戌	亥	子	丑	寅	卯	辰	巳	午	未	申	酉

	宿命星早見表		十二補助星早見表	吉凶神殺星表		
	生日の天干 × 各柱の天干	生日の天干 × 各柱の蔵干	生日の天干 × 各柱の地支	生日の天干 × 各柱の地支	月支 × 天干･蔵干･地支	年支・日支 × 各柱の地支
年柱	宿命星	宿命星	十二補助星	吉凶神殺星	吉凶神殺星	吉凶神殺星
	傷官	正財	養			
月柱	宿命星	宿命星(元命)	十二補助星	吉凶神殺星	吉凶神殺星	吉凶神殺星
	食神	正官	冠帯			
日柱	╳	宿命星	十二補助星	吉凶神殺星	吉凶神殺星	吉凶神殺星
		正官	胎			
時柱	宿命星	宿命星	十二補助星	吉凶神殺星	吉凶神殺星	吉凶神殺星
	傷官	偏印	絶			

7 吉凶神殺星を求める

吉凶神殺星には吉をもたらす「吉星」と、凶をもたらす「凶星」があり、いずれも運命を左右する命式判断の参考にします。

吉凶神殺星の求め方には次の3つの方法があります。

①日柱天干から各柱の地支を見て求めるもの（日干から求める吉凶神殺星表を使う）。

②月柱地支から各柱の天干、蔵干、地支を見て求めるもの（月支から求める吉凶神殺星表を使う）。

③年柱地支・日柱地支から各柱の地支を見て求めるもの（年支・日支から求める吉凶神殺星表を使う）。

まず①では「日干から求める吉凶神殺星表」を使い、生まれた日の干「日干」と生まれ年、生まれ月、生まれた日、生まれた時間のそれぞれの地支をクロスさせて求めます。

Aさんの日干は「丙」ですから、表の「丙」の欄を横に見ていき、各柱の地支があるかどうかを見ます。年柱の地支は「丑」ですが、クロスする欄にありませんので、生まれ年の吉凶神殺星は「なし」となります。生まれ月の地支の「辰」もありませんので、吉凶神殺星は「なし」になります。生まれ日の地支の「子」は「福星貴人」と「飛刃」の2つがありますので、命式の日柱の欄（C—7）に記入します。生まれ時間の「亥」は「天乙貴人」がありますので、命式の時柱の欄（D—7）に記入します。

◆命　式　表

		天干	地支	蔵干
年	1949 Ⓐ	己（土）	丑	辛（金）
月	4 Ⓑ	戊（土）	辰	癸（水）
日	16 Ⓒ	丙（火）	子	癸（水）
時	22:00 Ⓓ	己（土）	亥	甲（木）

【吉凶神殺星表】

巻末405ページ参照

日干＼神殺星	魁《かい》罡《ごう》	紅《こう》艶《えん》	飛《ひ》刃《じん》	羊《よう》刃《じん》	金輿禄《きんよろく》	暗《あん》禄《ろく》	天厨貴人《てんちゅうきじん》	福星貴人《ふくせいきじん》	文昌貴人《ぶんしょうきじん》	大極貴人《たいきょくきじん》	天乙貴人《てんおつきじん》
甲	戊戌	午	酉	卯	辰	亥	巳	寅	巳	子午	丑未
乙	庚戌	申	戌	辰	巳	戌	午	丑亥	午	子午	子申
丙	庚辰	寅	子	午	未	申	巳	戌子	申	酉卯	酉亥
丁	壬辰	未	丑	未	申	未	午	酉	酉	酉卯	酉亥

（生まれ日の干）

※日干のみ見る（干支を合わせて）

	宿命星早見表		十二補助星早見表	吉凶神殺星表		
	生日の天干×各柱の天干	生日の天干×各柱の蔵干	生日の天干×各柱の地支	生日の天干×各柱の地支	月支×天干･蔵干･地支	年支・日支×地支
年柱	宿命星	宿命星	十二補助星	吉凶神殺星	吉凶神殺星	吉凶神殺星
	傷官	正財	養	なし		
月柱	宿命星	宿命星(元命)	十二補助星	吉凶神殺星	吉凶神殺星	吉凶神殺星
	食神	正官	冠帯	なし	華蓋	
日柱		宿命星	十二補助星	吉凶神殺星	吉凶神殺星	吉凶神殺星
		正官	胎	福星貴人 飛刃		
時柱	宿命星	宿命星	十二補助星	吉凶神殺星	吉凶神殺星	吉凶神殺星
	傷官	偏印	絶	天乙貴人		亡神 駅馬

【月支から求める吉凶神殺星】

神殺星／月支	華《か》蓋《がい》	月徳合貴人《げっとくごうきじん》	月徳貴人《げっとくきじん》	天徳合貴人《てんとくごうきじん》	天徳貴人《てんとくきじん》
子	辰	丁	壬	申	巳
丑	丑	乙	庚	乙	庚
寅	戌	辛	丙	壬	丁
卯	未	己	甲	巳	申
辰	辰	丁	壬	丁	壬
巳	丑	乙	庚	丙	辛
午	戌	辛	丙	寅	亥
未	未	己	甲	己	甲
申	辰	丁	壬	戊	癸
酉	丑	乙	庚	亥	寅
戌	戌	辛	丙	辛	丙
亥	未	己	甲	庚	乙

月支

②は月支「辰」を横に見ていくと、「辰」があるので「華蓋」を月柱の欄（B―7）に記入します。

【年支・日支から求める吉凶神殺星】

神殺星 ／ 年支・日支	隔《かっ》角《かく》	血《けつ》刃《じん》	囚《しゅう》獄《ごく》	亡《ぼう》神《じん》	咸《かん》池《ち》	却《ごう》殺《さつ》	駅《えき》馬《ば》
子	卯	戌	午	亥	酉	巳	寅
丑	卯	酉	卯	申	午	寅	亥
寅	午	申	子	巳	卯	亥	申
卯	午	未	酉	寅	子	申	巳
辰	午	午	午	亥	酉	巳	寅
巳	酉	巳	卯	申	午	寅	亥
午	酉	辰	子	巳	卯	亥	申
未	酉	卯	酉	寅	子	申	巳
申	子	寅	午	亥	酉	巳	寅
酉	子	丑	卯	申	午	寅	亥
戌	子	子	子	巳	卯	亥	申
亥	卯	亥	酉	寅	子	申	巳

日支

年支

※隔角は年支から生日のみ求める。

③は日支「子」を横に見ると時柱の支「亥」は「亡神」、年支「丑」を横に見ると時柱の支「亥」は「駅馬」がありますので、時柱の欄（D—7）に記入します。

あなたの命式を作ってみよう

表Ⅰ

生年月日時	干支暦	干支暦	蔵干表
M T S H 年	天干	地支	蔵干
	(　)		(　)
月	天干	地支	蔵干
	(　)		(　)
日	天干	地支	蔵干
	(　)		(　)
AM PM 時	天干	地支	蔵干
	(　)		(　)

空亡 ——→ [　　　]

step1 命式作成チャート

表Ⅰ

◆巻末にある干支暦を見て、あなたの生まれた年・月・日を干支（天干・地支）に置きかえる

↓

①生まれた年の干支を記入する

注意点 年は「立春」を境に変わるので、立春以前に生まれた人は前の年の干支を記入

↓

②生まれた月の干支を記入する

注意点 月は「節入り」を境に変わるので、節入り日時よりも前に生まれた人は前の月の干支を記入

↓

③生まれた日の干支を記入する

↓

④蔵干早見表を見て、各柱の蔵干を求める

注意点 節入りから生まれ日までの「日数」と各柱の地支とをクロスさせて、それぞれの蔵干を割り出し、記入する

↓

⑤空亡を確かめる

注意点 六十干支表を見て、生まれ日の干支が入っている列の一番下がその人の空亡となる

表Ⅱ

	宿命星早見表		十二補助星早見表	吉凶神殺星表		
	生日の天干×各柱の天干	生日の天干×各柱の蔵干	生日の天干×各柱の地支	生日の天干×各柱の地支	月支×天干･蔵干･地支	年支・日支×地支
年柱	宿命星	宿命星	十二補助星	吉凶神殺星	吉凶神殺星	吉凶神殺星
月柱	宿命星	宿命星（元命）	十二補助星	吉凶神殺星	吉凶神殺星	吉凶神殺星
日柱	╳	宿命星	十二補助星	吉凶神殺星	吉凶神殺星	吉凶神殺星
時柱	宿命星	宿命星	十二補助星	吉凶神殺星	吉凶神殺星	吉凶神殺星

step2 表Ⅱ

◆宿命星早見表を見て、宿命星を求める

⑥左側の宿命星を求める

表Ⅰをもとに、生まれ日の天干と各柱の天干とをクロスさせて宿命星を求め、表Ⅱの左側に記入する

⑦右側の宿命星を求める

生まれ日の天干と各柱の蔵干とをクロスさせて宿命星を求め、表Ⅱの右側に記入する

注意点 月柱右側の宿命星を「元命」という

step3 表Ⅱ

◆十二補助星早見表と吉凶神殺星早見表から十二補助星と吉凶神殺星を求める

⑧十二補助星を求める

注意点 生まれ日の天干と各柱の地支とをクロスさせて十二補助星を求めて記入する

⑨吉凶神殺星を求める

注意点 生まれ日の天干と各柱の地支とをクロスさせて吉凶神殺星を求めて記入する
（月支）（年支、日支）のそれぞれの欄にある命式の十干、十二支をさがし、あれば記入する

命式完成図

	生年月日時	干支暦	干支暦	蔵干表
年　柱	M T S H　　年	天　干	地　支	蔵　干
		（　　）		（　　）
月　柱	月	天　干	地　支	蔵　干
		（　　）		（　　）
日　柱	日	天　干	地　支	蔵　干
		（　　）		（　　）
時　柱	AM PM　　時	天　干	地　支	蔵　干
		（　　）		（　　）

	宿命星早見表		十二補助星早見表	吉凶神殺星表
年　柱	宿命星	宿命星	十二補助星	吉凶神殺星
月　柱	宿命星	宿命星(元命)	十二補助星	吉凶神殺星
日　柱		宿命星	十二補助星	吉凶神殺星
時　柱	宿命星	宿命星	十二補助星	吉凶神殺星

第8章

人生の幸運期はいつくるのか

大運と歳運で将来の運勢が解る

大運・歳運を求める

「命式」は生まれもった先天的な運勢を示す「図式」ですが、これに対し後天的な運勢を示す「行運」には10年ごとの運勢の変化を示す「大運」と、その年の運勢を示す「歳運」があります。

1 大運の求め方

大運には順行運と逆行運があります。年柱の天干の陰陽で男性と女性とでは、次の表のように逆になります。

	年柱	男性	女性
陽干	甲丙戊庚壬	順行運	逆行運
陰干	乙丁己辛癸	逆行運	順行運

2 立運の求め方

まず立運を求めます。立運は順行運と逆行運で求め方が違います。

①順行運の場合　生まれた日から次の節入りの日までの日数を「3」で割り、割り切れずに残った数字が1なら切り捨て、2なら切り上げます（プラス「1」となる）。

②逆行運の場合　生まれた日よりその前の節入りの日までの日数を「3」で割り、やはり割り切れずに残った数字が1なら切り捨て、2なら切り上げます（プラス「1」となる）。

例　Aさん（女性）
1949年4月16日生まれ（己丑）

Aさんを例に取ると、（己）は順行運なので生まれた日からその次の節入りの日まで数えると20になり、3で割ると答が6で余りが2になります。したがって、6＋1で7となります。Aさんの立運は7歳になり、大運はそれから10年ごとの運気になります。

昭和24年（1949）

己丑・六白金星

翌1月	12月	11月	10月	9月	8月	7月	6月	5月	4月	3月	2月	月
丁丑	丙子	乙亥	甲戌	癸酉	壬申	辛未	庚午	己巳	戊辰	丁卯	丙寅	月の干支
6日	7日	8日	9日	8日	8日	7日	6日	6日	5日	6日	4日	節入り
6:40	19:34	3:01	0:12	8:55	6:16	20:32	10:07	5:37	11:52	6:40	12:24	日時
丙申	乙丑	乙未	甲子	甲午	癸亥	壬辰	壬戌	辛卯	辛酉	庚寅	壬戌	1日
丁酉	丙寅	丙申	乙丑	乙未	甲子	癸巳	癸亥	壬辰	壬戌	辛卯	癸亥	2日
戊戌	丁卯	丁酉	丙寅	丙申	乙丑	甲午	甲子	癸巳	癸亥	壬辰	甲子	3日
己亥	戊辰	戊戌	丁卯	丁酉	丙寅	乙未	乙丑	甲午	甲子	癸巳	乙丑	4日
庚子	己巳	己亥	戊辰	戊戌	丁卯	丙申	丙寅	乙未	乙丑	甲午	丙寅	5日
辛丑	庚午	庚子	己巳	己亥	戊辰	丁酉	丁卯	丙申	丙寅	乙未	丁卯	6日
壬寅	辛未	辛丑	庚午	庚子	己巳	戊戌	戊辰	丁酉	丁卯	丙申	戊辰	7日
癸卯	壬申	壬寅	辛未	辛丑	庚午	己亥	己巳	戊戌	戊辰	丁酉	己巳	8日
甲辰	癸酉	癸卯	壬申	壬寅	辛未	庚子	庚午	己亥	己巳	戊戌	庚午	9日
乙巳	甲戌	甲辰	癸酉	癸卯	壬申	辛丑	辛未	庚子	庚午	己亥	辛未	10日
丙午	乙亥	乙巳	甲戌	甲辰	癸酉	壬寅	壬申	辛丑	辛未	庚子	壬申	11日
丁未	丙子	丙午	乙亥	乙巳	甲戌	癸卯	癸酉	壬寅	壬申	辛丑	癸酉	12日
戊申	丁丑	丁未	丙子	丙午	乙亥	甲辰	甲戌	癸卯	癸酉	壬寅	甲戌	13日
己酉	戊寅	戊申	丁丑	丁未	丙子	乙巳	乙亥	甲辰	甲戌	癸卯	乙亥	14日
庚戌	己卯	己酉	戊寅	戊申	丁丑	丙午	丙子	乙巳	乙亥	甲辰	丙子	15日
辛亥	庚辰	庚戌	己卯	己酉	戊寅	丁未	丁丑	丙午	丙子	乙巳	丁丑	16日
壬子	辛巳	辛亥	庚辰	庚戌	己卯	戊申	戊寅	丁未	丁丑	丙午	戊寅	17日
癸丑	壬午	壬子	辛巳	辛亥	庚辰	己酉	己卯	戊申	戊寅	丁未	己卯	18日
甲寅	癸未	癸丑	壬午	壬子	辛巳	庚戌	庚辰	己酉	己卯	戊申	庚辰	19日
乙卯	甲申	甲寅	癸未	癸丑	壬午	辛亥	辛巳	庚戌	庚辰	己酉	辛巳	20日
丙辰	乙酉	乙卯	甲申	甲寅	癸未	壬子	壬午	辛亥	辛巳	庚戌	壬午	21日
丁巳	丙戌	丙辰	乙酉	乙卯	甲申	癸丑	癸未	壬子	壬午	辛亥	癸未	22日
戊午	丁亥	丁巳	丙戌	丙辰	乙酉	甲寅	甲申	癸丑	癸未	壬子	甲申	23日
己未	戊子	戊午	丁亥	丁巳	丙戌	乙卯	乙酉	甲寅	甲申	癸丑	乙酉	24日
庚申	己丑	己未	戊子	戊午	丁亥	丙辰	丙戌	乙卯	乙酉	甲寅	丙戌	25日
辛酉	庚寅	庚申	己丑	己未	戊子	丁巳	丁亥	丙辰	丙戌	乙卯	丁亥	26日
壬戌	辛卯	辛酉	庚寅	庚申	己丑	戊午	戊子	丁巳	丁亥	丙辰	戊子	27日
癸亥	壬辰	壬戌	辛卯	辛酉	庚寅	己未	己丑	戊午	戊子	丁巳	己丑	28日
甲子	癸巳	癸亥	壬辰	壬戌	辛卯	庚申	庚寅	己未	己丑	戊午		29日
乙丑	甲午	甲子	癸巳	癸亥	壬辰	辛酉	辛卯	庚申	庚寅	己未		30日
丙寅	乙未		甲午		癸巳	壬戌		辛酉		庚申		31日

年柱の干支

月柱の干支

節入り

生まれ日

立運 Aさん

7歳　17歳　27歳　37歳　47歳　57歳　67歳　77歳　87歳

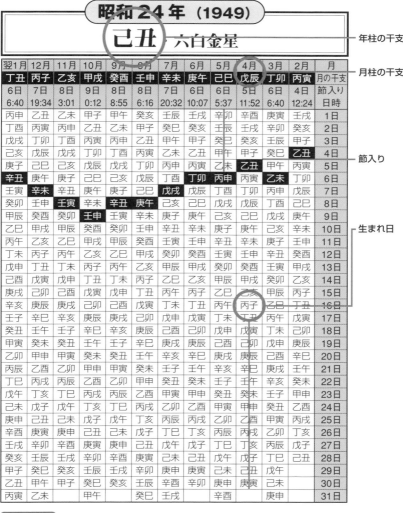

【大運の干支　順行運・逆行運表】

巻末408ページ参照

干支逆行運					干支順行運					
丙子	戊子	庚子	壬子	甲子	壬子	庚子	戊子	丙子	甲子	77歳
乙亥	丁亥	己亥	辛亥	癸亥	癸丑	辛丑	己丑	丁丑	乙丑	87歳
甲戌	丙戌	戊戌	庚戌	壬戌	甲寅	壬寅	庚寅	戊寅	丙寅	
癸酉	乙酉	丁酉	己酉	辛酉	乙卯	癸卯	辛卯	己卯	丁卯	
壬申	甲申	丙申	戊申	庚申	丙辰	甲辰	壬辰	庚辰	戊辰	0歳
辛未	癸未	乙未	丁未	己未	丁巳	乙巳	癸巳	辛巳	己巳	7歳
庚午	壬午	甲午	丙午	戊午	戊午	丙午	甲午	壬午	庚午	17歳
己巳	辛巳	癸巳	乙巳	丁巳	己未	丁未	乙未	癸未	辛未	27歳
戊辰	庚辰	壬辰	甲辰	丙辰	庚申	戊申	丙申	甲申	壬申	37歳
丁卯	己卯	辛卯	癸卯	乙卯	辛酉	己酉	丁酉	乙酉	癸酉	47歳
丙寅	戊寅	庚寅	壬寅	甲寅	壬戌	庚戌	戊戌	丙戌	甲戌	57歳
乙丑	丁丑	己丑	辛丑	癸丑	癸亥	辛亥	己亥	丁亥	乙亥	67歳

Aさんの月柱干支（戊辰）

【宿命星早見表】

日干＼宿命星	印《いん》綬《じゅ》星《せい》	偏《へん》印《いん》星《せい》	正《せい》官《かん》星《せい》	偏《へん》官《かん》星《せい》	正《せい》財《ざい》星《せい》	偏《へん》財《ざい》星《せい》	傷《しょう》官《かん》星《せい》	食《しょく》神《しん》星《せい》	劫《ごう》財《ざい》星《せい》	比《ひ》肩《けん》星《せい》
甲	癸	壬	辛	庚	己	戊	丁	丙	乙	甲
乙	壬	癸	庚	辛	戊	己	丙	丁	甲	乙
丙	乙	甲	癸	壬	辛	庚	己	戊	丁	丙
丁	甲	乙	壬	癸	庚	辛	戊	己	丙	丁
戊	丁	丙	乙	甲	癸	壬	辛	庚	己	戊
己	丙	丁	甲	乙	壬	癸	庚	辛	戊	己
庚	己	戊	丁	丙	乙	甲	癸	壬	辛	庚
辛	戊	己	丙	丁	甲	乙	壬	癸	庚	辛
壬	辛	庚	己	戊	丁	丙	乙	甲	癸	壬
癸	庚	辛	戊	己	丙	丁	甲	乙	壬	癸

3 大運の干支の求め方

大運の干支は月柱の干支から求めます。

1949年4月生まれのAさんは順行運ですから、「大運の干支順行運・逆行運表」の順行運の欄から「戊辰」を探します。戊辰の次は己巳で、10年おきに右の表のようになります。大運表を作って、そこに記入します。

大運		五行	宿命星	十二補助星	吉凶神殺星
7歳	己巳	(土)火△	傷官星	建禄	天厨貴人
17歳	庚午	(金)火△	偏財星	帝旺	羊刃
27歳	辛未	(金)土×	正財星	衰	金輿禄
37歳	壬申	(水)金○	偏官星	病	暗禄
47歳	癸酉	(水)金○	正官星	死	天乙・太極貴人
57歳	甲戌	(木)土×	偏印星	墓	福星貴人
67歳	乙亥	(木)水○	印綬星	絶	天乙貴人
77歳	丙子	(木)水○	比肩星	胎	飛刃
87歳	丁丑	(火)土×	劫財星	養	なし

【十二補助星早見表】

巻末403ページ参照

十二補助星 / 日干	養《よう》	胎《たい》	絶《ぜつ》	墓《ぼ》	死《し》	病《びょう》	衰《すい》	帝《てい》旺《おう》	建《けん》禄《ろく》	冠《かん》帯《たい》	沐《もく》浴《よく》	長《ちょう》生《せい》
甲	戌	酉	申	未	午	巳	辰	卯	寅	丑	子	亥
乙	未	申	酉	戌	亥	子	丑	寅	卯	辰	巳	午
丙	丑	子	亥	戌	酉	申	未	午	巳	辰	卯	寅
丁	戌	亥	子	丑	寅	卯	辰	巳	午	未	申	酉

【日干から求める吉凶神殺星表】

巻末404ページ参照

神殺星 / 日干	魁《かい》罡《ごう》	紅《こう》艶《えん》	飛《ひ》刃《じん》	羊《よう》刃《じん》	金輿禄《きんよろく》	暗《あん》禄《ろく》	天厨貴人《てんちゅうきじん》	福星貴人《ふくせいきじん》	文昌貴人《ぶんしょうきじん》	大極貴人《たいきょくきじん》	天乙貴人《てんおつきじん》
甲	戊戌	午	酉	卯	辰	亥	巳	寅	巳	子午	丑未
乙	庚戌	申	戌	辰	巳	戌	午	丑亥	午	子午	子申
丙	庚辰	寅	子	午	未	申	巳	戌子	申	酉卯	酉亥
丁	壬辰	未	丑	未	申	未	午	酉	酉	酉卯	酉亥

4 歳運の求め方

歳運の求め方は、日干（Aさんの場合）が丙なので、丙の欄を、命式表の作成と同じ方法で、年の干支を当てはめて、宿命星・十二補助星・吉凶神殺星を出してください。

【昭和24（1949）年4月16日生まれ（日干・丙）】

年	歳	年の干支	五　行	宿命星	十二補助星
2003年	54歳	癸　未	水　土	正官星	衰
2004年	55歳	甲　申	木　金	偏印星	病
2005年	56歳	乙　酉	木　金	印綬星	死
2006年	57歳	丙　戌	火　土	比肩星	墓
2007年	58歳	丁　亥	火　水	劫財星	絶
2008年	59歳	戊　子	土　水	食神星	胎
2009年	60歳	己　丑	土　土	傷官星	養
2010年	61歳	庚　寅	金　木	偏財星	長生
2011年	62歳	辛　卯	金　木	正財星	沐浴

【宿命星早見表】　巻末402ページ参照

宿命星／日干	印《いん》綬《じゅ》星《せい》	偏《へん》印《いん》星《せい》	正《せい》官《かん》星《せい》	偏《へん》官《かん》星《せい》	正《せい》財《ざい》星《せい》	偏《へん》財《ざい》星《せい》	傷《しょう》官《かん》星《せい》	食《しょく》神《しん》星《せい》	劫《ごう》財《ざい》星《せい》	比《ひ》肩《けん》星《せい》
甲	癸	壬	辛	庚	己	戊	丁	丙	乙	甲
乙	壬	癸	庚	辛	戊	己	丙	丁	甲	乙
丙（日干）	乙	甲	癸	壬	辛	庚	己	戊	丁	丙
丁	甲	乙	壬	癸	庚	辛	戊	己	丙	丁
戊	丁	丙	乙	甲	癸	壬	辛	庚	己	戊
己	丙	丁	甲	乙	壬	癸	庚	辛	戊	己
庚	己	戊	丁	丙	乙	甲	癸	壬	辛	庚

【日干から求める吉凶神殺星】

日干＼神殺星	魁《かい》罡《ごう》	紅《こう》艶《えん》	飛《ひ》刃《じん》	羊《よう》刃《じん》	金《きん》輿《よ》禄《ろく》	暗《あん》禄《ろく》	天厨貴人《てんちゅうきじん》	福星貴人《ふくせいきじん》	文昌貴人《ぶんしょうきじん》	大極貴人《たいきょくきじん》	天乙貴人《てんおつきじん》
甲	戊戌　庚戌　庚辰　壬辰（※魁罡は干支を見る）	午	酉	卯	辰	亥	巳	寅	巳	子午	丑未
乙		申	戌	辰	巳	戌	午	丑亥	午	子午	子申
丙		寅	子	午	未	申	巳	戌子	申	酉卯	酉亥
丁		未	丑	未	申	未	午	酉	酉	酉卯	酉亥
戊		辰	子	午	未	申	申	申	申	丑辰未戌	丑未
己		辰	丑	未	申	未	酉	未	酉	丑辰未戌	子申
庚		戌	卯	酉	戌	巳	亥	午	亥	寅亥	丑未
辛		酉	辰	戌	亥	辰	子	巳	子	寅亥	寅午
壬		子	午	子	丑	寅	寅	辰	寅	巳申	卯巳
癸		申	未	丑	寅	丑	卯	丑	卯	巳申	卯巳

※大極貴人は生年のみ求める。

【月支から求める吉凶神殺星】

神殺星／月支	華《か》蓋《がい》	月徳合貴人《げっとくごうきじん》	月徳貴人《げっとくきじん》	天徳合貴人《てんとくごうきじん》	天徳貴人《てんとくきじん》
子	辰	丁	壬	申	巳
丑	丑	乙	庚	乙	庚
寅	戌	辛	丙	壬	丁
卯	未	己	甲	巳	申
辰	辰	丁	壬	丁	壬
巳	丑	乙	庚	丙	辛
午	戌	辛	丙	寅	亥
未	未	己	甲	己	甲
申	辰	丁	壬	戊	癸
酉	丑	乙	庚	亥	寅
戌	戌	辛	丙	辛	丙
亥	未	己	甲	庚	乙

【年支・日支から求める吉凶神殺星】

神殺星 / 年支 日支	隔《かっ》角《かく》	血《けつ》刃《じん》	囚《しゅう》獄《ごく》	亡《ぼう》神《じん》	咸《かん》池《ち》	劫《ごう》殺《さつ》	駅《えき》馬《ば》
子	卯	戌	午	亥	酉	巳	寅
丑	卯	酉	卯	申	午	寅	亥
寅	午	申	子	巳	卯	亥	申
卯	午	未	酉	寅	子	申	巳
辰	午	午	午	亥	酉	巳	寅
巳	酉	巳	卯	申	午	寅	亥
午	酉	辰	子	巳	卯	亥	申
未	酉	卯	酉	寅	子	申	巳
申	子	寅	午	亥	酉	巳	寅
酉	子	丑	卯	申	午	寅	亥
戌	子	子	子	巳	卯	亥	申
亥	卯	亥	酉	寅	子	申	巳

※隔角は年支から生日のみ求める。

五行で運命の強弱を見る

大運を10とすれば、歳運（十二支の五行で見る）は2として考えます。

①大運の五行の働き10で、歳運の五行もプラスの場合
▼エネルギーの大きさ　10＋2＝12
②大運の五行の働きが10で、歳運の五行がマイナスの場合
▼エネルギーの大きさ　10－2＝8
③大運の働きがマイナスで、歳運の五行が良くても2の場合
▼エネルギーの大きさ　－10＋2＝－8
歳運が良くても大運が悪いと、運はよくならない。

1 運がよくなるとき

生命力が強くなるので、社会的に活躍できます。健康で元気に仕事、スポーツ、飲食などができます。肉体的だけでなく精神的にも充実し、経済的にも恵まれます。サラリーマンなら、仕事で役職が上がったり昇給したりして、思いどおりに楽しく生活できます。

2 運が悪くなるとき

身体が冷えたり、事故を起こしたり、病気をしたりして健康に不安が出てきて、物事が思い通りに行かなくなります。精神的にも不安定になり、経済的にも収入が減少し、失業なども考えられます。さらに運が悪くなると、病気で入院したり、離婚なども起こります。

盛運衰運がグラフにバッチリ出る

1 大運図を作成する

まず大運表に「五行の吉凶早見表」を見て記入します。五行が「吉」なら「○」印を記入し、「凶」なら「×」印を記入します。「○」や「×」のどちらでもないときは「△」印を記入してください。

大運表ができたら、次に十二補助星エネルギー表を見て十二補助星のエネルギーの数字を大運図に●印で記入し、折れ線グラフを作ります。「○」や「△」印ならプラス（＋）の方の0から5の上に記入します。たとえば「冠帯」ならプラス4のところに「●」を書き込みます。「×」印ならマイナス4のところに記入します。「沐浴」なら「0」より上のプラス3のところに「●」印を書き込みます。「×」印ならマイナス3のところに記入します。

しかし、例外として「傷官」が宿命星のときだけ「常にマイナスエネルギー」となりますので、間違わないように記入してください。

2 歳運図を作成する

歳運表に「五行の吉凶早見表」を見て五行が「吉」なら「○」印を、「凶」なら「×」印を欄に記入します。「吉」でも「凶」でもないときは「△」を記入してください。

次に十二補助星エネルギー表の数字を歳運図に記入し折れ線グラフを作成します。「○」と「△」の場合はプラス（＋）の「0」から上にエネルギー数を、たとえば「長生」ならプラス4のところ記入します。「×」印の場

（十二補助星エネルギー表）

十二補助星	長《ちょう》生《せい》	沐《もく》浴《よく》	冠《かん》帯《たい》	建《けん》禄《ろく》	帝《てい》旺《おう》	衰《すい》	病《びょう》	死《し》	墓《ぼ》	絶《ぜつ》	胎《たい》	養《よう》
エネルギー	4	3	4	5	5	2	1	2	3	0	2	3

合はマイナス4のところに記入し、折れ線グラフを作ります。

しかし、例外として宿命星が「傷官」のときだけ、常にエネルギー数はマイナスになります。

大運・歳運に傷官が巡る時はマイナスエネルギーとなりますので、マイナスのところに「●」印を書き込んでください。あくまでも命式との関係なので、日干の五行が弱いときはプラスですが、日干の五行が強すぎるときはマイナスエネルギーの方が運はよくなります。

さんまさんの運の流れをグラフにする

1 さんまさんの運命表を作る

◆明石家さんまさんの場合

「五行の吉凶早見表」を見て五行が「吉」なら「○」印をつけ、五行が「凶」なら「×」印をつけます。それ以外の五行のときは「△」印をつけます。しかし、五行が「五気周流」のとき、つまり、命式に五行が全部そろっているときには、自己の五行が強いので、大運で巡る五行の影響が少なくなります。そのため、明石家さんまさんの場合は、すべてに「○」印をつけてもよいのですが、一応「○△×」をつけてみました。例外として、宿命星に「傷官」が巡るときだけ「マイナスエネルギー」にしてよいと思います。

明石家さんまさんの場合は命式に五行の「金」が欠けていますので、五行に「金」が巡ってきたとき「△」印となりますが、恐らく運の強い人なので、時柱に五行の「金」があると思われます。また、欠けた「金」は自己の五行の「水」にプラスになるので、この場合は「○」印でもよいと思います。そのため、大運についてはすべて「○」印となります。

歳運も同じくすべて「○」印となりますが、二〇〇七年（52歳）と二〇〇八年（53歳）には五行の「水」が巡ってくるので「○」印でよいと思います。二〇〇七年の宿命星は「偏財星」で、十二補助星が「帝旺」になり、金銭の出入が激しく、大金が入ることも多いのですが、出費も多くなると思われます。

二〇〇八年は宿命星が「正官星」、十二補助星が「建禄」なので、仕事が評価されて何

（例）　**【明石家さんまさんの大運表】1955.7.1生まれ**

年齢	干支	宿命星	十二補助星	吉凶神殺星	五行	○△×
0歳	壬午	劫財星	絶		火	×
（立運）8歳	辛巳	偏印星	胎	大極貴人　天乙貴人　月徳合　駅馬　駅馬	火	×
18歳	庚辰	印綬星	養		土	×
28歳	己卯	偏官星	長生	天厨貴人　文昌貴人　天乙貴人　血刃　隔角	木	×
38歳	戊寅	正官星	沐浴	金輿禄　天徳合　亡神　亡神	木	×
48歳	丁丑	偏財星	冠帯	羊刃　福星貴人　暗禄	土	×
58歳	丙子	正財星	建禄	月徳貴人　咸池　咸池	水	○
68歳	乙亥	食神星	帝旺	天徳貴人　血刃	水	○
78歳	甲戌	傷官星	衰	華蓋	土	×
88歳	癸酉	比肩星	病	囚獄　囚獄　隔角	金	○

【明石家さんまさんの歳運表】

年	歳	年の干支	宿命星	十二補助星	五行	○△×
2006年	51歳	丙戌	正財星	衰	土	×
2007年	52歳	丁亥	偏財星	帝旺	水	○
2008年	53歳	戊子	正官星	建禄	水	○
2009年	54歳	己丑	偏官星	冠帯	土	×
2010年	55歳	庚寅	印綬星	沐浴	木	×
2011年	56歳	辛卯	偏印星	長生	木	×
2012年	57歳	壬辰	劫財星	養	土	×
2013年	58歳	癸巳	比肩星	胎	火	×
2014年	59歳	甲午	傷官星	絶	火	×
2015年	60歳	乙未	食神星	墓	土	×

※「五行の吉凶早見表」の原則に合わせて○△×をつけました。

らかの賞が授与されるでしょう。大運も48歳から57歳まで「偏財星」の「冠帯」なので、最高の年となるでしょう。

2 大運図の作成方法

◆明石家さんまさんの場合

大運表を見ながら年齢を立運より順番にプラス10歳ずつ順に記入してください（大運表参照）。次に十二補助星エネルギー表を見て、記入してください。明石家さんまさんの場合は8歳が「胎」でエネルギーは「2」、18歳が「養」でエネルギーが「3」、28歳が「長生」でエネルギーが「4」、38歳が「沐浴」でエネルギーが「3」、48歳が「冠帯」でエネルギーが「4」、58歳が「建禄」でエネルギーが「5」、68歳が「帝旺」でエネルギー「5」、78歳が「衰」でエネルギー「2」と順番に書き込んでください。これを表に「●」印を記入し折れ線グラフを作ってください。

大運で宿命星の「傷官」が78歳で巡ってきますので、例外としてマイナス（−2）と書き込んでください。「傷官」はエネルギーが強いと凶作用も強くなるからです。

3 歳運図の作成方法

◆明石家さんまさんの場合

自分が知りたい年、または年齢で歳運表を作り、歳運図を作成してみてください。

二〇〇六年から10年間の歳運図を作るには、下の欄に年齢と西暦年を記入し、十二補助星エネルギー表を見て、順に記入します。

二〇〇六年の十二補助星は「衰」でエネルギーは「2」、二〇〇七年の十二補助星は「帝旺」でエネルギーは「5」ですので、順に記入してください。二〇一四年になると宿命星が「傷官」となります。十二補助星も「絶」でエネルギー「0」となり、「傷官」が働かないので、理想的です。

※五気周流で「傷官」以外はプラスにしたグラフです（明石家さんまさんの例）。

※「傷官」は「×」印なので例外として、グラフは「マイナス」に記入して下さい。

【運命図】明石家さんまさんの大運図（十年運図）

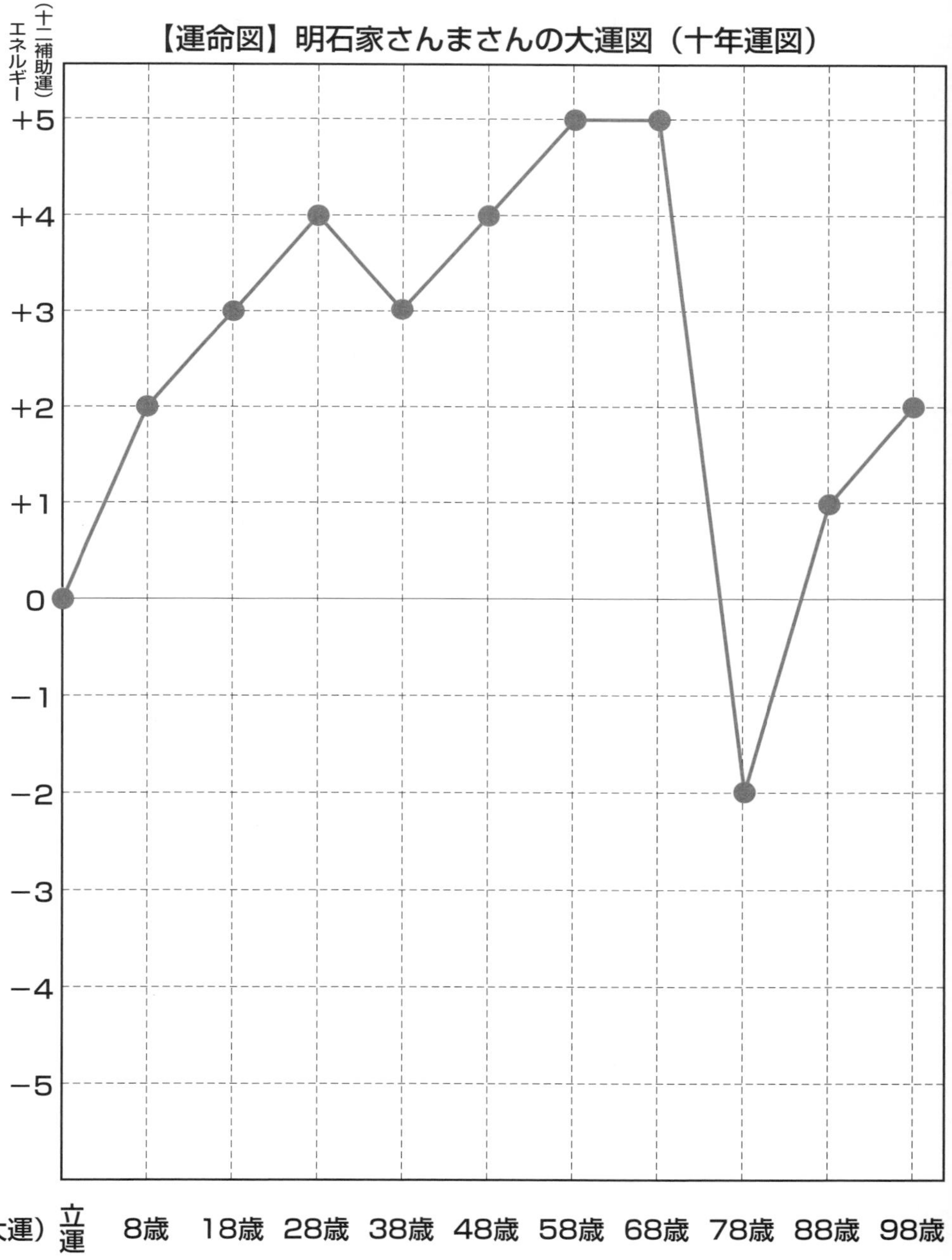

【運命図】明石家さんまさんの歳運図（年運図）

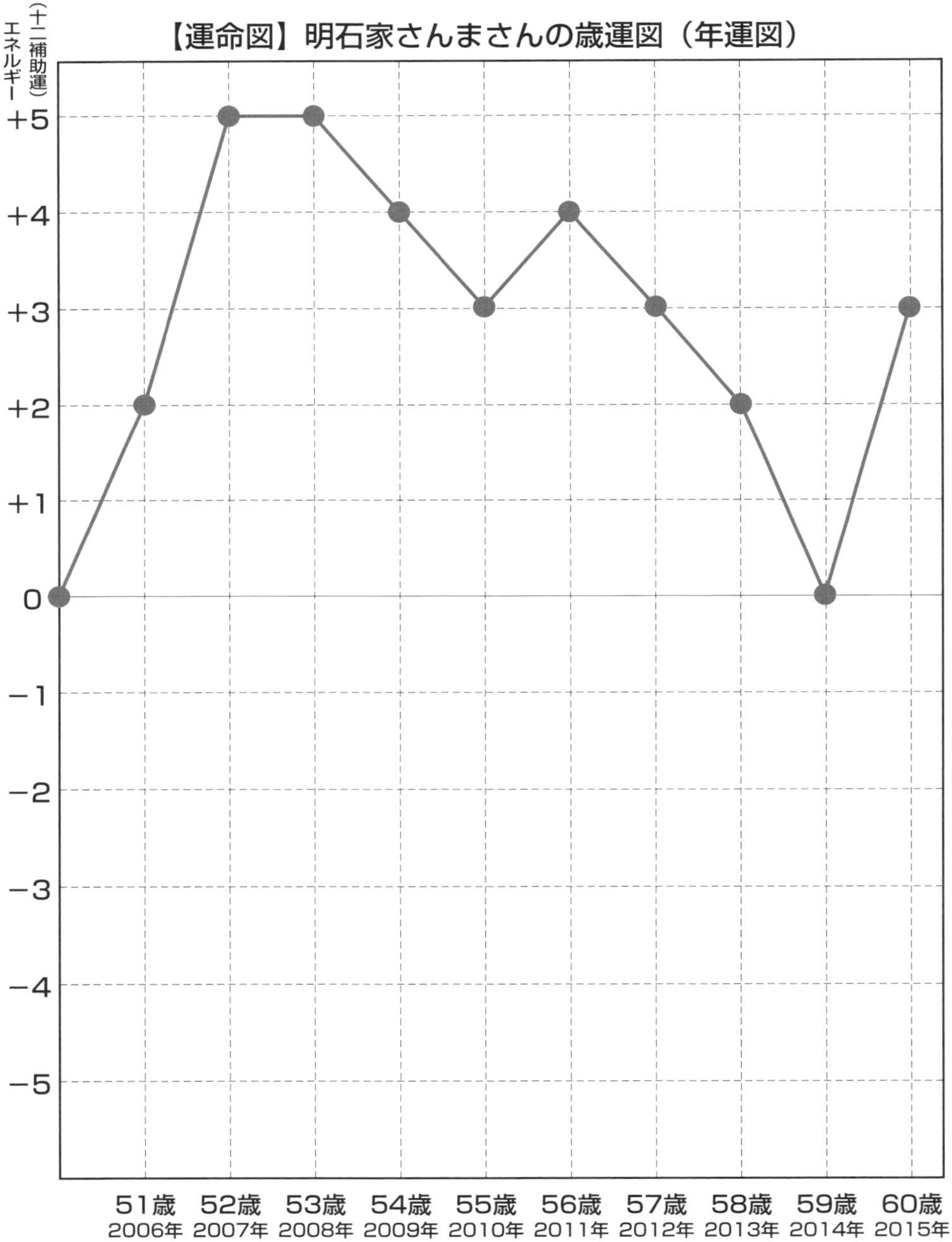

4 運命表の見方

男性Kさんの場合（命式が片寄った例）

Kさんの命式の五行を見るとよくわかりますが、自分の五行が、「木」が〈1〉でとても自我が弱いうえに、「土」が〈3〉で、「火」と「金」がそれぞれ、〈1〉です。命式としてはたいへんバランスが悪く、大運（10年運）や歳運（1年運）の影響を大きく受けることになります。

命式全体を見ると初年運（年柱）に宿命星の「傷官」があると、凶星としての悪い面が性格に出てきます。

また、月柱に十二補助星の「病」があり、傷つきやすい繊細な神経を暗示しています。さらに十二補助星の頭脳明晰な「文昌貴人」と、他柱に社会で力を発揮する仕事の星「正官」、名誉を傷つける「傷官」があり、精神的に葛藤の多い人生になります。

財の星である「正財」2つと「偏財」1つで「財」が多いので、女性の影響力を強く受け、サービス精神が旺盛なのに、自己のエネルギーが不足し、精神が不安定となります。

さらに「傷官」に十二補助星の「墓」があるので、傷ついた心に「墓」のこだわりが出てきて、深刻に思い詰め自殺などに走る可能性があります。

このような星の巡り合わせの人は、普段の発言や行動に異常な面が頻発して表れます。自己の五行「木」を顔の五行に当てはめると「目」になり、そこに異常さが出る傾向があります（耳↓「水」、口↓「火」、鼻↓「土」、歯↓「金」）。

大運（10年運）は自己の五行「木」が20歳から39歳まで巡ってくるので、社会に出て活躍できますが、自己の五行が弱いため、歳運（年運）で二〇〇四年は「元命」の「偏財」の大敵「比肩」が巡ってきて、十二補助星の「絶」が重なるため、精神的動揺が高まり投げやりになってしまう傾向があります。

40歳から49歳まで自己にプラスの劫財が巡ってきますが、大運で自己の五行「木」と相

◯	逆行運	1	日

余り

1 ÷ 3 = 0 … (1) − 1=0

(2) + 1→ □ + 1

空亡	申酉

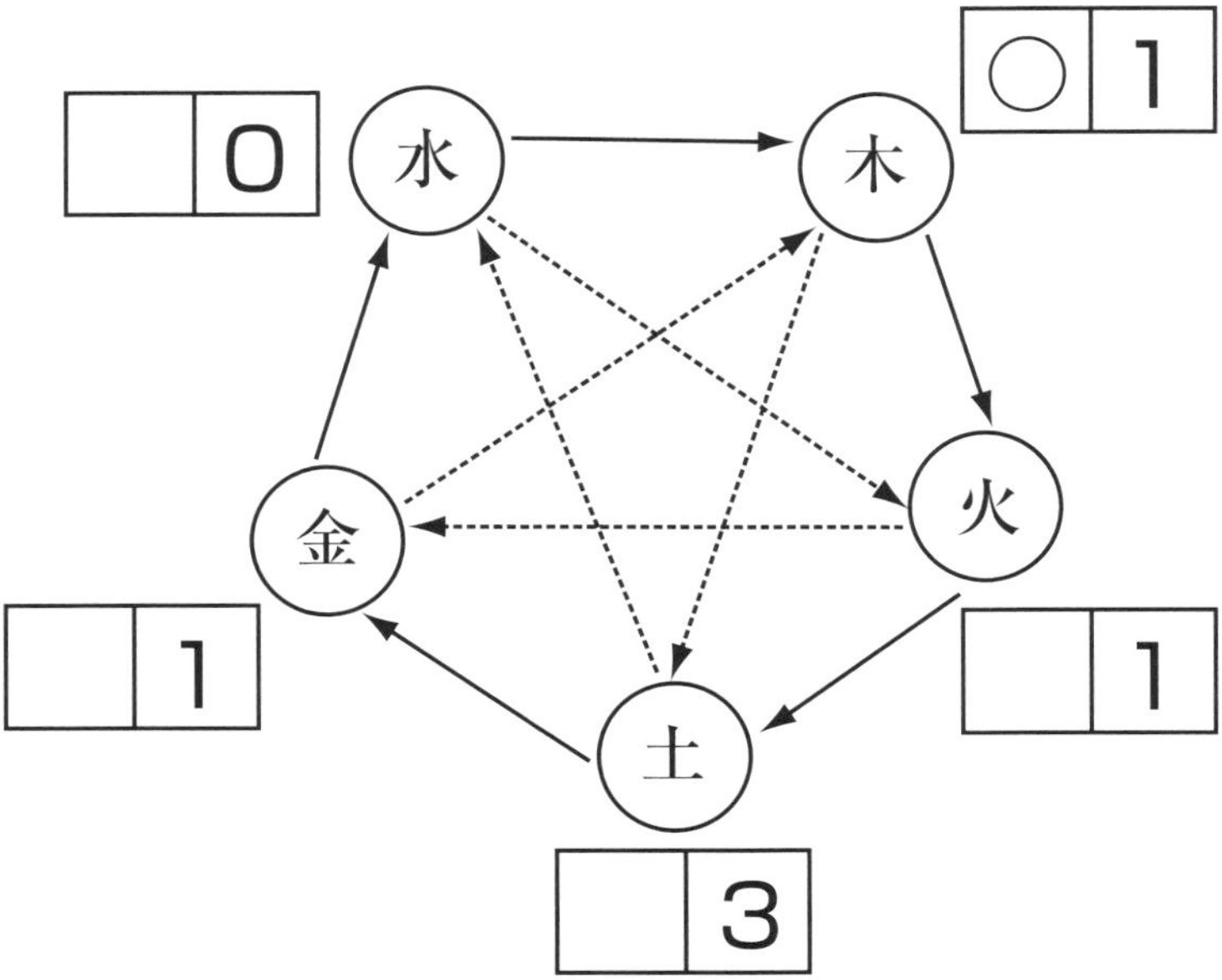

Kさん 様 　男 ○ 女 　逆行運 1 日

	生年月日時	干支暦	干支暦	蔵干表	宿命星早見表		十二補助星早見表	吉凶神殺星早見表
年柱	M T S H 54年	天干	地支	蔵干	宿命星	宿命星	十二補助星	吉凶神殺星
		己（土）	未	丁（火）	正財	傷官	墓	天乙貴人
月柱	5月	天干	地支	蔵干	宿命星	（宿命星元命）	十二補助星	吉凶神殺星
		己（土）	巳	戊（土）	正財	偏財	病	文昌貴人、駅馬 天厨貴人、亡神
日柱	7日	天干	地支	蔵干		宿命星	十二補助星	吉凶神殺星
		甲（木）	戌	辛（金）		正官	養	天徳貴人
時柱	AM PM 時	天干	地支	蔵干	宿命星	宿命星	十二補助星	吉凶神殺星

剋する「土」が巡ってきますので、あまりよい方向へは向かいません。50歳から69歳の間は五行の「水」に恵まれるので、落ち着いた人生を歩むことができます。

「×」印の場合は十二補助星のエネルギーが「冠帯」で「4」でも折れ線グラフにはマイナス「−4」に書き込んでください。

「○」と「△」はプラス「+」に書き込んでください。

【Kさんの大運表】

	年齢	干支	宿命星	十二補助星	吉凶神殺星	五行	○△×
	0歳	己巳					
立運	0歳	戊辰	偏財	衰	金輿禄	土	×
	10歳	丁卯	傷官	帝旺	羊刃　咸池　血刃	木	○
	20歳	丙寅	食神	建禄	天徳合　福星貴人　亡神	木	○
	30歳	乙丑	劫財	冠帯	華蓋　天乙貴人　月徳合	土	×
	40歳	甲子	比肩	沐浴	咸池　大極貴人　血刃　囚獄　隔角	水	○
	50歳	癸亥	印綬	長生	劫殺　暗禄	水	○
	60歳	壬戌	偏印	養		土	×
	70歳	辛酉	正官	胎	天徳貴人　飛刃　囚獄　隔角	金	△
	80歳	庚申	偏官	絶	月徳貴人　駅馬　劫殺	金	△

※日干の五行にプラス（強める）になる五行は○印を欠けている五行が巡ってきたときは△印を、日干の五行にマイナス（弱める）の五行は×印をつけて、おおまかな運勢を見てください（あくまでも、日干のバランスが強すぎず、弱すぎないのが条件です）。

＊五行の吉凶早見表を見て「○△×」をつけてください。

【Kさんの歳運表】

年	歳	年の干支	宿命星	十二補助星	五行	○△×
2002年	23歳	壬午	偏印	死	火	×
2003年	24歳	癸未	印綬	墓	土	×
2004年	25歳	甲申	比肩	絶	金	△
2005年	26歳	乙酉	劫財	胎	金	△
2006年	27歳	丙戌	食神	養	土	×
2007年	28歳	丁亥	傷官	長生	水	○
2008年	29歳	戊子	偏財	沐浴	水	○
2009年	30歳	乙丑	正財	冠帯	土	×
2010年	31歳	庚寅	偏官	建禄	木	○
2011年	32歳	辛卯	正官	帝旺	木	○

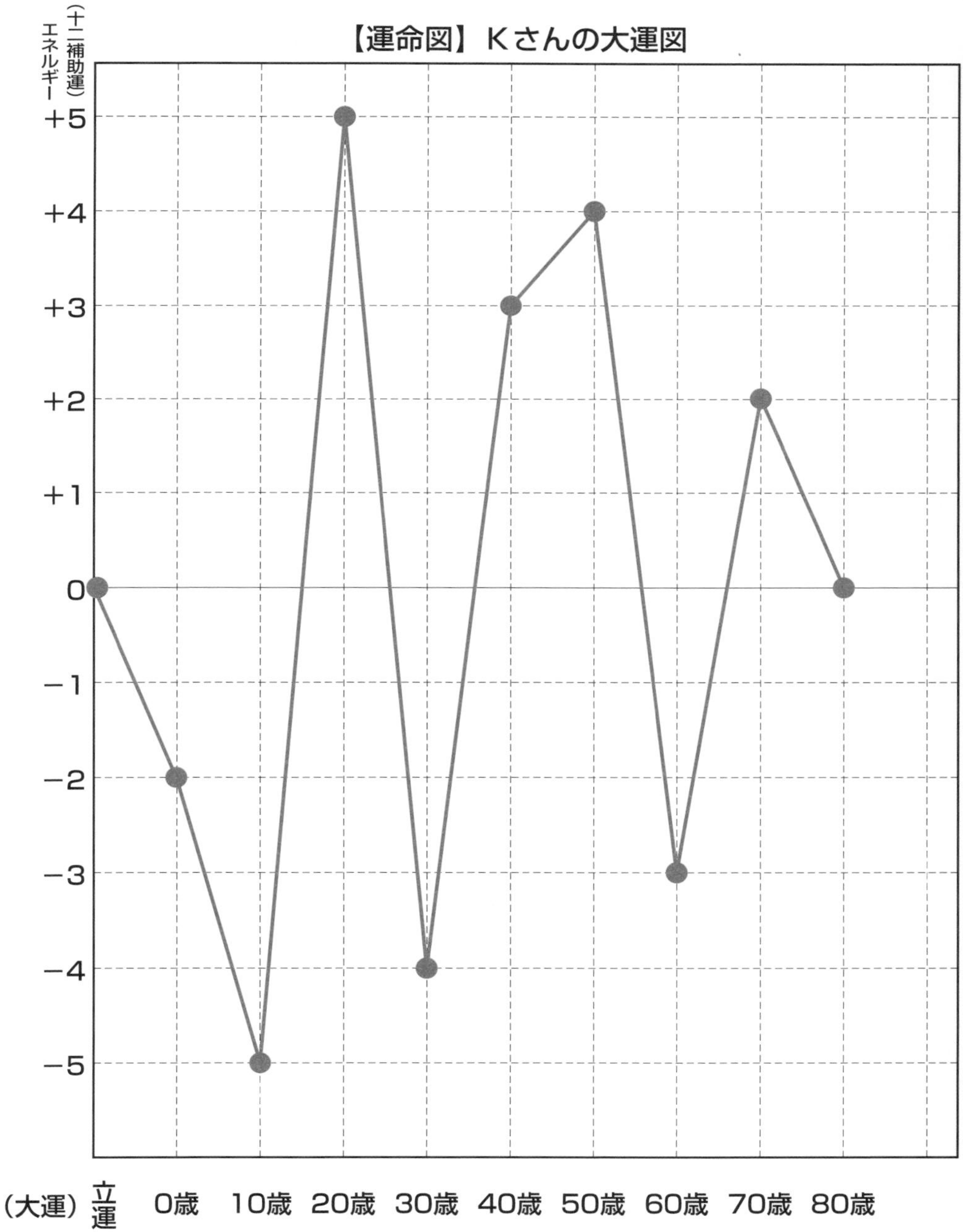
【運命図】Kさんの大運図
エネルギー
（十二補助運）
+5
+4
+3
+2
+1
0
−1
−2
−3
−4
−5
（大運）
立運
0歳
10歳
20歳
30歳
40歳
50歳
60歳
70歳
80歳

【運命図】Kさんの歳運図（歳運図）

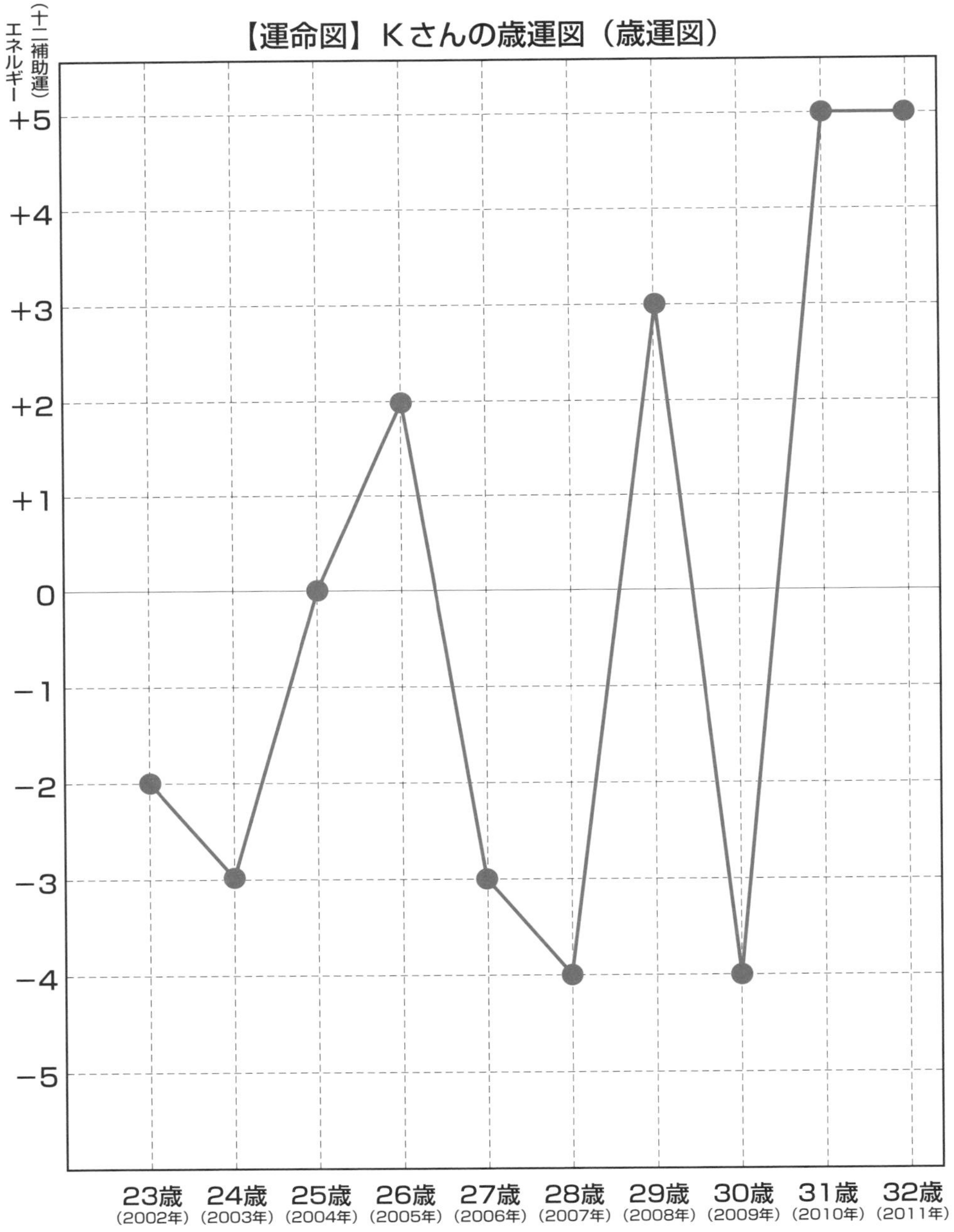

あなたの幸運期を解明する方法

1 大運四角図で分かること

大運四角図は80年の人生で、最も活躍できる30年間の時期を割り出す方法です。命式が30％のエネルギーと考えれば、残りの70％のエネルギーが大運にあると考えられます。そのため、命式が少しぐらい悪くとも、大運によい五行が巡ってくればすばらしい吉運となります。それだけ、大運四角図が重要になるのです。

基本的には自己の五行が来るのが望ましいのです（明石家さんまさんの場合は五行は「水」）。しかし、命式によっては、欠けた五行が来る場合がよいこともあります。命式は五行のバランスなので、片寄った五行の命式でも「五行の吉凶早見表」で「吉」の五行が巡ってくる30年間がよい場合もあります（「五行のバランスを見る」を参照する）。

「亥子丑」―北方水運、
「寅卯辰」―東方木運、
「巳午未」―南方火運、
「申酉戌」―西方金運

となります。

2 大運四角図の作成方法

◆明石家さんまさんの場合

「自己の大運表」を見て、立運8歳の干支は「辛巳」なので、大運四角図の巳の上の□に「辛」を記入してください。18歳は「庚辰」なので「辰」の横の□に「庚」を記入してください。28歳は「己卯」なので「卯」の横の□に「己」を記入してください。このように

大運四角図

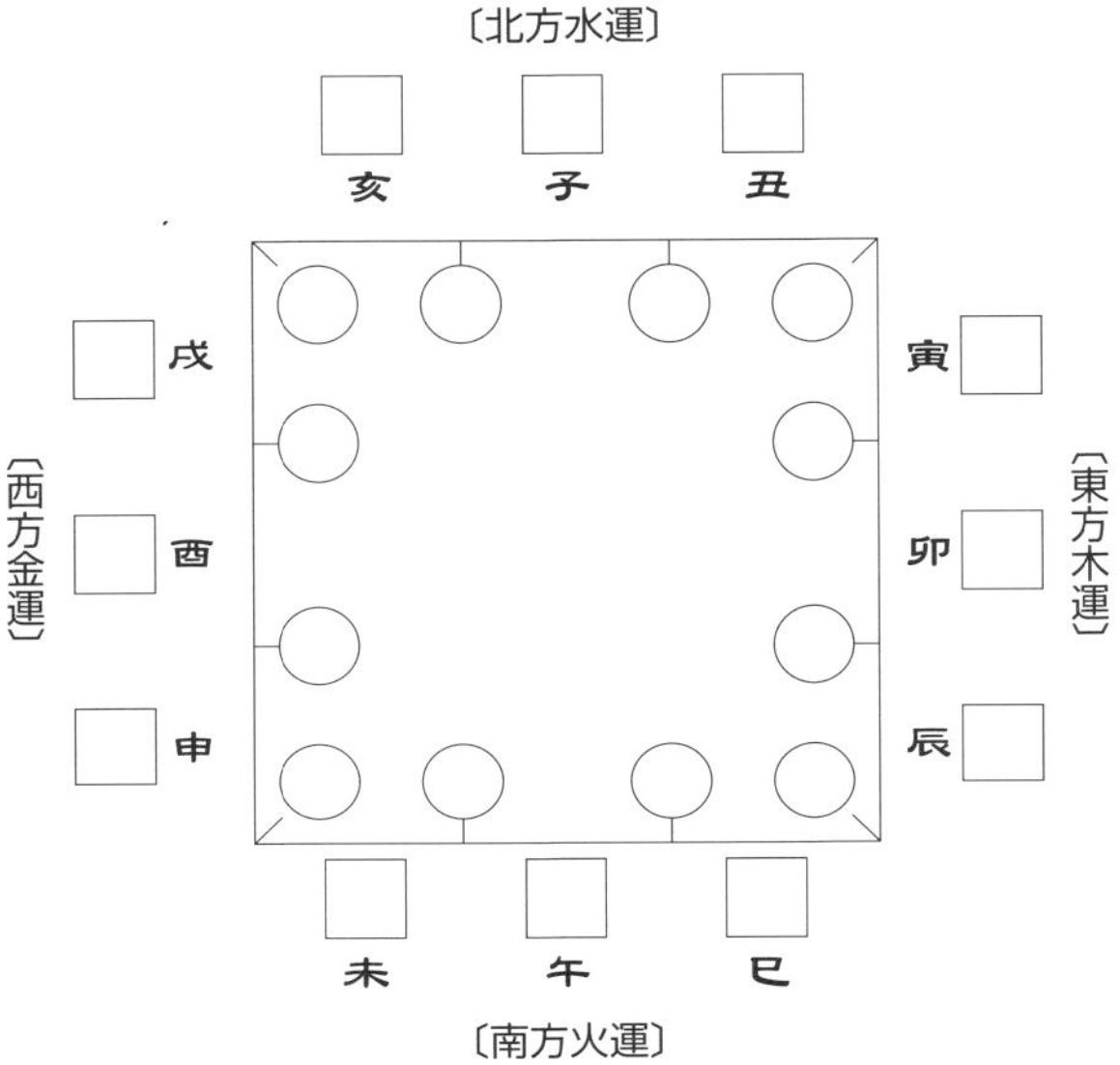

明石家さんまさんの場合

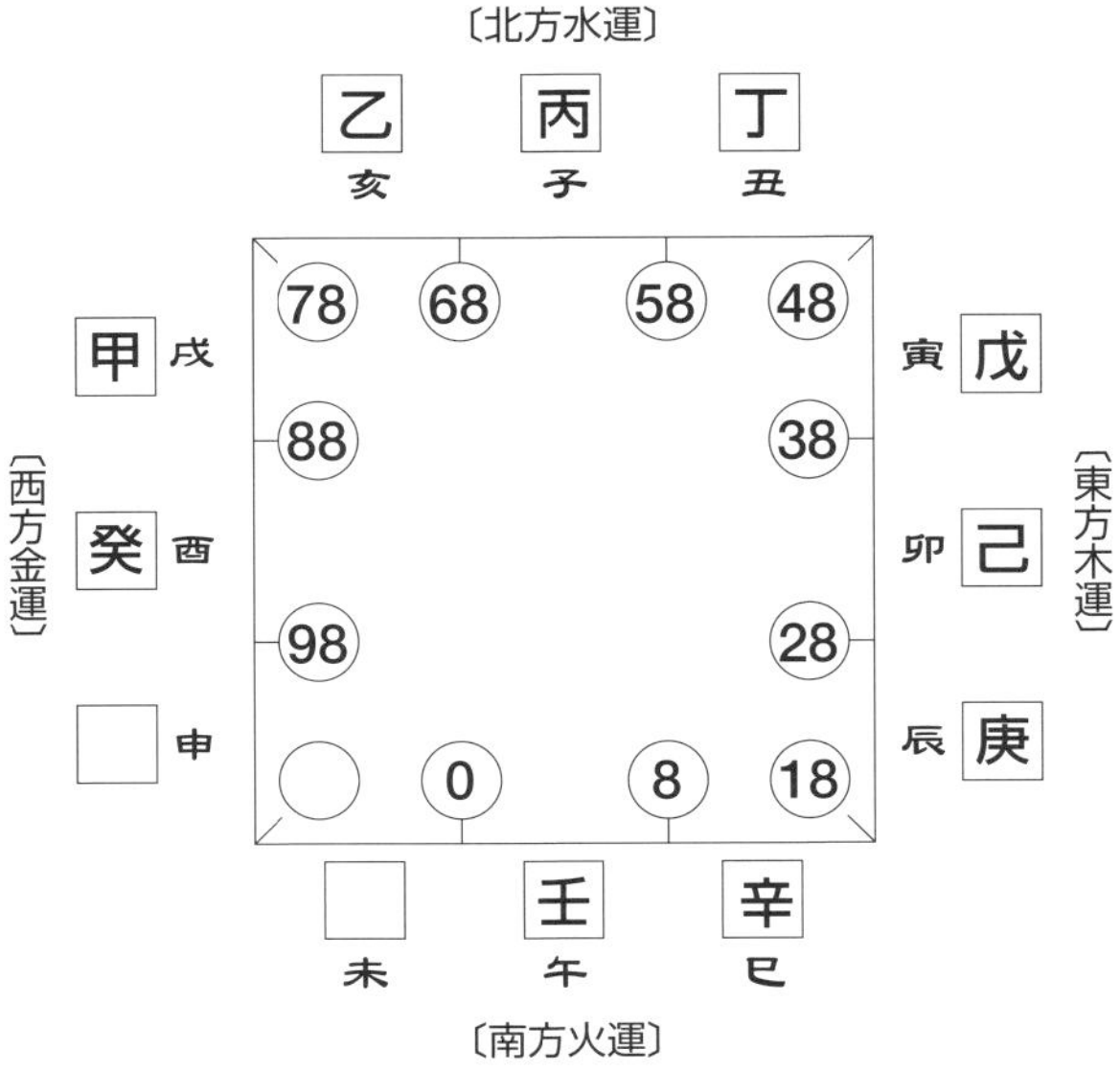

38歳以上も順に記入していきます。

年齢も同じ方法で、立運の年齢をそれぞれ記入していきます。つまり「辛巳」なら大運四角図の内側の◯の中に立運8歳の8を記入します。次に「庚辰」のところには18歳と記入し、「己卯」のところには28歳と記入し、以下同様に順に記入していきます。

（注）明石家さんまさんは逆行運なので左回りに十干を記入しましたが、順行運の場合は右回りに十干を記入してください。

記入方法は起点の立運に年齢を先に入れ、そこからプラス10年ごとに書き込んでいけば、簡単です。

3 鑑定方法は「自己の五行」を見る

明石家さんまさんの五行はたいへんバランスがよくなっています。しかも、自己の五行が「水」なので、北方水運の30年間が最も活躍のできる期間です。つまり、48歳から77歳までの間と考えられます。

大運四角図の年齢が大運（10年）の節に当たり、人生で小さな変化の年になります。例えば、結婚や離婚、その他のことなどで環境が変化したり、転職や移動などで職場が変わることもあります。そのため、運がよくなったり、悪くなったりするのです。

大運四角図の四隅の曲がり角を「転角」といい、この四隅の吉凶により人生にとってたいへん大きな変化となります。さんまさんの場合は、48歳の前後の2年間、つまり46歳から50歳の間と78歳の前後、76歳から80歳までの間が、大きな変化が訪れる年齢となります。

これは次に来る北南東西運によって、運が違ってきますが、五行の吉凶早見表で研究してみてください。「吉」の場合は運がよくなり、「凶」の場合は運が悪くなると考えればよいと思います。

歳運（年運）も同じ法則となります。

四柱推命の総合的鑑定の考え方

四柱推命の命式表（先天運）と、大運表・歳運表（後天運）から鑑定するときの考え方を紹介します。

1

命式表で生まれつきもっている運、つまり先天運が強いか弱いかを見ます。見方としては先に示した「黒川式・3つの占術法・五行で運を見る」があります。

①自己の五行の強さを見る

命式中に自己の五行（木火土金水）がいくつあるかを見ます。自己の五行と自己の五行を助ける五行（例土→火）とを合計して4個以上あれば、運は強いと見ます。2〜3個なら普通です。1個以下なら運は弱いと見ます。

②命式の身旺身弱で運を見る

「月別五行強弱運表」で日干の五行と生まれ月をクロスして最強の（5）があれば、月柱の蔵干（B—3）に「根」があると考えられ、「身旺」と判断し、運は強いと見ます。それ以外は「身弱」で運は弱いと見ます。

③「宿命星」と「十二補助星」で運を見る

「月令点数表」と「五行点数表」とで求めた数字をプラスし、その点数に「宿命星の点数」を加えます。その合計がプラス（＋）なら身旺で、マイナス（−）なら身弱、プラス・マイナスしてゼロ（0）なら中和（普通の運）となります。

この3つの方法で判断すれば、先天的に運が強いか弱いかがわかります。この3つの方法のうち1つの判断だけでもわかりますので、時間のないときは1つだけ選んで行ってみてください。

次にもう少し勉強してみようと考えているのなら、十二補助星で生命力、行動力の強弱を見てそれらを加味し判断してみましょう。

さらに詳しく勉強したいのなら、命式中から「吉凶神殺星」を導き出し、自分が災難に巡り合ったとき守られるか、どんな吉星があるか、またどんな凶星をもっているかなどを調べてみましょう。四柱推命がますます楽しくなります。

ついでに少し複雑になりますが、命式の中に念のため「干合」「三合」「支合」「空亡」などがないかを調べてみましょう（前述の大運でも調べると、より深くわかります）。

四柱（年柱・月柱・日柱・時柱）の意味を勉強してみてください。

(例)

①年柱では目上や両親の関係がわかる

②天干の宿命星（A—4）（B—4）（D—4）では表面的性格がわかる。

③蔵干の宿命星（A—5）（B—5）（C—5）（D—5）では内面的性格がわかる。とくに月柱蔵干（元命）宿命星（B—5）と日柱蔵干宿命星（C—5）が70％と30％の割合で自己の本当の内面的な性格を表している。

ここまで理解できれば命式からわかる先天運の判断は終わりです。

2 大運（10年運）歳運（1年運）で後天運（これから生きていくことによって巡ってくる運）がわかります。

命式表の先天運がたとえ弱い運の人でも後天運がよければ、強い運に恵まれます。とくに働き盛りの30歳から60歳くらいまでの間に、よい五行（十二支）や宿命星が巡ってくれば、最高の人生になります。大運と歳運の出し方や大運表、歳運表、大運図、歳運図の作り方は詳しく前述してありますので、よく読んで理解してください。

①もっとも簡単な方法は、大運表だけを作り大運四角図を作成することです。自分の一生（80年）のうち、どの30年が人生のピークとなるかがわかります。大運表を見ながら自己の五行（日干）を確認し、「五行の吉凶早見表」で生月とクロスさせて「吉」の五行が巡ってくる時期を確かめ、その30年が人生のピークの時期なのです。

(例)

自己の日柱天干が「己」で2月生まれなら「吉」の五行は「火土」です。「凶」は「木水」となります。

「己」の五行は「土」ですが、東方木運、西方金運、南方火運、北方水運には「土」がありません。そのためもう1つの五行「火」が「吉」になりますので、「南方火運」（巳午未）の大運が巡ってくる30年が人生最高のピークの時期になります。

次に、その30年の宿命星（10年に1個ずつなので3個）で、その時期が社会的に出世するときなのか、経済的に恵まれるときなのか、才能を発揮するときなのかが分かります。

また、どんな「十二補助星」が巡っているかで活躍度がわかります。帝旺、建禄、冠帯、長生などが巡ってくれば生命力にあふれ、行動力や実行力もともないます。

しかし、命式が強い（身旺）場合には十二補助星に弱い死や絶、墓、病、胎などが巡ってきたほうがバランス的によいと思われます。強すぎると自己破壊を起こして暴走したりします。

もう少し詳しく知りたいなら、自分の一生の流れを示す大運表を作ることにより、現在がどのような運勢のときなのかが理解できます。つまり、すぐ行動に移るべきときなのか、それとも静かに来るべきときを迎えるために充電するときなのかを知ることができます。これにより、人生の設計図を作ることも可能になります。

さらに大運表に「吉凶神殺星」を付け加えることにより、より深く正確に判断することができます。

②歳運表を作ることにより、1年ごとに巡ってくる運が分かります。同じ方法を応用することにより、月運表（1ヵ月表）も作ることができますので、ますます楽しさが増えてきます。

後天運は大運が80％を押さえていますので、歳運は残りの20％の働きしかしません。そのため、大運がよくないと歳運がどんなに恵まれていても運全体はよくなりません。反対に歳運が悪くても大運がよければ、80％の力で運が悪くなるのを防いでくれます。

運勢は運がよくなるときには、すべてが上昇します。精神的に強くなり、経済的金銭的にも恵まれ、肉体的にも強くなって、健康でエネルギッシュに社会で活躍できます。

命式がよく大運でよい運が巡ってくるときは、人生のすべてがどんなことでも思いどおりにうまく運び、希望どおりに必ず成就します。その大運に巡る宿命星によって、自己主張して独立するか、才能を発揮するか、社会的に出世するか、お金儲けをするかなどの違いはありますが、すべてのことでうまくいくものです。

逆に悪く弱い運が大運に巡ってくるときは精神的にも弱くなり、自信をなくしてうつ病になったりして、経済的にも困窮することになります。肉体的にも衰え健康を害し、病気になったりします。

しかし、ほとんどの人々はその中間の平均的な日常生活を過ごし、よくも悪くもない生活があると思われますが、平々凡々の生活がいちばん幸せなのかもしれません。

四柱推命は難解複雑な占いで、著者自身も30年以上勉強していても、まだ日々学ぶことの多い学問です。学べば学ぶほど奥の深さに驚異の知恵を感じている今日この頃です。

読者の方もわからないことが多いと思いますが、大雑把に四柱推命を把握していただき、自分の人生や親しい人の人生の羅針盤になれば幸いです。

東洋哲学は全体的に物事をとらえる学問で、部分的にこだわる西洋哲学とは異質なものなので、発想を転換しないとわかりにくい面があります。学校教育で西洋的思考を学ぶ機会の多い現代人は、とくに理解しにくい面があることをご理解ください。

付録

干支暦早見表
各種早見表

昭和24年（1949）

己丑・六白金星

翌1月	12月	11月	10月	9月	8月	7月	6月	5月	4月	3月	2月	月
丁丑	丙子	乙亥	甲戌	癸酉	壬申	辛未	庚午	己巳	戊辰	丁卯	丙寅	月の干支
6日 6:40	7日 19:34	8日 3:01	9日 0:12	8日 8:55	8日 6:16	7日 20:32	6日 10:07	6日 5:37	5日 11:52	6日 6:40	4日 12:24	節入り日時
丙申	乙丑	乙未	甲子	甲午	癸亥	壬辰	壬戌	辛卯	辛酉	庚寅	壬戌	1日
丁酉	丙寅	丙申	乙丑	乙未	甲子	癸巳	癸亥	壬辰	壬戌	辛卯	癸亥	2日
戊戌	丁卯	丁酉	丙寅	丙申	乙丑	甲午	甲子	癸巳	癸亥	壬辰	甲子	3日
己亥	戊辰	戊戌	丁卯	丁酉	丙寅	乙未	乙丑	甲午	甲子	癸巳	乙丑	4日
庚子	己巳	己亥	戊辰	戊戌	丁卯	丙申	丙寅	乙未	乙丑	甲午	丙寅	5日
辛丑	庚午	庚子	己巳	己亥	戊辰	丁酉	丁卯	丙申	丙寅	乙未	丁卯	6日
壬寅	辛未	辛丑	庚午	庚子	己巳	戊戌	戊辰	丁酉	丁卯	丙申	戊辰	7日
癸卯	壬申	壬寅	辛未	辛丑	庚午	己亥	己巳	戊戌	戊辰	丁酉	己巳	8日
甲辰	癸酉	癸卯	壬申	壬寅	辛未	庚子	庚午	己亥	己巳	戊戌	庚午	9日
乙巳	甲戌	甲辰	癸酉	癸卯	壬申	辛丑	辛未	庚子	庚午	己亥	辛未	10日
丙午	乙亥	乙巳	甲戌	甲辰	癸酉	壬寅	壬申	辛丑	辛未	庚子	壬申	11日
丁未	丙子	丙午	乙亥	乙巳	甲戌	癸卯	癸酉	壬寅	壬申	辛丑	癸酉	12日
戊申	丁丑	丁未	丙子	丙午	乙亥	甲辰	甲戌	癸卯	癸酉	壬寅	甲戌	13日
己酉	戊寅	戊申	丁丑	丁未	丙子	乙巳	乙亥	甲辰	甲戌	癸卯	乙亥	14日
庚戌	己卯	己酉	戊寅	戊申	丁丑	丙午	丙子	乙巳	乙亥	甲辰	丙子	15日
辛亥	庚辰	庚戌	己卯	己酉	戊寅	丁未	丁丑	丙午	丙子	乙巳	丁丑	16日
壬子	辛巳	辛亥	庚辰	庚戌	己卯	戊申	戊寅	丁未	丁丑	丙午	戊寅	17日
癸丑	壬午	壬子	辛巳	辛亥	庚辰	己酉	己卯	戊申	戊寅	丁未	己卯	18日
甲寅	癸未	癸丑	壬午	壬子	辛巳	庚戌	庚辰	己酉	己卯	戊申	庚辰	19日
乙卯	甲申	甲寅	癸未	癸丑	壬午	辛亥	辛巳	庚戌	庚辰	己酉	辛巳	20日
丙辰	乙酉	乙卯	甲申	甲寅	癸未	壬子	壬午	辛亥	辛巳	庚戌	壬午	21日
丁巳	丙戌	丙辰	乙酉	乙卯	甲申	癸丑	癸未	壬子	壬午	辛亥	癸未	22日
戊午	丁亥	丁巳	丙戌	丙辰	乙酉	甲寅	甲申	癸丑	癸未	壬子	甲申	23日
己未	戊子	戊午	丁亥	丁巳	丙戌	乙卯	乙酉	甲寅	甲申	癸丑	乙酉	24日
庚申	己丑	己未	戊子	戊午	丁亥	丙辰	丙戌	乙卯	乙酉	甲寅	丙戌	25日
辛酉	庚寅	庚申	己丑	己未	戊子	丁巳	丁亥	丙辰	丙戌	乙卯	丁亥	26日
壬戌	辛卯	辛酉	庚寅	庚申	己丑	戊午	戊子	丁巳	丁亥	丙辰	戊子	27日
癸亥	壬辰	壬戌	辛卯	辛酉	庚寅	己未	己丑	戊午	戊子	丁巳	己丑	28日
甲子	癸巳	癸亥	壬辰	壬戌	辛卯	庚申	庚寅	己未	己丑	戊午		29日
乙丑	甲午	甲子	癸巳	癸亥	壬辰	辛酉	辛卯	庚申	庚寅	己未		30日
丙寅	乙未		甲午		癸巳	壬戌		辛酉		庚申		31日

昭和25年（1950）

庚寅・五黄土星

翌1月	12月	11月	10月	9月	8月	7月	6月	5月	4月	3月	2月	月
己丑	戊子	丁亥	丙戌	乙酉	甲申	癸未	壬午	辛巳	庚辰	己卯	戊寅	月の干支
6日 12:31	8日 1:22	8日 8:44	9日 5:52	8日 14:34	8日 11:56	8日 2:14	6日 15:51	6日 11:25	5日 17:45	6日 12:36	4日 18:21	節入り 日時
辛丑	庚午	庚子	己巳	己亥	戊辰	丁酉	丁卯	丙申	丙寅	乙未	丁卯	1日
壬寅	辛未	辛丑	庚午	庚子	己巳	戊戌	戊辰	丁酉	丁卯	丙申	戊辰	2日
癸卯	壬申	壬寅	辛未	辛丑	庚午	己亥	己巳	戊戌	戊辰	丁酉	己巳	3日
甲辰	癸酉	癸卯	壬申	壬寅	辛未	庚子	庚午	己亥	己巳	戊戌	庚午	4日
乙巳	甲戌	甲辰	癸酉	癸卯	壬申	辛丑	辛未	庚子	庚午	己亥	辛未	5日
丙午	乙亥	乙巳	甲戌	甲辰	癸酉	壬寅	壬申	辛丑	辛未	庚子	壬申	6日
丁未	丙子	丙午	乙亥	乙巳	甲戌	癸卯	癸酉	壬寅	壬申	辛丑	癸酉	7日
戊申	丁丑	丁未	丙子	丙午	乙亥	甲辰	甲戌	癸卯	癸酉	壬寅	甲戌	8日
己酉	戊寅	戊申	丁丑	丁未	丙子	乙巳	乙亥	甲辰	甲戌	癸卯	乙亥	9日
庚戌	己卯	己酉	戊寅	戊申	丁丑	丙午	丙子	乙巳	乙亥	甲辰	丙子	10日
辛亥	庚辰	庚戌	己卯	己酉	戊寅	丁未	丁丑	丙午	丙子	乙巳	丁丑	11日
壬子	辛巳	辛亥	庚辰	庚戌	己卯	戊申	戊寅	丁未	丁丑	丙午	戊寅	12日
癸丑	壬午	壬子	辛巳	辛亥	庚辰	己酉	己卯	戊申	戊寅	丁未	己卯	13日
甲寅	癸未	癸丑	壬午	壬子	辛巳	庚戌	庚辰	己酉	己卯	戊申	庚辰	14日
乙卯	甲申	甲寅	癸未	癸丑	壬午	辛亥	辛巳	庚戌	庚辰	己酉	辛巳	15日
丙辰	乙酉	乙卯	甲申	甲寅	癸未	壬子	壬午	辛亥	辛巳	庚戌	壬午	16日
丁巳	丙戌	丙辰	乙酉	乙卯	甲申	癸丑	癸未	壬子	壬午	辛亥	癸未	17日
戊午	丁亥	丁巳	丙戌	丙辰	乙酉	甲寅	甲申	癸丑	癸未	壬子	甲申	18日
己未	戊子	戊午	丁亥	丁巳	丙戌	乙卯	乙酉	甲寅	甲申	癸丑	乙酉	19日
庚申	己丑	己未	戊子	戊午	丁亥	丙辰	丙戌	乙卯	乙酉	甲寅	丙戌	20日
辛酉	庚寅	庚申	己丑	己未	戊子	丁巳	丁亥	丙辰	丙戌	乙卯	丁亥	21日
壬戌	辛卯	辛酉	庚寅	庚申	己丑	戊午	戊子	丁巳	丁亥	丙辰	戊子	22日
癸亥	壬辰	壬戌	辛卯	辛酉	庚寅	己未	己丑	戊午	戊子	丁巳	己丑	23日
甲子	癸巳	癸亥	壬辰	壬戌	辛卯	庚申	庚寅	己未	己丑	戊午	庚寅	24日
乙丑	甲午	甲子	癸巳	癸亥	壬辰	辛酉	辛卯	庚申	庚寅	己未	辛卯	25日
丙寅	乙未	乙丑	甲午	甲子	癸巳	壬戌	壬辰	辛酉	辛卯	庚申	壬辰	26日
丁卯	丙申	丙寅	乙未	乙丑	甲午	癸亥	癸巳	壬戌	壬辰	辛酉	癸巳	27日
戊辰	丁酉	丁卯	丙申	丙寅	乙未	甲子	甲午	癸亥	癸巳	壬戌	甲午	28日
己巳	戊戌	戊辰	丁酉	丁卯	丙申	乙丑	乙未	甲子	甲午	癸亥		29日
庚午	己亥	己巳	戊戌	戊辰	丁酉	丙寅	丙申	乙丑	乙未	甲子		30日
辛未	庚子		己亥		戊戌	丁卯		丙寅		乙丑		31日

昭和26年（1951）

辛卯・四緑木星

翌1月	12月	11月	10月	9月	8月	7月	6月	5月	4月	3月	2月	月
辛丑	庚子	己亥	戊戌	丁酉	丙申	乙未	甲午	癸巳	壬辰	辛卯	庚寅	月の干支
6日 18:10	8日 7:03	8日 14:27	9日 11:37	8日 20:19	8日 17:38	8日 7:54	6日 21:33	6日 17:10	5日 23:33	6日 18:27	5日 0:14	節入り日時
丙午	乙亥	乙巳	甲戌	甲辰	癸酉	壬寅	壬申	辛丑	辛未	庚子	壬申	1日
丁未	丙子	丙午	乙亥	乙巳	甲戌	癸卯	癸酉	壬寅	壬申	辛丑	癸酉	2日
戊申	丁丑	丁未	丙子	丙午	乙亥	甲辰	甲戌	癸卯	癸酉	壬寅	甲戌	3日
己酉	戊寅	戊申	丁丑	丁未	丙子	乙巳	乙亥	甲辰	甲戌	癸卯	乙亥	4日
庚戌	己卯	己酉	戊寅	戊申	丁丑	丙午	丙子	乙巳	乙亥	甲辰	丙子	5日
辛亥	庚辰	庚戌	己卯	己酉	戊寅	丁未	丁丑	丙午	丙子	乙巳	丁丑	6日
壬子	辛巳	辛亥	庚辰	庚戌	己卯	戊申	戊寅	丁未	丁丑	丙午	戊寅	7日
癸丑	壬午	壬子	辛巳	辛亥	庚辰	己酉	己卯	戊申	戊寅	丁未	己卯	8日
甲寅	癸未	癸丑	壬午	壬子	辛巳	庚戌	庚辰	己酉	己卯	戊申	庚辰	9日
乙卯	甲申	甲寅	癸未	癸丑	壬午	辛亥	辛巳	庚戌	庚辰	己酉	辛巳	10日
丙辰	乙酉	乙卯	甲申	甲寅	癸未	壬子	壬午	辛亥	辛巳	庚戌	壬午	11日
丁巳	丙戌	丙辰	乙酉	乙卯	甲申	癸丑	癸未	壬子	壬午	辛亥	癸未	12日
戊午	丁亥	丁巳	丙戌	丙辰	乙酉	甲寅	甲申	癸丑	癸未	壬子	甲申	13日
己未	戊子	戊午	丁亥	丁巳	丙戌	乙卯	乙酉	甲寅	甲申	癸丑	乙酉	14日
庚申	己丑	己未	戊子	戊午	丁亥	丙辰	丙戌	乙卯	乙酉	甲寅	丙戌	15日
辛酉	庚寅	庚申	己丑	己未	戊子	丁巳	丁亥	丙辰	丙戌	乙卯	丁亥	16日
壬戌	辛卯	辛酉	庚寅	庚申	己丑	戊午	戊子	丁巳	丁亥	丙辰	戊子	17日
癸亥	壬辰	壬戌	辛卯	辛酉	庚寅	己未	己丑	戊午	戊子	丁巳	己丑	18日
甲子	癸巳	癸亥	壬辰	壬戌	辛卯	庚申	庚寅	己未	己丑	戊午	庚寅	19日
乙丑	甲午	甲子	癸巳	癸亥	壬辰	辛酉	辛卯	庚申	庚寅	己未	辛卯	20日
丙寅	乙未	乙丑	甲午	甲子	癸巳	壬戌	壬辰	辛酉	辛卯	庚申	壬辰	21日
丁卯	丙申	丙寅	乙未	乙丑	甲午	癸亥	癸巳	壬戌	壬辰	辛酉	癸巳	22日
戊辰	丁酉	丁卯	丙申	丙寅	乙未	甲子	甲午	癸亥	癸巳	壬戌	甲午	23日
己巳	戊戌	戊辰	丁酉	丁卯	丙申	乙丑	乙未	甲子	甲午	癸亥	乙未	24日
庚午	己亥	己巳	戊戌	戊辰	丁酉	丙寅	丙申	乙丑	乙未	甲子	丙申	25日
辛未	庚子	庚午	己亥	己巳	戊戌	丁卯	丁酉	丙寅	丙申	乙丑	丁酉	26日
壬申	辛丑	辛未	庚子	庚午	己亥	戊辰	戊戌	丁卯	丁酉	丙寅	戊戌	27日
癸酉	壬寅	壬申	辛丑	辛未	庚子	己巳	己亥	戊辰	戊戌	丁卯	己亥	28日
甲戌	癸卯	癸酉	壬寅	壬申	辛丑	庚午	庚子	己巳	己亥	戊辰		29日
乙亥	甲辰	甲戌	癸卯	癸酉	壬寅	辛未	辛丑	庚午	庚子	己巳		30日
丙子	乙巳		甲辰		癸卯	壬申		辛未		庚午		31日

昭和27年（1952）

壬辰・三碧木星

翌1月	12月	11月	10月	9月	8月	7月	6月	5月	4月	3月	2月	月
癸丑	壬子	辛亥	庚戌	己酉	戊申	丁未	丙午	乙巳	甲辰	癸卯	壬寅	月の干支
6日 0:03	7日 12:56	7日 20:22	8日 17:33	8日 2:14	7日 23:32	7日 13:45	6日 3:21	5日 22:54	5日 5:16	6日 0:08	5日 5:54	節入り 日時
壬子	辛巳	辛亥	庚辰	庚戌	己卯	戊申	戊寅	丁未	丁丑	丙午	丁丑	1日
癸丑	壬午	壬子	辛巳	辛亥	庚辰	己酉	己卯	戊申	戊寅	丁未	戊寅	2日
甲寅	癸未	癸丑	壬午	壬子	辛巳	庚戌	庚辰	己酉	己卯	戊申	己卯	3日
乙卯	甲申	甲寅	癸未	癸丑	壬午	辛亥	辛巳	庚戌	庚辰	己酉	庚辰	4日
丙辰	乙酉	乙卯	甲申	甲寅	癸未	壬子	壬午	辛亥	辛巳	庚戌	辛巳	5日
丁巳	丙戌	丙辰	乙酉	乙卯	甲申	癸丑	癸未	壬子	壬午	辛亥	壬午	6日
戊午	丁亥	丁巳	丙戌	丙辰	乙酉	甲寅	甲申	癸丑	癸未	壬子	癸未	7日
己未	戊子	戊午	丁亥	丁巳	丙戌	乙卯	乙酉	甲寅	甲申	癸丑	甲申	8日
庚申	己丑	己未	戊子	戊午	丁亥	丙辰	丙戌	乙卯	乙酉	甲寅	乙酉	9日
辛酉	庚寅	庚申	己丑	己未	戊子	丁巳	丁亥	丙辰	丙戌	乙卯	丙戌	10日
壬戌	辛卯	辛酉	庚寅	庚申	己丑	戊午	戊子	丁巳	丁亥	丙辰	丁亥	11日
癸亥	壬辰	壬戌	辛卯	辛酉	庚寅	己未	己丑	戊午	戊子	丁巳	戊子	12日
甲子	癸巳	癸亥	壬辰	壬戌	辛卯	庚申	庚寅	己未	己丑	戊午	己丑	13日
乙丑	甲午	甲子	癸巳	癸亥	壬辰	辛酉	辛卯	庚申	庚寅	己未	庚寅	14日
丙寅	乙未	乙丑	甲午	甲子	癸巳	壬戌	壬辰	辛酉	辛卯	庚申	辛卯	15日
丁卯	丙申	丙寅	乙未	乙丑	甲午	癸亥	癸巳	壬戌	壬辰	辛酉	壬辰	16日
戊辰	丁酉	丁卯	丙申	丙寅	乙未	甲子	甲午	癸亥	癸巳	壬戌	癸巳	17日
己巳	戊戌	戊辰	丁酉	丁卯	丙申	乙丑	乙未	甲子	甲午	癸亥	甲午	18日
庚午	己亥	己巳	戊戌	戊辰	丁酉	丙寅	丙申	乙丑	乙未	甲子	乙未	19日
辛未	庚子	庚午	己亥	己巳	戊戌	丁卯	丁酉	丙寅	丙申	乙丑	丙申	20日
壬申	辛丑	辛未	庚子	庚午	己亥	戊辰	戊戌	丁卯	丁酉	丙寅	丁酉	21日
癸酉	壬寅	壬申	辛丑	辛未	庚子	己巳	己亥	戊辰	戊戌	丁卯	戊戌	22日
甲戌	癸卯	癸酉	壬寅	壬申	辛丑	庚午	庚子	己巳	己亥	戊辰	己亥	23日
乙亥	甲辰	甲戌	癸卯	癸酉	壬寅	辛未	辛丑	庚午	庚子	己巳	庚子	24日
丙子	乙巳	乙亥	甲辰	甲戌	癸卯	壬申	壬寅	辛未	辛丑	庚午	辛丑	25日
丁丑	丙午	丙子	乙巳	乙亥	甲辰	癸酉	癸卯	壬申	壬寅	辛未	壬寅	26日
戊寅	丁未	丁丑	丙午	丙子	乙巳	甲戌	甲辰	癸酉	癸卯	壬申	癸卯	27日
己卯	戊申	戊寅	丁未	丁丑	丙午	乙亥	乙巳	甲戌	甲辰	癸酉	甲辰	28日
庚辰	己酉	己卯	戊申	戊寅	丁未	丙子	丙午	乙亥	乙巳	甲戌	乙巳	29日
辛巳	庚戌	庚辰	己酉	己卯	戊申	丁丑	丁未	丙子	丙午	乙亥		30日
壬午	辛亥		庚戌		己酉	戊寅		丁丑		丙子		31日

昭和28年（1953）

癸巳・二黒土星

翌1月	12月	11月	10月	9月	8月	7月	6月	5月	4月	3月	2月	月
乙丑	甲子	癸亥	壬戌	辛酉	庚申	己未	戊午	丁巳	丙辰	乙卯	甲寅	月の干支
6日 5:46	7日 18:38	8日 2:02	8日 23:11	8日 7:53	8日 5:15	7日 19:35	6日 9:17	6日 4:53	5日 11:13	6日 6:03	4日 11:47	節入り日時
丁巳	丙戌	丙辰	乙酉	乙卯	甲申	癸丑	癸未	壬子	壬午	辛亥	癸未	1日
戊午	丁亥	丁巳	丙戌	丙辰	乙酉	甲寅	甲申	癸丑	癸未	壬子	甲申	2日
己未	戊子	戊午	丁亥	丁巳	丙戌	乙卯	乙酉	甲寅	甲申	癸丑	乙酉	3日
庚申	己丑	己未	戊子	戊午	丁亥	丙辰	丙戌	乙卯	乙酉	甲寅	丙戌	4日
辛酉	庚寅	庚申	己丑	己未	戊子	丁巳	丁亥	丙辰	丙戌	乙卯	丁亥	5日
壬戌	辛卯	辛酉	庚寅	庚申	己丑	戊午	戊子	丁巳	丁亥	丙辰	戊子	6日
癸亥	壬辰	壬戌	辛卯	辛酉	庚寅	己未	己丑	戊午	戊子	丁巳	己丑	7日
甲子	癸巳	癸亥	壬辰	壬戌	辛卯	庚申	庚寅	己未	己丑	戊午	庚寅	8日
乙丑	甲午	甲子	癸巳	癸亥	壬辰	辛酉	辛卯	庚申	庚寅	己未	辛卯	9日
丙寅	乙未	乙丑	甲午	甲子	癸巳	壬戌	壬辰	辛酉	辛卯	庚申	壬辰	10日
丁卯	丙申	丙寅	乙未	乙丑	甲午	癸亥	癸巳	壬戌	壬辰	辛酉	癸巳	11日
戊辰	丁酉	丁卯	丙申	丙寅	乙未	甲子	甲午	癸亥	癸巳	壬戌	甲午	12日
己巳	戊戌	戊辰	丁酉	丁卯	丙申	乙丑	乙未	甲子	甲午	癸亥	乙未	13日
庚午	己亥	己巳	戊戌	戊辰	丁酉	丙寅	丙申	乙丑	乙未	甲子	丙申	14日
辛未	庚子	庚午	己亥	己巳	戊戌	丁卯	丁酉	丙寅	丙申	乙丑	丁酉	15日
壬申	辛丑	辛未	庚子	庚午	己亥	戊辰	戊戌	丁卯	丁酉	丙寅	戊戌	16日
癸酉	壬寅	壬申	辛丑	辛未	庚子	己巳	己亥	戊辰	戊戌	丁卯	己亥	17日
甲戌	癸卯	癸酉	壬寅	壬申	辛丑	庚午	庚子	己巳	己亥	戊辰	庚子	18日
乙亥	甲辰	甲戌	癸卯	癸酉	壬寅	辛未	辛丑	庚午	庚子	己巳	辛丑	19日
丙子	乙巳	乙亥	甲辰	甲戌	癸卯	壬申	壬寅	辛未	辛丑	庚午	壬寅	20日
丁丑	丙午	丙子	乙巳	乙亥	甲辰	癸酉	癸卯	壬申	壬寅	辛未	癸卯	21日
戊寅	丁未	丁丑	丙午	丙子	乙巳	甲戌	甲辰	癸酉	癸卯	壬申	甲辰	22日
己卯	戊申	戊寅	丁未	丁丑	丙午	乙亥	乙巳	甲戌	甲辰	癸酉	乙巳	23日
庚辰	己酉	己卯	戊申	戊寅	丁未	丙子	丙午	乙亥	乙巳	甲戌	丙午	24日
辛巳	庚戌	庚辰	己酉	己卯	戊申	丁丑	丁未	丙子	丙午	乙亥	丁未	25日
壬午	辛亥	辛巳	庚戌	庚辰	己酉	戊寅	戊申	丁丑	丁未	丙子	戊申	26日
癸未	壬子	壬午	辛亥	辛巳	庚戌	己卯	己酉	戊寅	戊申	丁丑	己酉	27日
甲申	癸丑	癸未	壬子	壬午	辛亥	庚辰	庚戌	己卯	己酉	戊寅	庚戌	28日
乙酉	甲寅	甲申	癸丑	癸未	壬子	辛巳	辛亥	庚辰	庚戌	己卯		29日
丙戌	乙卯	乙酉	甲寅	甲申	癸丑	壬午	壬子	辛巳	辛亥	庚辰		30日
丁亥	丙辰		乙卯		甲寅	癸未		壬午		辛巳		31日

昭和29年（1954）

甲午・一白水星

翌1月	12月	11月	10月	9月	8月	7月	6月	5月	4月	3月	2月	月
丁丑	丙子	乙亥	甲戌	癸酉	壬申	辛未	庚午	己巳	戊辰	丁卯	丙寅	月の干支
6日	8日	8日	9日	8日	8日	8日	6日	6日	5日	6日	4日	節入り
11:37	0:29	7:51	4:58	13:38	11:00	1:20	15:01	10:39	17:00	11:49	17:31	日時
壬戌	辛卯	辛酉	庚寅	庚申	己丑	戊午	戊子	丁巳	丁亥	丙辰	戊子	1日
癸亥	壬辰	壬戌	辛卯	辛酉	庚寅	己未	己丑	戊午	戊子	丁巳	己丑	2日
甲子	癸巳	癸亥	壬辰	壬戌	辛卯	庚申	庚寅	己未	己丑	戊午	庚寅	3日
乙丑	甲午	甲子	癸巳	癸亥	壬辰	辛酉	辛卯	庚申	庚寅	己未	辛卯	4日
丙寅	乙未	乙丑	甲午	甲子	癸巳	壬戌	壬辰	辛酉	辛卯	庚申	壬辰	5日
丁卯	丙申	丙寅	乙未	乙丑	甲午	癸亥	癸巳	壬戌	壬辰	辛酉	癸巳	6日
戊辰	丁酉	丁卯	丙申	丙寅	乙未	甲子	甲午	癸亥	癸巳	壬戌	甲午	7日
己巳	戊戌	戊辰	丁酉	丁卯	丙申	乙丑	乙未	甲子	甲午	癸亥	乙未	8日
庚午	己亥	己巳	戊戌	戊辰	丁酉	丙寅	丙申	乙丑	乙未	甲子	丙申	9日
辛未	庚子	庚午	己亥	己巳	戊戌	丁卯	丁酉	丙寅	丙申	乙丑	丁酉	10日
壬申	辛丑	辛未	庚子	庚午	己亥	戊辰	戊戌	丁卯	丁酉	丙寅	戊戌	11日
癸酉	壬寅	壬申	辛丑	辛未	庚子	己巳	己亥	戊辰	戊戌	丁卯	己亥	12日
甲戌	癸卯	癸酉	壬寅	壬申	辛丑	庚午	庚子	己巳	己亥	戊辰	庚子	13日
乙亥	甲辰	甲戌	癸卯	癸酉	壬寅	辛未	辛丑	庚午	庚子	己巳	辛丑	14日
丙子	乙巳	乙亥	甲辰	甲戌	癸卯	壬申	壬寅	辛未	辛丑	庚午	壬寅	15日
丁丑	丙午	丙子	乙巳	乙亥	甲辰	癸酉	癸卯	壬申	壬寅	辛未	癸卯	16日
戊寅	丁未	丁丑	丙午	丙子	乙巳	甲戌	甲辰	癸酉	癸卯	壬申	甲辰	17日
己卯	戊申	戊寅	丁未	丁丑	丙午	乙亥	乙巳	甲戌	甲辰	癸酉	乙巳	18日
庚辰	己酉	己卯	戊申	戊寅	丁未	丙子	丙午	乙亥	乙巳	甲戌	丙午	19日
辛巳	庚戌	庚辰	己酉	己卯	戊申	丁丑	丁未	丙子	丙午	乙亥	丁未	20日
壬午	辛亥	辛巳	庚戌	庚辰	己酉	戊寅	戊申	丁丑	丁未	丙子	戊申	21日
癸未	壬子	壬午	辛亥	辛巳	庚戌	己卯	己酉	戊寅	戊申	丁丑	己酉	22日
甲申	癸丑	癸未	壬子	壬午	辛亥	庚辰	庚戌	己卯	己酉	戊寅	庚戌	23日
乙酉	甲寅	甲申	癸丑	癸未	壬子	辛巳	辛亥	庚辰	庚戌	己卯	辛亥	24日
丙戌	乙卯	乙酉	甲寅	甲申	癸丑	壬午	壬子	辛巳	辛亥	庚辰	壬子	25日
丁亥	丙辰	丙戌	乙卯	乙酉	甲寅	癸未	癸丑	壬午	壬子	辛巳	癸丑	26日
戊子	丁巳	丁亥	丙辰	丙戌	乙卯	甲申	甲寅	癸未	癸丑	壬午	甲寅	27日
己丑	戊午	戊子	丁巳	丁亥	丙辰	乙酉	乙卯	甲申	甲寅	癸未	乙卯	28日
庚寅	己未	己丑	戊午	戊子	丁巳	丙戌	丙辰	乙酉	乙卯	甲申		29日
辛卯	庚申	庚寅	己未	己丑	戊午	丁亥	丁巳	丙戌	丙辰	乙酉		30日
壬辰	辛酉		庚申		己未	戊子		丁亥		丙戌		31日

昭和30年（1955）

乙未・九紫火星

翌1月	12月	11月	10月	9月	8月	7月	6月	5月	4月	3月	2月	月
己丑	戊子	丁亥	丙戌	乙酉	甲申	癸未	壬午	辛巳	庚辰	己卯	戊寅	月の干支
6日	8日	8日	9日	8日	8日	8日	6日	6日	5日	6日	4日	節入り
17:31	6:24	13:46	10:53	19:32	16:51	7:06	20:44	16:18	22:39	17:32	23:18	日時
丁卯	丙申	丙寅	乙未	乙丑	甲午	癸亥	癸巳	壬戌	壬辰	辛酉	癸巳	1日
戊辰	丁酉	丁卯	丙申	丙寅	乙未	甲子	甲午	癸亥	癸巳	壬戌	甲午	2日
己巳	戊戌	戊辰	丁酉	丁卯	丙申	乙丑	乙未	甲子	甲午	癸亥	乙未	3日
庚午	己亥	己巳	戊戌	戊辰	丁酉	丙寅	丙申	乙丑	乙未	甲子	丙申	4日
辛未	庚子	庚午	己亥	己巳	戊戌	丁卯	丁酉	丙寅	丙申	乙丑	丁酉	5日
壬申	辛丑	辛未	庚子	庚午	己亥	戊辰	戊戌	丁卯	丁酉	丙寅	戊戌	6日
癸酉	壬寅	壬申	辛丑	辛未	庚子	己巳	己亥	戊辰	戊戌	丁卯	己亥	7日
甲戌	癸卯	癸酉	壬寅	壬申	辛丑	庚午	庚子	己巳	己亥	戊辰	庚子	8日
乙亥	甲辰	甲戌	癸卯	癸酉	壬寅	辛未	辛丑	庚午	庚子	己巳	辛丑	9日
丙子	乙巳	乙亥	甲辰	甲戌	癸卯	壬申	壬寅	辛未	辛丑	庚午	壬寅	10日
丁丑	丙午	丙子	乙巳	乙亥	甲辰	癸酉	癸卯	壬申	壬寅	辛未	癸卯	11日
戊寅	丁未	丁丑	丙午	丙子	乙巳	甲戌	甲辰	癸酉	癸卯	壬申	甲辰	12日
己卯	戊申	戊寅	丁未	丁丑	丙午	乙亥	乙巳	甲戌	甲辰	癸酉	乙巳	13日
庚辰	己酉	己卯	戊申	戊寅	丁未	丙子	丙午	乙亥	乙巳	甲戌	丙午	14日
辛巳	庚戌	庚辰	己酉	己卯	戊申	丁丑	丁未	丙子	丙午	乙亥	丁未	15日
壬午	辛亥	辛巳	庚戌	庚辰	己酉	戊寅	戊申	丁丑	丁未	丙子	戊申	16日
癸未	壬子	壬午	辛亥	辛巳	庚戌	己卯	己酉	戊寅	戊申	丁丑	己酉	17日
甲申	癸丑	癸未	壬子	壬午	辛亥	庚辰	庚戌	己卯	己酉	戊寅	庚戌	18日
乙酉	甲寅	甲申	癸丑	癸未	壬子	辛巳	辛亥	庚辰	庚戌	己卯	辛亥	19日
丙戌	乙卯	乙酉	甲寅	甲申	癸丑	壬午	壬子	辛巳	辛亥	庚辰	壬子	20日
丁亥	丙辰	丙戌	乙卯	乙酉	甲寅	癸未	癸丑	壬午	壬子	辛巳	癸丑	21日
戊子	丁巳	丁亥	丙辰	丙戌	乙卯	甲申	甲寅	癸未	癸丑	壬午	甲寅	22日
己丑	戊午	戊子	丁巳	丁亥	丙辰	乙酉	乙卯	甲申	甲寅	癸未	乙卯	23日
庚寅	己未	己丑	戊午	戊子	丁巳	丙戌	丙辰	乙酉	乙卯	甲申	丙辰	24日
辛卯	庚申	庚寅	己未	己丑	戊午	丁亥	丁巳	丙戌	丙辰	乙酉	丁巳	25日
壬辰	辛酉	辛卯	庚申	庚寅	己未	戊子	戊午	丁亥	丁巳	丙戌	戊午	26日
癸巳	壬戌	壬辰	辛酉	辛卯	庚申	己丑	己未	戊子	戊午	丁亥	己未	27日
甲午	癸亥	癸巳	壬戌	壬辰	辛酉	庚寅	庚申	己丑	己未	戊子	庚申	28日
乙未	甲子	甲午	癸亥	癸巳	壬戌	辛卯	辛酉	庚寅	庚申	己丑		29日
丙申	乙丑	乙未	甲子	甲午	癸亥	壬辰	壬戌	辛卯	辛酉	庚寅		30日
丁酉	丙寅		乙丑		甲子	癸巳		壬辰		辛卯		31日

昭和31年（1956）

丙申・八白土星

翌1月	12月	11月	10月	9月	8月	7月	6月	5月	4月	3月	2月	月
辛丑	庚子	己亥	戊戌	丁酉	丙申	乙未	甲午	癸巳	壬辰	辛卯	庚寅	月の干支
5日	7日	7日	8日	8日	7日	7日	6日	5日	5日	5日	5日	節入り
23:11	12:03	19:27	16:37	1:20	22:41	12:59	2:36	22:10	4:32	23:25	5:13	日時
癸酉	壬寅	壬申	辛丑	辛未	庚子	己巳	己亥	戊辰	戊戌	丁卯	戊戌	1日
甲戌	癸卯	癸酉	壬寅	壬申	辛丑	庚午	庚子	己巳	己亥	戊辰	己亥	2日
乙亥	甲辰	甲戌	癸卯	癸酉	壬寅	辛未	辛丑	庚午	庚子	己巳	庚子	3日
丙子	乙巳	乙亥	甲辰	甲戌	癸卯	壬申	壬寅	辛未	辛丑	庚午	辛丑	4日
丁丑	丙午	丙子	乙巳	乙亥	甲辰	癸酉	癸卯	壬申	壬寅	辛未	壬寅	5日
戊寅	丁未	丁丑	丙午	丙子	乙巳	甲戌	甲辰	癸酉	癸卯	壬申	癸卯	6日
己卯	戊申	戊寅	丁未	丁丑	丙午	乙亥	乙巳	甲戌	甲辰	癸酉	甲辰	7日
庚辰	己酉	己卯	戊申	戊寅	丁未	丙子	丙午	乙亥	乙巳	甲戌	乙巳	8日
辛巳	庚戌	庚辰	己酉	己卯	戊申	丁丑	丁未	丙子	丙午	乙亥	丙午	9日
壬午	辛亥	辛巳	庚戌	庚辰	己酉	戊寅	戊申	丁丑	丁未	丙子	丁未	10日
癸未	壬子	壬午	辛亥	辛巳	庚戌	己卯	己酉	戊寅	戊申	丁丑	戊申	11日
甲申	癸丑	癸未	壬子	壬午	辛亥	庚辰	庚戌	己卯	己酉	戊寅	己酉	12日
乙酉	甲寅	甲申	癸丑	癸未	壬子	辛巳	辛亥	庚辰	庚戌	己卯	庚戌	13日
丙戌	乙卯	乙酉	甲寅	甲申	癸丑	壬午	壬子	辛巳	辛亥	庚辰	辛亥	14日
丁亥	丙辰	丙戌	乙卯	乙酉	甲寅	癸未	癸丑	壬午	壬子	辛巳	壬子	15日
戊子	丁巳	丁亥	丙辰	丙戌	乙卯	甲申	甲寅	癸未	癸丑	壬午	癸丑	16日
己丑	戊午	戊子	丁巳	丁亥	丙辰	乙酉	乙卯	甲申	甲寅	癸未	甲寅	17日
庚寅	己未	己丑	戊午	戊子	丁巳	丙戌	丙辰	乙酉	乙卯	甲申	乙卯	18日
辛卯	庚申	庚寅	己未	己丑	戊午	丁亥	丁巳	丙戌	丙辰	乙酉	丙辰	19日
壬辰	辛酉	辛卯	庚申	庚寅	己未	戊子	戊午	丁亥	丁巳	丙戌	丁巳	20日
癸巳	壬戌	壬辰	辛酉	辛卯	庚申	己丑	己未	戊子	戊午	丁亥	戊午	21日
甲午	癸亥	癸巳	壬戌	壬辰	辛酉	庚寅	庚申	己丑	己未	戊子	己未	22日
乙未	甲子	甲午	癸亥	癸巳	壬戌	辛卯	辛酉	庚寅	庚申	己丑	庚申	23日
丙申	乙丑	乙未	甲子	甲午	癸亥	壬辰	壬戌	辛卯	辛酉	庚寅	辛酉	24日
丁酉	丙寅	丙申	乙丑	乙未	甲子	癸巳	癸亥	壬辰	壬戌	辛卯	壬戌	25日
戊戌	丁卯	丁酉	丙寅	丙申	乙丑	甲午	甲子	癸巳	癸亥	壬辰	癸亥	26日
己亥	戊辰	戊戌	丁卯	丁酉	丙寅	乙未	乙丑	甲午	甲子	癸巳	甲子	27日
庚子	己巳	己亥	戊辰	戊戌	丁卯	丙申	丙寅	乙未	乙丑	甲午	乙丑	28日
辛丑	庚午	庚子	己巳	己亥	戊辰	丁酉	丁卯	丙申	丙寅	乙未	丙寅	29日
壬寅	辛未	辛丑	庚午	庚子	己巳	戊戌	戊辰	丁酉	丁卯	丙申		30日
癸卯	壬申		辛未		庚午	己亥		戊戌		丁酉		31日

昭和32年（1957）

丁酉・七赤金星

翌1月	12月	11月	10月	9月	8月	7月	6月	5月	4月	3月	2月	月
癸丑	壬子	辛亥	庚戌	己酉	戊申	丁未	丙午	乙巳	甲辰	癸卯	壬寅	月の干支
6日 5:05	7日 17:57	8日 1:21	8日 22:31	8日 7:13	8日 4:33	7日 18:49	6日 8:25	6日 3:59	5日 10:19	6日 5:11	4日 10:55	節入り日時
戊寅	丁未	丁丑	丙午	丙子	乙巳	甲戌	甲辰	癸酉	癸卯	壬申	甲辰	1日
己卯	戊申	戊寅	丁未	丁丑	丙午	乙亥	乙巳	甲戌	甲辰	癸酉	乙巳	2日
庚辰	己酉	己卯	戊申	戊寅	丁未	丙子	丙午	乙亥	乙巳	甲戌	丙午	3日
辛巳	庚戌	庚辰	己酉	己卯	戊申	丁丑	丁未	丙子	丙午	乙亥	丁未	4日
壬午	辛亥	辛巳	庚戌	庚辰	己酉	戊寅	戊申	丁丑	丁未	丙子	戊申	5日
癸未	壬子	壬午	辛亥	辛巳	庚戌	己卯	己酉	戊寅	戊申	丁丑	己酉	6日
甲申	癸丑	癸未	壬子	壬午	辛亥	庚辰	庚戌	己卯	己酉	戊寅	庚戌	7日
乙酉	甲寅	甲申	癸丑	癸未	壬子	辛巳	辛亥	庚辰	庚戌	己卯	辛亥	8日
丙戌	乙卯	乙酉	甲寅	甲申	癸丑	壬午	壬子	辛巳	辛亥	庚辰	壬子	9日
丁亥	丙辰	丙戌	乙卯	乙酉	甲寅	癸未	癸丑	壬午	壬子	辛巳	癸丑	10日
戊子	丁巳	丁亥	丙辰	丙戌	乙卯	甲申	甲寅	癸未	癸丑	壬午	甲寅	11日
己丑	戊午	戊子	丁巳	丁亥	丙辰	乙酉	乙卯	甲申	甲寅	癸未	乙卯	12日
庚寅	己未	己丑	戊午	戊子	丁巳	丙戌	丙辰	乙酉	乙卯	甲申	丙辰	13日
辛卯	庚申	庚寅	己未	己丑	戊午	丁亥	丁巳	丙戌	丙辰	乙酉	丁巳	14日
壬辰	辛酉	辛卯	庚申	庚寅	己未	戊子	戊午	丁亥	丁巳	丙戌	戊午	15日
癸巳	壬戌	壬辰	辛酉	辛卯	庚申	己丑	己未	戊子	戊午	丁亥	己未	16日
甲午	癸亥	癸巳	壬戌	壬辰	辛酉	庚寅	庚申	己丑	己未	戊子	庚申	17日
乙未	甲子	甲午	癸亥	癸巳	壬戌	辛卯	辛酉	庚寅	庚申	己丑	辛酉	18日
丙申	乙丑	乙未	甲子	甲午	癸亥	壬辰	壬戌	辛卯	辛酉	庚寅	壬戌	19日
丁酉	丙寅	丙申	乙丑	乙未	甲子	癸巳	癸亥	壬辰	壬戌	辛卯	癸亥	20日
戊戌	丁卯	丁酉	丙寅	丙申	乙丑	甲午	甲子	癸巳	癸亥	壬辰	甲子	21日
己亥	戊辰	戊戌	丁卯	丁酉	丙寅	乙未	乙丑	甲午	甲子	癸巳	乙丑	22日
庚子	己巳	己亥	戊辰	戊戌	丁卯	丙申	丙寅	乙未	乙丑	甲午	丙寅	23日
辛丑	庚午	庚子	己巳	己亥	戊辰	丁酉	丁卯	丙申	丙寅	乙未	丁卯	24日
壬寅	辛未	辛丑	庚午	庚子	己巳	戊戌	戊辰	丁酉	丁卯	丙申	戊辰	25日
癸卯	壬申	壬寅	辛未	辛丑	庚午	己亥	己巳	戊戌	戊辰	丁酉	己巳	26日
甲辰	癸酉	癸卯	壬申	壬寅	辛未	庚子	庚午	己亥	己巳	戊戌	庚午	27日
乙巳	甲戌	甲辰	癸酉	癸卯	壬申	辛丑	辛未	庚子	庚午	己亥	辛未	28日
丙午	乙亥	乙巳	甲戌	甲辰	癸酉	壬寅	壬申	辛丑	辛未	庚子		29日
丁未	丙子	丙午	乙亥	乙巳	甲戌	癸卯	癸酉	壬寅	壬申	辛丑		30日
戊申	丁丑		丙子		乙亥	甲辰		癸卯		壬寅		31日

昭和33年（1958）

戊戌・六白金星

翌1月	12月	11月	10月	9月	8月	7月	6月	5月	4月	3月	2月	月
乙丑	甲子	癸亥	壬戌	辛酉	庚申	己未	戊午	丁巳	丙辰	乙卯	甲寅	月の干支
6日 10:59	7日 23:50	8日 7:13	9日 4:20	8日 13:00	8日 10:18	8日 0:34	6日 14:13	6日 9:50	5日 16:13	6日 11:06	4日 16:50	節入り日時
癸未	壬子	壬午	辛亥	辛巳	庚戌	己卯	己酉	戊寅	戊申	丁丑	己酉	1日
甲申	癸丑	癸未	壬子	壬午	辛亥	庚辰	庚戌	己卯	己酉	戊寅	庚戌	2日
乙酉	甲寅	甲申	癸丑	癸未	壬子	辛巳	辛亥	庚辰	庚戌	己卯	辛亥	3日
丙戌	乙卯	乙酉	甲寅	甲申	癸丑	壬午	壬子	辛巳	辛亥	庚辰	壬子	4日
丁亥	丙辰	丙戌	乙卯	乙酉	甲寅	癸未	癸丑	壬午	壬子	辛巳	癸丑	5日
戊子	丁巳	丁亥	丙辰	丙戌	乙卯	甲申	甲寅	癸未	癸丑	壬午	甲寅	6日
己丑	戊午	戊子	丁巳	丁亥	丙辰	乙酉	乙卯	甲申	甲寅	癸未	乙卯	7日
庚寅	己未	己丑	戊午	戊子	丁巳	丙戌	丙辰	乙酉	乙卯	甲申	丙辰	8日
辛卯	庚申	庚寅	己未	己丑	戊午	丁亥	丁巳	丙戌	丙辰	乙酉	丁巳	9日
壬辰	辛酉	辛卯	庚申	庚寅	己未	戊子	戊午	丁亥	丁巳	丙戌	戊午	10日
癸巳	壬戌	壬辰	辛酉	辛卯	庚申	己丑	己未	戊子	戊午	丁亥	己未	11日
甲午	癸亥	癸巳	壬戌	壬辰	辛酉	庚寅	庚申	己丑	己未	戊子	庚申	12日
乙未	甲子	甲午	癸亥	癸巳	壬戌	辛卯	辛酉	庚寅	庚申	己丑	辛酉	13日
丙申	乙丑	乙未	甲子	甲午	癸亥	壬辰	壬戌	辛卯	辛酉	庚寅	壬戌	14日
丁酉	丙寅	丙申	乙丑	乙未	甲子	癸巳	癸亥	壬辰	壬戌	辛卯	癸亥	15日
戊戌	丁卯	丁酉	丙寅	丙申	乙丑	甲午	甲子	癸巳	癸亥	壬辰	甲子	16日
己亥	戊辰	戊戌	丁卯	丁酉	丙寅	乙未	乙丑	甲午	甲子	癸巳	乙丑	17日
庚子	己巳	己亥	戊辰	戊戌	丁卯	丙申	丙寅	乙未	乙丑	甲午	丙寅	18日
辛丑	庚午	庚子	己巳	己亥	戊辰	丁酉	丁卯	丙申	丙寅	乙未	丁卯	19日
壬寅	辛未	辛丑	庚午	庚子	己巳	戊戌	戊辰	丁酉	丁卯	丙申	戊辰	20日
癸卯	壬申	壬寅	辛未	辛丑	庚午	己亥	己巳	戊戌	戊辰	丁酉	己巳	21日
甲辰	癸酉	癸卯	壬申	壬寅	辛未	庚子	庚午	己亥	己巳	戊戌	庚午	22日
乙巳	甲戌	甲辰	癸酉	癸卯	壬申	辛丑	辛未	庚子	庚午	己亥	辛未	23日
丙午	乙亥	乙巳	甲戌	甲辰	癸酉	壬寅	壬申	辛丑	辛未	庚子	壬申	24日
丁未	丙子	丙午	乙亥	乙巳	甲戌	癸卯	癸酉	壬寅	壬申	辛丑	癸酉	25日
戊申	丁丑	丁未	丙子	丙午	乙亥	甲辰	甲戌	癸卯	癸酉	壬寅	甲戌	26日
己酉	戊寅	戊申	丁丑	丁未	丙子	乙巳	乙亥	甲辰	甲戌	癸卯	乙亥	27日
庚戌	己卯	己酉	戊寅	戊申	丁丑	丙午	丙子	乙巳	乙亥	甲辰	丙子	28日
辛亥	庚辰	庚戌	己卯	己酉	戊寅	丁未	丁丑	丙午	丙子	乙巳		29日
壬子	辛巳	辛亥	庚辰	庚戌	己卯	戊申	戊寅	丁未	丁丑	丙午		30日
癸丑	壬午		辛巳		庚辰	己酉		戊申		丁未		31日

昭和34年（1959）

己亥・五黄土星

翌1月	12月	11月	10月	9月	8月	7月	6月	5月	4月	3月	2月	月
丁丑	丙子	乙亥	甲戌	癸酉	壬申	辛未	庚午	己巳	戊辰	丁卯	丙寅	月の干支
6日	8日	8日	9日	8日	8日	8日	6日	6日	5日	6日	4日	節入り
16:43	5:38	13:03	10:11	18:49	16:05	6:20	20:01	15:39	22:04	16:57	22:43	日時
戊子	丁巳	丁亥	丙辰	丙戌	乙卯	甲申	甲寅	癸未	癸丑	壬午	甲寅	1日
己丑	戊午	戊子	丁巳	丁亥	丙辰	乙酉	乙卯	甲申	甲寅	癸未	乙卯	2日
庚寅	己未	己丑	戊午	戊子	丁巳	丙戌	丙辰	乙酉	乙卯	甲申	丙辰	3日
辛卯	庚申	庚寅	己未	己丑	戊午	丁亥	丁巳	丙戌	丙辰	乙酉	丁巳	4日
壬辰	辛酉	辛卯	庚申	庚寅	己未	戊子	戊午	丁亥	丁巳	丙戌	戊午	5日
癸巳	壬戌	壬辰	辛酉	辛卯	庚申	己丑	己未	戊子	戊午	丁亥	己未	6日
甲午	癸亥	癸巳	壬戌	壬辰	辛酉	庚寅	庚申	己丑	己未	戊子	庚申	7日
乙未	甲子	甲午	癸亥	癸巳	壬戌	辛卯	辛酉	庚寅	庚申	己丑	辛酉	8日
丙申	乙丑	乙未	甲子	甲午	癸亥	壬辰	壬戌	辛卯	辛酉	庚寅	壬戌	9日
丁酉	丙寅	丙申	乙丑	乙未	甲子	癸巳	癸亥	壬辰	壬戌	辛卯	癸亥	10日
戊戌	丁卯	丁酉	丙寅	丙申	乙丑	甲午	甲子	癸巳	癸亥	壬辰	甲子	11日
己亥	戊辰	戊戌	丁卯	丁酉	丙寅	乙未	乙丑	甲午	甲子	癸巳	乙丑	12日
庚子	己巳	己亥	戊辰	戊戌	丁卯	丙申	丙寅	乙未	乙丑	甲午	丙寅	13日
辛丑	庚午	庚子	己巳	己亥	戊辰	丁酉	丁卯	丙申	丙寅	乙未	丁卯	14日
壬寅	辛未	辛丑	庚午	庚子	己巳	戊戌	戊辰	丁酉	丁卯	丙申	戊辰	15日
癸卯	壬申	壬寅	辛未	辛丑	庚午	己亥	己巳	戊戌	戊辰	丁酉	己巳	16日
甲辰	癸酉	癸卯	壬申	壬寅	辛未	庚子	庚午	己亥	己巳	戊戌	庚午	17日
乙巳	甲戌	甲辰	癸酉	癸卯	壬申	辛丑	辛未	庚子	庚午	己亥	辛未	18日
丙午	乙亥	乙巳	甲戌	甲辰	癸酉	壬寅	壬申	辛丑	辛未	庚子	壬申	19日
丁未	丙子	丙午	乙亥	乙巳	甲戌	癸卯	癸酉	壬寅	壬申	辛丑	癸酉	20日
戊申	丁丑	丁未	丙子	丙午	乙亥	甲辰	甲戌	癸卯	癸酉	壬寅	甲戌	21日
己酉	戊寅	戊申	丁丑	丁未	丙子	乙巳	乙亥	甲辰	甲戌	癸卯	乙亥	22日
庚戌	己卯	己酉	戊寅	戊申	丁丑	丙午	丙子	乙巳	乙亥	甲辰	丙子	23日
辛亥	庚辰	庚戌	己卯	己酉	戊寅	丁未	丁丑	丙午	丙子	乙巳	丁丑	24日
壬子	辛巳	辛亥	庚辰	庚戌	己卯	戊申	戊寅	丁未	丁丑	丙午	戊寅	25日
癸丑	壬午	壬子	辛巳	辛亥	庚辰	己酉	己卯	戊申	戊寅	丁未	己卯	26日
甲寅	癸未	癸丑	壬午	壬子	辛巳	庚戌	庚辰	己酉	己卯	戊申	庚辰	27日
乙卯	甲申	甲寅	癸未	癸丑	壬午	辛亥	辛巳	庚戌	庚辰	己酉	辛巳	28日
丙辰	乙酉	乙卯	甲申	甲寅	癸未	壬子	壬午	辛亥	辛巳	庚戌		29日
丁巳	丙戌	丙辰	乙酉	乙卯	甲申	癸丑	癸未	壬子	壬午	辛亥		30日
戊午	丁亥		丙戌		乙酉	甲寅		癸丑		壬子		31日

昭和35年（1960）

庚子・四緑木星

翌1月	12月	11月	10月	9月	8月	7月	6月	5月	4月	3月	2月	月
己丑	戊子	丁亥	丙戌	乙酉	甲申	癸未	壬午	辛巳	庚辰	己卯	戊寅	月の干支
5日	7日	7日	8日	8日	7日	7日	6日	5日	5日	5日	5日	節入り
22:43	11:38	19:02	16:09	0:46	22:00	12:13	1:48	21:23	3:44	22:36	4:23	日時
甲午	癸亥	癸巳	壬戌	壬辰	辛酉	庚寅	庚申	己丑	己未	戊子	己未	1日
乙未	甲子	甲午	癸亥	癸巳	壬戌	辛卯	辛酉	庚寅	庚申	己丑	庚申	2日
丙申	乙丑	乙未	甲子	甲午	癸亥	壬辰	壬戌	辛卯	辛酉	庚寅	辛酉	3日
丁酉	丙寅	丙申	乙丑	乙未	甲子	癸巳	癸亥	壬辰	壬戌	辛卯	壬戌	4日
戊戌	丁卯	丁酉	丙寅	丙申	乙丑	甲午	甲子	癸巳	癸亥	壬辰	癸亥	5日
己亥	戊辰	戊戌	丁卯	丁酉	丙寅	乙未	乙丑	甲午	甲子	癸巳	甲子	6日
庚子	己巳	己亥	戊辰	戊戌	丁卯	丙申	丙寅	乙未	乙丑	甲午	乙丑	7日
辛丑	庚午	庚子	己巳	己亥	戊辰	丁酉	丁卯	丙申	丙寅	乙未	丙寅	8日
壬寅	辛未	辛丑	庚午	庚子	己巳	戊戌	戊辰	丁酉	丁卯	丙申	丁卯	9日
癸卯	壬申	壬寅	辛未	辛丑	庚午	己亥	己巳	戊戌	戊辰	丁酉	戊辰	10日
甲辰	癸酉	癸卯	壬申	壬寅	辛未	庚子	庚午	己亥	己巳	戊戌	己巳	11日
乙巳	甲戌	甲辰	癸酉	癸卯	壬申	辛丑	辛未	庚子	庚午	己亥	庚午	12日
丙午	乙亥	乙巳	甲戌	甲辰	癸酉	壬寅	壬申	辛丑	辛未	庚子	辛未	13日
丁未	丙子	丙午	乙亥	乙巳	甲戌	癸卯	癸酉	壬寅	壬申	辛丑	壬申	14日
戊申	丁丑	丁未	丙子	丙午	乙亥	甲辰	甲戌	癸卯	癸酉	壬寅	癸酉	15日
己酉	戊寅	戊申	丁丑	丁未	丙子	乙巳	乙亥	甲辰	甲戌	癸卯	甲戌	16日
庚戌	己卯	己酉	戊寅	戊申	丁丑	丙午	丙子	乙巳	乙亥	甲辰	乙亥	17日
辛亥	庚辰	庚戌	己卯	己酉	戊寅	丁未	丁丑	丙午	丙子	乙巳	丙子	18日
壬子	辛巳	辛亥	庚辰	庚戌	己卯	戊申	戊寅	丁未	丁丑	丙午	丁丑	19日
癸丑	壬午	壬子	辛巳	辛亥	庚辰	己酉	己卯	戊申	戊寅	丁未	戊寅	20日
甲寅	癸未	癸丑	壬午	壬子	辛巳	庚戌	庚辰	己酉	己卯	戊申	己卯	21日
乙卯	甲申	甲寅	癸未	癸丑	壬午	辛亥	辛巳	庚戌	庚辰	己酉	庚辰	22日
丙辰	乙酉	乙卯	甲申	甲寅	癸未	壬子	壬午	辛亥	辛巳	庚戌	辛巳	23日
丁巳	丙戌	丙辰	乙酉	乙卯	甲申	癸丑	癸未	壬子	壬午	辛亥	壬午	24日
戊午	丁亥	丁巳	丙戌	丙辰	乙酉	甲寅	甲申	癸丑	癸未	壬子	癸未	25日
己未	戊子	戊午	丁亥	丁巳	丙戌	乙卯	乙酉	甲寅	甲申	癸丑	甲申	26日
庚申	己丑	己未	戊子	戊午	丁亥	丙辰	丙戌	乙卯	乙酉	甲寅	乙酉	27日
辛酉	庚寅	庚申	己丑	己未	戊子	丁巳	丁亥	丙辰	丙戌	乙卯	丙戌	28日
壬戌	辛卯	辛酉	庚寅	庚申	己丑	戊午	戊子	丁巳	丁亥	丙辰	丁亥	29日
癸亥	壬辰	壬戌	辛卯	辛酉	庚寅	己未	己丑	戊午	戊子	丁巳		30日
甲子	癸巳		壬辰		辛卯	庚申		己未		戊午		31日

昭和36年（1961）

辛丑・三碧木星

翌1月	12月	11月	10月	9月	8月	7月	6月	5月	4月	3月	2月	月
辛丑	庚子	己亥	戊戌	丁酉	丙申	乙未	甲午	癸巳	壬辰	辛卯	庚寅	月の干支
6日 4:35	7日 17:26	8日 0:46	8日 21:51	8日 6:29	8日 3:48	7日 18:07	6日 7:46	6日 3:21	5日 9:42	6日 4:35	4日 10:23	節入り 日時
己亥	戊辰	戊戌	丁卯	丁酉	丙寅	乙未	乙丑	甲午	甲子	癸巳	乙丑	1日
庚子	己巳	己亥	戊辰	戊戌	丁卯	丙申	丙寅	乙未	乙丑	甲午	丙寅	2日
辛丑	庚午	庚子	己巳	己亥	戊辰	丁酉	丁卯	丙申	丙寅	乙未	丁卯	3日
壬寅	辛未	辛丑	庚午	庚子	己巳	戊戌	戊辰	丁酉	丁卯	丙申	戊辰	4日
癸卯	壬申	壬寅	辛未	辛丑	庚午	己亥	己巳	戊戌	戊辰	丁酉	己巳	5日
甲辰	癸酉	癸卯	壬申	壬寅	辛未	庚子	庚午	己亥	己巳	戊戌	庚午	6日
乙巳	甲戌	甲辰	癸酉	癸卯	壬申	辛丑	辛未	庚子	庚午	己亥	辛未	7日
丙午	乙亥	乙巳	甲戌	甲辰	癸酉	壬寅	壬申	辛丑	辛未	庚子	壬申	8日
丁未	丙子	丙午	乙亥	乙巳	甲戌	癸卯	癸酉	壬寅	壬申	辛丑	癸酉	9日
戊申	丁丑	丁未	丙子	丙午	乙亥	甲辰	甲戌	癸卯	癸酉	壬寅	甲戌	10日
己酉	戊寅	戊申	丁丑	丁未	丙子	乙巳	乙亥	甲辰	甲戌	癸卯	乙亥	11日
庚戌	己卯	己酉	戊寅	戊申	丁丑	丙午	丙子	乙巳	乙亥	甲辰	丙子	12日
辛亥	庚辰	庚戌	己卯	己酉	戊寅	丁未	丁丑	丙午	丙子	乙巳	丁丑	13日
壬子	辛巳	辛亥	庚辰	庚戌	己卯	戊申	戊寅	丁未	丁丑	丙午	戊寅	14日
癸丑	壬午	壬子	辛巳	辛亥	庚辰	己酉	己卯	戊申	戊寅	丁未	己卯	15日
甲寅	癸未	癸丑	壬午	壬子	辛巳	庚戌	庚辰	己酉	己卯	戊申	庚辰	16日
乙卯	甲申	甲寅	癸未	癸丑	壬午	辛亥	辛巳	庚戌	庚辰	己酉	辛巳	17日
丙辰	乙酉	乙卯	甲申	甲寅	癸未	壬子	壬午	辛亥	辛巳	庚戌	壬午	18日
丁巳	丙戌	丙辰	乙酉	乙卯	甲申	癸丑	癸未	壬子	壬午	辛亥	癸未	19日
戊午	丁亥	丁巳	丙戌	丙辰	乙酉	甲寅	甲申	癸丑	癸未	壬子	甲申	20日
己未	戊子	戊午	丁亥	丁巳	丙戌	乙卯	乙酉	甲寅	甲申	癸丑	乙酉	21日
庚申	己丑	己未	戊子	戊午	丁亥	丙辰	丙戌	乙卯	乙酉	甲寅	丙戌	22日
辛酉	庚寅	庚申	己丑	己未	戊子	丁巳	丁亥	丙辰	丙戌	乙卯	丁亥	23日
壬戌	辛卯	辛酉	庚寅	庚申	己丑	戊午	戊子	丁巳	丁亥	丙辰	戊子	24日
癸亥	壬辰	壬戌	辛卯	辛酉	庚寅	己未	己丑	戊午	戊子	丁巳	己丑	25日
甲子	癸巳	癸亥	壬辰	壬戌	辛卯	庚申	庚寅	己未	己丑	戊午	庚寅	26日
乙丑	甲午	甲子	癸巳	癸亥	壬辰	辛酉	辛卯	庚申	庚寅	己未	辛卯	27日
丙寅	乙未	乙丑	甲午	甲子	癸巳	壬戌	壬辰	辛酉	辛卯	庚申	壬辰	28日
丁卯	丙申	丙寅	乙未	乙丑	甲午	癸亥	癸巳	壬戌	壬辰	辛酉		29日
戊辰	丁酉	丁卯	丙申	丙寅	乙未	甲子	甲午	癸亥	癸巳	壬戌		30日
己巳	戊戌		丁酉		丙申	乙丑		甲子		癸亥		31日

昭和37年（1962）

壬寅・二黒土星

翌1月	12月	11月	10月	9月	8月	7月	6月	5月	4月	3月	2月	月
癸丑	壬子	辛亥	庚戌	己酉	戊申	丁未	丙午	乙巳	甲辰	癸卯	壬寅	月の干支
6日 10:27	7日 23:17	8日 6:35	9日 3:38	8日 12:15	8日 9:34	7日 23:51	6日 13:31	6日 9:09	5日 15:34	6日 10:30	4日 16:18	節入り 日時
甲辰	癸酉	癸卯	壬申	壬寅	辛未	庚子	庚午	己亥	己巳	戊戌	庚午	1日
乙巳	甲戌	甲辰	癸酉	癸卯	壬申	辛丑	辛未	庚子	庚午	己亥	辛未	2日
丙午	乙亥	乙巳	甲戌	甲辰	癸酉	壬寅	壬申	辛丑	辛未	庚子	壬申	3日
丁未	丙子	丙午	乙亥	乙巳	甲戌	癸卯	癸酉	壬寅	壬申	辛丑	癸酉	4日
戊申	丁丑	丁未	丙子	丙午	乙亥	甲辰	甲戌	癸卯	癸酉	壬寅	甲戌	5日
己酉	戊寅	戊申	丁丑	丁未	丙子	乙巳	乙亥	甲辰	甲戌	癸卯	乙亥	6日
庚戌	己卯	己酉	戊寅	戊申	丁丑	丙午	丙子	乙巳	乙亥	甲辰	丙子	7日
辛亥	庚辰	庚戌	己卯	己酉	戊寅	丁未	丁丑	丙午	丙子	乙巳	丁丑	8日
壬子	辛巳	辛亥	庚辰	庚戌	己卯	戊申	戊寅	丁未	丁丑	丙午	戊寅	9日
癸丑	壬午	壬子	辛巳	辛亥	庚辰	己酉	己卯	戊申	戊寅	丁未	己卯	10日
甲寅	癸未	癸丑	壬午	壬子	辛巳	庚戌	庚辰	己酉	己卯	戊申	庚辰	11日
乙卯	甲申	甲寅	癸未	癸丑	壬午	辛亥	辛巳	庚戌	庚辰	己酉	辛巳	12日
丙辰	乙酉	乙卯	甲申	甲寅	癸未	壬子	壬午	辛亥	辛巳	庚戌	壬午	13日
丁巳	丙戌	丙辰	乙酉	乙卯	甲申	癸丑	癸未	壬子	壬午	辛亥	癸未	14日
戊午	丁亥	丁巳	丙戌	丙辰	乙酉	甲寅	甲申	癸丑	癸未	壬子	甲申	15日
己未	戊子	戊午	丁亥	丁巳	丙戌	乙卯	乙酉	甲寅	甲申	癸丑	乙酉	16日
庚申	己丑	己未	戊子	戊午	丁亥	丙辰	丙戌	乙卯	乙酉	甲寅	丙戌	17日
辛酉	庚寅	庚申	己丑	己未	戊子	丁巳	丁亥	丙辰	丙戌	乙卯	丁亥	18日
壬戌	辛卯	辛酉	庚寅	庚申	己丑	戊午	戊子	丁巳	丁亥	丙辰	戊子	19日
癸亥	壬辰	壬戌	辛卯	辛酉	庚寅	己未	己丑	戊午	戊子	丁巳	己丑	20日
甲子	癸巳	癸亥	壬辰	壬戌	辛卯	庚申	庚寅	己未	己丑	戊午	庚寅	21日
乙丑	甲午	甲子	癸巳	癸亥	壬辰	辛酉	辛卯	庚申	庚寅	己未	辛卯	22日
丙寅	乙未	乙丑	甲午	甲子	癸巳	壬戌	壬辰	辛酉	辛卯	庚申	壬辰	23日
丁卯	丙申	丙寅	乙未	乙丑	甲午	癸亥	癸巳	壬戌	壬辰	辛酉	癸巳	24日
戊辰	丁酉	丁卯	丙申	丙寅	乙未	甲子	甲午	癸亥	癸巳	壬戌	甲午	25日
己巳	戊戌	戊辰	丁酉	丁卯	丙申	乙丑	乙未	甲子	甲午	癸亥	乙未	26日
庚午	己亥	己巳	戊戌	戊辰	丁酉	丙寅	丙申	乙丑	乙未	甲子	丙申	27日
辛未	庚子	庚午	己亥	己巳	戊戌	丁卯	丁酉	丙寅	丙申	乙丑	丁酉	28日
壬申	辛丑	辛未	庚子	庚午	己亥	戊辰	戊戌	丁卯	丁酉	丙寅		29日
癸酉	壬寅	壬申	辛丑	辛未	庚子	己巳	己亥	戊辰	戊戌	丁卯		30日
甲戌	癸卯		壬寅		辛丑	庚午		己巳		戊辰		31日

昭和38年（1963）

癸卯・一白水星

翌1月	12月	11月	10月	9月	8月	7月	6月	5月	4月	3月	2月	月
乙丑	甲子	癸亥	壬戌	辛酉	庚申	己未	戊午	丁巳	丙辰	乙卯	甲寅	月の干支
6日 16:23	8日 5:13	8日 12:33	9日 9:36	8日 18:12	8日 15:25	8日 5:38	6日 19:14	6日 14:52	5日 21:19	6日 16:17	4日 22:08	節入り 日時
己酉	戊寅	戊申	丁丑	丁未	丙子	乙巳	乙亥	甲辰	甲戌	癸卯	乙亥	1日
庚戌	己卯	己酉	戊寅	戊申	丁丑	丙午	丙子	乙巳	乙亥	甲辰	丙子	2日
辛亥	庚辰	庚戌	己卯	己酉	戊寅	丁未	丁丑	丙午	丙子	乙巳	丁丑	3日
壬子	辛巳	辛亥	庚辰	庚戌	己卯	戊申	戊寅	丁未	丁丑	丙午	戊寅	4日
癸丑	壬午	壬子	辛巳	辛亥	庚辰	己酉	己卯	戊申	戊寅	丁未	己卯	5日
甲寅	癸未	癸丑	壬午	壬子	辛巳	庚戌	庚辰	己酉	己卯	戊申	庚辰	6日
乙卯	甲申	甲寅	癸未	癸丑	壬午	辛亥	辛巳	庚戌	庚辰	己酉	辛巳	7日
丙辰	乙酉	乙卯	甲申	甲寅	癸未	壬子	壬午	辛亥	辛巳	庚戌	壬午	8日
丁巳	丙戌	丙辰	乙酉	乙卯	甲申	癸丑	癸未	壬子	壬午	辛亥	癸未	9日
戊午	丁亥	丁巳	丙戌	丙辰	乙酉	甲寅	甲申	癸丑	癸未	壬子	甲申	10日
己未	戊子	戊午	丁亥	丁巳	丙戌	乙卯	乙酉	甲寅	甲申	癸丑	乙酉	11日
庚申	己丑	己未	戊子	戊午	丁亥	丙辰	丙戌	乙卯	乙酉	甲寅	丙戌	12日
辛酉	庚寅	庚申	己丑	己未	戊子	丁巳	丁亥	丙辰	丙戌	乙卯	丁亥	13日
壬戌	辛卯	辛酉	庚寅	庚申	己丑	戊午	戊子	丁巳	丁亥	丙辰	戊子	14日
癸亥	壬辰	壬戌	辛卯	辛酉	庚寅	己未	己丑	戊午	戊子	丁巳	己丑	15日
甲子	癸巳	癸亥	壬辰	壬戌	辛卯	庚申	庚寅	己未	己丑	戊午	庚寅	16日
乙丑	甲午	甲子	癸巳	癸亥	壬辰	辛酉	辛卯	庚申	庚寅	己未	辛卯	17日
丙寅	乙未	乙丑	甲午	甲子	癸巳	壬戌	壬辰	辛酉	辛卯	庚申	壬辰	18日
丁卯	丙申	丙寅	乙未	乙丑	甲午	癸亥	癸巳	壬戌	壬辰	辛酉	癸巳	19日
戊辰	丁酉	丁卯	丙申	丙寅	乙未	甲子	甲午	癸亥	癸巳	壬戌	甲午	20日
己巳	戊戌	戊辰	丁酉	丁卯	丙申	乙丑	乙未	甲子	甲午	癸亥	乙未	21日
庚午	己亥	己巳	戊戌	戊辰	丁酉	丙寅	丙申	乙丑	乙未	甲子	丙申	22日
辛未	庚子	庚午	己亥	己巳	戊戌	丁卯	丁酉	丙寅	丙申	乙丑	丁酉	23日
壬申	辛丑	辛未	庚子	庚午	己亥	戊辰	戊戌	丁卯	丁酉	丙寅	戊戌	24日
癸酉	壬寅	壬申	辛丑	辛未	庚子	己巳	己亥	戊辰	戊戌	丁卯	己亥	25日
甲戌	癸卯	癸酉	壬寅	壬申	辛丑	庚午	庚子	己巳	己亥	戊辰	庚子	26日
乙亥	甲辰	甲戌	癸卯	癸酉	壬寅	辛未	辛丑	庚午	庚子	己巳	辛丑	27日
丙子	乙巳	乙亥	甲辰	甲戌	癸卯	壬申	壬寅	辛未	辛丑	庚午	壬寅	28日
丁丑	丙午	丙子	乙巳	乙亥	甲辰	癸酉	癸卯	壬申	壬寅	辛未		29日
戊寅	丁未	丁丑	丙午	丙子	乙巳	甲戌	甲辰	癸酉	癸卯	壬申		30日
己卯	戊申		丁未		丙午	乙亥		甲戌		癸酉		31日

昭和39年（1964）

甲辰・九紫火星

翌1月	12月	11月	10月	9月	8月	7月	6月	5月	4月	3月	2月	月
丁丑	丙子	乙亥	甲戌	癸酉	壬申	辛未	庚午	己巳	戊辰	丁卯	丙寅	月の干支
5日 22:02	7日 10:53	7日 18:15	8日 15:22	7日 23:59	7日 21:16	7日 11:32	6日 1:12	5日 20:51	5日 3:18	5日 22:16	5日 4:05	節入り日時
乙卯	甲申	甲寅	癸未	癸丑	壬午	辛亥	辛巳	庚戌	庚辰	己酉	庚辰	1日
丙辰	乙酉	乙卯	甲申	甲寅	癸未	壬子	壬午	辛亥	辛巳	庚戌	辛巳	2日
丁巳	丙戌	丙辰	乙酉	乙卯	甲申	癸丑	癸未	壬子	壬午	辛亥	壬午	3日
戊午	丁亥	丁巳	丙戌	丙辰	乙酉	甲寅	甲申	癸丑	癸未	壬子	癸未	4日
己未	戊子	戊午	丁亥	丁巳	丙戌	乙卯	乙酉	甲寅	甲申	癸丑	甲申	5日
庚申	己丑	己未	戊子	戊午	丁亥	丙辰	丙戌	乙卯	乙酉	甲寅	乙酉	6日
辛酉	庚寅	庚申	己丑	己未	戊子	丁巳	丁亥	丙辰	丙戌	乙卯	丙戌	7日
壬戌	辛卯	辛酉	庚寅	庚申	己丑	戊午	戊子	丁巳	丁亥	丙辰	丁亥	8日
癸亥	壬辰	壬戌	辛卯	辛酉	庚寅	己未	己丑	戊午	戊子	丁巳	戊子	9日
甲子	癸巳	癸亥	壬辰	壬戌	辛卯	庚申	庚寅	己未	己丑	戊午	己丑	10日
乙丑	甲午	甲子	癸巳	癸亥	壬辰	辛酉	辛卯	庚申	庚寅	己未	庚寅	11日
丙寅	乙未	乙丑	甲午	甲子	癸巳	壬戌	壬辰	辛酉	辛卯	庚申	辛卯	12日
丁卯	丙申	丙寅	乙未	乙丑	甲午	癸亥	癸巳	壬戌	壬辰	辛酉	壬辰	13日
戊辰	丁酉	丁卯	丙申	丙寅	乙未	甲子	甲午	癸亥	癸巳	壬戌	癸巳	14日
己巳	戊戌	戊辰	丁酉	丁卯	丙申	乙丑	乙未	甲子	甲午	癸亥	甲午	15日
庚午	己亥	己巳	戊戌	戊辰	丁酉	丙寅	丙申	乙丑	乙未	甲子	乙未	16日
辛未	庚子	庚午	己亥	己巳	戊戌	丁卯	丁酉	丙寅	丙申	乙丑	丙申	17日
壬申	辛丑	辛未	庚子	庚午	己亥	戊辰	戊戌	丁卯	丁酉	丙寅	丁酉	18日
癸酉	壬寅	壬申	辛丑	辛未	庚子	己巳	己亥	戊辰	戊戌	丁卯	戊戌	19日
甲戌	癸卯	癸酉	壬寅	壬申	辛丑	庚午	庚子	己巳	己亥	戊辰	己亥	20日
乙亥	甲辰	甲戌	癸卯	癸酉	壬寅	辛未	辛丑	庚午	庚子	己巳	庚子	21日
丙子	乙巳	乙亥	甲辰	甲戌	癸卯	壬申	壬寅	辛未	辛丑	庚午	辛丑	22日
丁丑	丙午	丙子	乙巳	乙亥	甲辰	癸酉	癸卯	壬申	壬寅	辛未	壬寅	23日
戊寅	丁未	丁丑	丙午	丙子	乙巳	甲戌	甲辰	癸酉	癸卯	壬申	癸卯	24日
己卯	戊申	戊寅	丁未	丁丑	丙午	乙亥	乙巳	甲戌	甲辰	癸酉	甲辰	25日
庚辰	己酉	己卯	戊申	戊寅	丁未	丙子	丙午	乙亥	乙巳	甲戌	乙巳	26日
辛巳	庚戌	庚辰	己酉	己卯	戊申	丁丑	丁未	丙子	丙午	乙亥	丙午	27日
壬午	辛亥	辛巳	庚戌	庚辰	己酉	戊寅	戊申	丁丑	丁未	丙子	丁未	28日
癸未	壬子	壬午	辛亥	辛巳	庚戌	己卯	己酉	戊寅	戊申	丁丑	戊申	29日
甲申	癸丑	癸未	壬子	壬午	辛亥	庚辰	庚戌	己卯	己酉	戊寅		30日
乙酉	甲寅		癸丑		壬子	辛巳		庚辰		己卯		31日

昭和40年（1965）

乙巳・八白土星

翌1月	12月	11月	10月	9月	8月	7月	6月	5月	4月	3月	2月	月
己丑	戊子	丁亥	丙戌	乙酉	甲申	癸未	壬午	辛巳	庚辰	己卯	戊寅	月の干支
6日 3:55	7日 16:46	8日 0:07	8日 21:11	8日 5:48	8日 3:05	7日 17:21	6日 7:02	6日 2:41	5日 9:07	6日 4:01	4日 9:46	節入り日時
庚申	己丑	己未	戊子	戊午	丁亥	丙辰	丙戌	乙卯	乙酉	甲寅	丙戌	1日
辛酉	庚寅	庚申	己丑	己未	戊子	丁巳	丁亥	丙辰	丙戌	乙卯	丁亥	2日
壬戌	辛卯	辛酉	庚寅	庚申	己丑	戊午	戊子	丁巳	丁亥	丙辰	戊子	3日
癸亥	壬辰	壬戌	辛卯	辛酉	庚寅	己未	己丑	戊午	戊子	丁巳	己丑	4日
甲子	癸巳	癸亥	壬辰	壬戌	辛卯	庚申	庚寅	己未	己丑	戊午	庚寅	5日
乙丑	甲午	甲子	癸巳	癸亥	壬辰	辛酉	辛卯	庚申	庚寅	己未	辛卯	6日
丙寅	乙未	乙丑	甲午	甲子	癸巳	壬戌	壬辰	辛酉	辛卯	庚申	壬辰	7日
丁卯	丙申	丙寅	乙未	乙丑	甲午	癸亥	癸巳	壬戌	壬辰	辛酉	癸巳	8日
戊辰	丁酉	丁卯	丙申	丙寅	乙未	甲子	甲午	癸亥	癸巳	壬戌	甲午	9日
己巳	戊戌	戊辰	丁酉	丁卯	丙申	乙丑	乙未	甲子	甲午	癸亥	乙未	10日
庚午	己亥	己巳	戊戌	戊辰	丁酉	丙寅	丙申	乙丑	乙未	甲子	丙申	11日
辛未	庚子	庚午	己亥	己巳	戊戌	丁卯	丁酉	丙寅	丙申	乙丑	丁酉	12日
壬申	辛丑	辛未	庚子	庚午	己亥	戊辰	戊戌	丁卯	丁酉	丙寅	戊戌	13日
癸酉	壬寅	壬申	辛丑	辛未	庚子	己巳	己亥	戊辰	戊戌	丁卯	己亥	14日
甲戌	癸卯	癸酉	壬寅	壬申	辛丑	庚午	庚子	己巳	己亥	戊辰	庚子	15日
乙亥	甲辰	甲戌	癸卯	癸酉	壬寅	辛未	辛丑	庚午	庚子	己巳	辛丑	16日
丙子	乙巳	乙亥	甲辰	甲戌	癸卯	壬申	壬寅	辛未	辛丑	庚午	壬寅	17日
丁丑	丙午	丙子	乙巳	乙亥	甲辰	癸酉	癸卯	壬申	壬寅	辛未	癸卯	18日
戊寅	丁未	丁丑	丙午	丙子	乙巳	甲戌	甲辰	癸酉	癸卯	壬申	甲辰	19日
己卯	戊申	戊寅	丁未	丁丑	丙午	乙亥	乙巳	甲戌	甲辰	癸酉	乙巳	20日
庚辰	己酉	己卯	戊申	戊寅	丁未	丙子	丙午	乙亥	乙巳	甲戌	丙午	21日
辛巳	庚戌	庚辰	己酉	己卯	戊申	丁丑	丁未	丙子	丙午	乙亥	丁未	22日
壬午	辛亥	辛巳	庚戌	庚辰	己酉	戊寅	戊申	丁丑	丁未	丙子	戊申	23日
癸未	壬子	壬午	辛亥	辛巳	庚戌	己卯	己酉	戊寅	戊申	丁丑	己酉	24日
甲申	癸丑	癸未	壬子	壬午	辛亥	庚辰	庚戌	己卯	己酉	戊寅	庚戌	25日
乙酉	甲寅	甲申	癸丑	癸未	壬子	辛巳	辛亥	庚辰	庚戌	己卯	辛亥	26日
丙戌	乙卯	乙酉	甲寅	甲申	癸丑	壬午	壬子	辛巳	辛亥	庚辰	壬子	27日
丁亥	丙辰	丙戌	乙卯	乙酉	甲寅	癸未	癸丑	壬午	壬子	辛巳	癸丑	28日
戊子	丁巳	丁亥	丙辰	丙戌	乙卯	甲申	甲寅	癸未	癸丑	壬午		29日
己丑	戊午	戊子	丁巳	丁亥	丙辰	乙酉	乙卯	甲申	甲寅	癸未		30日
庚寅	己未		戊午		丁巳	丙戌		乙酉		甲申		31日

昭和41年（1966）

丙午・七赤金星

翌1月	12月	11月	10月	9月	8月	7月	6月	5月	4月	3月	2月	月
辛丑	庚子	己亥	戊戌	丁酉	丙申	乙未	甲午	癸巳	壬辰	辛卯	庚寅	月の干支
6日 9:49	7日 22:38	8日 5:56	9日 2:57	8日 11:32	8日 8:49	7日 23:07	6日 12:50	6日 8:30	5日 14:57	6日 9:52	4日 15:38	節入り 日時
乙丑	甲午	甲子	癸巳	癸亥	壬辰	辛酉	辛卯	庚申	庚寅	己未	辛卯	1日
丙寅	乙未	乙丑	甲午	甲子	癸巳	壬戌	壬辰	辛酉	辛卯	庚申	壬辰	2日
丁卯	丙申	丙寅	乙未	乙丑	甲午	癸亥	癸巳	壬戌	壬辰	辛酉	癸巳	3日
戊辰	丁酉	丁卯	丙申	丙寅	乙未	甲子	甲午	癸亥	癸巳	壬戌	甲午	4日
己巳	戊戌	戊辰	丁酉	丁卯	丙申	乙丑	乙未	甲子	甲午	癸亥	乙未	5日
庚午	己亥	己巳	戊戌	戊辰	丁酉	丙寅	丙申	乙丑	乙未	甲子	丙申	6日
辛未	庚子	庚午	己亥	己巳	戊戌	丁卯	丁酉	丙寅	丙申	乙丑	丁酉	7日
壬申	辛丑	辛未	庚子	庚午	己亥	戊辰	戊戌	丁卯	丁酉	丙寅	戊戌	8日
癸酉	壬寅	壬申	辛丑	辛未	庚子	己巳	己亥	戊辰	戊戌	丁卯	己亥	9日
甲戌	癸卯	癸酉	壬寅	壬申	辛丑	庚午	庚子	己巳	己亥	戊辰	庚子	10日
乙亥	甲辰	甲戌	癸卯	癸酉	壬寅	辛未	辛丑	庚午	庚子	己巳	辛丑	11日
丙子	乙巳	乙亥	甲辰	甲戌	癸卯	壬申	壬寅	辛未	辛丑	庚午	壬寅	12日
丁丑	丙午	丙子	乙巳	乙亥	甲辰	癸酉	癸卯	壬申	壬寅	辛未	癸卯	13日
戊寅	丁未	丁丑	丙午	丙子	乙巳	甲戌	甲辰	癸酉	癸卯	壬申	甲辰	14日
己卯	戊申	戊寅	丁未	丁丑	丙午	乙亥	乙巳	甲戌	甲辰	癸酉	乙巳	15日
庚辰	己酉	己卯	戊申	戊寅	丁未	丙子	丙午	乙亥	乙巳	甲戌	丙午	16日
辛巳	庚戌	庚辰	己酉	己卯	戊申	丁丑	丁未	丙子	丙午	乙亥	丁未	17日
壬午	辛亥	辛巳	庚戌	庚辰	己酉	戊寅	戊申	丁丑	丁未	丙子	戊申	18日
癸未	壬子	壬午	辛亥	辛巳	庚戌	己卯	己酉	戊寅	戊申	丁丑	己酉	19日
甲申	癸丑	癸未	壬子	壬午	辛亥	庚辰	庚戌	己卯	己酉	戊寅	庚戌	20日
乙酉	甲寅	甲申	癸丑	癸未	壬子	辛巳	辛亥	庚辰	庚戌	己卯	辛亥	21日
丙戌	乙卯	乙酉	甲寅	甲申	癸丑	壬午	壬子	辛巳	辛亥	庚辰	壬子	22日
丁亥	丙辰	丙戌	乙卯	乙酉	甲寅	癸未	癸丑	壬午	壬子	辛巳	癸丑	23日
戊子	丁巳	丁亥	丙辰	丙戌	乙卯	甲申	甲寅	癸未	癸丑	壬午	甲寅	24日
己丑	戊午	戊子	丁巳	丁亥	丙辰	乙酉	乙卯	甲申	甲寅	癸未	乙卯	25日
庚寅	己未	己丑	戊午	戊子	丁巳	丙戌	丙辰	乙酉	乙卯	甲申	丙辰	26日
辛卯	庚申	庚寅	己未	己丑	戊午	丁亥	丁巳	丙戌	丙辰	乙酉	丁巳	27日
壬辰	辛酉	辛卯	庚申	庚寅	己未	戊子	戊午	丁亥	丁巳	丙戌	戊午	28日
癸巳	壬戌	壬辰	辛酉	辛卯	庚申	己丑	己未	戊子	戊午	丁亥		29日
甲午	癸亥	癸巳	壬戌	壬辰	辛酉	庚寅	庚申	己丑	己未	戊子		30日
乙未	甲子		癸亥		壬戌	辛卯		庚寅		己丑		31日

昭和42年（1967）

丁未・六白金星

翌1月	12月	11月	10月	9月	8月	7月	6月	5月	4月	3月	2月	月
癸丑	壬子	辛亥	庚戌	己酉	戊申	丁未	丙午	乙巳	甲辰	癸卯	壬寅	月の干支
6日 15:27	8日 4:18	8日 11:38	9日 8:41	8日 17:18	8日 14:35	8日 4:53	6日 18:36	6日 14:17	5日 20:45	6日 15:42	4日 21:31	節入り日時
庚午	己亥	己巳	戊戌	戊辰	丁酉	丙寅	丙申	乙丑	乙未	甲子	丙申	1日
辛未	庚子	庚午	己亥	己巳	戊戌	丁卯	丁酉	丙寅	丙申	乙丑	丁酉	2日
壬申	辛丑	辛未	庚子	庚午	己亥	戊辰	戊戌	丁卯	丁酉	丙寅	戊戌	3日
癸酉	壬寅	壬申	辛丑	辛未	庚子	己巳	己亥	戊辰	戊戌	丁卯	己亥	4日
甲戌	癸卯	癸酉	壬寅	壬申	辛丑	庚午	庚子	己巳	己亥	戊辰	庚子	5日
乙亥	甲辰	甲戌	癸卯	癸酉	壬寅	辛未	辛丑	庚午	庚子	己巳	辛丑	6日
丙子	乙巳	乙亥	甲辰	甲戌	癸卯	壬申	壬寅	辛未	辛丑	庚午	壬寅	7日
丁丑	丙午	丙子	乙巳	乙亥	甲辰	癸酉	癸卯	壬申	壬寅	辛未	癸卯	8日
戊寅	丁未	丁丑	丙午	丙子	乙巳	甲戌	甲辰	癸酉	癸卯	壬申	甲辰	9日
己卯	戊申	戊寅	丁未	丁丑	丙午	乙亥	乙巳	甲戌	甲辰	癸酉	乙巳	10日
庚辰	己酉	己卯	戊申	戊寅	丁未	丙子	丙午	乙亥	乙巳	甲戌	丙午	11日
辛巳	庚戌	庚辰	己酉	己卯	戊申	丁丑	丁未	丙子	丙午	乙亥	丁未	12日
壬午	辛亥	辛巳	庚戌	庚辰	己酉	戊寅	戊申	丁丑	丁未	丙子	戊申	13日
癸未	壬子	壬午	辛亥	辛巳	庚戌	己卯	己酉	戊寅	戊申	丁丑	己酉	14日
甲申	癸丑	癸未	壬子	壬午	辛亥	庚辰	庚戌	己卯	己酉	戊寅	庚戌	15日
乙酉	甲寅	甲申	癸丑	癸未	壬子	辛巳	辛亥	庚辰	庚戌	己卯	辛亥	16日
丙戌	乙卯	乙酉	甲寅	甲申	癸丑	壬午	壬子	辛巳	辛亥	庚辰	壬子	17日
丁亥	丙辰	丙戌	乙卯	乙酉	甲寅	癸未	癸丑	壬午	壬子	辛巳	癸丑	18日
戊子	丁巳	丁亥	丙辰	丙戌	乙卯	甲申	甲寅	癸未	癸丑	壬午	甲寅	19日
己丑	戊午	戊子	丁巳	丁亥	丙辰	乙酉	乙卯	甲申	甲寅	癸未	乙卯	20日
庚寅	己未	己丑	戊午	戊子	丁巳	丙戌	丙辰	乙酉	乙卯	甲申	丙辰	21日
辛卯	庚申	庚寅	己未	己丑	戊午	丁亥	丁巳	丙戌	丙辰	乙酉	丁巳	22日
壬辰	辛酉	辛卯	庚申	庚寅	己未	戊子	戊午	丁亥	丁巳	丙戌	戊午	23日
癸巳	壬戌	壬辰	辛酉	辛卯	庚申	己丑	己未	戊子	戊午	丁亥	己未	24日
甲午	癸亥	癸巳	壬戌	壬辰	辛酉	庚寅	庚申	己丑	己未	戊子	庚申	25日
乙未	甲子	甲午	癸亥	癸巳	壬戌	辛卯	辛酉	庚寅	庚申	己丑	辛酉	26日
丙申	乙丑	乙未	甲子	甲午	癸亥	壬辰	壬戌	辛卯	辛酉	庚寅	壬戌	27日
丁酉	丙寅	丙申	乙丑	乙未	甲子	癸巳	癸亥	壬辰	壬戌	辛卯	癸亥	28日
戊戌	丁卯	丁酉	丙寅	丙申	乙丑	甲午	甲子	癸巳	癸亥	壬辰		29日
己亥	戊辰	戊戌	丁卯	丁酉	丙寅	乙未	乙丑	甲午	甲子	癸巳		30日
庚子	己巳		戊辰		丁卯	丙申		乙未		甲午		31日

昭和43年（1968）

戊申・五黄土星

翌1月	12月	11月	10月	9月	8月	7月	6月	5月	4月	3月	2月	月
乙丑	甲子	癸亥	壬戌	辛酉	庚申	己未	戊午	丁巳	丙辰	乙卯	甲寅	月の干支
5日	7日	7日	8日	7日	7日	7日	6日	5日	5日	5日	5日	節入り
21:17	10:09	17:30	14:35	23:12	20:27	10:42	0:19	19:56	2:21	21:18	3:08	日時
丙子	乙巳	乙亥	甲辰	甲戌	癸卯	壬申	壬寅	辛未	辛丑	庚午	辛丑	1日
丁丑	丙午	丙子	乙巳	乙亥	甲辰	癸酉	癸卯	壬申	壬寅	辛未	壬寅	2日
戊寅	丁未	丁丑	丙午	丙子	乙巳	甲戌	甲辰	癸酉	癸卯	壬申	癸卯	3日
己卯	戊申	戊寅	丁未	丁丑	丙午	乙亥	乙巳	甲戌	甲辰	癸酉	甲辰	4日
庚辰	己酉	己卯	戊申	戊寅	丁未	丙子	丙午	乙亥	乙巳	甲戌	乙巳	5日
辛巳	庚戌	庚辰	己酉	己卯	戊申	丁丑	丁未	丙子	丙午	乙亥	丙午	6日
壬午	辛亥	辛巳	庚戌	庚辰	己酉	戊寅	戊申	丁丑	丁未	丙子	丁未	7日
癸未	壬子	壬午	辛亥	辛巳	庚戌	己卯	己酉	戊寅	戊申	丁丑	戊申	8日
甲申	癸丑	癸未	壬子	壬午	辛亥	庚辰	庚戌	己卯	己酉	戊寅	己酉	9日
乙酉	甲寅	甲申	癸丑	癸未	壬子	辛巳	辛亥	庚辰	庚戌	己卯	庚戌	10日
丙戌	乙卯	乙酉	甲寅	甲申	癸丑	壬午	壬子	辛巳	辛亥	庚辰	辛亥	11日
丁亥	丙辰	丙戌	乙卯	乙酉	甲寅	癸未	癸丑	壬午	壬子	辛巳	壬子	12日
戊子	丁巳	丁亥	丙辰	丙戌	乙卯	甲申	甲寅	癸未	癸丑	壬午	癸丑	13日
己丑	戊午	戊子	丁巳	丁亥	丙辰	乙酉	乙卯	甲申	甲寅	癸未	甲寅	14日
庚寅	己未	己丑	戊午	戊子	丁巳	丙戌	丙辰	乙酉	乙卯	甲申	乙卯	15日
辛卯	庚申	庚寅	己未	己丑	戊午	丁亥	丁巳	丙戌	丙辰	乙酉	丙辰	16日
壬辰	辛酉	辛卯	庚申	庚寅	己未	戊子	戊午	丁亥	丁巳	丙戌	丁巳	17日
癸巳	壬戌	壬辰	辛酉	辛卯	庚申	己丑	己未	戊子	戊午	丁亥	戊午	18日
甲午	癸亥	癸巳	壬戌	壬辰	辛酉	庚寅	庚申	己丑	己未	戊子	己未	19日
乙未	甲子	甲午	癸亥	癸巳	壬戌	辛卯	辛酉	庚寅	庚申	己丑	庚申	20日
丙申	乙丑	乙未	甲子	甲午	癸亥	壬辰	壬戌	辛卯	辛酉	庚寅	辛酉	21日
丁酉	丙寅	丙申	乙丑	乙未	甲子	癸巳	癸亥	壬辰	壬戌	辛卯	壬戌	22日
戊戌	丁卯	丁酉	丙寅	丙申	乙丑	甲午	甲子	癸巳	癸亥	壬辰	癸亥	23日
己亥	戊辰	戊戌	丁卯	丁酉	丙寅	乙未	乙丑	甲午	甲子	癸巳	甲子	24日
庚子	己巳	己亥	戊辰	戊戌	丁卯	丙申	丙寅	乙未	乙丑	甲午	乙丑	25日
辛丑	庚午	庚子	己巳	己亥	戊辰	丁酉	丁卯	丙申	丙寅	乙未	丙寅	26日
壬寅	辛未	辛丑	庚午	庚子	己巳	戊戌	戊辰	丁酉	丁卯	丙申	丁卯	27日
癸卯	壬申	壬寅	辛未	辛丑	庚午	己亥	己巳	戊戌	戊辰	丁酉	戊辰	28日
甲辰	癸酉	癸卯	壬申	壬寅	辛未	庚子	庚午	己亥	己巳	戊戌	己巳	29日
乙巳	甲戌	甲辰	癸酉	癸卯	壬申	辛丑	辛未	庚子	庚午	己亥		30日
丙午	乙亥		甲戌		癸酉	壬寅		辛丑		庚子		31日

昭和44年（1969）

己酉・四緑木星

翌1月	12月	11月	10月	9月	8月	7月	6月	5月	4月	3月	2月	月
丁丑	丙子	乙亥	甲戌	癸酉	壬申	辛未	庚午	己巳	戊辰	丁卯	丙寅	月の干支
6日 3:02	7日 15:52	7日 23:12	8日 20:17	8日 4:56	8日 2:14	7日 16:32	6日 6:12	6日 1:50	5日 8:15	6日 3:11	4日 8:59	節入り日時
辛巳	庚戌	庚辰	己酉	己卯	戊申	丁丑	丁未	丙子	丙午	乙亥	丁未	1日
壬午	辛亥	辛巳	庚戌	庚辰	己酉	戊寅	戊申	丁丑	丁未	丙子	戊申	2日
癸未	壬子	壬午	辛亥	辛巳	庚戌	己卯	己酉	戊寅	戊申	丁丑	己酉	3日
甲申	癸丑	癸未	壬子	壬午	辛亥	庚辰	庚戌	己卯	己酉	戊寅	庚戌	4日
乙酉	甲寅	甲申	癸丑	癸未	壬子	辛巳	辛亥	庚辰	庚戌	己卯	辛亥	5日
丙戌	乙卯	乙酉	甲寅	甲申	癸丑	壬午	壬子	辛巳	辛亥	庚辰	壬子	6日
丁亥	丙辰	丙戌	乙卯	乙酉	甲寅	癸未	癸丑	壬午	壬子	辛巳	癸丑	7日
戊子	丁巳	丁亥	丙辰	丙戌	乙卯	甲申	甲寅	癸未	癸丑	壬午	甲寅	8日
己丑	戊午	戊子	丁巳	丁亥	丙辰	乙酉	乙卯	甲申	甲寅	癸未	乙卯	9日
庚寅	己未	己丑	戊午	戊子	丁巳	丙戌	丙辰	乙酉	乙卯	甲申	丙辰	10日
辛卯	庚申	庚寅	己未	己丑	戊午	丁亥	丁巳	丙戌	丙辰	乙酉	丁巳	11日
壬辰	辛酉	辛卯	庚申	庚寅	己未	戊子	戊午	丁亥	丁巳	丙戌	戊午	12日
癸巳	壬戌	壬辰	辛酉	辛卯	庚申	己丑	己未	戊子	戊午	丁亥	己未	13日
甲午	癸亥	癸巳	壬戌	壬辰	辛酉	庚寅	庚申	己丑	己未	戊子	庚申	14日
乙未	甲子	甲午	癸亥	癸巳	壬戌	辛卯	辛酉	庚寅	庚申	己丑	辛酉	15日
丙申	乙丑	乙未	甲子	甲午	癸亥	壬辰	壬戌	辛卯	辛酉	庚寅	壬戌	16日
丁酉	丙寅	丙申	乙丑	乙未	甲子	癸巳	癸亥	壬辰	壬戌	辛卯	癸亥	17日
戊戌	丁卯	丁酉	丙寅	丙申	乙丑	甲午	甲子	癸巳	癸亥	壬辰	甲子	18日
己亥	戊辰	戊戌	丁卯	丁酉	丙寅	乙未	乙丑	甲午	甲子	癸巳	乙丑	19日
庚子	己巳	己亥	戊辰	戊戌	丁卯	丙申	丙寅	乙未	乙丑	甲午	丙寅	20日
辛丑	庚午	庚子	己巳	己亥	戊辰	丁酉	丁卯	丙申	丙寅	乙未	丁卯	21日
壬寅	辛未	辛丑	庚午	庚子	己巳	戊戌	戊辰	丁酉	丁卯	丙申	戊辰	22日
癸卯	壬申	壬寅	辛未	辛丑	庚午	己亥	己巳	戊戌	戊辰	丁酉	己巳	23日
甲辰	癸酉	癸卯	壬申	壬寅	辛未	庚子	庚午	己亥	己巳	戊戌	庚午	24日
乙巳	甲戌	甲辰	癸酉	癸卯	壬申	辛丑	辛未	庚子	庚午	己亥	辛未	25日
丙午	乙亥	乙巳	甲戌	甲辰	癸酉	壬寅	壬申	辛丑	辛未	庚子	壬申	26日
丁未	丙子	丙午	乙亥	乙巳	甲戌	癸卯	癸酉	壬寅	壬申	辛丑	癸酉	27日
戊申	丁丑	丁未	丙子	丙午	乙亥	甲辰	甲戌	癸卯	癸酉	壬寅	甲戌	28日
己酉	戊寅	戊申	丁丑	丁未	丙子	乙巳	乙亥	甲辰	甲戌	癸卯		29日
庚戌	己卯	己酉	戊寅	戊申	丁丑	丙午	丙子	乙巳	乙亥	甲辰		30日
辛亥	庚辰		己卯		戊寅	丁未		丙午		乙巳		31日

昭和45年（1970）

庚戌・三碧木星

翌1月	12月	11月	10月	9月	8月	7月	6月	5月	4月	3月	2月	月
己丑	戊子	丁亥	丙戌	乙酉	甲申	癸未	壬午	辛巳	庚辰	己卯	戊寅	月の干支
6日	7日	8日	9日	8日	8日	7日	6日	6日	5日	6日	4日	節入り
8:45	21:38	4:58	2:02	10:38	7:54	22:11	11:52	7:34	14:02	8:59	14:46	日時
丙戌	乙卯	乙酉	甲寅	甲申	癸丑	壬午	壬子	辛巳	辛亥	庚辰	壬子	1日
丁亥	丙辰	丙戌	乙卯	乙酉	甲寅	癸未	癸丑	壬午	壬子	辛巳	癸丑	2日
戊子	丁巳	丁亥	丙辰	丙戌	乙卯	甲申	甲寅	癸未	癸丑	壬午	甲寅	3日
己丑	戊午	戊子	丁巳	丁亥	丙辰	乙酉	乙卯	甲申	甲寅	癸未	乙卯	4日
庚寅	己未	己丑	戊午	戊子	丁巳	丙戌	丙辰	乙酉	乙卯	甲申	丙辰	5日
辛卯	庚申	庚寅	己未	己丑	戊午	丁亥	丁巳	丙戌	丙辰	乙酉	丁巳	6日
壬辰	辛酉	辛卯	庚申	庚寅	己未	戊子	戊午	丁亥	丁巳	丙戌	戊午	7日
癸巳	壬戌	壬辰	辛酉	辛卯	庚申	己丑	己未	戊子	戊午	丁亥	己未	8日
甲午	癸亥	癸巳	壬戌	壬辰	辛酉	庚寅	庚申	己丑	己未	戊子	庚申	9日
乙未	甲子	甲午	癸亥	癸巳	壬戌	辛卯	辛酉	庚寅	庚申	己丑	辛酉	10日
丙申	乙丑	乙未	甲子	甲午	癸亥	壬辰	壬戌	辛卯	辛酉	庚寅	壬戌	11日
丁酉	丙寅	丙申	乙丑	乙未	甲子	癸巳	癸亥	壬辰	壬戌	辛卯	癸亥	12日
戊戌	丁卯	丁酉	丙寅	丙申	乙丑	甲午	甲子	癸巳	癸亥	壬辰	甲子	13日
己亥	戊辰	戊戌	丁卯	丁酉	丙寅	乙未	乙丑	甲午	甲子	癸巳	乙丑	14日
庚子	己巳	己亥	戊辰	戊戌	丁卯	丙申	丙寅	乙未	乙丑	甲午	丙寅	15日
辛丑	庚午	庚子	己巳	己亥	戊辰	丁酉	丁卯	丙申	丙寅	乙未	丁卯	16日
壬寅	辛未	辛丑	庚午	庚子	己巳	戊戌	戊辰	丁酉	丁卯	丙申	戊辰	17日
癸卯	壬申	壬寅	辛未	辛丑	庚午	己亥	己巳	戊戌	戊辰	丁酉	己巳	18日
甲辰	癸酉	癸卯	壬申	壬寅	辛未	庚子	庚午	己亥	己巳	戊戌	庚午	19日
乙巳	甲戌	甲辰	癸酉	癸卯	壬申	辛丑	辛未	庚子	庚午	己亥	辛未	20日
丙午	乙亥	乙巳	甲戌	甲辰	癸酉	壬寅	壬申	辛丑	辛未	庚子	壬申	21日
丁未	丙子	丙午	乙亥	乙巳	甲戌	癸卯	癸酉	壬寅	壬申	辛丑	癸酉	22日
戊申	丁丑	丁未	丙子	丙午	乙亥	甲辰	甲戌	癸卯	癸酉	壬寅	甲戌	23日
己酉	戊寅	戊申	丁丑	丁未	丙子	乙巳	乙亥	甲辰	甲戌	癸卯	乙亥	24日
庚戌	己卯	己酉	戊寅	戊申	丁丑	丙午	丙子	乙巳	乙亥	甲辰	丙子	25日
辛亥	庚辰	庚戌	己卯	己酉	戊寅	丁未	丁丑	丙午	丙子	乙巳	丁丑	26日
壬子	辛巳	辛亥	庚辰	庚戌	己卯	戊申	戊寅	丁未	丁丑	丙午	戊寅	27日
癸丑	壬午	壬子	辛巳	辛亥	庚辰	己酉	己卯	戊申	戊寅	丁未	己卯	28日
甲寅	癸未	癸丑	壬午	壬子	辛巳	庚戌	庚辰	己酉	己卯	戊申		29日
乙卯	甲申	甲寅	癸未	癸丑	壬午	辛亥	辛巳	庚戌	庚辰	己酉		30日
丙辰	乙酉		甲申		癸未	壬子		辛亥		庚戌		31日

昭和46年（1971）

辛亥・二黒土星

翌1月	12月	11月	10月	9月	8月	7月	6月	5月	4月	3月	2月	月
辛丑	庚子	己亥	戊戌	丁酉	丙申	乙未	甲午	癸巳	壬辰	辛卯	庚寅	月の干支
6日	8日	8日	9日	8日	8日	8日	6日	6日	5日	6日	4日	節入り
14:42	3:36	10:57	7:59	16:30	13:40	3:51	17:29	13:08	19:36	14:35	20:26	日時
辛卯	庚申	庚寅	己未	己丑	戊午	丁亥	丁巳	丙戌	丙辰	乙酉	丁巳	1日
壬辰	辛酉	辛卯	庚申	庚寅	己未	戊子	戊午	丁亥	丁巳	丙戌	戊午	2日
癸巳	壬戌	壬辰	辛酉	辛卯	庚申	己丑	己未	戊子	戊午	丁亥	己未	3日
甲午	癸亥	癸巳	壬戌	壬辰	辛酉	庚寅	庚申	己丑	己未	戊子	庚申	4日
乙未	甲子	甲午	癸亥	癸巳	壬戌	辛卯	辛酉	庚寅	庚申	己丑	辛酉	5日
丙申	乙丑	乙未	甲子	甲午	癸亥	壬辰	壬戌	辛卯	辛酉	庚寅	壬戌	6日
丁酉	丙寅	丙申	乙丑	乙未	甲子	癸巳	癸亥	壬辰	壬戌	辛卯	癸亥	7日
戊戌	丁卯	丁酉	丙寅	丙申	乙丑	甲午	甲子	癸巳	癸亥	壬辰	甲子	8日
己亥	戊辰	戊戌	丁卯	丁酉	丙寅	乙未	乙丑	甲午	甲子	癸巳	乙丑	9日
庚子	己巳	己亥	戊辰	戊戌	丁卯	丙申	丙寅	乙未	乙丑	甲午	丙寅	10日
辛丑	庚午	庚子	己巳	己亥	戊辰	丁酉	丁卯	丙申	丙寅	乙未	丁卯	11日
壬寅	辛未	辛丑	庚午	庚子	己巳	戊戌	戊辰	丁酉	丁卯	丙申	戊辰	12日
癸卯	壬申	壬寅	辛未	辛丑	庚午	己亥	己巳	戊戌	戊辰	丁酉	己巳	13日
甲辰	癸酉	癸卯	壬申	壬寅	辛未	庚子	庚午	己亥	己巳	戊戌	庚午	14日
乙巳	甲戌	甲辰	癸酉	癸卯	壬申	辛丑	辛未	庚子	庚午	己亥	辛未	15日
丙午	乙亥	乙巳	甲戌	甲辰	癸酉	壬寅	壬申	辛丑	辛未	庚子	壬申	16日
丁未	丙子	丙午	乙亥	乙巳	甲戌	癸卯	癸酉	壬寅	壬申	辛丑	癸酉	17日
戊申	丁丑	丁未	丙子	丙午	乙亥	甲辰	甲戌	癸卯	癸酉	壬寅	甲戌	18日
己酉	戊寅	戊申	丁丑	丁未	丙子	乙巳	乙亥	甲辰	甲戌	癸卯	乙亥	19日
庚戌	己卯	己酉	戊寅	戊申	丁丑	丙午	丙子	乙巳	乙亥	甲辰	丙子	20日
辛亥	庚辰	庚戌	己卯	己酉	戊寅	丁未	丁丑	丙午	丙子	乙巳	丁丑	21日
壬子	辛巳	辛亥	庚辰	庚戌	己卯	戊申	戊寅	丁未	丁丑	丙午	戊寅	22日
癸丑	壬午	壬子	辛巳	辛亥	庚辰	己酉	己卯	戊申	戊寅	丁未	己卯	23日
甲寅	癸未	癸丑	壬午	壬子	辛巳	庚戌	庚辰	己酉	己卯	戊申	庚辰	24日
乙卯	甲申	甲寅	癸未	癸丑	壬午	辛亥	辛巳	庚戌	庚辰	己酉	辛巳	25日
丙辰	乙酉	乙卯	甲申	甲寅	癸未	壬子	壬午	辛亥	辛巳	庚戌	壬午	26日
丁巳	丙戌	丙辰	乙酉	乙卯	甲申	癸丑	癸未	壬子	壬午	辛亥	癸未	27日
戊午	丁亥	丁巳	丙戌	丙辰	乙酉	甲寅	甲申	癸丑	癸未	壬子	甲申	28日
己未	戊子	戊午	丁亥	丁巳	丙戌	乙卯	乙酉	甲寅	甲申	癸丑		29日
庚申	己丑	己未	戊子	戊午	丁亥	丙辰	丙戌	乙卯	乙酉	甲寅		30日
辛酉	庚寅		己丑		戊子	丁巳		丙辰		乙卯		31日

昭和47年（1972）

壬子・一白水星

翌1月	12月	11月	10月	9月	8月	7月	6月	5月	4月	3月	2月	月
癸丑	壬子	辛亥	庚戌	己酉	戊申	丁未	丙午	乙巳	甲辰	癸卯	壬寅	月の干支
5日	7日	7日	8日	7日	7日	7日	5日	5日	5日	5日	5日	節入り
20:26	9:19	16:40	13:42	22:15	19:29	9:43	23:22	19:01	1:29	20:28	2:20	日時
丁酉	丙寅	丙申	乙丑	乙未	甲子	癸巳	癸亥	壬辰	壬戌	辛卯	壬戌	1日
戊戌	丁卯	丁酉	丙寅	丙申	乙丑	甲午	甲子	癸巳	癸亥	壬辰	癸亥	2日
己亥	戊辰	戊戌	丁卯	丁酉	丙寅	乙未	乙丑	甲午	甲子	癸巳	甲子	3日
庚子	己巳	己亥	戊辰	戊戌	丁卯	丙申	丙寅	乙未	乙丑	甲午	乙丑	4日
辛丑	庚午	庚子	己巳	己亥	戊辰	丁酉	丁卯	丙申	丙寅	乙未	丙寅	5日
壬寅	辛未	辛丑	庚午	庚子	己巳	戊戌	戊辰	丁酉	丁卯	丙申	丁卯	6日
癸卯	壬申	壬寅	辛未	辛丑	庚午	己亥	己巳	戊戌	戊辰	丁酉	戊辰	7日
甲辰	癸酉	癸卯	壬申	壬寅	辛未	庚子	庚午	己亥	己巳	戊戌	己巳	8日
乙巳	甲戌	甲辰	癸酉	癸卯	壬申	辛丑	辛未	庚子	庚午	己亥	庚午	9日
丙午	乙亥	乙巳	甲戌	甲辰	癸酉	壬寅	壬申	辛丑	辛未	庚子	辛未	10日
丁未	丙子	丙午	乙亥	乙巳	甲戌	癸卯	癸酉	壬寅	壬申	辛丑	壬申	11日
戊申	丁丑	丁未	丙子	丙午	乙亥	甲辰	甲戌	癸卯	癸酉	壬寅	癸酉	12日
己酉	戊寅	戊申	丁丑	丁未	丙子	乙巳	乙亥	甲辰	甲戌	癸卯	甲戌	13日
庚戌	己卯	己酉	戊寅	戊申	丁丑	丙午	丙子	乙巳	乙亥	甲辰	乙亥	14日
辛亥	庚辰	庚戌	己卯	己酉	戊寅	丁未	丁丑	丙午	丙子	乙巳	丙子	15日
壬子	辛巳	辛亥	庚辰	庚戌	己卯	戊申	戊寅	丁未	丁丑	丙午	丁丑	16日
癸丑	壬午	壬子	辛巳	辛亥	庚辰	己酉	己卯	戊申	戊寅	丁未	戊寅	17日
甲寅	癸未	癸丑	壬午	壬子	辛巳	庚戌	庚辰	己酉	己卯	戊申	己卯	18日
乙卯	甲申	甲寅	癸未	癸丑	壬午	辛亥	辛巳	庚戌	庚辰	己酉	庚辰	19日
丙辰	乙酉	乙卯	甲申	甲寅	癸未	壬子	壬午	辛亥	辛巳	庚戌	辛巳	20日
丁巳	丙戌	丙辰	乙酉	乙卯	甲申	癸丑	癸未	壬子	壬午	辛亥	壬午	21日
戊午	丁亥	丁巳	丙戌	丙辰	乙酉	甲寅	甲申	癸丑	癸未	壬子	癸未	22日
己未	戊子	戊午	丁亥	丁巳	丙戌	乙卯	乙酉	甲寅	甲申	癸丑	甲申	23日
庚申	己丑	己未	戊子	戊午	丁亥	丙辰	丙戌	乙卯	乙酉	甲寅	乙酉	24日
辛酉	庚寅	庚申	己丑	己未	戊子	丁巳	丁亥	丙辰	丙戌	乙卯	丙戌	25日
壬戌	辛卯	辛酉	庚寅	庚申	己丑	戊午	戊子	丁巳	丁亥	丙辰	丁亥	26日
癸亥	壬辰	壬戌	辛卯	辛酉	庚寅	己未	己丑	戊午	戊子	丁巳	戊子	27日
甲子	癸巳	癸亥	壬辰	壬戌	辛卯	庚申	庚寅	己未	己丑	戊午	己丑	28日
乙丑	甲午	甲子	癸巳	癸亥	壬辰	辛酉	辛卯	庚申	庚寅	己未	庚寅	29日
丙寅	乙未	乙丑	甲午	甲子	癸巳	壬戌	壬辰	辛酉	辛卯	庚申		30日
丁卯	丙申		乙未		甲午	癸亥		壬戌		辛酉		31日

昭和48年（1973）

癸丑・九紫火星

翌1月	12月	11月	10月	9月	8月	7月	6月	5月	4月	3月	2月	月
乙丑	甲子	癸亥	壬戌	辛酉	庚申	己未	戊午	丁巳	丙辰	乙卯	甲寅	月の干支
6日 2:20	7日 15:11	7日 22:28	8日 19:28	8日 4:00	8日 1:13	7日 15:27	6日 5:07	6日 0:46	5日 7:14	6日 2:13	4日 8:04	節入り 日時
壬寅	辛未	辛丑	庚午	庚子	己巳	戊戌	戊辰	丁酉	丁卯	丙申	戊辰	1日
癸卯	壬申	壬寅	辛未	辛丑	庚午	己亥	己巳	戊戌	戊辰	丁酉	己巳	2日
甲辰	癸酉	癸卯	壬申	壬寅	辛未	庚子	庚午	己亥	己巳	戊戌	庚午	3日
乙巳	甲戌	甲辰	癸酉	癸卯	壬申	辛丑	辛未	庚子	庚午	己亥	辛未	4日
丙午	乙亥	乙巳	甲戌	甲辰	癸酉	壬寅	壬申	辛丑	辛未	庚子	壬申	5日
丁未	丙子	丙午	乙亥	乙巳	甲戌	癸卯	癸酉	壬寅	壬申	辛丑	癸酉	6日
戊申	丁丑	丁未	丙子	丙午	乙亥	甲辰	甲戌	癸卯	癸酉	壬寅	甲戌	7日
己酉	戊寅	戊申	丁丑	丁未	丙子	乙巳	乙亥	甲辰	甲戌	癸卯	乙亥	8日
庚戌	己卯	己酉	戊寅	戊申	丁丑	丙午	丙子	乙巳	乙亥	甲辰	丙子	9日
辛亥	庚辰	庚戌	己卯	己酉	戊寅	丁未	丁丑	丙午	丙子	乙巳	丁丑	10日
壬子	辛巳	辛亥	庚辰	庚戌	己卯	戊申	戊寅	丁未	丁丑	丙午	戊寅	11日
癸丑	壬午	壬子	辛巳	辛亥	庚辰	己酉	己卯	戊申	戊寅	丁未	己卯	12日
甲寅	癸未	癸丑	壬午	壬子	辛巳	庚戌	庚辰	己酉	己卯	戊申	庚辰	13日
乙卯	甲申	甲寅	癸未	癸丑	壬午	辛亥	辛巳	庚戌	庚辰	己酉	辛巳	14日
丙辰	乙酉	乙卯	甲申	甲寅	癸未	壬子	壬午	辛亥	辛巳	庚戌	壬午	15日
丁巳	丙戌	丙辰	乙酉	乙卯	甲申	癸丑	癸未	壬子	壬午	辛亥	癸未	16日
戊午	丁亥	丁巳	丙戌	丙辰	乙酉	甲寅	甲申	癸丑	癸未	壬子	甲申	17日
己未	戊子	戊午	丁亥	丁巳	丙戌	乙卯	乙酉	甲寅	甲申	癸丑	乙酉	18日
庚申	己丑	己未	戊子	戊午	丁亥	丙辰	丙戌	乙卯	乙酉	甲寅	丙戌	19日
辛酉	庚寅	庚申	己丑	己未	戊子	丁巳	丁亥	丙辰	丙戌	乙卯	丁亥	20日
壬戌	辛卯	辛酉	庚寅	庚申	己丑	戊午	戊子	丁巳	丁亥	丙辰	戊子	21日
癸亥	壬辰	壬戌	辛卯	辛酉	庚寅	己未	己丑	戊午	戊子	丁巳	己丑	22日
甲子	癸巳	癸亥	壬辰	壬戌	辛卯	庚申	庚寅	己未	己丑	戊午	庚寅	23日
乙丑	甲午	甲子	癸巳	癸亥	壬辰	辛酉	辛卯	庚申	庚寅	己未	辛卯	24日
丙寅	乙未	乙丑	甲午	甲子	癸巳	壬戌	壬辰	辛酉	辛卯	庚申	壬辰	25日
丁卯	丙申	丙寅	乙未	乙丑	甲午	癸亥	癸巳	壬戌	壬辰	辛酉	癸巳	26日
戊辰	丁酉	丁卯	丙申	丙寅	乙未	甲子	甲午	癸亥	癸巳	壬戌	甲午	27日
己巳	戊戌	戊辰	丁酉	丁卯	丙申	乙丑	乙未	甲子	甲午	癸亥	乙未	28日
庚午	己亥	己巳	戊戌	戊辰	丁酉	丙寅	丙申	乙丑	乙未	甲子		29日
辛未	庚子	庚午	己亥	己巳	戊戌	丁卯	丁酉	丙寅	丙申	乙丑		30日
壬申	辛丑		庚子		己亥	戊辰		丁卯		丙寅		31日

昭和49年（1974）

甲寅・八白土星

翌1月	12月	11月	10月	9月	8月	7月	6月	5月	4月	3月	2月	月
丁丑	丙子	乙亥	甲戌	癸酉	壬申	辛未	庚午	己巳	戊辰	丁卯	丙寅	月の干支
6日 8:18	7日 21:05	8日 4:18	9日 1:15	8日 9:45	8日 6:57	7日 21:11	6日 10:52	6日 6:34	5日 13:05	6日 8:07	4日 14:00	節入り日時
丁未	丙子	丙午	乙亥	乙巳	甲戌	癸卯	癸酉	壬寅	壬申	辛丑	癸酉	1日
戊申	丁丑	丁未	丙子	丙午	乙亥	甲辰	甲戌	癸卯	癸酉	壬寅	甲戌	2日
己酉	戊寅	戊申	丁丑	丁未	丙子	乙巳	乙亥	甲辰	甲戌	癸卯	乙亥	3日
庚戌	己卯	己酉	戊寅	戊申	丁丑	丙午	丙子	乙巳	乙亥	甲辰	丙子	4日
辛亥	庚辰	庚戌	己卯	己酉	戊寅	丁未	丁丑	丙午	丙子	乙巳	丁丑	5日
壬子	辛巳	辛亥	庚辰	庚戌	己卯	戊申	戊寅	丁未	丁丑	丙午	戊寅	6日
癸丑	壬午	壬子	辛巳	辛亥	庚辰	己酉	己卯	戊申	戊寅	丁未	己卯	7日
甲寅	癸未	癸丑	壬午	壬子	辛巳	庚戌	庚辰	己酉	己卯	戊申	庚辰	8日
乙卯	甲申	甲寅	癸未	癸丑	壬午	辛亥	辛巳	庚戌	庚辰	己酉	辛巳	9日
丙辰	乙酉	乙卯	甲申	甲寅	癸未	壬子	壬午	辛亥	辛巳	庚戌	壬午	10日
丁巳	丙戌	丙辰	乙酉	乙卯	甲申	癸丑	癸未	壬子	壬午	辛亥	癸未	11日
戊午	丁亥	丁巳	丙戌	丙辰	乙酉	甲寅	甲申	癸丑	癸未	壬子	甲申	12日
己未	戊子	戊午	丁亥	丁巳	丙戌	乙卯	乙酉	甲寅	甲申	癸丑	乙酉	13日
庚申	己丑	己未	戊子	戊午	丁亥	丙辰	丙戌	乙卯	乙酉	甲寅	丙戌	14日
辛酉	庚寅	庚申	己丑	己未	戊子	丁巳	丁亥	丙辰	丙戌	乙卯	丁亥	15日
壬戌	辛卯	辛酉	庚寅	庚申	己丑	戊午	戊子	丁巳	丁亥	丙辰	戊子	16日
癸亥	壬辰	壬戌	辛卯	辛酉	庚寅	己未	己丑	戊午	戊子	丁巳	己丑	17日
甲子	癸巳	癸亥	壬辰	壬戌	辛卯	庚申	庚寅	己未	己丑	戊午	庚寅	18日
乙丑	甲午	甲子	癸巳	癸亥	壬辰	辛酉	辛卯	庚申	庚寅	己未	辛卯	19日
丙寅	乙未	乙丑	甲午	甲子	癸巳	壬戌	壬辰	辛酉	辛卯	庚申	壬辰	20日
丁卯	丙申	丙寅	乙未	乙丑	甲午	癸亥	癸巳	壬戌	壬辰	辛酉	癸巳	21日
戊辰	丁酉	丁卯	丙申	丙寅	乙未	甲子	甲午	癸亥	癸巳	壬戌	甲午	22日
己巳	戊戌	戊辰	丁酉	丁卯	丙申	乙丑	乙未	甲子	甲午	癸亥	乙未	23日
庚午	己亥	己巳	戊戌	戊辰	丁酉	丙寅	丙申	乙丑	乙未	甲子	丙申	24日
辛未	庚子	庚午	己亥	己巳	戊戌	丁卯	丁酉	丙寅	丙申	乙丑	丁酉	25日
壬申	辛丑	辛未	庚子	庚午	己亥	戊辰	戊戌	丁卯	丁酉	丙寅	戊戌	26日
癸酉	壬寅	壬申	辛丑	辛未	庚子	己巳	己亥	戊辰	戊戌	丁卯	己亥	27日
甲戌	癸卯	癸酉	壬寅	壬申	辛丑	庚午	庚子	己巳	己亥	戊辰	庚子	28日
乙亥	甲辰	甲戌	癸卯	癸酉	壬寅	辛未	辛丑	庚午	庚子	己巳		29日
丙子	乙巳	乙亥	甲辰	甲戌	癸卯	壬申	壬寅	辛未	辛丑	庚午		30日
丁丑	丙午		乙巳		甲辰	癸酉		壬申		辛未		31日

昭和50年（1975）

乙卯・七赤金星

翌1月	12月	11月	10月	9月	8月	7月	6月	5月	4月	3月	2月	月
己丑	戊子	丁亥	丙戌	乙酉	甲申	癸未	壬午	辛巳	庚辰	己卯	戊寅	月の干支
6日 13:58	8日 2:47	8日 10:03	9日 7:02	8日 15:33	8日 12:45	8日 2:59	6日 16:42	6日 12:27	5日 19:02	6日 14:08	4日 19:59	節入り日時
壬子	辛巳	辛亥	庚辰	庚戌	己卯	戊申	戊寅	丁未	丁丑	丙午	戊寅	1日
癸丑	壬午	壬子	辛巳	辛亥	庚辰	己酉	己卯	戊申	戊寅	丁未	己卯	2日
甲寅	癸未	癸丑	壬午	壬子	辛巳	庚戌	庚辰	己酉	己卯	戊申	庚辰	3日
乙卯	甲申	甲寅	癸未	癸丑	壬午	辛亥	辛巳	庚戌	庚辰	己酉	辛巳	4日
丙辰	乙酉	乙卯	甲申	甲寅	癸未	壬子	壬午	辛亥	辛巳	庚戌	壬午	5日
丁巳	丙戌	丙辰	乙酉	乙卯	甲申	癸丑	癸未	壬子	壬午	辛亥	癸未	6日
戊午	丁亥	丁巳	丙戌	丙辰	乙酉	甲寅	甲申	癸丑	癸未	壬子	甲申	7日
己未	戊子	戊午	丁亥	丁巳	丙戌	乙卯	乙酉	甲寅	甲申	癸丑	乙酉	8日
庚申	己丑	己未	戊子	戊午	丁亥	丙辰	丙戌	乙卯	乙酉	甲寅	丙戌	9日
辛酉	庚寅	庚申	己丑	己未	戊子	丁巳	丁亥	丙辰	丙戌	乙卯	丁亥	10日
壬戌	辛卯	辛酉	庚寅	庚申	己丑	戊午	戊子	丁巳	丁亥	丙辰	戊子	11日
癸亥	壬辰	壬戌	辛卯	辛酉	庚寅	己未	己丑	戊午	戊子	丁巳	己丑	12日
甲子	癸巳	癸亥	壬辰	壬戌	辛卯	庚申	庚寅	己未	己丑	戊午	庚寅	13日
乙丑	甲午	甲子	癸巳	癸亥	壬辰	辛酉	辛卯	庚申	庚寅	己未	辛卯	14日
丙寅	乙未	乙丑	甲午	甲子	癸巳	壬戌	壬辰	辛酉	辛卯	庚申	壬辰	15日
丁卯	丙申	丙寅	乙未	乙丑	甲午	癸亥	癸巳	壬戌	壬辰	辛酉	癸巳	16日
戊辰	丁酉	丁卯	丙申	丙寅	乙未	甲子	甲午	癸亥	癸巳	壬戌	甲午	17日
己巳	戊戌	戊辰	丁酉	丁卯	丙申	乙丑	乙未	甲子	甲午	癸亥	乙未	18日
庚午	己亥	己巳	戊戌	戊辰	丁酉	丙寅	丙申	乙丑	乙未	甲子	丙申	19日
辛未	庚子	庚午	己亥	己巳	戊戌	丁卯	丁酉	丙寅	丙申	乙丑	丁酉	20日
壬申	辛丑	辛未	庚子	庚午	己亥	戊辰	戊戌	丁卯	丁酉	丙寅	戊戌	21日
癸酉	壬寅	壬申	辛丑	辛未	庚子	己巳	己亥	戊辰	戊戌	丁卯	己亥	22日
甲戌	癸卯	癸酉	壬寅	壬申	辛丑	庚午	庚子	己巳	己亥	戊辰	庚子	23日
乙亥	甲辰	甲戌	癸卯	癸酉	壬寅	辛未	辛丑	庚午	庚子	己巳	辛丑	24日
丙子	乙巳	乙亥	甲辰	甲戌	癸卯	壬申	壬寅	辛未	辛丑	庚午	壬寅	25日
丁丑	丙午	丙子	乙巳	乙亥	甲辰	癸酉	癸卯	壬申	壬寅	辛未	癸卯	26日
戊寅	丁未	丁丑	丙午	丙子	乙巳	甲戌	甲辰	癸酉	癸卯	壬申	甲辰	27日
己卯	戊申	戊寅	丁未	丁丑	丙午	乙亥	乙巳	甲戌	甲辰	癸酉	乙巳	28日
庚辰	己酉	己卯	戊申	戊寅	丁未	丙子	丙午	乙亥	乙巳	甲戌		29日
辛巳	庚戌	庚辰	己酉	己卯	戊申	丁丑	丁未	丙子	丙午	乙亥		30日
壬午	辛亥		庚戌		己酉	戊寅		丁丑		丙子		31日

昭和51年（1976）

丙辰・六白金星

翌1月	12月	11月	10月	9月	8月	7月	6月	5月	4月	3月	2月	月
辛丑	庚子	己亥	戊戌	丁酉	丙申	乙未	甲午	癸巳	壬辰	辛卯	庚寅	月の干支
5日 19:52	7日 8:41	7日 15:59	8日 12:58	7日 21:28	7日 18:39	7日 8:51	5日 22:31	5日 18:14	5日 0:47	5日 19:48	5日 1:40	節入り日時
戊午	丁亥	丁巳	丙戌	丙辰	乙酉	甲寅	甲申	癸丑	癸未	壬子	癸未	1日
己未	戊子	戊午	丁亥	丁巳	丙戌	乙卯	乙酉	甲寅	甲申	癸丑	甲申	2日
庚申	己丑	己未	戊子	戊午	丁亥	丙辰	丙戌	乙卯	乙酉	甲寅	乙酉	3日
辛酉	庚寅	庚申	己丑	己未	戊子	丁巳	丁亥	丙辰	丙戌	乙卯	丙戌	4日
壬戌	辛卯	辛酉	庚寅	庚申	己丑	戊午	戊子	丁巳	丁亥	丙辰	丁亥	5日
癸亥	壬辰	壬戌	辛卯	辛酉	庚寅	己未	己丑	戊午	戊子	丁巳	戊子	6日
甲子	癸巳	癸亥	壬辰	壬戌	辛卯	庚申	庚寅	己未	己丑	戊午	己丑	7日
乙丑	甲午	甲子	癸巳	癸亥	壬辰	辛酉	辛卯	庚申	庚寅	己未	庚寅	8日
丙寅	乙未	乙丑	甲午	甲子	癸巳	壬戌	壬辰	辛酉	辛卯	庚申	辛卯	9日
丁卯	丙申	丙寅	乙未	乙丑	甲午	癸亥	癸巳	壬戌	壬辰	辛酉	壬辰	10日
戊辰	丁酉	丁卯	丙申	丙寅	乙未	甲子	甲午	癸亥	癸巳	壬戌	癸巳	11日
己巳	戊戌	戊辰	丁酉	丁卯	丙申	乙丑	乙未	甲子	甲午	癸亥	甲午	12日
庚午	己亥	己巳	戊戌	戊辰	丁酉	丙寅	丙申	乙丑	乙未	甲子	乙未	13日
辛未	庚子	庚午	己亥	己巳	戊戌	丁卯	丁酉	丙寅	丙申	乙丑	丙申	14日
壬申	辛丑	辛未	庚子	庚午	己亥	戊辰	戊戌	丁卯	丁酉	丙寅	丁酉	15日
癸酉	壬寅	壬申	辛丑	辛未	庚子	己巳	己亥	戊辰	戊戌	丁卯	戊戌	16日
甲戌	癸卯	癸酉	壬寅	壬申	辛丑	庚午	庚子	己巳	己亥	戊辰	己亥	17日
乙亥	甲辰	甲戌	癸卯	癸酉	壬寅	辛未	辛丑	庚午	庚子	己巳	庚子	18日
丙子	乙巳	乙亥	甲辰	甲戌	癸卯	壬申	壬寅	辛未	辛丑	庚午	辛丑	19日
丁丑	丙午	丙子	乙巳	乙亥	甲辰	癸酉	癸卯	壬申	壬寅	辛未	壬寅	20日
戊寅	丁未	丁丑	丙午	丙子	乙巳	甲戌	甲辰	癸酉	癸卯	壬申	癸卯	21日
己卯	戊申	戊寅	丁未	丁丑	丙午	乙亥	乙巳	甲戌	甲辰	癸酉	甲辰	22日
庚辰	己酉	己卯	戊申	戊寅	丁未	丙子	丙午	乙亥	乙巳	甲戌	乙巳	23日
辛巳	庚戌	庚辰	己酉	己卯	戊申	丁丑	丁未	丙子	丙午	乙亥	丙午	24日
壬午	辛亥	辛巳	庚戌	庚辰	己酉	戊寅	戊申	丁丑	丁未	丙子	丁未	25日
癸未	壬子	壬午	辛亥	辛巳	庚戌	己卯	己酉	戊寅	戊申	丁丑	戊申	26日
甲申	癸丑	癸未	壬子	壬午	辛亥	庚辰	庚戌	己卯	己酉	戊寅	己酉	27日
乙酉	甲寅	甲申	癸丑	癸未	壬子	辛巳	辛亥	庚辰	庚戌	己卯	庚戌	28日
丙戌	乙卯	乙酉	甲寅	甲申	癸丑	壬午	壬子	辛巳	辛亥	庚辰	辛亥	29日
丁亥	丙辰	丙戌	乙卯	乙酉	甲寅	癸未	癸丑	壬午	壬子	辛巳		30日
戊子	丁巳		丙辰		乙卯	甲申		癸未		壬午		31日

昭和52年（1977）

丁巳・五黄土星

翌1月	12月	11月	10月	9月	8月	7月	6月	5月	4月	3月	2月	月
癸丑	壬子	辛亥	庚戌	己酉	戊申	丁未	丙午	乙巳	甲辰	癸卯	壬寅	月の干支
6日	7日	7日	8日	8日	8日	7日	6日	6日	5日	6日	4日	節入り
1:44	14:31	21:46	18:44	3:16	0:30	14:48	4:32	0:16	6:46	1:44	7:35	日時
癸亥	壬辰	壬戌	辛卯	辛酉	庚寅	己未	己丑	戊午	戊子	丁巳	己丑	1日
甲子	癸巳	癸亥	壬辰	壬戌	辛卯	庚申	庚寅	己未	己丑	戊午	庚寅	2日
乙丑	甲午	甲子	癸巳	癸亥	壬辰	辛酉	辛卯	庚申	庚寅	己未	辛卯	3日
丙寅	乙未	乙丑	甲午	甲子	癸巳	壬戌	壬辰	辛酉	辛卯	庚申	壬辰	4日
丁卯	丙申	丙寅	乙未	乙丑	甲午	癸亥	癸巳	壬戌	壬辰	辛酉	癸巳	5日
戊辰	丁酉	丁卯	丙申	丙寅	乙未	甲子	甲午	癸亥	癸巳	壬戌	甲午	6日
己巳	戊戌	戊辰	丁酉	丁卯	丙申	乙丑	乙未	甲子	甲午	癸亥	乙未	7日
庚午	己亥	己巳	戊戌	戊辰	丁酉	丙寅	丙申	乙丑	乙未	甲子	丙申	8日
辛未	庚子	庚午	己亥	己巳	戊戌	丁卯	丁酉	丙寅	丙申	乙丑	丁酉	9日
壬申	辛丑	辛未	庚子	庚午	己亥	戊辰	戊戌	丁卯	丁酉	丙寅	戊戌	10日
癸酉	壬寅	壬申	辛丑	辛未	庚子	己巳	己亥	戊辰	戊戌	丁卯	己亥	11日
甲戌	癸卯	癸酉	壬寅	壬申	辛丑	庚午	庚子	己巳	己亥	戊辰	庚子	12日
乙亥	甲辰	甲戌	癸卯	癸酉	壬寅	辛未	辛丑	庚午	庚子	己巳	辛丑	13日
丙子	乙巳	乙亥	甲辰	甲戌	癸卯	壬申	壬寅	辛未	辛丑	庚午	壬寅	14日
丁丑	丙午	丙子	乙巳	乙亥	甲辰	癸酉	癸卯	壬申	壬寅	辛未	癸卯	15日
戊寅	丁未	丁丑	丙午	丙子	乙巳	甲戌	甲辰	癸酉	癸卯	壬申	甲辰	16日
己卯	戊申	戊寅	丁未	丁丑	丙午	乙亥	乙巳	甲戌	甲辰	癸酉	乙巳	17日
庚辰	己酉	己卯	戊申	戊寅	丁未	丙子	丙午	乙亥	乙巳	甲戌	丙午	18日
辛巳	庚戌	庚辰	己酉	己卯	戊申	丁丑	丁未	丙子	丙午	乙亥	丁未	19日
壬午	辛亥	辛巳	庚戌	庚辰	己酉	戊寅	戊申	丁丑	丁未	丙子	戊申	20日
癸未	壬子	壬午	辛亥	辛巳	庚戌	己卯	己酉	戊寅	戊申	丁丑	己酉	21日
甲申	癸丑	癸未	壬子	壬午	辛亥	庚辰	庚戌	己卯	己酉	戊寅	庚戌	22日
乙酉	甲寅	甲申	癸丑	癸未	壬子	辛巳	辛亥	庚辰	庚戌	己卯	辛亥	23日
丙戌	乙卯	乙酉	甲寅	甲申	癸丑	壬午	壬子	辛巳	辛亥	庚辰	壬子	24日
丁亥	丙辰	丙戌	乙卯	乙酉	甲寅	癸未	癸丑	壬午	壬子	辛巳	癸丑	25日
戊子	丁巳	丁亥	丙辰	丙戌	乙卯	甲申	甲寅	癸未	癸丑	壬午	甲寅	26日
己丑	戊午	戊子	丁巳	丁亥	丙辰	乙酉	乙卯	甲申	甲寅	癸未	乙卯	27日
庚寅	己未	己丑	戊午	戊子	丁巳	丙戌	丙辰	乙酉	乙卯	甲申	丙辰	28日
辛卯	庚申	庚寅	己未	己丑	戊午	丁亥	丁巳	丙戌	丙辰	乙酉		29日
壬辰	辛酉	辛卯	庚申	庚寅	己未	戊子	戊午	丁亥	丁巳	丙戌		30日
癸巳	壬戌		辛酉		庚申	己丑		戊子		丁亥		31日

昭和53年（1978）

戊午・四緑木星

翌1月	12月	11月	10月	9月	8月	7月	6月	5月	4月	3月	2月	月
乙丑	甲子	癸亥	壬戌	辛酉	庚申	己未	戊午	丁巳	丙辰	乙卯	甲寅	月の干支
6日 7:32	7日 20:20	8日 3:34	9日 0:31	8日 9:03	8日 6:18	7日 20:37	6日 10:22	6日 6:09	5日 12:37	6日 7:38	4日 13:27	節入り 日時
戊辰	丁酉	丁卯	丙申	丙寅	乙未	甲子	甲午	癸亥	癸巳	壬戌	甲午	1日
己巳	戊戌	戊辰	丁酉	丁卯	丙申	乙丑	乙未	甲子	甲午	癸亥	乙未	2日
庚午	己亥	己巳	戊戌	戊辰	丁酉	丙寅	丙申	乙丑	乙未	甲子	丙申	3日
辛未	庚子	庚午	己亥	己巳	戊戌	丁卯	丁酉	丙寅	丙申	乙丑	丁酉	4日
壬申	辛丑	辛未	庚子	庚午	己亥	戊辰	戊戌	丁卯	丁酉	丙寅	戊戌	5日
癸酉	壬寅	壬申	辛丑	辛未	庚子	己巳	己亥	戊辰	戊戌	丁卯	己亥	6日
甲戌	癸卯	癸酉	壬寅	壬申	辛丑	庚午	庚子	己巳	己亥	戊辰	庚子	7日
乙亥	甲辰	甲戌	癸卯	癸酉	壬寅	辛未	辛丑	庚午	庚子	己巳	辛丑	8日
丙子	乙巳	乙亥	甲辰	甲戌	癸卯	壬申	壬寅	辛未	辛丑	庚午	壬寅	9日
丁丑	丙午	丙子	乙巳	乙亥	甲辰	癸酉	癸卯	壬申	壬寅	辛未	癸卯	10日
戊寅	丁未	丁丑	丙午	丙子	乙巳	甲戌	甲辰	癸酉	癸卯	壬申	甲辰	11日
己卯	戊申	戊寅	丁未	丁丑	丙午	乙亥	乙巳	甲戌	甲辰	癸酉	乙巳	12日
庚辰	己酉	己卯	戊申	戊寅	丁未	丙子	丙午	乙亥	乙巳	甲戌	丙午	13日
辛巳	庚戌	庚辰	己酉	己卯	戊申	丁丑	丁未	丙子	丙午	乙亥	丁未	14日
壬午	辛亥	辛巳	庚戌	庚辰	己酉	戊寅	戊申	丁丑	丁未	丙子	戊申	15日
癸未	壬子	壬午	辛亥	辛巳	庚戌	己卯	己酉	戊寅	戊申	丁丑	己酉	16日
甲申	癸丑	癸未	壬子	壬午	辛亥	庚辰	庚戌	己卯	己酉	戊寅	庚戌	17日
乙酉	甲寅	甲申	癸丑	癸未	壬子	辛巳	辛亥	庚辰	庚戌	己卯	辛亥	18日
丙戌	乙卯	乙酉	甲寅	甲申	癸丑	壬午	壬子	辛巳	辛亥	庚辰	壬子	19日
丁亥	丙辰	丙戌	乙卯	乙酉	甲寅	癸未	癸丑	壬午	壬子	辛巳	癸丑	20日
戊子	丁巳	丁亥	丙辰	丙戌	乙卯	甲申	甲寅	癸未	癸丑	壬午	甲寅	21日
己丑	戊午	戊子	丁巳	丁亥	丙辰	乙酉	乙卯	甲申	甲寅	癸未	乙卯	22日
庚寅	己未	己丑	戊午	戊子	丁巳	丙戌	丙辰	乙酉	乙卯	甲申	丙辰	23日
辛卯	庚申	庚寅	己未	己丑	戊午	丁亥	丁巳	丙戌	丙辰	乙酉	丁巳	24日
壬辰	辛酉	辛卯	庚申	庚寅	己未	戊子	戊午	丁亥	丁巳	丙戌	戊午	25日
癸巳	壬戌	壬辰	辛酉	辛卯	庚申	己丑	己未	戊子	戊午	丁亥	己未	26日
甲午	癸亥	癸巳	壬戌	壬辰	辛酉	庚寅	庚申	己丑	己未	戊子	庚申	27日
乙未	甲子	甲午	癸亥	癸巳	壬戌	辛卯	辛酉	庚寅	庚申	己丑	辛酉	28日
丙申	乙丑	乙未	甲子	甲午	癸亥	壬辰	壬戌	辛卯	辛酉	庚寅		29日
丁酉	丙寅	丙申	乙丑	乙未	甲子	癸巳	癸亥	壬辰	壬戌	辛卯		30日
戊戌	丁卯		丙寅		乙丑	甲午		癸巳		壬辰		31日

昭和54年（1979）

己未・三碧木星

翌1月	12月	11月	10月	9月	8月	7月	6月	5月	4月	3月	2月	月
丁丑	丙子	乙亥	甲戌	癸酉	壬申	辛未	庚午	己巳	戊辰	丁卯	丙寅	月の干支
6日 13:29	8日 2:18	8日 9:33	9日 6:30	8日 15:00	8日 12:11	8日 2:25	6日 16:05	6日 11:47	5日 18:18	6日 13:20	4日 19:13	節入り日時
癸酉	壬寅	壬申	辛丑	辛未	庚子	己巳	己亥	戊辰	戊戌	丁卯	己亥	1日
甲戌	癸卯	癸酉	壬寅	壬申	辛丑	庚午	庚子	己巳	己亥	戊辰	庚子	2日
乙亥	甲辰	甲戌	癸卯	癸酉	壬寅	辛未	辛丑	庚午	庚子	己巳	辛丑	3日
丙子	乙巳	乙亥	甲辰	甲戌	癸卯	壬申	壬寅	辛未	辛丑	庚午	壬寅	4日
丁丑	丙午	丙子	乙巳	乙亥	甲辰	癸酉	癸卯	壬申	壬寅	辛未	癸卯	5日
戊寅	丁未	丁丑	丙午	丙子	乙巳	甲戌	甲辰	癸酉	癸卯	壬申	甲辰	6日
己卯	戊申	戊寅	丁未	丁丑	丙午	乙亥	乙巳	甲戌	甲辰	癸酉	乙巳	7日
庚辰	己酉	己卯	戊申	戊寅	丁未	丙子	丙午	乙亥	乙巳	甲戌	丙午	8日
辛巳	庚戌	庚辰	己酉	己卯	戊申	丁丑	丁未	丙子	丙午	乙亥	丁未	9日
壬午	辛亥	辛巳	庚戌	庚辰	己酉	戊寅	戊申	丁丑	丁未	丙子	戊申	10日
癸未	壬子	壬午	辛亥	辛巳	庚戌	己卯	己酉	戊寅	戊申	丁丑	己酉	11日
甲申	癸丑	癸未	壬子	壬午	辛亥	庚辰	庚戌	己卯	己酉	戊寅	庚戌	12日
乙酉	甲寅	甲申	癸丑	癸未	壬子	辛巳	辛亥	庚辰	庚戌	己卯	辛亥	13日
丙戌	乙卯	乙酉	甲寅	甲申	癸丑	壬午	壬子	辛巳	辛亥	庚辰	壬子	14日
丁亥	丙辰	丙戌	乙卯	乙酉	甲寅	癸未	癸丑	壬午	壬子	辛巳	癸丑	15日
戊子	丁巳	丁亥	丙辰	丙戌	乙卯	甲申	甲寅	癸未	癸丑	壬午	甲寅	16日
己丑	戊午	戊子	丁巳	丁亥	丙辰	乙酉	乙卯	甲申	甲寅	癸未	乙卯	17日
庚寅	己未	己丑	戊午	戊子	丁巳	丙戌	丙辰	乙酉	乙卯	甲申	丙辰	18日
辛卯	庚申	庚寅	己未	己丑	戊午	丁亥	丁巳	丙戌	丙辰	乙酉	丁巳	19日
壬辰	辛酉	辛卯	庚申	庚寅	己未	戊子	戊午	丁亥	丁巳	丙戌	戊午	20日
癸巳	壬戌	壬辰	辛酉	辛卯	庚申	己丑	己未	戊子	戊午	丁亥	己未	21日
甲午	癸亥	癸巳	壬戌	壬辰	辛酉	庚寅	庚申	己丑	己未	戊子	庚申	22日
乙未	甲子	甲午	癸亥	癸巳	壬戌	辛卯	辛酉	庚寅	庚申	己丑	辛酉	23日
丙申	乙丑	乙未	甲子	甲午	癸亥	壬辰	壬戌	辛卯	辛酉	庚寅	壬戌	24日
丁酉	丙寅	丙申	乙丑	乙未	甲子	癸巳	癸亥	壬辰	壬戌	辛卯	癸亥	25日
戊戌	丁卯	丁酉	丙寅	丙申	乙丑	甲午	甲子	癸巳	癸亥	壬辰	甲子	26日
己亥	戊辰	戊戌	丁卯	丁酉	丙寅	乙未	乙丑	甲午	甲子	癸巳	乙丑	27日
庚子	己巳	己亥	戊辰	戊戌	丁卯	丙申	丙寅	乙未	乙丑	甲午	丙寅	28日
辛丑	庚午	庚子	己巳	己亥	戊辰	丁酉	丁卯	丙申	丙寅	乙未		29日
壬寅	辛未	辛丑	庚午	庚子	己巳	戊戌	戊辰	丁酉	丁卯	丙申		30日
癸卯	壬申		辛未		庚午	己亥		戊戌		丁酉		31日

昭和55年（1980）

庚申・二黒土星

翌1月	12月	11月	10月	9月	8月	7月	6月	5月	4月	3月	2月	月
己丑	戊子	丁亥	丙戌	乙酉	甲申	癸未	壬午	辛巳	庚辰	己卯	戊寅	月の干支
5日 19:13	7日 8:02	7日 15:19	8日 12:20	7日 20:54	7日 18:09	7日 8:24	5日 22:04	5日 17:45	5日 0:15	5日 19:17	5日 1:10	節入り 日時
己卯	戊申	戊寅	丁未	丁丑	丙午	乙亥	乙巳	甲戌	甲辰	癸酉	甲辰	1日
庚辰	己酉	己卯	戊申	戊寅	丁未	丙子	丙午	乙亥	乙巳	甲戌	乙巳	2日
辛巳	庚戌	庚辰	己酉	己卯	戊申	丁丑	丁未	丙子	丙午	乙亥	丙午	3日
壬午	辛亥	辛巳	庚戌	庚辰	己酉	戊寅	戊申	丁丑	丁未	丙子	丁未	4日
癸未	壬子	壬午	辛亥	辛巳	庚戌	己卯	己酉	戊寅	戊申	丁丑	戊申	5日
甲申	癸丑	癸未	壬子	壬午	辛亥	庚辰	庚戌	己卯	己酉	戊寅	己酉	6日
乙酉	甲寅	甲申	癸丑	癸未	壬子	辛巳	辛亥	庚辰	庚戌	己卯	庚戌	7日
丙戌	乙卯	乙酉	甲寅	甲申	癸丑	壬午	壬子	辛巳	辛亥	庚辰	辛亥	8日
丁亥	丙辰	丙戌	乙卯	乙酉	甲寅	癸未	癸丑	壬午	壬子	辛巳	壬子	9日
戊子	丁巳	丁亥	丙辰	丙戌	乙卯	甲申	甲寅	癸未	癸丑	壬午	癸丑	10日
己丑	戊午	戊子	丁巳	丁亥	丙辰	乙酉	乙卯	甲申	甲寅	癸未	甲寅	11日
庚寅	己未	己丑	戊午	戊子	丁巳	丙戌	丙辰	乙酉	乙卯	甲申	乙卯	12日
辛卯	庚申	庚寅	己未	己丑	戊午	丁亥	丁巳	丙戌	丙辰	乙酉	丙辰	13日
壬辰	辛酉	辛卯	庚申	庚寅	己未	戊子	戊午	丁亥	丁巳	丙戌	丁巳	14日
癸巳	壬戌	壬辰	辛酉	辛卯	庚申	己丑	己未	戊子	戊午	丁亥	戊午	15日
甲午	癸亥	癸巳	壬戌	壬辰	辛酉	庚寅	庚申	己丑	己未	戊子	己未	16日
乙未	甲子	甲午	癸亥	癸巳	壬戌	辛卯	辛酉	庚寅	庚申	己丑	庚申	17日
丙申	乙丑	乙未	甲子	甲午	癸亥	壬辰	壬戌	辛卯	辛酉	庚寅	辛酉	18日
丁酉	丙寅	丙申	乙丑	乙未	甲子	癸巳	癸亥	壬辰	壬戌	辛卯	壬戌	19日
戊戌	丁卯	丁酉	丙寅	丙申	乙丑	甲午	甲子	癸巳	癸亥	壬辰	癸亥	20日
己亥	戊辰	戊戌	丁卯	丁酉	丙寅	乙未	乙丑	甲午	甲子	癸巳	甲子	21日
庚子	己巳	己亥	戊辰	戊戌	丁卯	丙申	丙寅	乙未	乙丑	甲午	乙丑	22日
辛丑	庚午	庚子	己巳	己亥	戊辰	丁酉	丁卯	丙申	丙寅	乙未	丙寅	23日
壬寅	辛未	辛丑	庚午	庚子	己巳	戊戌	戊辰	丁酉	丁卯	丙申	丁卯	24日
癸卯	壬申	壬寅	辛未	辛丑	庚午	己亥	己巳	戊戌	戊辰	丁酉	戊辰	25日
甲辰	癸酉	癸卯	壬申	壬寅	辛未	庚子	庚午	己亥	己巳	戊戌	己巳	26日
乙巳	甲戌	甲辰	癸酉	癸卯	壬申	辛丑	辛未	庚子	庚午	己亥	庚午	27日
丙午	乙亥	乙巳	甲戌	甲辰	癸酉	壬寅	壬申	辛丑	辛未	庚子	辛未	28日
丁未	丙子	丙午	乙亥	乙巳	甲戌	癸卯	癸酉	壬寅	壬申	辛丑	壬申	29日
戊申	丁丑	丁未	丙子	丙午	乙亥	甲辰	甲戌	癸卯	癸酉	壬寅		30日
己酉	戊寅		丁丑		丙子	乙巳		甲辰		癸卯		31日

昭和56年（1981）

辛酉・一白水星

翌1月	12月	11月	10月	9月	8月	7月	6月	5月	4月	3月	2月	月
辛丑	庚子	己亥	戊戌	丁酉	丙申	乙未	甲午	癸巳	壬辰	辛卯	庚寅	月の干支
6日 1:03	7日 13:52	7日 21:09	8日 18:10	8日 2:43	7日 23:57	7日 14:12	6日 3:53	5日 23:35	5日 6:05	6日 1:05	4日 6:56	節入り 日時
甲申	癸丑	癸未	壬子	壬午	辛亥	庚辰	庚戌	己卯	己酉	戊寅	庚戌	1日
乙酉	甲寅	甲申	癸丑	癸未	壬子	辛巳	辛亥	庚辰	庚戌	己卯	辛亥	2日
丙戌	乙卯	乙酉	甲寅	甲申	癸丑	壬午	壬子	辛巳	辛亥	庚辰	壬子	3日
丁亥	丙辰	丙戌	乙卯	乙酉	甲寅	癸未	癸丑	壬午	壬子	辛巳	癸丑	4日
戊子	丁巳	丁亥	丙辰	丙戌	乙卯	甲申	甲寅	癸未	癸丑	壬午	甲寅	5日
己丑	戊午	戊子	丁巳	丁亥	丙辰	乙酉	乙卯	甲申	甲寅	癸未	乙卯	6日
庚寅	己未	己丑	戊午	戊子	丁巳	丙戌	丙辰	乙酉	乙卯	甲申	丙辰	7日
辛卯	庚申	庚寅	己未	己丑	戊午	丁亥	丁巳	丙戌	丙辰	乙酉	丁巳	8日
壬辰	辛酉	辛卯	庚申	庚寅	己未	戊子	戊午	丁亥	丁巳	丙戌	戊午	9日
癸巳	壬戌	壬辰	辛酉	辛卯	庚申	己丑	己未	戊子	戊午	丁亥	己未	10日
甲午	癸亥	癸巳	壬戌	壬辰	辛酉	庚寅	庚申	己丑	己未	戊子	庚申	11日
乙未	甲子	甲午	癸亥	癸巳	壬戌	辛卯	辛酉	庚寅	庚申	己丑	辛酉	12日
丙申	乙丑	乙未	甲子	甲午	癸亥	壬辰	壬戌	辛卯	辛酉	庚寅	壬戌	13日
丁酉	丙寅	丙申	乙丑	乙未	甲子	癸巳	癸亥	壬辰	壬戌	辛卯	癸亥	14日
戊戌	丁卯	丁酉	丙寅	丙申	乙丑	甲午	甲子	癸巳	癸亥	壬辰	甲子	15日
己亥	戊辰	戊戌	丁卯	丁酉	丙寅	乙未	乙丑	甲午	甲子	癸巳	乙丑	16日
庚子	己巳	己亥	戊辰	戊戌	丁卯	丙申	丙寅	乙未	乙丑	甲午	丙寅	17日
辛丑	庚午	庚子	己巳	己亥	戊辰	丁酉	丁卯	丙申	丙寅	乙未	丁卯	18日
壬寅	辛未	辛丑	庚午	庚子	己巳	戊戌	戊辰	丁酉	丁卯	丙申	戊辰	19日
癸卯	壬申	壬寅	辛未	辛丑	庚午	己亥	己巳	戊戌	戊辰	丁酉	己巳	20日
甲辰	癸酉	癸卯	壬申	壬寅	辛未	庚子	庚午	己亥	己巳	戊戌	庚午	21日
乙巳	甲戌	甲辰	癸酉	癸卯	壬申	辛丑	辛未	庚子	庚午	己亥	辛未	22日
丙午	乙亥	乙巳	甲戌	甲辰	癸酉	壬寅	壬申	辛丑	辛未	庚子	壬申	23日
丁未	丙子	丙午	乙亥	乙巳	甲戌	癸卯	癸酉	壬寅	壬申	辛丑	癸酉	24日
戊申	丁丑	丁未	丙子	丙午	乙亥	甲辰	甲戌	癸卯	癸酉	壬寅	甲戌	25日
己酉	戊寅	戊申	丁丑	丁未	丙子	乙巳	乙亥	甲辰	甲戌	癸卯	乙亥	26日
庚戌	己卯	己酉	戊寅	戊申	丁丑	丙午	丙子	乙巳	乙亥	甲辰	丙子	27日
辛亥	庚辰	庚戌	己卯	己酉	戊寅	丁未	丁丑	丙午	丙子	乙巳	丁丑	28日
壬子	辛巳	辛亥	庚辰	庚戌	己卯	戊申	戊寅	丁未	丁丑	丙午		29日
癸丑	壬午	壬子	辛巳	辛亥	庚辰	己酉	己卯	戊申	戊寅	丁未		30日
甲寅	癸未		壬午		辛巳	庚戌		己酉		戊申		31日

昭和57年（1982）

壬戌・九紫火星

翌1月	12月	11月	10月	9月	8月	7月	6月	5月	4月	3月	2月	月
癸丑	壬子	辛亥	庚戌	己酉	戊申	丁未	丙午	乙巳	甲辰	癸卯	壬寅	月の干支
6日 6:59	7日 19:48	8日 3:04	9日 0:02	8日 8:32	8日 5:42	7日 19:55	6日 9:36	6日 5:20	5日 11:53	6日 6:55	4日 12:46	節入り日時
己丑	戊午	戊子	丁巳	丁亥	丙辰	乙酉	乙卯	甲申	甲寅	癸未	乙卯	1日
庚寅	己未	己丑	戊午	戊子	丁巳	丙戌	丙辰	乙酉	乙卯	甲申	丙辰	2日
辛卯	庚申	庚寅	己未	己丑	戊午	丁亥	丁巳	丙戌	丙辰	乙酉	丁巳	3日
壬辰	辛酉	辛卯	庚申	庚寅	己未	戊子	戊午	丁亥	丁巳	丙戌	戊午	4日
癸巳	壬戌	壬辰	辛酉	辛卯	庚申	己丑	己未	戊子	戊午	丁亥	己未	5日
甲午	癸亥	癸巳	壬戌	壬辰	辛酉	庚寅	庚申	己丑	己未	戊子	庚申	6日
乙未	甲子	甲午	癸亥	癸巳	壬戌	辛卯	辛酉	庚寅	庚申	己丑	辛酉	7日
丙申	乙丑	乙未	甲子	甲午	癸亥	壬辰	壬戌	辛卯	辛酉	庚寅	壬戌	8日
丁酉	丙寅	丙申	乙丑	乙未	甲子	癸巳	癸亥	壬辰	壬戌	辛卯	癸亥	9日
戊戌	丁卯	丁酉	丙寅	丙申	乙丑	甲午	甲子	癸巳	癸亥	壬辰	甲子	10日
己亥	戊辰	戊戌	丁卯	丁酉	丙寅	乙未	乙丑	甲午	甲子	癸巳	乙丑	11日
庚子	己巳	己亥	戊辰	戊戌	丁卯	丙申	丙寅	乙未	乙丑	甲午	丙寅	12日
辛丑	庚午	庚子	己巳	己亥	戊辰	丁酉	丁卯	丙申	丙寅	乙未	丁卯	13日
壬寅	辛未	辛丑	庚午	庚子	己巳	戊戌	戊辰	丁酉	丁卯	丙申	戊辰	14日
癸卯	壬申	壬寅	辛未	辛丑	庚午	己亥	己巳	戊戌	戊辰	丁酉	己巳	15日
甲辰	癸酉	癸卯	壬申	壬寅	辛未	庚子	庚午	己亥	己巳	戊戌	庚午	16日
乙巳	甲戌	甲辰	癸酉	癸卯	壬申	辛丑	辛未	庚子	庚午	己亥	辛未	17日
丙午	乙亥	乙巳	甲戌	甲辰	癸酉	壬寅	壬申	辛丑	辛未	庚子	壬申	18日
丁未	丙子	丙午	乙亥	乙巳	甲戌	癸卯	癸酉	壬寅	壬申	辛丑	癸酉	19日
戊申	丁丑	丁未	丙子	丙午	乙亥	甲辰	甲戌	癸卯	癸酉	壬寅	甲戌	20日
己酉	戊寅	戊申	丁丑	丁未	丙子	乙巳	乙亥	甲辰	甲戌	癸卯	乙亥	21日
庚戌	己卯	己酉	戊寅	戊申	丁丑	丙午	丙子	乙巳	乙亥	甲辰	丙子	22日
辛亥	庚辰	庚戌	己卯	己酉	戊寅	丁未	丁丑	丙午	丙子	乙巳	丁丑	23日
壬子	辛巳	辛亥	庚辰	庚戌	己卯	戊申	戊寅	丁未	丁丑	丙午	戊寅	24日
癸丑	壬午	壬子	辛巳	辛亥	庚辰	己酉	己卯	戊申	戊寅	丁未	己卯	25日
甲寅	癸未	癸丑	壬午	壬子	辛巳	庚戌	庚辰	己酉	己卯	戊申	庚辰	26日
乙卯	甲申	甲寅	癸未	癸丑	壬午	辛亥	辛巳	庚戌	庚辰	己酉	辛巳	27日
丙辰	乙酉	乙卯	甲申	甲寅	癸未	壬子	壬午	辛亥	辛巳	庚戌	壬午	28日
丁巳	丙戌	丙辰	乙酉	乙卯	甲申	癸丑	癸未	壬子	壬午	辛亥		29日
戊午	丁亥	丁巳	丙戌	丙辰	乙酉	甲寅	甲申	癸丑	癸未	壬子		30日
己未	戊子		丁亥		丙戌	乙卯		甲寅		癸丑		31日

昭和58年（1983）

癸亥・八白土星

翌1月	12月	11月	10月	9月	8月	7月	6月	5月	4月	3月	2月	月
乙丑	甲子	癸亥	壬戌	辛酉	庚申	己未	戊午	丁巳	丙辰	乙卯	甲寅	月の干支
6日 12:41	8日 1:34	8日 8:53	9日 5:51	8日 14:20	8日 11:30	8日 1:43	6日 15:26	6日 11:11	5日 17:44	6日 12:47	4日 18:40	節入り 日時
甲午	癸亥	癸巳	壬戌	壬辰	辛酉	庚寅	庚申	己丑	己未	戊子	庚申	1日
乙未	甲子	甲午	癸亥	癸巳	壬戌	辛卯	辛酉	庚寅	庚申	己丑	辛酉	2日
丙申	乙丑	乙未	甲子	甲午	癸亥	壬辰	壬戌	辛卯	辛酉	庚寅	壬戌	3日
丁酉	丙寅	丙申	乙丑	乙未	甲子	癸巳	癸亥	壬辰	壬戌	辛卯	癸亥	4日
戊戌	丁卯	丁酉	丙寅	丙申	乙丑	甲午	甲子	癸巳	癸亥	壬辰	甲子	5日
己亥	戊辰	戊戌	丁卯	丁酉	丙寅	乙未	乙丑	甲午	甲子	癸巳	乙丑	6日
庚子	己巳	己亥	戊辰	戊戌	丁卯	丙申	丙寅	乙未	乙丑	甲午	丙寅	7日
辛丑	庚午	庚子	己巳	己亥	戊辰	丁酉	丁卯	丙申	丙寅	乙未	丁卯	8日
壬寅	辛未	辛丑	庚午	庚子	己巳	戊戌	戊辰	丁酉	丁卯	丙申	戊辰	9日
癸卯	壬申	壬寅	辛未	辛丑	庚午	己亥	己巳	戊戌	戊辰	丁酉	己巳	10日
甲辰	癸酉	癸卯	壬申	壬寅	辛未	庚子	庚午	己亥	己巳	戊戌	庚午	11日
乙巳	甲戌	甲辰	癸酉	癸卯	壬申	辛丑	辛未	庚子	庚午	己亥	辛未	12日
丙午	乙亥	乙巳	甲戌	甲辰	癸酉	壬寅	壬申	辛丑	辛未	庚子	壬申	13日
丁未	丙子	丙午	乙亥	乙巳	甲戌	癸卯	癸酉	壬寅	壬申	辛丑	癸酉	14日
戊申	丁丑	丁未	丙子	丙午	乙亥	甲辰	甲戌	癸卯	癸酉	壬寅	甲戌	15日
己酉	戊寅	戊申	丁丑	丁未	丙子	乙巳	乙亥	甲辰	甲戌	癸卯	乙亥	16日
庚戌	己卯	己酉	戊寅	戊申	丁丑	丙午	丙子	乙巳	乙亥	甲辰	丙子	17日
辛亥	庚辰	庚戌	己卯	己酉	戊寅	丁未	丁丑	丙午	丙子	乙巳	丁丑	18日
壬子	辛巳	辛亥	庚辰	庚戌	己卯	戊申	戊寅	丁未	丁丑	丙午	戊寅	19日
癸丑	壬午	壬子	辛巳	辛亥	庚辰	己酉	己卯	戊申	戊寅	丁未	己卯	20日
甲寅	癸未	癸丑	壬午	壬子	辛巳	庚戌	庚辰	己酉	己卯	戊申	庚辰	21日
乙卯	甲申	甲寅	癸未	癸丑	壬午	辛亥	辛巳	庚戌	庚辰	己酉	辛巳	22日
丙辰	乙酉	乙卯	甲申	甲寅	癸未	壬子	壬午	辛亥	辛巳	庚戌	壬午	23日
丁巳	丙戌	丙辰	乙酉	乙卯	甲申	癸丑	癸未	壬子	壬午	辛亥	癸未	24日
戊午	丁亥	丁巳	丙戌	丙辰	乙酉	甲寅	甲申	癸丑	癸未	壬子	甲申	25日
己未	戊子	戊午	丁亥	丁巳	丙戌	乙卯	乙酉	甲寅	甲申	癸丑	乙酉	26日
庚申	己丑	己未	戊子	戊午	丁亥	丙辰	丙戌	乙卯	乙酉	甲寅	丙戌	27日
辛酉	庚寅	庚申	己丑	己未	戊子	丁巳	丁亥	丙辰	丙戌	乙卯	丁亥	28日
壬戌	辛卯	辛酉	庚寅	庚申	己丑	戊午	戊子	丁巳	丁亥	丙辰		29日
癸亥	壬辰	壬戌	辛卯	辛酉	庚寅	己未	己丑	戊午	戊子	丁巳		30日
甲子	癸巳		壬辰		辛卯	庚申		己未		戊午		31日

昭和59年（1984）

甲子・七赤金星

翌1月	12月	11月	10月	9月	8月	7月	6月	5月	4月	3月	2月	月
丁丑	丙子	乙亥	甲戌	癸酉	壬申	辛未	庚午	己巳	戊辰	丁卯	丙寅	月の干支
5日 18:35	7日 7:28	7日 14:46	8日 11:43	7日 20:10	7日 17:18	7日 7:29	5日 21:09	5日 16:51	4日 23:22	5日 18:25	5日 0:19	節入り日時
庚子	己巳	己亥	戊辰	戊戌	丁卯	丙申	丙寅	乙未	乙丑	甲午	乙丑	1日
辛丑	庚午	庚子	己巳	己亥	戊辰	丁酉	丁卯	丙申	丙寅	乙未	丙寅	2日
壬寅	辛未	辛丑	庚午	庚子	己巳	戊戌	戊辰	丁酉	丁卯	丙申	丁卯	3日
癸卯	壬申	壬寅	辛未	辛丑	庚午	己亥	己巳	戊戌	戊辰	丁酉	戊辰	4日
甲辰	癸酉	癸卯	壬申	壬寅	辛未	庚子	庚午	己亥	己巳	戊戌	己巳	5日
乙巳	甲戌	甲辰	癸酉	癸卯	壬申	辛丑	辛未	庚子	庚午	己亥	庚午	6日
丙午	乙亥	乙巳	甲戌	甲辰	癸酉	壬寅	壬申	辛丑	辛未	庚子	辛未	7日
丁未	丙子	丙午	乙亥	乙巳	甲戌	癸卯	癸酉	壬寅	壬申	辛丑	壬申	8日
戊申	丁丑	丁未	丙子	丙午	乙亥	甲辰	甲戌	癸卯	癸酉	壬寅	癸酉	9日
己酉	戊寅	戊申	丁丑	丁未	丙子	乙巳	乙亥	甲辰	甲戌	癸卯	甲戌	10日
庚戌	己卯	己酉	戊寅	戊申	丁丑	丙午	丙子	乙巳	乙亥	甲辰	乙亥	11日
辛亥	庚辰	庚戌	己卯	己酉	戊寅	丁未	丁丑	丙午	丙子	乙巳	丙子	12日
壬子	辛巳	辛亥	庚辰	庚戌	己卯	戊申	戊寅	丁未	丁丑	丙午	丁丑	13日
癸丑	壬午	壬子	辛巳	辛亥	庚辰	己酉	己卯	戊申	戊寅	丁未	戊寅	14日
甲寅	癸未	癸丑	壬午	壬子	辛巳	庚戌	庚辰	己酉	己卯	戊申	己卯	15日
乙卯	甲申	甲寅	癸未	癸丑	壬午	辛亥	辛巳	庚戌	庚辰	己酉	庚辰	16日
丙辰	乙酉	乙卯	甲申	甲寅	癸未	壬子	壬午	辛亥	辛巳	庚戌	辛巳	17日
丁巳	丙戌	丙辰	乙酉	乙卯	甲申	癸丑	癸未	壬子	壬午	辛亥	壬午	18日
戊午	丁亥	丁巳	丙戌	丙辰	乙酉	甲寅	甲申	癸丑	癸未	壬子	癸未	19日
己未	戊子	戊午	丁亥	丁巳	丙戌	乙卯	乙酉	甲寅	甲申	癸丑	甲申	20日
庚申	己丑	己未	戊子	戊午	丁亥	丙辰	丙戌	乙卯	乙酉	甲寅	乙酉	21日
辛酉	庚寅	庚申	己丑	己未	戊子	丁巳	丁亥	丙辰	丙戌	乙卯	丙戌	22日
壬戌	辛卯	辛酉	庚寅	庚申	己丑	戊午	戊子	丁巳	丁亥	丙辰	丁亥	23日
癸亥	壬辰	壬戌	辛卯	辛酉	庚寅	己未	己丑	戊午	戊子	丁巳	戊子	24日
甲子	癸巳	癸亥	壬辰	壬戌	辛卯	庚申	庚寅	己未	己丑	戊午	己丑	25日
乙丑	甲午	甲子	癸巳	癸亥	壬辰	辛酉	辛卯	庚申	庚寅	己未	庚寅	26日
丙寅	乙未	乙丑	甲午	甲子	癸巳	壬戌	壬辰	辛酉	辛卯	庚申	辛卯	27日
丁卯	丙申	丙寅	乙未	乙丑	甲午	癸亥	癸巳	壬戌	壬辰	辛酉	壬辰	28日
戊辰	丁酉	丁卯	丙申	丙寅	乙未	甲子	甲午	癸亥	癸巳	壬戌	癸巳	29日
己巳	戊戌	戊辰	丁酉	丁卯	丙申	乙丑	乙未	甲子	甲午	癸亥		30日
庚午	己亥		戊戌		丁酉	丙寅		乙丑		甲子		31日

昭和60年（1985）

乙丑・六白金星

翌1月	12月	11月	10月	9月	8月	7月	6月	5月	4月	3月	2月	月
己丑	戊子	丁亥	丙戌	乙酉	甲申	癸未	壬午	辛巳	庚辰	己卯	戊寅	月の干支
6日	7日	7日	8日	8日	7日	7日	6日	5日	5日	6日	4日	節入り
0:28	13:16	20:29	17:25	1:53	23:04	13:19	3:00	22:43	5:14	0:16	6:12	日時
乙巳	甲戌	甲辰	癸酉	癸卯	壬申	辛丑	辛未	庚子	庚午	己亥	辛未	1日
丙午	乙亥	乙巳	甲戌	甲辰	癸酉	壬寅	壬申	辛丑	辛未	庚子	壬申	2日
丁未	丙子	丙午	乙亥	乙巳	甲戌	癸卯	癸酉	壬寅	壬申	辛丑	癸酉	3日
戊申	丁丑	丁未	丙子	丙午	乙亥	甲辰	甲戌	癸卯	癸酉	壬寅	甲戌	4日
己酉	戊寅	戊申	丁丑	丁未	丙子	乙巳	乙亥	甲辰	甲戌	癸卯	乙亥	5日
庚戌	己卯	己酉	戊寅	戊申	丁丑	丙午	丙子	乙巳	乙亥	甲辰	丙子	6日
辛亥	庚辰	庚戌	己卯	己酉	戊寅	丁未	丁丑	丙午	丙子	乙巳	丁丑	7日
壬子	辛巳	辛亥	庚辰	庚戌	己卯	戊申	戊寅	丁未	丁丑	丙午	戊寅	8日
癸丑	壬午	壬子	辛巳	辛亥	庚辰	己酉	己卯	戊申	戊寅	丁未	己卯	9日
甲寅	癸未	癸丑	壬午	壬子	辛巳	庚戌	庚辰	己酉	己卯	戊申	庚辰	10日
乙卯	甲申	甲寅	癸未	癸丑	壬午	辛亥	辛巳	庚戌	庚辰	己酉	辛巳	11日
丙辰	乙酉	乙卯	甲申	甲寅	癸未	壬子	壬午	辛亥	辛巳	庚戌	壬午	12日
丁巳	丙戌	丙辰	乙酉	乙卯	甲申	癸丑	癸未	壬子	壬午	辛亥	癸未	13日
戊午	丁亥	丁巳	丙戌	丙辰	乙酉	甲寅	甲申	癸丑	癸未	壬子	甲申	14日
己未	戊子	戊午	丁亥	丁巳	丙戌	乙卯	乙酉	甲寅	甲申	癸丑	乙酉	15日
庚申	己丑	己未	戊子	戊午	丁亥	丙辰	丙戌	乙卯	乙酉	甲寅	丙戌	16日
辛酉	庚寅	庚申	己丑	己未	戊子	丁巳	丁亥	丙辰	丙戌	乙卯	丁亥	17日
壬戌	辛卯	辛酉	庚寅	庚申	己丑	戊午	戊子	丁巳	丁亥	丙辰	戊子	18日
癸亥	壬辰	壬戌	辛卯	辛酉	庚寅	己未	己丑	戊午	戊子	丁巳	己丑	19日
甲子	癸巳	癸亥	壬辰	壬戌	辛卯	庚申	庚寅	己未	己丑	戊午	庚寅	20日
乙丑	甲午	甲子	癸巳	癸亥	壬辰	辛酉	辛卯	庚申	庚寅	己未	辛卯	21日
丙寅	乙未	乙丑	甲午	甲子	癸巳	壬戌	壬辰	辛酉	辛卯	庚申	壬辰	22日
丁卯	丙申	丙寅	乙未	乙丑	甲午	癸亥	癸巳	壬戌	壬辰	辛酉	癸巳	23日
戊辰	丁酉	丁卯	丙申	丙寅	乙未	甲子	甲午	癸亥	癸巳	壬戌	甲午	24日
己巳	戊戌	戊辰	丁酉	丁卯	丙申	乙丑	乙未	甲子	甲午	癸亥	乙未	25日
庚午	己亥	己巳	戊戌	戊辰	丁酉	丙寅	丙申	乙丑	乙未	甲子	丙申	26日
辛未	庚子	庚午	己亥	己巳	戊戌	丁卯	丁酉	丙寅	丙申	乙丑	丁酉	27日
壬申	辛丑	辛未	庚子	庚午	己亥	戊辰	戊戌	丁卯	丁酉	丙寅	戊戌	28日
癸酉	壬寅	壬申	辛丑	辛未	庚子	己巳	己亥	戊辰	戊戌	丁卯		29日
甲戌	癸卯	癸酉	壬寅	壬申	辛丑	庚午	庚子	己巳	己亥	戊辰		30日
乙亥	甲辰		癸卯		壬寅	辛未		庚午		己巳		31日

昭和61年（1986）

丙寅・五黄土星

翌1月	12月	11月	10月	9月	8月	7月	6月	5月	4月	3月	2月	月
辛丑	庚子	己亥	戊戌	丁酉	丙申	乙未	甲午	癸巳	壬辰	辛卯	庚寅	月の干支
6日	7日	8日	8日	8日	8日	7日	6日	6日	5日	6日	4日	節入り
6:13	19:01	2:13	23:07	7:35	4:46	19:01	8:44	4:31	11:06	6:12	12:08	日時
庚戌	己卯	己酉	戊寅	戊申	丁丑	丙午	丙子	乙巳	乙亥	甲辰	丙子	1日
辛亥	庚辰	庚戌	己卯	己酉	戊寅	丁未	丁丑	丙午	丙子	乙巳	丁丑	2日
壬子	辛巳	辛亥	庚辰	庚戌	己卯	戊申	戊寅	丁未	丁丑	丙午	戊寅	3日
癸丑	壬午	壬子	辛巳	辛亥	庚辰	己酉	己卯	戊申	戊寅	丁未	己卯	4日
甲寅	癸未	癸丑	壬午	壬子	辛巳	庚戌	庚辰	己酉	己卯	戊申	庚辰	5日
乙卯	甲申	甲寅	癸未	癸丑	壬午	辛亥	辛巳	庚戌	庚辰	己酉	辛巳	6日
丙辰	乙酉	乙卯	甲申	甲寅	癸未	壬子	壬午	辛亥	辛巳	庚戌	壬午	7日
丁巳	丙戌	丙辰	乙酉	乙卯	甲申	癸丑	癸未	壬子	壬午	辛亥	癸未	8日
戊午	丁亥	丁巳	丙戌	丙辰	乙酉	甲寅	甲申	癸丑	癸未	壬子	甲申	9日
己未	戊子	戊午	丁亥	丁巳	丙戌	乙卯	乙酉	甲寅	甲申	癸丑	乙酉	10日
庚申	己丑	己未	戊子	戊午	丁亥	丙辰	丙戌	乙卯	乙酉	甲寅	丙戌	11日
辛酉	庚寅	庚申	己丑	己未	戊子	丁巳	丁亥	丙辰	丙戌	乙卯	丁亥	12日
壬戌	辛卯	辛酉	庚寅	庚申	己丑	戊午	戊子	丁巳	丁亥	丙辰	戊子	13日
癸亥	壬辰	壬戌	辛卯	辛酉	庚寅	己未	己丑	戊午	戊子	丁巳	己丑	14日
甲子	癸巳	癸亥	壬辰	壬戌	辛卯	庚申	庚寅	己未	己丑	戊午	庚寅	15日
乙丑	甲午	甲子	癸巳	癸亥	壬辰	辛酉	辛卯	庚申	庚寅	己未	辛卯	16日
丙寅	乙未	乙丑	甲午	甲子	癸巳	壬戌	壬辰	辛酉	辛卯	庚申	壬辰	17日
丁卯	丙申	丙寅	乙未	乙丑	甲午	癸亥	癸巳	壬戌	壬辰	辛酉	癸巳	18日
戊辰	丁酉	丁卯	丙申	丙寅	乙未	甲子	甲午	癸亥	癸巳	壬戌	甲午	19日
己巳	戊戌	戊辰	丁酉	丁卯	丙申	乙丑	乙未	甲子	甲午	癸亥	乙未	20日
庚午	己亥	己巳	戊戌	戊辰	丁酉	丙寅	丙申	乙丑	乙未	甲子	丙申	21日
辛未	庚子	庚午	己亥	己巳	戊戌	丁卯	丁酉	丙寅	丙申	乙丑	丁酉	22日
壬申	辛丑	辛未	庚子	庚午	己亥	戊辰	戊戌	丁卯	丁酉	丙寅	戊戌	23日
癸酉	壬寅	壬申	辛丑	辛未	庚子	己巳	己亥	戊辰	戊戌	丁卯	己亥	24日
甲戌	癸卯	癸酉	壬寅	壬申	辛丑	庚午	庚子	己巳	己亥	戊辰	庚子	25日
乙亥	甲辰	甲戌	癸卯	癸酉	壬寅	辛未	辛丑	庚午	庚子	己巳	辛丑	26日
丙子	乙巳	乙亥	甲辰	甲戌	癸卯	壬申	壬寅	辛未	辛丑	庚午	壬寅	27日
丁丑	丙午	丙子	乙巳	乙亥	甲辰	癸酉	癸卯	壬申	壬寅	辛未	癸卯	28日
戊寅	丁未	丁丑	丙午	丙子	乙巳	甲戌	甲辰	癸酉	癸卯	壬申		29日
己卯	戊申	戊寅	丁未	丁丑	丙午	乙亥	乙巳	甲戌	甲辰	癸酉		30日
庚辰	己酉		戊申		丁未	丙子		乙亥		甲戌		31日

昭和62年（1987）

丁卯・四緑木星

翌1月	12月	11月	10月	9月	8月	7月	6月	5月	4月	3月	2月	月
癸丑	壬子	辛亥	庚戌	己酉	戊申	丁未	丙午	乙巳	甲辰	癸卯	壬寅	月の干支
6日 12:04	8日 0:52	8日 8:06	9日 5:00	8日 13:24	8日 10:29	8日 0:39	6日 14:19	6日 10:06	5日 16:44	6日 11:54	4日 17:52	節入り 日時
乙卯	甲申	甲寅	癸未	癸丑	壬午	辛亥	辛巳	庚戌	庚辰	己酉	辛巳	1日
丙辰	乙酉	乙卯	甲申	甲寅	癸未	壬子	壬午	辛亥	辛巳	庚戌	壬午	2日
丁巳	丙戌	丙辰	乙酉	乙卯	甲申	癸丑	癸未	壬子	壬午	辛亥	癸未	3日
戊午	丁亥	丁巳	丙戌	丙辰	乙酉	甲寅	甲申	癸丑	癸未	壬子	**甲申**	4日
己未	戊子	戊午	丁亥	丁巳	丙戌	乙卯	乙酉	甲寅	**甲申**	癸丑	乙酉	5日
庚申	己丑	己未	戊子	戊午	丁亥	丙辰	**丙戌**	**乙卯**	乙酉	**甲寅**	丙戌	6日
辛酉	庚寅	庚申	己丑	己未	戊子	丁巳	丁亥	丙辰	丙戌	乙卯	丁亥	7日
壬戌	**辛卯**	**辛酉**	庚寅	**庚申**	**己丑**	**戊午**	戊子	丁巳	丁亥	丙辰	戊子	8日
癸亥	壬辰	壬戌	**辛卯**	辛酉	庚寅	己未	己丑	戊午	戊子	丁巳	己丑	9日
甲子	癸巳	癸亥	壬辰	壬戌	辛卯	庚申	庚寅	己未	己丑	戊午	庚寅	10日
乙丑	甲午	甲子	癸巳	癸亥	壬辰	辛酉	辛卯	庚申	庚寅	己未	辛卯	11日
丙寅	乙未	乙丑	甲午	甲子	癸巳	壬戌	壬辰	辛酉	辛卯	庚申	壬辰	12日
丁卯	丙申	丙寅	乙未	乙丑	甲午	癸亥	癸巳	壬戌	壬辰	辛酉	癸巳	13日
戊辰	丁酉	丁卯	丙申	丙寅	乙未	甲子	甲午	癸亥	癸巳	壬戌	甲午	14日
己巳	戊戌	戊辰	丁酉	丁卯	丙申	乙丑	乙未	甲子	甲午	癸亥	乙未	15日
庚午	己亥	己巳	戊戌	戊辰	丁酉	丙寅	丙申	乙丑	乙未	甲子	丙申	16日
辛未	庚子	庚午	己亥	己巳	戊戌	丁卯	丁酉	丙寅	丙申	乙丑	丁酉	17日
壬申	辛丑	辛未	庚子	庚午	己亥	戊辰	戊戌	丁卯	丁酉	丙寅	戊戌	18日
癸酉	壬寅	壬申	辛丑	辛未	庚子	己巳	己亥	戊辰	戊戌	丁卯	己亥	19日
甲戌	癸卯	癸酉	壬寅	壬申	辛丑	庚午	庚子	己巳	己亥	戊辰	庚子	20日
乙亥	甲辰	甲戌	癸卯	癸酉	壬寅	辛未	辛丑	庚午	庚子	己巳	辛丑	21日
丙子	乙巳	乙亥	甲辰	甲戌	癸卯	壬申	壬寅	辛未	辛丑	庚午	壬寅	22日
丁丑	丙午	丙子	乙巳	乙亥	甲辰	癸酉	癸卯	壬申	壬寅	辛未	癸卯	23日
戊寅	丁未	丁丑	丙午	丙子	乙巳	甲戌	甲辰	癸酉	癸卯	壬申	甲辰	24日
己卯	戊申	戊寅	丁未	丁丑	丙午	乙亥	乙巳	甲戌	甲辰	癸酉	乙巳	25日
庚辰	己酉	己卯	戊申	戊寅	丁未	丙子	丙午	乙亥	乙巳	甲戌	丙午	26日
辛巳	庚戌	庚辰	己酉	己卯	戊申	丁丑	丁未	丙子	丙午	乙亥	丁未	27日
壬午	辛亥	辛巳	庚戌	庚辰	己酉	戊寅	戊申	丁丑	丁未	丙子	戊申	28日
癸未	壬子	壬午	辛亥	辛巳	庚戌	己卯	己酉	戊寅	戊申	丁丑		29日
甲申	癸丑	癸未	壬子	壬午	辛亥	庚辰	庚戌	己卯	己酉	戊寅		30日
乙酉	甲寅		癸丑		壬子	辛巳		庚辰		己卯		31日

昭和63年（1988）

戊辰・三碧木星

翌1月	12月	11月	10月	9月	8月	7月	6月	5月	4月	3月	2月	月
乙丑	甲子	癸亥	壬戌	辛酉	庚申	己未	戊午	丁巳	丙辰	乙卯	甲寅	月の干支
5日 17:46	7日 6:34	7日 13:49	8日 10:54	7日 19:12	7日 16:20	7日 6:33	5日 20:15	5日 16:02	4日 22:39	5日 17:47	4日 23:43	節入り 日時
辛酉	庚寅	庚申	己丑	己未	戊子	丁巳	丁亥	丙辰	丙戌	乙卯	丙戌	1日
壬戌	辛卯	辛酉	庚寅	庚申	己丑	戊午	戊子	丁巳	丁亥	丙辰	丁亥	2日
癸亥	壬辰	壬戌	辛卯	辛酉	庚寅	己未	己丑	戊午	戊子	丁巳	戊子	3日
甲子	癸巳	癸亥	壬辰	壬戌	辛卯	庚申	庚寅	己未	己丑	戊午	己丑	4日
乙丑	甲午	甲子	癸巳	癸亥	壬辰	辛酉	辛卯	庚申	庚寅	己未	庚寅	5日
丙寅	乙未	乙丑	甲午	甲子	癸巳	壬戌	壬辰	辛酉	辛卯	庚申	辛卯	6日
丁卯	丙申	丙寅	乙未	乙丑	甲午	癸亥	癸巳	壬戌	壬辰	辛酉	壬辰	7日
戊辰	丁酉	丁卯	丙申	丙寅	乙未	甲子	甲午	癸亥	癸巳	壬戌	癸巳	8日
己巳	戊戌	戊辰	丁酉	丁卯	丙申	乙丑	乙未	甲子	甲午	癸亥	甲午	9日
庚午	己亥	己巳	戊戌	戊辰	丁酉	丙寅	丙申	乙丑	乙未	甲子	乙未	10日
辛未	庚子	庚午	己亥	己巳	戊戌	丁卯	丁酉	丙寅	丙申	乙丑	丙申	11日
壬申	辛丑	辛未	庚子	庚午	己亥	戊辰	戊戌	丁卯	丁酉	丙寅	丁酉	12日
癸酉	壬寅	壬申	辛丑	辛未	庚子	己巳	己亥	戊辰	戊戌	丁卯	戊戌	13日
甲戌	癸卯	癸酉	壬寅	壬申	辛丑	庚午	庚子	己巳	己亥	戊辰	己亥	14日
乙亥	甲辰	甲戌	癸卯	癸酉	壬寅	辛未	辛丑	庚午	庚子	己巳	庚子	15日
丙子	乙巳	乙亥	甲辰	甲戌	癸卯	壬申	壬寅	辛未	辛丑	庚午	辛丑	16日
丁丑	丙午	丙子	乙巳	乙亥	甲辰	癸酉	癸卯	壬申	壬寅	辛未	壬寅	17日
戊寅	丁未	丁丑	丙午	丙子	乙巳	甲戌	甲辰	癸酉	癸卯	壬申	癸卯	18日
己卯	戊申	戊寅	丁未	丁丑	丙午	乙亥	乙巳	甲戌	甲辰	癸酉	甲辰	19日
庚辰	己酉	己卯	戊申	戊寅	丁未	丙子	丙午	乙亥	乙巳	甲戌	乙巳	20日
辛巳	庚戌	庚辰	己酉	己卯	戊申	丁丑	丁未	丙子	丙午	乙亥	丙午	21日
壬午	辛亥	辛巳	庚戌	庚辰	己酉	戊寅	戊申	丁丑	丁未	丙子	丁未	22日
癸未	壬子	壬午	辛亥	辛巳	庚戌	己卯	己酉	戊寅	戊申	丁丑	戊申	23日
甲申	癸丑	癸未	壬子	壬午	辛亥	庚辰	庚戌	己卯	己酉	戊寅	己酉	24日
乙酉	甲寅	甲申	癸丑	癸未	壬子	辛巳	辛亥	庚辰	庚戌	己卯	庚戌	25日
丙戌	乙卯	乙酉	甲寅	甲申	癸丑	壬午	壬子	辛巳	辛亥	庚辰	辛亥	26日
丁亥	丙辰	丙戌	乙卯	乙酉	甲寅	癸未	癸丑	壬午	壬子	辛巳	壬子	27日
戊子	丁巳	丁亥	丙辰	丙戌	乙卯	甲申	甲寅	癸未	癸丑	壬午	癸丑	28日
己丑	戊午	戊子	丁巳	丁亥	丙辰	乙酉	乙卯	甲申	甲寅	癸未	甲寅	29日
庚寅	己未	己丑	戊午	戊子	丁巳	丙戌	丙辰	乙酉	乙卯	甲申		30日
辛卯	庚申		己未		戊午	丁亥		丙戌		乙酉		31日

平成元年（1989）

己巳・二黒土星

翌1月	12月	11月	10月	9月	8月	7月	6月	5月	4月	3月	2月	月
丁丑	丙子	乙亥	甲戌	癸酉	壬申	辛未	庚午	己巳	戊辰	丁卯	丙寅	月の干支
5日 23:33	7日 12:21	7日 19:34	8日 16:27	8日 0:54	7日 22:04	7日 12:19	6日 2:05	5日 21:54	5日 4:30	5日 23:34	4日 5:27	節入り 日時
丙寅	乙未	乙丑	甲午	甲子	癸巳	壬戌	壬辰	辛酉	辛卯	庚申	壬辰	1日
丁卯	丙申	丙寅	乙未	乙丑	甲午	癸亥	癸巳	壬戌	壬辰	辛酉	癸巳	2日
戊辰	丁酉	丁卯	丙申	丙寅	乙未	甲子	甲午	癸亥	癸巳	壬戌	甲午	3日
己巳	戊戌	戊辰	丁酉	丁卯	丙申	乙丑	乙未	甲子	甲午	癸亥	乙未	4日
庚午	己亥	己巳	戊戌	戊辰	丁酉	丙寅	丙申	乙丑	乙未	甲子	丙申	5日
辛未	庚子	庚午	己亥	己巳	戊戌	丁卯	丁酉	丙寅	丙申	乙丑	丁酉	6日
壬申	辛丑	辛未	庚子	庚午	己亥	戊辰	戊戌	丁卯	丁酉	丙寅	戊戌	7日
癸酉	壬寅	壬申	辛丑	辛未	庚子	己巳	己亥	戊辰	戊戌	丁卯	己亥	8日
甲戌	癸卯	癸酉	壬寅	壬申	辛丑	庚午	庚子	己巳	己亥	戊辰	庚子	9日
乙亥	甲辰	甲戌	癸卯	癸酉	壬寅	辛未	辛丑	庚午	庚子	己巳	辛丑	10日
丙子	乙巳	乙亥	甲辰	甲戌	癸卯	壬申	壬寅	辛未	辛丑	庚午	壬寅	11日
丁丑	丙午	丙子	乙巳	乙亥	甲辰	癸酉	癸卯	壬申	壬寅	辛未	癸卯	12日
戊寅	丁未	丁丑	丙午	丙子	乙巳	甲戌	甲辰	癸酉	癸卯	壬申	甲辰	13日
己卯	戊申	戊寅	丁未	丁丑	丙午	乙亥	乙巳	甲戌	甲辰	癸酉	乙巳	14日
庚辰	己酉	己卯	戊申	戊寅	丁未	丙子	丙午	乙亥	乙巳	甲戌	丙午	15日
辛巳	庚戌	庚辰	己酉	己卯	戊申	丁丑	丁未	丙子	丙午	乙亥	丁未	16日
壬午	辛亥	辛巳	庚戌	庚辰	己酉	戊寅	戊申	丁丑	丁未	丙子	戊申	17日
癸未	壬子	壬午	辛亥	辛巳	庚戌	己卯	己酉	戊寅	戊申	丁丑	己酉	18日
甲申	癸丑	癸未	壬子	壬午	辛亥	庚辰	庚戌	己卯	己酉	戊寅	庚戌	19日
乙酉	甲寅	甲申	癸丑	癸未	壬子	辛巳	辛亥	庚辰	庚戌	己卯	辛亥	20日
丙戌	乙卯	乙酉	甲寅	甲申	癸丑	壬午	壬子	辛巳	辛亥	庚辰	壬子	21日
丁亥	丙辰	丙戌	乙卯	乙酉	甲寅	癸未	癸丑	壬午	壬子	辛巳	癸丑	22日
戊子	丁巳	丁亥	丙辰	丙戌	乙卯	甲申	甲寅	癸未	癸丑	壬午	甲寅	23日
己丑	戊午	戊子	丁巳	丁亥	丙辰	乙酉	乙卯	甲申	甲寅	癸未	乙卯	24日
庚寅	己未	己丑	戊午	戊子	丁巳	丙戌	丙辰	乙酉	乙卯	甲申	丙辰	25日
辛卯	庚申	庚寅	己未	己丑	戊午	丁亥	丁巳	丙戌	丙辰	乙酉	丁巳	26日
壬辰	辛酉	辛卯	庚申	庚寅	己未	戊子	戊午	丁亥	丁巳	丙戌	戊午	27日
癸巳	壬戌	壬辰	辛酉	辛卯	庚申	己丑	己未	戊子	戊午	丁亥	己未	28日
甲午	癸亥	癸巳	壬戌	壬辰	辛酉	庚寅	庚申	己丑	己未	戊子		29日
乙未	甲子	甲午	癸亥	癸巳	壬戌	辛卯	辛酉	庚寅	庚申	己丑		30日
丙申	乙丑		甲子		癸亥	壬辰		辛卯		庚寅		31日

平成２年（1990）

庚午・一白水星

翌1月	12月	11月	10月	9月	8月	7月	6月	5月	4月	3月	2月	月
己丑	戊子	丁亥	丙戌	乙酉	甲申	癸未	壬午	辛巳	庚辰	己卯	戊寅	月の干支
6日 5:28	7日 18:14	8日 1:23	8日 22:14	8日 6:37	8日 3:46	7日 18:00	6日 7:46	6日 3:35	5日 10:13	6日 5:19	4日 11:14	節入り日時
辛未	庚子	庚午	己亥	己巳	戊戌	丁卯	丁酉	丙寅	丙申	乙丑	丁酉	1日
壬申	辛丑	辛未	庚子	庚午	己亥	戊辰	戊戌	丁卯	丁酉	丙寅	戊戌	2日
癸酉	壬寅	壬申	辛丑	辛未	庚子	己巳	己亥	戊辰	戊戌	丁卯	己亥	3日
甲戌	癸卯	癸酉	壬寅	壬申	辛丑	庚午	庚子	己巳	己亥	戊辰	庚子	4日
乙亥	甲辰	甲戌	癸卯	癸酉	壬寅	辛未	辛丑	庚午	庚子	己巳	辛丑	5日
丙子	乙巳	乙亥	甲辰	甲戌	癸卯	壬申	壬寅	辛未	辛丑	庚午	壬寅	6日
丁丑	丙午	丙子	乙巳	乙亥	甲辰	癸酉	癸卯	壬申	壬寅	辛未	癸卯	7日
戊寅	丁未	丁丑	丙午	丙子	乙巳	甲戌	甲辰	癸酉	癸卯	壬申	甲辰	8日
己卯	戊申	戊寅	丁未	丁丑	丙午	乙亥	乙巳	甲戌	甲辰	癸酉	乙巳	9日
庚辰	己酉	己卯	戊申	戊寅	丁未	丙子	丙午	乙亥	乙巳	甲戌	丙午	10日
辛巳	庚戌	庚辰	己酉	己卯	戊申	丁丑	丁未	丙子	丙午	乙亥	丁未	11日
壬午	辛亥	辛巳	庚戌	庚辰	己酉	戊寅	戊申	丁丑	丁未	丙子	戊申	12日
癸未	壬子	壬午	辛亥	辛巳	庚戌	己卯	己酉	戊寅	戊申	丁丑	己酉	13日
甲申	癸丑	癸未	壬子	壬午	辛亥	庚辰	庚戌	己卯	己酉	戊寅	庚戌	14日
乙酉	甲寅	甲申	癸丑	癸未	壬子	辛巳	辛亥	庚辰	庚戌	己卯	辛亥	15日
丙戌	乙卯	乙酉	甲寅	甲申	癸丑	壬午	壬子	辛巳	辛亥	庚辰	壬子	16日
丁亥	丙辰	丙戌	乙卯	乙酉	甲寅	癸未	癸丑	壬午	壬子	辛巳	癸丑	17日
戊子	丁巳	丁亥	丙辰	丙戌	乙卯	甲申	甲寅	癸未	癸丑	壬午	甲寅	18日
己丑	戊午	戊子	丁巳	丁亥	丙辰	乙酉	乙卯	甲申	甲寅	癸未	乙卯	19日
庚寅	己未	己丑	戊午	戊子	丁巳	丙戌	丙辰	乙酉	乙卯	甲申	丙辰	20日
辛卯	庚申	庚寅	己未	己丑	戊午	丁亥	丁巳	丙戌	丙辰	乙酉	丁巳	21日
壬辰	辛酉	辛卯	庚申	庚寅	己未	戊子	戊午	丁亥	丁巳	丙戌	戊午	22日
癸巳	壬戌	壬辰	辛酉	辛卯	庚申	己丑	己未	戊子	戊午	丁亥	己未	23日
甲午	癸亥	癸巳	壬戌	壬辰	辛酉	庚寅	庚申	己丑	己未	戊子	庚申	24日
乙未	甲子	甲午	癸亥	癸巳	壬戌	辛卯	辛酉	庚寅	庚申	己丑	辛酉	25日
丙申	乙丑	乙未	甲子	甲午	癸亥	壬辰	壬戌	辛卯	辛酉	庚寅	壬戌	26日
丁酉	丙寅	丙申	乙丑	乙未	甲子	癸巳	癸亥	壬辰	壬戌	辛卯	癸亥	27日
戊戌	丁卯	丁酉	丙寅	丙申	乙丑	甲午	甲子	癸巳	癸亥	壬辰	甲子	28日
己亥	戊辰	戊戌	丁卯	丁酉	丙寅	乙未	乙丑	甲午	甲子	癸巳		29日
庚子	己巳	己亥	戊辰	戊戌	丁卯	丙申	丙寅	乙未	乙丑	甲午		30日
辛丑	庚午		己巳		戊辰	丁酉		丙申		乙未		31日

平成3年（1991）

辛未・九紫火星

翌1月	12月	11月	10月	9月	8月	7月	6月	5月	4月	3月	2月	月
辛丑	庚子	己亥	戊戌	丁酉	丙申	乙未	甲午	癸巳	壬辰	辛卯	庚寅	月の干支
6日	7日	8日	9日	8日	8日	7日	6日	6日	5日	6日	4日	節入り
11:09	23:56	7:08	4:01	12:27	9:37	23:53	13:38	9:27	16:05	11:12	17:08	日時
丙子	乙巳	乙亥	甲辰	甲戌	癸卯	壬申	壬寅	辛未	辛丑	庚午	壬寅	1日
丁丑	丙午	丙子	乙巳	乙亥	甲辰	癸酉	癸卯	壬申	壬寅	辛未	癸卯	2日
戊寅	丁未	丁丑	丙午	丙子	乙巳	甲戌	甲辰	癸酉	癸卯	壬申	甲辰	3日
己卯	戊申	戊寅	丁未	丁丑	丙午	乙亥	乙巳	甲戌	甲辰	癸酉	乙巳	4日
庚辰	己酉	己卯	戊申	戊寅	丁未	丙子	丙午	乙亥	乙巳	甲戌	丙午	5日
辛巳	庚戌	庚辰	己酉	己卯	戊申	丁丑	丁未	丙子	丙午	乙亥	丁未	6日
壬午	辛亥	辛巳	庚戌	庚辰	己酉	戊寅	戊申	丁丑	丁未	丙子	戊申	7日
癸未	壬子	壬午	辛亥	辛巳	庚戌	己卯	己酉	戊寅	戊申	丁丑	己酉	8日
甲申	癸丑	癸未	壬子	壬午	辛亥	庚辰	庚戌	己卯	己酉	戊寅	庚戌	9日
乙酉	甲寅	甲申	癸丑	癸未	壬子	辛巳	辛亥	庚辰	庚戌	己卯	辛亥	10日
丙戌	乙卯	乙酉	甲寅	甲申	癸丑	壬午	壬子	辛巳	辛亥	庚辰	壬子	11日
丁亥	丙辰	丙戌	乙卯	乙酉	甲寅	癸未	癸丑	壬午	壬子	辛巳	癸丑	12日
戊子	丁巳	丁亥	丙辰	丙戌	乙卯	甲申	甲寅	癸未	癸丑	壬午	甲寅	13日
己丑	戊午	戊子	丁巳	丁亥	丙辰	乙酉	乙卯	甲申	甲寅	癸未	乙卯	14日
庚寅	己未	己丑	戊午	戊子	丁巳	丙戌	丙辰	乙酉	乙卯	甲申	丙辰	15日
辛卯	庚申	庚寅	己未	己丑	戊午	丁亥	丁巳	丙戌	丙辰	乙酉	丁巳	16日
壬辰	辛酉	辛卯	庚申	庚寅	己未	戊子	戊午	丁亥	丁巳	丙戌	戊午	17日
癸巳	壬戌	壬辰	辛酉	辛卯	庚申	己丑	己未	戊子	戊午	丁亥	己未	18日
甲午	癸亥	癸巳	壬戌	壬辰	辛酉	庚寅	庚申	己丑	己未	戊子	庚申	19日
乙未	甲子	甲午	癸亥	癸巳	壬戌	辛卯	辛酉	庚寅	庚申	己丑	辛酉	20日
丙申	乙丑	乙未	甲子	甲午	癸亥	壬辰	壬戌	辛卯	辛酉	庚寅	壬戌	21日
丁酉	丙寅	丙申	乙丑	乙未	甲子	癸巳	癸亥	壬辰	壬戌	辛卯	癸亥	22日
戊戌	丁卯	丁酉	丙寅	丙申	乙丑	甲午	甲子	癸巳	癸亥	壬辰	甲子	23日
己亥	戊辰	戊戌	丁卯	丁酉	丙寅	乙未	乙丑	甲午	甲子	癸巳	乙丑	24日
庚子	己巳	己亥	戊辰	戊戌	丁卯	丙申	丙寅	乙未	乙丑	甲午	丙寅	25日
辛丑	庚午	庚子	己巳	己亥	戊辰	丁酉	丁卯	丙申	丙寅	乙未	丁卯	26日
壬寅	辛未	辛丑	庚午	庚子	己巳	戊戌	戊辰	丁酉	丁卯	丙申	戊辰	27日
癸卯	壬申	壬寅	辛未	辛丑	庚午	己亥	己巳	戊戌	戊辰	丁酉	己巳	28日
甲辰	癸酉	癸卯	壬申	壬寅	辛未	庚子	庚午	己亥	己巳	戊戌		29日
乙巳	甲戌	甲辰	癸酉	癸卯	壬申	辛丑	辛未	庚子	庚午	己亥		30日
丙午	乙亥		甲戌		癸酉	壬寅		辛丑		庚子		31日

平成４年（1992）

壬申・八白土星

翌1月	12月	11月	10月	9月	8月	7月	6月	5月	4月	3月	2月	月
癸丑	壬子	辛亥	庚戌	己酉	戊申	丁未	丙午	乙巳	甲辰	癸卯	壬寅	月の干支
5日 16:57	7日 5:44	7日 12:57	8日 9:52	7日 18:18	7日 15:27	7日 5:40	5日 19:22	5日 15:09	4日 21:45	5日 16:52	4日 22:48	節入り 日時
壬午	辛亥	辛巳	庚戌	庚辰	己酉	戊寅	戊申	丁丑	丁未	丙子	丁未	1日
癸未	壬子	壬午	辛亥	辛巳	庚戌	己卯	己酉	戊寅	戊申	丁丑	戊申	2日
甲申	癸丑	癸未	壬子	壬午	辛亥	庚辰	庚戌	己卯	己酉	戊寅	己酉	3日
乙酉	甲寅	甲申	癸丑	癸未	壬子	辛巳	辛亥	庚辰	庚戌	己卯	庚戌	4日
丙戌	乙卯	乙酉	甲寅	甲申	癸丑	壬午	壬子	辛巳	辛亥	庚辰	辛亥	5日
丁亥	丙辰	丙戌	乙卯	乙酉	甲寅	癸未	癸丑	壬午	壬子	辛巳	壬子	6日
戊子	丁巳	丁亥	丙辰	丙戌	乙卯	甲申	甲寅	癸未	癸丑	壬午	癸丑	7日
己丑	戊午	戊子	丁巳	丁亥	丙辰	乙酉	乙卯	甲申	甲寅	癸未	甲寅	8日
庚寅	己未	己丑	戊午	戊子	丁巳	丙戌	丙辰	乙酉	乙卯	甲申	乙卯	9日
辛卯	庚申	庚寅	己未	己丑	戊午	丁亥	丁巳	丙戌	丙辰	乙酉	丙辰	10日
壬辰	辛酉	辛卯	庚申	庚寅	己未	戊子	戊午	丁亥	丁巳	丙戌	丁巳	11日
癸巳	壬戌	壬辰	辛酉	辛卯	庚申	己丑	己未	戊子	戊午	丁亥	戊午	12日
甲午	癸亥	癸巳	壬戌	壬辰	辛酉	庚寅	庚申	己丑	己未	戊子	己未	13日
乙未	甲子	甲午	癸亥	癸巳	壬戌	辛卯	辛酉	庚寅	庚申	己丑	庚申	14日
丙申	乙丑	乙未	甲子	甲午	癸亥	壬辰	壬戌	辛卯	辛酉	庚寅	辛酉	15日
丁酉	丙寅	丙申	乙丑	乙未	甲子	癸巳	癸亥	壬辰	壬戌	辛卯	壬戌	16日
戊戌	丁卯	丁酉	丙寅	丙申	乙丑	甲午	甲子	癸巳	癸亥	壬辰	癸亥	17日
己亥	戊辰	戊戌	丁卯	丁酉	丙寅	乙未	乙丑	甲午	甲子	癸巳	甲子	18日
庚子	己巳	己亥	戊辰	戊戌	丁卯	丙申	丙寅	乙未	乙丑	甲午	乙丑	19日
辛丑	庚午	庚子	己巳	己亥	戊辰	丁酉	丁卯	丙申	丙寅	乙未	丙寅	20日
壬寅	辛未	辛丑	庚午	庚子	己巳	戊戌	戊辰	丁酉	丁卯	丙申	丁卯	21日
癸卯	壬申	壬寅	辛未	辛丑	庚午	己亥	己巳	戊戌	戊辰	丁酉	戊辰	22日
甲辰	癸酉	癸卯	壬申	壬寅	辛未	庚子	庚午	己亥	己巳	戊戌	己巳	23日
乙巳	甲戌	甲辰	癸酉	癸卯	壬申	辛丑	辛未	庚子	庚午	己亥	庚午	24日
丙午	乙亥	乙巳	甲戌	甲辰	癸酉	壬寅	壬申	辛丑	辛未	庚子	辛未	25日
丁未	丙子	丙午	乙亥	乙巳	甲戌	癸卯	癸酉	壬寅	壬申	辛丑	壬申	26日
戊申	丁丑	丁未	丙子	丙午	乙亥	甲辰	甲戌	癸卯	癸酉	壬寅	癸酉	27日
己酉	戊寅	戊申	丁丑	丁未	丙子	乙巳	乙亥	甲辰	甲戌	癸卯	甲戌	28日
庚戌	己卯	己酉	戊寅	戊申	丁丑	丙午	丙子	乙巳	乙亥	甲辰	乙亥	29日
辛亥	庚辰	庚戌	己卯	己酉	戊寅	丁未	丁丑	丙午	丙子	乙巳		30日
壬子	辛巳		庚辰		己卯	戊申		丁未		丙午		31日

平成5年（1993）

癸酉・七赤金星

翌1月	12月	11月	10月	9月	8月	7月	6月	5月	4月	3月	2月	月
乙丑	甲子	癸亥	壬戌	辛酉	庚申	己未	戊午	丁巳	丙辰	乙卯	甲寅	月の干支
5日 22:48	7日 11:34	7日 18:46	8日 15:40	8日 0:08	7日 21:18	7日 11:32	6日 1:15	5日 21:02	5日 3:37	5日 22:43	4日 4:37	節入り日時
丁亥	丙辰	丙戌	乙卯	乙酉	甲寅	癸未	癸丑	壬午	壬子	辛巳	癸丑	1日
戊子	丁巳	丁亥	丙辰	丙戌	乙卯	甲申	甲寅	癸未	癸丑	壬午	甲寅	2日
己丑	戊午	戊子	丁巳	丁亥	丙辰	乙酉	乙卯	甲申	甲寅	癸未	乙卯	3日
庚寅	己未	己丑	戊午	戊子	丁巳	丙戌	丙辰	乙酉	乙卯	甲申	丙辰	4日
辛卯	庚申	庚寅	己未	己丑	戊午	丁亥	丁巳	丙戌	丙辰	乙酉	丁巳	5日
壬辰	辛酉	辛卯	庚申	庚寅	己未	戊子	戊午	丁亥	丁巳	丙戌	戊午	6日
癸巳	壬戌	壬辰	辛酉	辛卯	庚申	己丑	己未	戊子	戊午	丁亥	己未	7日
甲午	癸亥	癸巳	壬戌	壬辰	辛酉	庚寅	庚申	己丑	己未	戊子	庚申	8日
乙未	甲子	甲午	癸亥	癸巳	壬戌	辛卯	辛酉	庚寅	庚申	己丑	辛酉	9日
丙申	乙丑	乙未	甲子	甲午	癸亥	壬辰	壬戌	辛卯	辛酉	庚寅	壬戌	10日
丁酉	丙寅	丙申	乙丑	乙未	甲子	癸巳	癸亥	壬辰	壬戌	辛卯	癸亥	11日
戊戌	丁卯	丁酉	丙寅	丙申	乙丑	甲午	甲子	癸巳	癸亥	壬辰	甲子	12日
己亥	戊辰	戊戌	丁卯	丁酉	丙寅	乙未	乙丑	甲午	甲子	癸巳	乙丑	13日
庚子	己巳	己亥	戊辰	戊戌	丁卯	丙申	丙寅	乙未	乙丑	甲午	丙寅	14日
辛丑	庚午	庚子	己巳	己亥	戊辰	丁酉	丁卯	丙申	丙寅	乙未	丁卯	15日
壬寅	辛未	辛丑	庚午	庚子	己巳	戊戌	戊辰	丁酉	丁卯	丙申	戊辰	16日
癸卯	壬申	壬寅	辛未	辛丑	庚午	己亥	己巳	戊戌	戊辰	丁酉	己巳	17日
甲辰	癸酉	癸卯	壬申	壬寅	辛未	庚子	庚午	己亥	己巳	戊戌	庚午	18日
乙巳	甲戌	甲辰	癸酉	癸卯	壬申	辛丑	辛未	庚子	庚午	己亥	辛未	19日
丙午	乙亥	乙巳	甲戌	甲辰	癸酉	壬寅	壬申	辛丑	辛未	庚子	壬申	20日
丁未	丙子	丙午	乙亥	乙巳	甲戌	癸卯	癸酉	壬寅	壬申	辛丑	癸酉	21日
戊申	丁丑	丁未	丙子	丙午	乙亥	甲辰	甲戌	癸卯	癸酉	壬寅	甲戌	22日
己酉	戊寅	戊申	丁丑	丁未	丙子	乙巳	乙亥	甲辰	甲戌	癸卯	乙亥	23日
庚戌	己卯	己酉	戊寅	戊申	丁丑	丙午	丙子	乙巳	乙亥	甲辰	丙子	24日
辛亥	庚辰	庚戌	己卯	己酉	戊寅	丁未	丁丑	丙午	丙子	乙巳	丁丑	25日
壬子	辛巳	辛亥	庚辰	庚戌	己卯	戊申	戊寅	丁未	丁丑	丙午	戊寅	26日
癸丑	壬午	壬子	辛巳	辛亥	庚辰	己酉	己卯	戊申	戊寅	丁未	己卯	27日
甲寅	癸未	癸丑	壬午	壬子	辛巳	庚戌	庚辰	己酉	己卯	戊申	庚辰	28日
乙卯	甲申	甲寅	癸未	癸丑	壬午	辛亥	辛巳	庚戌	庚辰	己酉		29日
丙辰	乙酉	乙卯	甲申	甲寅	癸未	壬子	壬午	辛亥	辛巳	庚戌		30日
丁巳	丙戌		乙酉		甲申	癸丑		壬子		辛亥		31日

平成６年（1994）

甲戌・六白金星

翌1月	12月	11月	10月	9月	8月	7月	6月	5月	4月	3月	2月	月
丁丑	丙子	乙亥	甲戌	癸酉	壬申	辛未	庚午	己巳	戊辰	丁卯	丙寅	月の干支
6日 4:34	7日 17:23	8日 0:36	8日 21:29	8日 5:55	8日 3:04	7日 17:19	6日 7:05	6日 2:54	5日 9:32	6日 4:38	4日 10:31	節入り日時
壬辰	辛酉	辛卯	庚申	庚寅	己未	戊子	戊午	丁亥	丁巳	丙戌	戊午	1日
癸巳	壬戌	壬辰	辛酉	辛卯	庚申	己丑	己未	戊子	戊午	丁亥	己未	2日
甲午	癸亥	癸巳	壬戌	壬辰	辛酉	庚寅	庚申	己丑	己未	戊子	庚申	3日
乙未	甲子	甲午	癸亥	癸巳	壬戌	辛卯	辛酉	庚寅	庚申	己丑	辛酉	4日
丙申	乙丑	乙未	甲子	甲午	癸亥	壬辰	壬戌	辛卯	辛酉	庚寅	壬戌	5日
丁酉	丙寅	丙申	乙丑	乙未	甲子	癸巳	癸亥	壬辰	壬戌	辛卯	癸亥	6日
戊戌	丁卯	丁酉	丙寅	丙申	乙丑	甲午	甲子	癸巳	癸亥	壬辰	甲子	7日
己亥	戊辰	戊戌	丁卯	丁酉	丙寅	乙未	乙丑	甲午	甲子	癸巳	乙丑	8日
庚子	己巳	己亥	戊辰	戊戌	丁卯	丙申	丙寅	乙未	乙丑	甲午	丙寅	9日
辛丑	庚午	庚子	己巳	己亥	戊辰	丁酉	丁卯	丙申	丙寅	乙未	丁卯	10日
壬寅	辛未	辛丑	庚午	庚子	己巳	戊戌	戊辰	丁酉	丁卯	丙申	戊辰	11日
癸卯	壬申	壬寅	辛未	辛丑	庚午	己亥	己巳	戊戌	戊辰	丁酉	己巳	12日
甲辰	癸酉	癸卯	壬申	壬寅	辛未	庚子	庚午	己亥	己巳	戊戌	庚午	13日
乙巳	甲戌	甲辰	癸酉	癸卯	壬申	辛丑	辛未	庚子	庚午	己亥	辛未	14日
丙午	乙亥	乙巳	甲戌	甲辰	癸酉	壬寅	壬申	辛丑	辛未	庚子	壬申	15日
丁未	丙子	丙午	乙亥	乙巳	甲戌	癸卯	癸酉	壬寅	壬申	辛丑	癸酉	16日
戊申	丁丑	丁未	丙子	丙午	乙亥	甲辰	甲戌	癸卯	癸酉	壬寅	甲戌	17日
己酉	戊寅	戊申	丁丑	丁未	丙子	乙巳	乙亥	甲辰	甲戌	癸卯	乙亥	18日
庚戌	己卯	己酉	戊寅	戊申	丁丑	丙午	丙子	乙巳	乙亥	甲辰	丙子	19日
辛亥	庚辰	庚戌	己卯	己酉	戊寅	丁未	丁丑	丙午	丙子	乙巳	丁丑	20日
壬子	辛巳	辛亥	庚辰	庚戌	己卯	戊申	戊寅	丁未	丁丑	丙午	戊寅	21日
癸丑	壬午	壬子	辛巳	辛亥	庚辰	己酉	己卯	戊申	戊寅	丁未	己卯	22日
甲寅	癸未	癸丑	壬午	壬子	辛巳	庚戌	庚辰	己酉	己卯	戊申	庚辰	23日
乙卯	甲申	甲寅	癸未	癸丑	壬午	辛亥	辛巳	庚戌	庚辰	己酉	辛巳	24日
丙辰	乙酉	乙卯	甲申	甲寅	癸未	壬子	壬午	辛亥	辛巳	庚戌	壬午	25日
丁巳	丙戌	丙辰	乙酉	乙卯	甲申	癸丑	癸未	壬子	壬午	辛亥	癸未	26日
戊午	丁亥	丁巳	丙戌	丙辰	乙酉	甲寅	甲申	癸丑	癸未	壬子	甲申	27日
己未	戊子	戊午	丁亥	丁巳	丙戌	乙卯	乙酉	甲寅	甲申	癸丑	乙酉	28日
庚申	己丑	己未	戊子	戊午	丁亥	丙辰	丙戌	乙卯	乙酉	甲寅		29日
辛酉	庚寅	庚申	己丑	己未	戊子	丁巳	丁亥	丙辰	丙戌	乙卯		30日
壬戌	辛卯		庚寅		己丑	戊午		丁巳		丙辰		31日

平成７年（1995）

乙亥・五黄土星

翌1月	12月	11月	10月	9月	8月	7月	6月	5月	4月	3月	2月	月
己丑	戊子	丁亥	丙戌	乙酉	甲申	癸未	壬午	辛巳	庚辰	己卯	戊寅	月の干支
6日 10:31	7日 23:22	8日 6:36	9日 3:27	8日 11:49	8日 8:52	7日 23:01	6日 12:42	6日 8:30	5日 15:08	6日 10:16	4日 16:13	節入り 日時
丁酉	丙寅	丙申	乙丑	乙未	甲子	癸巳	癸亥	壬辰	壬戌	辛卯	癸亥	1日
戊戌	丁卯	丁酉	丙寅	丙申	乙丑	甲午	甲子	癸巳	癸亥	壬辰	甲子	2日
己亥	戊辰	戊戌	丁卯	丁酉	丙寅	乙未	乙丑	甲午	甲子	癸巳	乙丑	3日
庚子	己巳	己亥	戊辰	戊戌	丁卯	丙申	丙寅	乙未	乙丑	甲午	丙寅	4日
辛丑	庚午	庚子	己巳	己亥	戊辰	丁酉	丁卯	丙申	丙寅	乙未	丁卯	5日
壬寅	辛未	辛丑	庚午	庚子	己巳	戊戌	戊辰	丁酉	丁卯	丙申	戊辰	6日
癸卯	壬申	壬寅	辛未	辛丑	庚午	己亥	己巳	戊戌	戊辰	丁酉	己巳	7日
甲辰	癸酉	癸卯	壬申	壬寅	辛未	庚子	庚午	己亥	己巳	戊戌	庚午	8日
乙巳	甲戌	甲辰	癸酉	癸卯	壬申	辛丑	辛未	庚子	庚午	己亥	辛未	9日
丙午	乙亥	乙巳	甲戌	甲辰	癸酉	壬寅	壬申	辛丑	辛未	庚子	壬申	10日
丁未	丙子	丙午	乙亥	乙巳	甲戌	癸卯	癸酉	壬寅	壬申	辛丑	癸酉	11日
戊申	丁丑	丁未	丙子	丙午	乙亥	甲辰	甲戌	癸卯	癸酉	壬寅	甲戌	12日
己酉	戊寅	戊申	丁丑	丁未	丙子	乙巳	乙亥	甲辰	甲戌	癸卯	乙亥	13日
庚戌	己卯	己酉	戊寅	戊申	丁丑	丙午	丙子	乙巳	乙亥	甲辰	丙子	14日
辛亥	庚辰	庚戌	己卯	己酉	戊寅	丁未	丁丑	丙午	丙子	乙巳	丁丑	15日
壬子	辛巳	辛亥	庚辰	庚戌	己卯	戊申	戊寅	丁未	丁丑	丙午	戊寅	16日
癸丑	壬午	壬子	辛巳	辛亥	庚辰	己酉	己卯	戊申	戊寅	丁未	己卯	17日
甲寅	癸未	癸丑	壬午	壬子	辛巳	庚戌	庚辰	己酉	己卯	戊申	庚辰	18日
乙卯	甲申	甲寅	癸未	癸丑	壬午	辛亥	辛巳	庚戌	庚辰	己酉	辛巳	19日
丙辰	乙酉	乙卯	甲申	甲寅	癸未	壬子	壬午	辛亥	辛巳	庚戌	壬午	20日
丁巳	丙戌	丙辰	乙酉	乙卯	甲申	癸丑	癸未	壬子	壬午	辛亥	癸未	21日
戊午	丁亥	丁巳	丙戌	丙辰	乙酉	甲寅	甲申	癸丑	癸未	壬子	甲申	22日
己未	戊子	戊午	丁亥	丁巳	丙戌	乙卯	乙酉	甲寅	甲申	癸丑	乙酉	23日
庚申	己丑	己未	戊子	戊午	丁亥	丙辰	丙戌	乙卯	乙酉	甲寅	丙戌	24日
辛酉	庚寅	庚申	己丑	己未	戊子	丁巳	丁亥	丙辰	丙戌	乙卯	丁亥	25日
壬戌	辛卯	辛酉	庚寅	庚申	己丑	戊午	戊子	丁巳	丁亥	丙辰	戊子	26日
癸亥	壬辰	壬戌	辛卯	辛酉	庚寅	己未	己丑	戊午	戊子	丁巳	己丑	27日
甲子	癸巳	癸亥	壬辰	壬戌	辛卯	庚申	庚寅	己未	己丑	戊午	庚寅	28日
乙丑	甲午	甲子	癸巳	癸亥	壬辰	辛酉	辛卯	庚申	庚寅	己未		29日
丙寅	乙未	乙丑	甲午	甲子	癸巳	壬戌	壬辰	辛酉	辛卯	庚申		30日
丁卯	丙申		乙未		甲午	癸亥		壬戌		辛酉		31日

平成8年（1996）

丙子・四緑木星

翌1月	12月	11月	10月	9月	8月	7月	6月	5月	4月	3月	2月	月
辛丑	庚子	己亥	戊戌	丁酉	丙申	乙未	甲午	癸巳	壬辰	辛卯	庚寅	月の干支
5日 16:24	7日 5:14	7日 12:27	8日 9:19	7日 17:42	7日 14:49	7日 5:00	5日 18:41	5日 14:26	4日 21:02	5日 16:10	4日 22:08	節入り日時
癸卯	壬申	壬寅	辛未	辛丑	庚午	己亥	己巳	戊戌	戊辰	丁酉	戊辰	1日
甲辰	癸酉	癸卯	壬申	壬寅	辛未	庚子	庚午	己亥	己巳	戊戌	己巳	2日
乙巳	甲戌	甲辰	癸酉	癸卯	壬申	辛丑	辛未	庚子	庚午	己亥	庚午	3日
丙午	乙亥	乙巳	甲戌	甲辰	癸酉	壬寅	壬申	辛丑	辛未	庚子	辛未	4日
丁未	丙子	丙午	乙亥	乙巳	甲戌	癸卯	癸酉	壬寅	壬申	辛丑	壬申	5日
戊申	丁丑	丁未	丙子	丙午	乙亥	甲辰	甲戌	癸卯	癸酉	壬寅	癸酉	6日
己酉	戊寅	戊申	丁丑	丁未	丙子	乙巳	乙亥	甲辰	甲戌	癸卯	甲戌	7日
庚戌	己卯	己酉	戊寅	戊申	丁丑	丙午	丙子	乙巳	乙亥	甲辰	乙亥	8日
辛亥	庚辰	庚戌	己卯	己酉	戊寅	丁未	丁丑	丙午	丙子	乙巳	丙子	9日
壬子	辛巳	辛亥	庚辰	庚戌	己卯	戊申	戊寅	丁未	丁丑	丙午	丁丑	10日
癸丑	壬午	壬子	辛巳	辛亥	庚辰	己酉	己卯	戊申	戊寅	丁未	戊寅	11日
甲寅	癸未	癸丑	壬午	壬子	辛巳	庚戌	庚辰	己酉	己卯	戊申	己卯	12日
乙卯	甲申	甲寅	癸未	癸丑	壬午	辛亥	辛巳	庚戌	庚辰	己酉	庚辰	13日
丙辰	乙酉	乙卯	甲申	甲寅	癸未	壬子	壬午	辛亥	辛巳	庚戌	辛巳	14日
丁巳	丙戌	丙辰	乙酉	乙卯	甲申	癸丑	癸未	壬子	壬午	辛亥	壬午	15日
戊午	丁亥	丁巳	丙戌	丙辰	乙酉	甲寅	甲申	癸丑	癸未	壬子	癸未	16日
己未	戊子	戊午	丁亥	丁巳	丙戌	乙卯	乙酉	甲寅	甲申	癸丑	甲申	17日
庚申	己丑	己未	戊子	戊午	丁亥	丙辰	丙戌	乙卯	乙酉	甲寅	乙酉	18日
辛酉	庚寅	庚申	己丑	己未	戊子	丁巳	丁亥	丙辰	丙戌	乙卯	丙戌	19日
壬戌	辛卯	辛酉	庚寅	庚申	己丑	戊午	戊子	丁巳	丁亥	丙辰	丁亥	20日
癸亥	壬辰	壬戌	辛卯	辛酉	庚寅	己未	己丑	戊午	戊子	丁巳	戊子	21日
甲子	癸巳	癸亥	壬辰	壬戌	辛卯	庚申	庚寅	己未	己丑	戊午	己丑	22日
乙丑	甲午	甲子	癸巳	癸亥	壬辰	辛酉	辛卯	庚申	庚寅	己未	庚寅	23日
丙寅	乙未	乙丑	甲午	甲子	癸巳	壬戌	壬辰	辛酉	辛卯	庚申	辛卯	24日
丁卯	丙申	丙寅	乙未	乙丑	甲午	癸亥	癸巳	壬戌	壬辰	辛酉	壬辰	25日
戊辰	丁酉	丁卯	丙申	丙寅	乙未	甲子	甲午	癸亥	癸巳	壬戌	癸巳	26日
己巳	戊戌	戊辰	丁酉	丁卯	丙申	乙丑	乙未	甲子	甲午	癸亥	甲午	27日
庚午	己亥	己巳	戊戌	戊辰	丁酉	丙寅	丙申	乙丑	乙未	甲子	乙未	28日
辛未	庚子	庚午	己亥	己巳	戊戌	丁卯	丁酉	丙寅	丙申	乙丑	丙申	29日
壬申	辛丑	辛未	庚子	庚午	己亥	戊辰	戊戌	丁卯	丁酉	丙寅		30日
癸酉	壬寅		辛丑		庚子	己巳		戊辰		丁卯		31日

平成9年（1997）

丁丑・三碧木星

翌1月	12月	11月	10月	9月	8月	7月	6月	5月	4月	3月	2月	月
癸丑	壬子	辛亥	庚戌	己酉	戊申	丁未	丙午	乙巳	甲辰	癸卯	壬寅	月の干支
5日 22:18	7日 11:05	7日 18:15	8日 15:05	7日 23:29	7日 20:36	7日 10:49	6日 0:33	5日 20:19	5日 2:56	5日 22:04	4日 4:02	節入り日時
戊申	丁丑	丁未	丙子	丙午	乙亥	甲辰	甲戌	癸卯	癸酉	壬寅	甲戌	1日
己酉	戊寅	戊申	丁丑	丁未	丙子	乙巳	乙亥	甲辰	甲戌	癸卯	乙亥	2日
庚戌	己卯	己酉	戊寅	戊申	丁丑	丙午	丙子	乙巳	乙亥	甲辰	丙子	3日
辛亥	庚辰	庚戌	己卯	己酉	戊寅	丁未	丁丑	丙午	丙子	乙巳	丁丑	4日
壬子	辛巳	辛亥	庚辰	庚戌	己卯	戊申	戊寅	丁未	丁丑	丙午	戊寅	5日
癸丑	壬午	壬子	辛巳	辛亥	庚辰	己酉	己卯	戊申	戊寅	丁未	己卯	6日
甲寅	癸未	癸丑	壬午	壬子	辛巳	庚戌	庚辰	己酉	己卯	戊申	庚辰	7日
乙卯	甲申	甲寅	癸未	癸丑	壬午	辛亥	辛巳	庚戌	庚辰	己酉	辛巳	8日
丙辰	乙酉	乙卯	甲申	甲寅	癸未	壬子	壬午	辛亥	辛巳	庚戌	壬午	9日
丁巳	丙戌	丙辰	乙酉	乙卯	甲申	癸丑	癸未	壬子	壬午	辛亥	癸未	10日
戊午	丁亥	丁巳	丙戌	丙辰	乙酉	甲寅	甲申	癸丑	癸未	壬子	甲申	11日
己未	戊子	戊午	丁亥	丁巳	丙戌	乙卯	乙酉	甲寅	甲申	癸丑	乙酉	12日
庚申	己丑	己未	戊子	戊午	丁亥	丙辰	丙戌	乙卯	乙酉	甲寅	丙戌	13日
辛酉	庚寅	庚申	己丑	己未	戊子	丁巳	丁亥	丙辰	丙戌	乙卯	丁亥	14日
壬戌	辛卯	辛酉	庚寅	庚申	己丑	戊午	戊子	丁巳	丁亥	丙辰	戊子	15日
癸亥	壬辰	壬戌	辛卯	辛酉	庚寅	己未	己丑	戊午	戊子	丁巳	己丑	16日
甲子	癸巳	癸亥	壬辰	壬戌	辛卯	庚申	庚寅	己未	己丑	戊午	庚寅	17日
乙丑	甲午	甲子	癸巳	癸亥	壬辰	辛酉	辛卯	庚申	庚寅	己未	辛卯	18日
丙寅	乙未	乙丑	甲午	甲子	癸巳	壬戌	壬辰	辛酉	辛卯	庚申	壬辰	19日
丁卯	丙申	丙寅	乙未	乙丑	甲午	癸亥	癸巳	壬戌	壬辰	辛酉	癸巳	20日
戊辰	丁酉	丁卯	丙申	丙寅	乙未	甲子	甲午	癸亥	癸巳	壬戌	甲午	21日
己巳	戊戌	戊辰	丁酉	丁卯	丙申	乙丑	乙未	甲子	甲午	癸亥	乙未	22日
庚午	己亥	己巳	戊戌	戊辰	丁酉	丙寅	丙申	乙丑	乙未	甲子	丙申	23日
辛未	庚子	庚午	己亥	己巳	戊戌	丁卯	丁酉	丙寅	丙申	乙丑	丁酉	24日
壬申	辛丑	辛未	庚子	庚午	己亥	戊辰	戊戌	丁卯	丁酉	丙寅	戊戌	25日
癸酉	壬寅	壬申	辛丑	辛未	庚子	己巳	己亥	戊辰	戊戌	丁卯	己亥	26日
甲戌	癸卯	癸酉	壬寅	壬申	辛丑	庚午	庚子	己巳	己亥	戊辰	庚子	27日
乙亥	甲辰	甲戌	癸卯	癸酉	壬寅	辛未	辛丑	庚午	庚子	己巳	辛丑	28日
丙子	乙巳	乙亥	甲辰	甲戌	癸卯	壬申	壬寅	辛未	辛丑	庚午		29日
丁丑	丙午	丙子	乙巳	乙亥	甲辰	癸酉	癸卯	壬申	壬寅	辛未		30日
戊寅	丁未		丙午		乙巳	甲戌		癸酉		壬申		31日

平成10年（1998）

戊寅・二黒土星

翌1月	12月	11月	10月	9月	8月	7月	6月	5月	4月	3月	2月	月
乙丑	甲子	癸亥	壬戌	辛酉	庚申	己未	戊午	丁巳	丙辰	乙卯	甲寅	月の干支
6日 4:18	7日 17:02	8日 0:08	8日 20:56	8日 5:16	8日 2:20	7日 16:30	6日 6:13	6日 2:03	5日 8:45	6日 3:57	4日 9:57	節入り 日時
癸丑	壬午	壬子	辛巳	辛亥	庚辰	己酉	己卯	戊申	戊寅	丁未	己卯	1日
甲寅	癸未	癸丑	壬午	壬子	辛巳	庚戌	庚辰	己酉	己卯	戊申	庚辰	2日
乙卯	甲申	甲寅	癸未	癸丑	壬午	辛亥	辛巳	庚戌	庚辰	己酉	辛巳	3日
丙辰	乙酉	乙卯	甲申	甲寅	癸未	壬子	壬午	辛亥	辛巳	庚戌	壬午	4日
丁巳	丙戌	丙辰	乙酉	乙卯	甲申	癸丑	癸未	壬子	壬午	辛亥	癸未	5日
戊午	丁亥	丁巳	丙戌	丙辰	乙酉	甲寅	甲申	癸丑	癸未	壬子	甲申	6日
己未	戊子	戊午	丁亥	丁巳	丙戌	乙卯	乙酉	甲寅	甲申	癸丑	乙酉	7日
庚申	己丑	己未	戊子	戊午	丁亥	丙辰	丙戌	乙卯	乙酉	甲寅	丙戌	8日
辛酉	庚寅	庚申	己丑	己未	戊子	丁巳	丁亥	丙辰	丙戌	乙卯	丁亥	9日
壬戌	辛卯	辛酉	庚寅	庚申	己丑	戊午	戊子	丁巳	丁亥	丙辰	戊子	10日
癸亥	壬辰	壬戌	辛卯	辛酉	庚寅	己未	己丑	戊午	戊子	丁巳	己丑	11日
甲子	癸巳	癸亥	壬辰	壬戌	辛卯	庚申	庚寅	己未	己丑	戊午	庚寅	12日
乙丑	甲午	甲子	癸巳	癸亥	壬辰	辛酉	辛卯	庚申	庚寅	己未	辛卯	13日
丙寅	乙未	乙丑	甲午	甲子	癸巳	壬戌	壬辰	辛酉	辛卯	庚申	壬辰	14日
丁卯	丙申	丙寅	乙未	乙丑	甲午	癸亥	癸巳	壬戌	壬辰	辛酉	癸巳	15日
戊辰	丁酉	丁卯	丙申	丙寅	乙未	甲子	甲午	癸亥	癸巳	壬戌	甲午	16日
己巳	戊戌	戊辰	丁酉	丁卯	丙申	乙丑	乙未	甲子	甲午	癸亥	乙未	17日
庚午	己亥	己巳	戊戌	戊辰	丁酉	丙寅	丙申	乙丑	乙未	甲子	丙申	18日
辛未	庚子	庚午	己亥	己巳	戊戌	丁卯	丁酉	丙寅	丙申	乙丑	丁酉	19日
壬申	辛丑	辛未	庚子	庚午	己亥	戊辰	戊戌	丁卯	丁酉	丙寅	戊戌	20日
癸酉	壬寅	壬申	辛丑	辛未	庚子	己巳	己亥	戊辰	戊戌	丁卯	己亥	21日
甲戌	癸卯	癸酉	壬寅	壬申	辛丑	庚午	庚子	己巳	己亥	戊辰	庚子	22日
乙亥	甲辰	甲戌	癸卯	癸酉	壬寅	辛未	辛丑	庚午	庚子	己巳	辛丑	23日
丙子	乙巳	乙亥	甲辰	甲戌	癸卯	壬申	壬寅	辛未	辛丑	庚午	壬寅	24日
丁丑	丙午	丙子	乙巳	乙亥	甲辰	癸酉	癸卯	壬申	壬寅	辛未	癸卯	25日
戊寅	丁未	丁丑	丙午	丙子	乙巳	甲戌	甲辰	癸酉	癸卯	壬申	甲辰	26日
己卯	戊申	戊寅	丁未	丁丑	丙午	乙亥	乙巳	甲戌	甲辰	癸酉	乙巳	27日
庚辰	己酉	己卯	戊申	戊寅	丁未	丙子	丙午	乙亥	乙巳	甲戌	丙午	28日
辛巳	庚戌	庚辰	己酉	己卯	戊申	丁丑	丁未	丙子	丙午	乙亥		29日
壬午	辛亥	辛巳	庚戌	庚辰	己酉	戊寅	戊申	丁丑	丁未	丙子		30日
癸未	壬子		辛亥		庚戌	己卯		戊寅		丁丑		31日

平成11年（1999）

己卯・一白水星

翌1月	12月	11月	10月	9月	8月	7月	6月	5月	4月	3月	2月	月
丁丑	丙子	乙亥	甲戌	癸酉	壬申	辛未	庚午	己巳	戊辰	丁卯	丙寅	月の干支
6日	7日	8日	9日	8日	8日	7日	6日	6日	5日	6日	4日	節入り
10:01	22:48	5:58	2:49	11:10	8:14	22:25	12:09	8:01	14:45	9:58	15:54	日時
戊午	丁亥	丁巳	丙戌	丙辰	乙酉	甲寅	甲申	癸丑	癸未	壬子	甲申	1日
己未	戊子	戊午	丁亥	丁巳	丙戌	乙卯	乙酉	甲寅	甲申	癸丑	乙酉	2日
庚申	己丑	己未	戊子	戊午	丁亥	丙辰	丙戌	乙卯	乙酉	甲寅	丙戌	3日
辛酉	庚寅	庚申	己丑	己未	戊子	丁巳	丁亥	丙辰	丙戌	乙卯	丁亥	4日
壬戌	辛卯	辛酉	庚寅	庚申	己丑	戊午	戊子	丁巳	丁亥	丙辰	戊子	5日
癸亥	壬辰	壬戌	辛卯	辛酉	庚寅	己未	己丑	戊午	戊子	丁巳	己丑	6日
甲子	癸巳	癸亥	壬辰	壬戌	辛卯	庚申	庚寅	己未	己丑	戊午	庚寅	7日
乙丑	甲午	甲子	癸巳	癸亥	壬辰	辛酉	辛卯	庚申	庚寅	己未	辛卯	8日
丙寅	乙未	乙丑	甲午	甲子	癸巳	壬戌	壬辰	辛酉	辛卯	庚申	壬辰	9日
丁卯	丙申	丙寅	乙未	乙丑	甲午	癸亥	癸巳	壬戌	壬辰	辛酉	癸巳	10日
戊辰	丁酉	丁卯	丙申	丙寅	乙未	甲子	甲午	癸亥	癸巳	壬戌	甲午	11日
己巳	戊戌	戊辰	丁酉	丁卯	丙申	乙丑	乙未	甲子	甲午	癸亥	乙未	12日
庚午	己亥	己巳	戊戌	戊辰	丁酉	丙寅	丙申	乙丑	乙未	甲子	丙申	13日
辛未	庚子	庚午	己亥	己巳	戊戌	丁卯	丁酉	丙寅	丙申	乙丑	丁酉	14日
壬申	辛丑	辛未	庚子	庚午	己亥	戊辰	戊戌	丁卯	丁酉	丙寅	戊戌	15日
癸酉	壬寅	壬申	辛丑	辛未	庚子	己巳	己亥	戊辰	戊戌	丁卯	己亥	16日
甲戌	癸卯	癸酉	壬寅	壬申	辛丑	庚午	庚子	己巳	己亥	戊辰	庚子	17日
乙亥	甲辰	甲戌	癸卯	癸酉	壬寅	辛未	辛丑	庚午	庚子	己巳	辛丑	18日
丙子	乙巳	乙亥	甲辰	甲戌	癸卯	壬申	壬寅	辛未	辛丑	庚午	壬寅	19日
丁丑	丙午	丙子	乙巳	乙亥	甲辰	癸酉	癸卯	壬申	壬寅	辛未	癸卯	20日
戊寅	丁未	丁丑	丙午	丙子	乙巳	甲戌	甲辰	癸酉	癸卯	壬申	甲辰	21日
己卯	戊申	戊寅	丁未	丁丑	丙午	乙亥	乙巳	甲戌	甲辰	癸酉	乙巳	22日
庚辰	己酉	己卯	戊申	戊寅	丁未	丙子	丙午	乙亥	乙巳	甲戌	丙午	23日
辛巳	庚戌	庚辰	己酉	己卯	戊申	丁丑	丁未	丙子	丙午	乙亥	丁未	24日
壬午	辛亥	辛巳	庚戌	庚辰	己酉	戊寅	戊申	丁丑	丁未	丙子	戊申	25日
癸未	壬子	壬午	辛亥	辛巳	庚戌	己卯	己酉	戊寅	戊申	丁丑	己酉	26日
甲申	癸丑	癸未	壬子	壬午	辛亥	庚辰	庚戌	己卯	己酉	戊寅	庚戌	27日
乙酉	甲寅	甲申	癸丑	癸未	壬子	辛巳	辛亥	庚辰	庚戌	己卯	辛亥	28日
丙戌	乙卯	乙酉	甲寅	甲申	癸丑	壬午	壬子	辛巳	辛亥	庚辰		29日
丁亥	丙辰	丙戌	乙卯	乙酉	甲寅	癸未	癸丑	壬午	壬子	辛巳		30日
戊子	丁巳		丙辰		乙卯	甲申		癸未		壬午		31日

平成12年（2000）

庚辰・九紫火星

翌1月	12月	11月	10月	9月	8月	7月	6月	5月	4月	3月	2月	月
己丑	戊子	丁亥	丙戌	乙酉	甲申	癸未	壬午	辛巳	庚辰	己卯	戊寅	月の干支
5日	7日	7日	8日	7日	7日	7日	5日	5日	4日	5日	4日	節入り
15:50	4:37	11:48	8:39	16:59	14:03	4:14	17:59	13:50	20:32	15:43	21:41	日時
甲子	癸巳	癸亥	壬辰	壬戌	辛卯	庚申	庚寅	己未	己丑	戊午	己丑	1日
乙丑	甲午	甲子	癸巳	癸亥	壬辰	辛酉	辛卯	庚申	庚寅	己未	庚寅	2日
丙寅	乙未	乙丑	甲午	甲子	癸巳	壬戌	壬辰	辛酉	辛卯	庚申	辛卯	3日
丁卯	丙申	丙寅	乙未	乙丑	甲午	癸亥	癸巳	壬戌	壬辰	辛酉	壬辰	4日
戊辰	丁酉	丁卯	丙申	丙寅	乙未	甲子	甲午	癸亥	癸巳	壬戌	癸巳	5日
己巳	戊戌	戊辰	丁酉	丁卯	丙申	乙丑	乙未	甲子	甲午	癸亥	甲午	6日
庚午	己亥	己巳	戊戌	戊辰	丁酉	丙寅	丙申	乙丑	乙未	甲子	乙未	7日
辛未	庚子	庚午	己亥	己巳	戊戌	丁卯	丁酉	丙寅	丙申	乙丑	丙申	8日
壬申	辛丑	辛未	庚子	庚午	己亥	戊辰	戊戌	丁卯	丁酉	丙寅	丁酉	9日
癸酉	壬寅	壬申	辛丑	辛未	庚子	己巳	己亥	戊辰	戊戌	丁卯	戊戌	10日
甲戌	癸卯	癸酉	壬寅	壬申	辛丑	庚午	庚子	己巳	己亥	戊辰	己亥	11日
乙亥	甲辰	甲戌	癸卯	癸酉	壬寅	辛未	辛丑	庚午	庚子	己巳	庚子	12日
丙子	乙巳	乙亥	甲辰	甲戌	癸卯	壬申	壬寅	辛未	辛丑	庚午	辛丑	13日
丁丑	丙午	丙子	乙巳	乙亥	甲辰	癸酉	癸卯	壬申	壬寅	辛未	壬寅	14日
戊寅	丁未	丁丑	丙午	丙子	乙巳	甲戌	甲辰	癸酉	癸卯	壬申	癸卯	15日
己卯	戊申	戊寅	丁未	丁丑	丙午	乙亥	乙巳	甲戌	甲辰	癸酉	甲辰	16日
庚辰	己酉	己卯	戊申	戊寅	丁未	丙子	丙午	乙亥	乙巳	甲戌	乙巳	17日
辛巳	庚戌	庚辰	己酉	己卯	戊申	丁丑	丁未	丙子	丙午	乙亥	丙午	18日
壬午	辛亥	辛巳	庚戌	庚辰	己酉	戊寅	戊申	丁丑	丁未	丙子	丁未	19日
癸未	壬子	壬午	辛亥	辛巳	庚戌	己卯	己酉	戊寅	戊申	丁丑	戊申	20日
甲申	癸丑	癸未	壬子	壬午	辛亥	庚辰	庚戌	己卯	己酉	戊寅	己酉	21日
乙酉	甲寅	甲申	癸丑	癸未	壬子	辛巳	辛亥	庚辰	庚戌	己卯	庚戌	22日
丙戌	乙卯	乙酉	甲寅	甲申	癸丑	壬午	壬子	辛巳	辛亥	庚辰	辛亥	23日
丁亥	丙辰	丙戌	乙卯	乙酉	甲寅	癸未	癸丑	壬午	壬子	辛巳	壬子	24日
戊子	丁巳	丁亥	丙辰	丙戌	乙卯	甲申	甲寅	癸未	癸丑	壬午	癸丑	25日
己丑	戊午	戊子	丁巳	丁亥	丙辰	乙酉	乙卯	甲申	甲寅	癸未	甲寅	26日
庚寅	己未	己丑	戊午	戊子	丁巳	丙戌	丙辰	乙酉	乙卯	甲申	乙卯	27日
辛卯	庚申	庚寅	己未	己丑	戊午	丁亥	丁巳	丙戌	丙辰	乙酉	丙辰	28日
壬辰	辛酉	辛卯	庚申	庚寅	己未	戊子	戊午	丁亥	丁巳	丙戌	丁巳	29日
癸巳	壬戌	壬辰	辛酉	辛卯	庚申	己丑	己未	戊子	戊午	丁亥		30日
甲午	癸亥		壬戌		辛酉	庚寅		己丑		戊子		31日

平成13年（2001）

辛巳・八白土星

翌1月	12月	11月	10月	9月	8月	7月	6月	5月	4月	3月	2月	月
辛丑	庚子	己亥	戊戌	丁酉	丙申	乙未	甲午	癸巳	壬辰	辛卯	庚寅	月の干支
5日	7日	7日	8日	7日	7日	7日	5日	5日	5日	5日	4日	節入り
21:44	10:29	17:37	14:25	22:46	19:53	10:07	23:54	19:45	2:25	21:33	3:29	日時
己巳	戊戌	戊辰	丁酉	丁卯	丙申	乙丑	乙未	甲子	甲午	癸亥	乙未	1日
庚午	己亥	己巳	戊戌	戊辰	丁酉	丙寅	丙申	乙丑	乙未	甲子	丙申	2日
辛未	庚子	庚午	己亥	己巳	戊戌	丁卯	丁酉	丙寅	丙申	乙丑	丁酉	3日
壬申	辛丑	辛未	庚子	庚午	己亥	戊辰	戊戌	丁卯	丁酉	丙寅	戊戌	4日
癸酉	壬寅	壬申	辛丑	辛未	庚子	己巳	己亥	戊辰	戊戌	丁卯	己亥	5日
甲戌	癸卯	癸酉	壬寅	壬申	辛丑	庚午	庚子	己巳	己亥	戊辰	庚子	6日
乙亥	甲辰	甲戌	癸卯	癸酉	壬寅	辛未	辛丑	庚午	庚子	己巳	辛丑	7日
丙子	乙巳	乙亥	甲辰	甲戌	癸卯	壬申	壬寅	辛未	辛丑	庚午	壬寅	8日
丁丑	丙午	丙子	乙巳	乙亥	甲辰	癸酉	癸卯	壬申	壬寅	辛未	癸卯	9日
戊寅	丁未	丁丑	丙午	丙子	乙巳	甲戌	甲辰	癸酉	癸卯	壬申	甲辰	10日
己卯	戊申	戊寅	丁未	丁丑	丙午	乙亥	乙巳	甲戌	甲辰	癸酉	乙巳	11日
庚辰	己酉	己卯	戊申	戊寅	丁未	丙子	丙午	乙亥	乙巳	甲戌	丙午	12日
辛巳	庚戌	庚辰	己酉	己卯	戊申	丁丑	丁未	丙子	丙午	乙亥	丁未	13日
壬午	辛亥	辛巳	庚戌	庚辰	己酉	戊寅	戊申	丁丑	丁未	丙子	戊申	14日
癸未	壬子	壬午	辛亥	辛巳	庚戌	己卯	己酉	戊寅	戊申	丁丑	己酉	15日
甲申	癸丑	癸未	壬子	壬午	辛亥	庚辰	庚戌	己卯	己酉	戊寅	庚戌	16日
乙酉	甲寅	甲申	癸丑	癸未	壬子	辛巳	辛亥	庚辰	庚戌	己卯	辛亥	17日
丙戌	乙卯	乙酉	甲寅	甲申	癸丑	壬午	壬子	辛巳	辛亥	庚辰	壬子	18日
丁亥	丙辰	丙戌	乙卯	乙酉	甲寅	癸未	癸丑	壬午	壬子	辛巳	癸丑	19日
戊子	丁巳	丁亥	丙辰	丙戌	乙卯	甲申	甲寅	癸未	癸丑	壬午	甲寅	20日
己丑	戊午	戊子	丁巳	丁亥	丙辰	乙酉	乙卯	甲申	甲寅	癸未	乙卯	21日
庚寅	己未	己丑	戊午	戊子	丁巳	丙戌	丙辰	乙酉	乙卯	甲申	丙辰	22日
辛卯	庚申	庚寅	己未	己丑	戊午	丁亥	丁巳	丙戌	丙辰	乙酉	丁巳	23日
壬辰	辛酉	辛卯	庚申	庚寅	己未	戊子	戊午	丁亥	丁巳	丙戌	戊午	24日
癸巳	壬戌	壬辰	辛酉	辛卯	庚申	己丑	己未	戊子	戊午	丁亥	己未	25日
甲午	癸亥	癸巳	壬戌	壬辰	辛酉	庚寅	庚申	己丑	己未	戊子	庚申	26日
乙未	甲子	甲午	癸亥	癸巳	壬戌	辛卯	辛酉	庚寅	庚申	己丑	辛酉	27日
丙申	乙丑	乙未	甲子	甲午	癸亥	壬辰	壬戌	辛卯	辛酉	庚寅	壬戌	28日
丁酉	丙寅	丙申	乙丑	乙未	甲子	癸巳	癸亥	壬辰	壬戌	辛卯		29日
戊戌	丁卯	丁酉	丙寅	丙申	乙丑	甲午	甲子	癸巳	癸亥	壬辰		30日
己亥	戊辰		丁卯		丙寅	乙未		甲午		癸巳		31日

平成14年（2002）

壬午・七赤金星

翌1月	12月	11月	10月	9月	8月	7月	6月	5月	4月	3月	2月	月
癸丑	壬子	辛亥	庚戌	己酉	戊申	丁未	丙午	乙巳	甲辰	癸卯	壬寅	月の干支
6日 3:28	7日 16:54	7日 23:22	8日 20:10	8日 4:31	8日 1:39	7日 15:56	6日 5:45	6日 1:37	5日 8:18	6日 3:28	4日 9:24	節入り日時
甲戌	癸卯	癸酉	壬寅	壬申	辛丑	庚午	庚子	己巳	己亥	戊辰	庚子	1日
乙亥	甲辰	甲戌	癸卯	癸酉	壬寅	辛未	辛丑	庚午	庚子	己巳	辛丑	2日
丙子	乙巳	乙亥	甲辰	甲戌	癸卯	壬申	壬寅	辛未	辛丑	庚午	壬寅	3日
丁丑	丙午	丙子	乙巳	乙亥	甲辰	癸酉	癸卯	壬申	壬寅	辛未	癸卯	4日
戊寅	丁未	丁丑	丙午	丙子	乙巳	甲戌	甲辰	癸酉	癸卯	壬申	甲辰	5日
己卯	戊申	戊寅	丁未	丁丑	丙午	乙亥	乙巳	甲戌	甲辰	癸酉	乙巳	6日
庚辰	己酉	己卯	戊申	戊寅	丁未	丙子	丙午	乙亥	乙巳	甲戌	丙午	7日
辛巳	庚戌	庚辰	己酉	己卯	戊申	丁丑	丁未	丙子	丙午	乙亥	丁未	8日
壬午	辛亥	辛巳	庚戌	庚辰	己酉	戊寅	戊申	丁丑	丁未	丙子	戊申	9日
癸未	壬子	壬午	辛亥	辛巳	庚戌	己卯	己酉	戊寅	戊申	丁丑	己酉	10日
甲申	癸丑	癸未	壬子	壬午	辛亥	庚辰	庚戌	己卯	己酉	戊寅	庚戌	11日
乙酉	甲寅	甲申	癸丑	癸未	壬子	辛巳	辛亥	庚辰	庚戌	己卯	辛亥	12日
丙戌	乙卯	乙酉	甲寅	甲申	癸丑	壬午	壬子	辛巳	辛亥	庚辰	壬子	13日
丁亥	丙辰	丙戌	乙卯	乙酉	甲寅	癸未	癸丑	壬午	壬子	辛巳	癸丑	14日
戊子	丁巳	丁亥	丙辰	丙戌	乙卯	甲申	甲寅	癸未	癸丑	壬午	甲寅	15日
己丑	戊午	戊子	丁巳	丁亥	丙辰	乙酉	乙卯	甲申	甲寅	癸未	乙卯	16日
庚寅	己未	己丑	戊午	戊子	丁巳	丙戌	丙辰	乙酉	乙卯	甲申	丙辰	17日
辛卯	庚申	庚寅	己未	己丑	戊午	丁亥	丁巳	丙戌	丙辰	乙酉	丁巳	18日
壬辰	辛酉	辛卯	庚申	庚寅	己未	戊子	戊午	丁亥	丁巳	丙戌	戊午	19日
癸巳	壬戌	壬辰	辛酉	辛卯	庚申	己丑	己未	戊子	戊午	丁亥	己未	20日
甲午	癸亥	癸巳	壬戌	壬辰	辛酉	庚寅	庚申	己丑	己未	戊子	庚申	21日
乙未	甲子	甲午	癸亥	癸巳	壬戌	辛卯	辛酉	庚寅	庚申	己丑	辛酉	22日
丙申	乙丑	乙未	甲子	甲午	癸亥	壬辰	壬戌	辛卯	辛酉	庚寅	壬戌	23日
丁酉	丙寅	丙申	乙丑	乙未	甲子	癸巳	癸亥	壬辰	壬戌	辛卯	癸亥	24日
戊戌	丁卯	丁酉	丙寅	丙申	乙丑	甲午	甲子	癸巳	癸亥	壬辰	甲子	25日
己亥	戊辰	戊戌	丁卯	丁酉	丙寅	乙未	乙丑	甲午	甲子	癸巳	乙丑	26日
庚子	己巳	己亥	戊辰	戊戌	丁卯	丙申	丙寅	乙未	乙丑	甲午	丙寅	27日
辛丑	庚午	庚子	己巳	己亥	戊辰	丁酉	丁卯	丙申	丙寅	乙未	丁卯	28日
壬寅	辛未	辛丑	庚午	庚子	己巳	戊戌	戊辰	丁酉	丁卯	丙申		29日
癸卯	壬申	壬寅	辛未	辛丑	庚午	己亥	己巳	戊戌	戊辰	丁酉		30日
甲辰	癸酉		壬申		辛未	庚子		己亥		戊戌		31日

平成15年（2003）

癸未・六白金星

翌1月	12月	11月	10月	9月	8月	7月	6月	5月	4月	3月	2月	月
乙丑	甲子	癸亥	壬戌	辛酉	庚申	己未	戊午	丁巳	丙辰	乙卯	甲寅	月の干支
6日 9:19	7日 22:06	8日 5:14	9日 2:01	8日 10:20	8日 7:24	7日 21:36	6日 11:20	6日 7:10	5日 13:53	6日 9:05	4日 15:06	節入り日時
己卯	戊申	戊寅	丁未	丁丑	丙午	乙亥	乙巳	甲戌	甲辰	癸酉	乙巳	1日
庚辰	己酉	己卯	戊申	戊寅	丁未	丙子	丙午	乙亥	乙巳	甲戌	丙午	2日
辛巳	庚戌	庚辰	己酉	己卯	戊申	丁丑	丁未	丙子	丙午	乙亥	丁未	3日
壬午	辛亥	辛巳	庚戌	庚辰	己酉	戊寅	戊申	丁丑	丁未	丙子	戊申	4日
癸未	壬子	壬午	辛亥	辛巳	庚戌	己卯	己酉	戊寅	戊申	丁丑	己酉	5日
甲申	癸丑	癸未	壬子	壬午	辛亥	庚辰	庚戌	己卯	己酉	戊寅	庚戌	6日
乙酉	甲寅	甲申	癸丑	癸未	壬子	辛巳	辛亥	庚辰	庚戌	己卯	辛亥	7日
丙戌	乙卯	乙酉	甲寅	甲申	癸丑	壬午	壬子	辛巳	辛亥	庚辰	壬子	8日
丁亥	丙辰	丙戌	乙卯	乙酉	甲寅	癸未	癸丑	壬午	壬子	辛巳	癸丑	9日
戊子	丁巳	丁亥	丙辰	丙戌	乙卯	甲申	甲寅	癸未	癸丑	壬午	甲寅	10日
己丑	戊午	戊子	丁巳	丁亥	丙辰	乙酉	乙卯	甲申	甲寅	癸未	乙卯	11日
庚寅	己未	己丑	戊午	戊子	丁巳	丙戌	丙辰	乙酉	乙卯	甲申	丙辰	12日
辛卯	庚申	庚寅	己未	己丑	戊午	丁亥	丁巳	丙戌	丙辰	乙酉	丁巳	13日
壬辰	辛酉	辛卯	庚申	庚寅	己未	戊子	戊午	丁亥	丁巳	丙戌	戊午	14日
癸巳	壬戌	壬辰	辛酉	辛卯	庚申	己丑	己未	戊子	戊午	丁亥	己未	15日
甲午	癸亥	癸巳	壬戌	壬辰	辛酉	庚寅	庚申	己丑	己未	戊子	庚申	16日
乙未	甲子	甲午	癸亥	癸巳	壬戌	辛卯	辛酉	庚寅	庚申	己丑	辛酉	17日
丙申	乙丑	乙未	甲子	甲午	癸亥	壬辰	壬戌	辛卯	辛酉	庚寅	壬戌	18日
丁酉	丙寅	丙申	乙丑	乙未	甲子	癸巳	癸亥	壬辰	壬戌	辛卯	癸亥	19日
戊戌	丁卯	丁酉	丙寅	丙申	乙丑	甲午	甲子	癸巳	癸亥	壬辰	甲子	20日
己亥	戊辰	戊戌	丁卯	丁酉	丙寅	乙未	乙丑	甲午	甲子	癸巳	乙丑	21日
庚子	己巳	己亥	戊辰	戊戌	丁卯	丙申	丙寅	乙未	乙丑	甲午	丙寅	22日
辛丑	庚午	庚子	己巳	己亥	戊辰	丁酉	丁卯	丙申	丙寅	乙未	丁卯	23日
壬寅	辛未	辛丑	庚午	庚子	己巳	戊戌	戊辰	丁酉	丁卯	丙申	戊辰	24日
癸卯	壬申	壬寅	辛未	辛丑	庚午	己亥	己巳	戊戌	戊辰	丁酉	己巳	25日
甲辰	癸酉	癸卯	壬申	壬寅	辛未	庚子	庚午	己亥	己巳	戊戌	庚午	26日
乙巳	甲戌	甲辰	癸酉	癸卯	壬申	辛丑	辛未	庚子	庚午	己亥	辛未	27日
丙午	乙亥	乙巳	甲戌	甲辰	癸酉	壬寅	壬申	辛丑	辛未	庚子	壬申	28日
丁未	丙子	丙午	乙亥	乙巳	甲戌	癸卯	癸酉	壬寅	壬申	辛丑		29日
戊申	丁丑	丁未	丙子	丙午	乙亥	甲辰	甲戌	癸卯	癸酉	壬寅		30日
己酉	戊寅		丁丑		丙子	乙巳		甲辰		癸卯		31日

平成16年（2004）

甲申・五黄土星

翌1月	12月	11月	10月	9月	8月	7月	6月	5月	4月	3月	2月	月
丁丑	丙子	乙亥	甲戌	癸酉	壬申	辛未	庚午	己巳	戊辰	丁卯	丙寅	月の干支
5日 15:03	7日 3:49	7日 10:59	8日 7:50	7日 16:13	7日 13:20	7日 3:31	5日 17:14	5日 13:02	4日 19:43	5日 14:56	4日 20:57	節入り 日時
乙酉	甲寅	甲申	癸丑	癸未	壬子	辛巳	辛亥	庚辰	庚戌	己卯	庚戌	1日
丙戌	乙卯	乙酉	甲寅	甲申	癸丑	壬午	壬子	辛巳	辛亥	庚辰	辛亥	2日
丁亥	丙辰	丙戌	乙卯	乙酉	甲寅	癸未	癸丑	壬午	壬子	辛巳	壬子	3日
戊子	丁巳	丁亥	丙辰	丙戌	乙卯	甲申	甲寅	癸未	癸丑	壬午	癸丑	4日
己丑	戊午	戊子	丁巳	丁亥	丙辰	乙酉	乙卯	甲申	甲寅	癸未	甲寅	5日
庚寅	己未	己丑	戊午	戊子	丁巳	丙戌	丙辰	乙酉	乙卯	甲申	乙卯	6日
辛卯	庚申	庚寅	己未	己丑	戊午	丁亥	丁巳	丙戌	丙辰	乙酉	丙辰	7日
壬辰	辛酉	辛卯	庚申	庚寅	己未	戊子	戊午	丁亥	丁巳	丙戌	丁巳	8日
癸巳	壬戌	壬辰	辛酉	辛卯	庚申	己丑	己未	戊子	戊午	丁亥	戊午	9日
甲午	癸亥	癸巳	壬戌	壬辰	辛酉	庚寅	庚申	己丑	己未	戊子	己未	10日
乙未	甲子	甲午	癸亥	癸巳	壬戌	辛卯	辛酉	庚寅	庚申	己丑	庚申	11日
丙申	乙丑	乙未	甲子	甲午	癸亥	壬辰	壬戌	辛卯	辛酉	庚寅	辛酉	12日
丁酉	丙寅	丙申	乙丑	乙未	甲子	癸巳	癸亥	壬辰	壬戌	辛卯	壬戌	13日
戊戌	丁卯	丁酉	丙寅	丙申	乙丑	甲午	甲子	癸巳	癸亥	壬辰	癸亥	14日
己亥	戊辰	戊戌	丁卯	丁酉	丙寅	乙未	乙丑	甲午	甲子	癸巳	甲子	15日
庚子	己巳	己亥	戊辰	戊戌	丁卯	丙申	丙寅	乙未	乙丑	甲午	乙丑	16日
辛丑	庚午	庚子	己巳	己亥	戊辰	丁酉	丁卯	丙申	丙寅	乙未	丙寅	17日
壬寅	辛未	辛丑	庚午	庚子	己巳	戊戌	戊辰	丁酉	丁卯	丙申	丁卯	18日
癸卯	壬申	壬寅	辛未	辛丑	庚午	己亥	己巳	戊戌	戊辰	丁酉	戊辰	19日
甲辰	癸酉	癸卯	壬申	壬寅	辛未	庚子	庚午	己亥	己巳	戊戌	己巳	20日
乙巳	甲戌	甲辰	癸酉	癸卯	壬申	辛丑	辛未	庚子	庚午	己亥	庚午	21日
丙午	乙亥	乙巳	甲戌	甲辰	癸酉	壬寅	壬申	辛丑	辛未	庚子	辛未	22日
丁未	丙子	丙午	乙亥	乙巳	甲戌	癸卯	癸酉	壬寅	壬申	辛丑	壬申	23日
戊申	丁丑	丁未	丙子	丙午	乙亥	甲辰	甲戌	癸卯	癸酉	壬寅	癸酉	24日
己酉	戊寅	戊申	丁丑	丁未	丙子	乙巳	乙亥	甲辰	甲戌	癸卯	甲戌	25日
庚戌	己卯	己酉	戊寅	戊申	丁丑	丙午	丙子	乙巳	乙亥	甲辰	乙亥	26日
辛亥	庚辰	庚戌	己卯	己酉	戊寅	丁未	丁丑	丙午	丙子	乙巳	丙子	27日
壬子	辛巳	辛亥	庚辰	庚戌	己卯	戊申	戊寅	丁未	丁丑	丙午	丁丑	28日
癸丑	壬午	壬子	辛巳	辛亥	庚辰	己酉	己卯	戊申	戊寅	丁未	戊寅	29日
甲寅	癸未	癸丑	壬午	壬子	辛巳	庚戌	庚辰	己酉	己卯	戊申		30日
乙卯	甲申		癸未		壬午	辛亥		庚戌		己酉		31日

平成 17 年（2005）

乙酉・四緑木星

翌1月	12月	11月	10月	9月	8月	7月	6月	5月	4月	3月	2月	月
己丑	戊子	丁亥	丙戌	乙酉	甲申	癸未	壬午	辛巳	庚辰	己卯	戊寅	月の干支
5日	7日	7日	8日	7日	7日	7日	5日	5日	5日	5日	4日	節入り
20:58	9:45	16:53	13:43	21:58	19:00	9:10	22:56	18:50	1:35	20:48	2:50	日時
庚寅	己未	己丑	戊午	戊子	丁巳	丙戌	丙辰	乙酉	乙卯	甲申	丙辰	1日
辛卯	庚申	庚寅	己未	己丑	戊午	丁亥	丁巳	丙戌	丙辰	乙酉	丁巳	2日
壬辰	辛酉	辛卯	庚申	庚寅	己未	戊子	戊午	丁亥	丁巳	丙戌	戊午	3日
癸巳	壬戌	壬辰	辛酉	辛卯	庚申	己丑	己未	戊子	戊午	丁亥	己未	4日
甲午	癸亥	癸巳	壬戌	壬辰	辛酉	庚寅	庚申	己丑	己未	戊子	庚申	5日
乙未	甲子	甲午	癸亥	癸巳	壬戌	辛卯	辛酉	庚寅	庚申	己丑	辛酉	6日
丙申	乙丑	乙未	甲子	甲午	癸亥	壬辰	壬戌	辛卯	辛酉	庚寅	壬戌	7日
丁酉	丙寅	丙申	乙丑	乙未	甲子	癸巳	癸亥	壬辰	壬戌	辛卯	癸亥	8日
戊戌	丁卯	丁酉	丙寅	丙申	乙丑	甲午	甲子	癸巳	癸亥	壬辰	甲子	9日
己亥	戊辰	戊戌	丁卯	丁酉	丙寅	乙未	乙丑	甲午	甲子	癸巳	乙丑	10日
庚子	己巳	己亥	戊辰	戊戌	丁卯	丙申	丙寅	乙未	乙丑	甲午	丙寅	11日
辛丑	庚午	庚子	己巳	己亥	戊辰	丁酉	丁卯	丙申	丙寅	乙未	丁卯	12日
壬寅	辛未	辛丑	庚午	庚子	己巳	戊戌	戊辰	丁酉	丁卯	丙申	戊辰	13日
癸卯	壬申	壬寅	辛未	辛丑	庚午	己亥	己巳	戊戌	戊辰	丁酉	己巳	14日
甲辰	癸酉	癸卯	壬申	壬寅	辛未	庚子	庚午	己亥	己巳	戊戌	庚午	15日
乙巳	甲戌	甲辰	癸酉	癸卯	壬申	辛丑	辛未	庚子	庚午	己亥	辛未	16日
丙午	乙亥	乙巳	甲戌	甲辰	癸酉	壬寅	壬申	辛丑	辛未	庚子	壬申	17日
丁未	丙子	丙午	乙亥	乙巳	甲戌	癸卯	癸酉	壬寅	壬申	辛丑	癸酉	18日
戊申	丁丑	丁未	丙子	丙午	乙亥	甲辰	甲戌	癸卯	癸酉	壬寅	甲戌	19日
己酉	戊寅	戊申	丁丑	丁未	丙子	乙巳	乙亥	甲辰	甲戌	癸卯	乙亥	20日
庚戌	己卯	己酉	戊寅	戊申	丁丑	丙午	丙子	乙巳	乙亥	甲辰	丙子	21日
辛亥	庚辰	庚戌	己卯	己酉	戊寅	丁未	丁丑	丙午	丙子	乙巳	丁丑	22日
壬子	辛巳	辛亥	庚辰	庚戌	己卯	戊申	戊寅	丁未	丁丑	丙午	戊寅	23日
癸丑	壬午	壬子	辛巳	辛亥	庚辰	己酉	己卯	戊申	戊寅	丁未	己卯	24日
甲寅	癸未	癸丑	壬午	壬子	辛巳	庚戌	庚辰	己酉	己卯	戊申	庚辰	25日
乙卯	甲申	甲寅	癸未	癸丑	壬午	辛亥	辛巳	庚戌	庚辰	己酉	辛巳	26日
丙辰	乙酉	乙卯	甲申	甲寅	癸未	壬子	壬午	辛亥	辛巳	庚戌	壬午	27日
丁巳	丙戌	丙辰	乙酉	乙卯	甲申	癸丑	癸未	壬子	壬午	辛亥	癸未	28日
戊午	丁亥	丁巳	丙戌	丙辰	乙酉	甲寅	甲申	癸丑	癸未	壬子		29日
己未	戊子	戊午	丁亥	丁巳	丙戌	乙卯	乙酉	甲寅	甲申	癸丑		30日
庚申	己丑		戊子		丁亥	丙辰		乙卯		甲寅		31日

平成18年（2006）

丙戌・三碧木星

翌1月	12月	11月	10月	9月	8月	7月	6月	5月	4月	3月	2月	月
辛丑	庚子	己亥	戊戌	丁酉	丙申	乙未	甲午	癸巳	壬辰	辛卯	庚寅	月の干支
6日 2:48	7日 15:35	7日 22:42	8日 19:31	8日 3:47	8日 0:48	7日 14:58	6日 4:44	6日 0:38	5日 7:24	6日 2:37	4日 8:40	節入り 日時
乙未	甲子	甲午	癸亥	癸巳	壬戌	辛卯	辛酉	庚寅	庚申	己丑	辛酉	1日
丙申	乙丑	乙未	甲子	甲午	癸亥	壬辰	壬戌	辛卯	辛酉	庚寅	壬戌	2日
丁酉	丙寅	丙申	乙丑	乙未	甲子	癸巳	癸亥	壬辰	壬戌	辛卯	癸亥	3日
戊戌	丁卯	丁酉	丙寅	丙申	乙丑	甲午	甲子	癸巳	癸亥	壬辰	甲子	4日
己亥	戊辰	戊戌	丁卯	丁酉	丙寅	乙未	乙丑	甲午	甲子	癸巳	乙丑	5日
庚子	己巳	己亥	戊辰	戊戌	丁卯	丙申	丙寅	乙未	乙丑	甲午	丙寅	6日
辛丑	庚午	庚子	己巳	己亥	戊辰	丁酉	丁卯	丙申	丙寅	乙未	丁卯	7日
壬寅	辛未	辛丑	庚午	庚子	己巳	戊戌	戊辰	丁酉	丁卯	丙申	戊辰	8日
癸卯	壬申	壬寅	辛未	辛丑	庚午	己亥	己巳	戊戌	戊辰	丁酉	己巳	9日
甲辰	癸酉	癸卯	壬申	壬寅	辛未	庚子	庚午	己亥	己巳	戊戌	庚午	10日
乙巳	甲戌	甲辰	癸酉	癸卯	壬申	辛丑	辛未	庚子	庚午	己亥	辛未	11日
丙午	乙亥	乙巳	甲戌	甲辰	癸酉	壬寅	壬申	辛丑	辛未	庚子	壬申	12日
丁未	丙子	丙午	乙亥	乙巳	甲戌	癸卯	癸酉	壬寅	壬申	辛丑	癸酉	13日
戊申	丁丑	丁未	丙子	丙午	乙亥	甲辰	甲戌	癸卯	癸酉	壬寅	甲戌	14日
己酉	戊寅	戊申	丁丑	丁未	丙子	乙巳	乙亥	甲辰	甲戌	癸卯	乙亥	15日
庚戌	己卯	己酉	戊寅	戊申	丁丑	丙午	丙子	乙巳	乙亥	甲辰	丙子	16日
辛亥	庚辰	庚戌	己卯	己酉	戊寅	丁未	丁丑	丙午	丙子	乙巳	丁丑	17日
壬子	辛巳	辛亥	庚辰	庚戌	己卯	戊申	戊寅	丁未	丁丑	丙午	戊寅	18日
癸丑	壬午	壬子	辛巳	辛亥	庚辰	己酉	己卯	戊申	戊寅	丁未	己卯	19日
甲寅	癸未	癸丑	壬午	壬子	辛巳	庚戌	庚辰	己酉	己卯	戊申	庚辰	20日
乙卯	甲申	甲寅	癸未	癸丑	壬午	辛亥	辛巳	庚戌	庚辰	己酉	辛巳	21日
丙辰	乙酉	乙卯	甲申	甲寅	癸未	壬子	壬午	辛亥	辛巳	庚戌	壬午	22日
丁巳	丙戌	丙辰	乙酉	乙卯	甲申	癸丑	癸未	壬子	壬午	辛亥	癸未	23日
戊午	丁亥	丁巳	丙戌	丙辰	乙酉	甲寅	甲申	癸丑	癸未	壬子	甲申	24日
己未	戊子	戊午	丁亥	丁巳	丙戌	乙卯	乙酉	甲寅	甲申	癸丑	乙酉	25日
庚申	己丑	己未	戊子	戊午	丁亥	丙辰	丙戌	乙卯	乙酉	甲寅	丙戌	26日
辛酉	庚寅	庚申	己丑	己未	戊子	丁巳	丁亥	丙辰	丙戌	乙卯	丁亥	27日
壬戌	辛卯	辛酉	庚寅	庚申	己丑	戊午	戊子	丁巳	丁亥	丙辰	戊子	28日
癸亥	壬辰	壬戌	辛卯	辛酉	庚寅	己未	己丑	戊午	戊子	丁巳		29日
甲子	癸巳	癸亥	壬辰	壬戌	辛卯	庚申	庚寅	己未	己丑	戊午		30日
乙丑	甲午		癸巳		壬辰	辛酉		庚申		己未		31日

平成19年（2007）

丁亥・二黒土星

翌1月	12月	11月	10月	9月	8月	7月	6月	5月	4月	3月	2月	月
癸丑	壬子	辛亥	庚戌	己酉	戊申	丁未	丙午	乙巳	甲辰	癸卯	壬寅	月の干支
6日	7日	8日	9日	8日	8日	7日	6日	6日	5日	6日	4日	節入り
8:38	21:24	4:31	1:20	9:35	6:36	20:45	10:32	6:26	13:13	8:26	14:30	日時
庚子	己巳	己亥	戊辰	戊戌	丁卯	丙申	丙寅	乙未	乙丑	甲午	丙寅	1日
辛丑	庚午	庚子	己巳	己亥	戊辰	丁酉	丁卯	丙申	丙寅	乙未	丁卯	2日
壬寅	辛未	辛丑	庚午	庚子	己巳	戊戌	戊辰	丁酉	丁卯	丙申	戊辰	3日
癸卯	壬申	壬寅	辛未	辛丑	庚午	己亥	己巳	戊戌	戊辰	丁酉	己巳	4日
甲辰	癸酉	癸卯	壬申	壬寅	辛未	庚子	庚午	己亥	己巳	戊戌	庚午	5日
乙巳	甲戌	甲辰	癸酉	癸卯	壬申	辛丑	辛未	庚子	庚午	己亥	辛未	6日
丙午	乙亥	乙巳	甲戌	甲辰	癸酉	壬寅	壬申	辛丑	辛未	庚子	壬申	7日
丁未	丙子	丙午	乙亥	乙巳	甲戌	癸卯	癸酉	壬寅	壬申	辛丑	癸酉	8日
戊申	丁丑	丁未	丙子	丙午	乙亥	甲辰	甲戌	癸卯	癸酉	壬寅	甲戌	9日
己酉	戊寅	戊申	丁丑	丁未	丙子	乙巳	乙亥	甲辰	甲戌	癸卯	乙亥	10日
庚戌	己卯	己酉	戊寅	戊申	丁丑	丙午	丙子	乙巳	乙亥	甲辰	丙子	11日
辛亥	庚辰	庚戌	己卯	己酉	戊寅	丁未	丁丑	丙午	丙子	乙巳	丁丑	12日
壬子	辛巳	辛亥	庚辰	庚戌	己卯	戊申	戊寅	丁未	丁丑	丙午	戊寅	13日
癸丑	壬午	壬子	辛巳	辛亥	庚辰	己酉	己卯	戊申	戊寅	丁未	己卯	14日
甲寅	癸未	癸丑	壬午	壬子	辛巳	庚戌	庚辰	己酉	己卯	戊申	庚辰	15日
乙卯	甲申	甲寅	癸未	癸丑	壬午	辛亥	辛巳	庚戌	庚辰	己酉	辛巳	16日
丙辰	乙酉	乙卯	甲申	甲寅	癸未	壬子	壬午	辛亥	辛巳	庚戌	壬午	17日
丁巳	丙戌	丙辰	乙酉	乙卯	甲申	癸丑	癸未	壬子	壬午	辛亥	癸未	18日
戊午	丁亥	丁巳	丙戌	丙辰	乙酉	甲寅	甲申	癸丑	癸未	壬子	甲申	19日
己未	戊子	戊午	丁亥	丁巳	丙戌	乙卯	乙酉	甲寅	甲申	癸丑	乙酉	20日
庚申	己丑	己未	戊子	戊午	丁亥	丙辰	丙戌	乙卯	乙酉	甲寅	丙戌	21日
辛酉	庚寅	庚申	己丑	己未	戊子	丁巳	丁亥	丙辰	丙戌	乙卯	丁亥	22日
壬戌	辛卯	辛酉	庚寅	庚申	己丑	戊午	戊子	丁巳	丁亥	丙辰	戊子	23日
癸亥	壬辰	壬戌	辛卯	辛酉	庚寅	己未	己丑	戊午	戊子	丁巳	己丑	24日
甲子	癸巳	癸亥	壬辰	壬戌	辛卯	庚申	庚寅	己未	己丑	戊午	庚寅	25日
乙丑	甲午	甲子	癸巳	癸亥	壬辰	辛酉	辛卯	庚申	庚寅	己未	辛卯	26日
丙寅	乙未	乙丑	甲午	甲子	癸巳	壬戌	壬辰	辛酉	辛卯	庚申	壬辰	27日
丁卯	丙申	丙寅	乙未	乙丑	甲午	癸亥	癸巳	壬戌	壬辰	辛酉	癸巳	28日
戊辰	丁酉	丁卯	丙申	丙寅	乙未	甲子	甲午	癸亥	癸巳	壬戌		29日
己巳	戊戌	戊辰	丁酉	丁卯	丙申	乙丑	乙未	甲子	甲午	癸亥		30日
庚午	己亥		戊戌		丁酉	丙寅		乙丑		甲子		31日

平成20年（2008）

戊子・一白水星

翌1月	12月	11月	10月	9月	8月	7月	6月	5月	4月	3月	2月	月
乙丑	甲子	癸亥	壬戌	辛酉	庚申	己未	戊午	丁巳	丙辰	乙卯	甲寅	月の干支
5日 14:28	7日 3:13	7日 10:20	8日 7:09	7日 15:24	7日 12:24	7日 2:33	5日 16:20	5日 12:14	4日 19:01	5日 14:15	4日 20:19	節入り日時
丙午	乙亥	乙巳	甲戌	甲辰	癸酉	壬寅	壬申	辛丑	辛未	庚子	辛未	1日
丁未	丙子	丙午	乙亥	乙巳	甲戌	癸卯	癸酉	壬寅	壬申	辛丑	壬申	2日
戊申	丁丑	丁未	丙子	丙午	乙亥	甲辰	甲戌	癸卯	癸酉	壬寅	癸酉	3日
己酉	戊寅	戊申	丁丑	丁未	丙子	乙巳	乙亥	甲辰	甲戌	癸卯	甲戌	4日
庚戌	己卯	己酉	戊寅	戊申	丁丑	丙午	丙子	乙巳	乙亥	甲辰	乙亥	5日
辛亥	庚辰	庚戌	己卯	己酉	戊寅	丁未	丁丑	丙午	丙子	乙巳	丙子	6日
壬子	辛巳	辛亥	庚辰	庚戌	己卯	戊申	戊寅	丁未	丁丑	丙午	丁丑	7日
癸丑	壬午	壬子	辛巳	辛亥	庚辰	己酉	己卯	戊申	戊寅	丁未	戊寅	8日
甲寅	癸未	癸丑	壬午	壬子	辛巳	庚戌	庚辰	己酉	己卯	戊申	己卯	9日
乙卯	甲申	甲寅	癸未	癸丑	壬午	辛亥	辛巳	庚戌	庚辰	己酉	庚辰	10日
丙辰	乙酉	乙卯	甲申	甲寅	癸未	壬子	壬午	辛亥	辛巳	庚戌	辛巳	11日
丁巳	丙戌	丙辰	乙酉	乙卯	甲申	癸丑	癸未	壬子	壬午	辛亥	壬午	12日
戊午	丁亥	丁巳	丙戌	丙辰	乙酉	甲寅	甲申	癸丑	癸未	壬子	癸未	13日
己未	戊子	戊午	丁亥	丁巳	丙戌	乙卯	乙酉	甲寅	甲申	癸丑	甲申	14日
庚申	己丑	己未	戊子	戊午	丁亥	丙辰	丙戌	乙卯	乙酉	甲寅	乙酉	15日
辛酉	庚寅	庚申	己丑	己未	戊子	丁巳	丁亥	丙辰	丙戌	乙卯	丙戌	16日
壬戌	辛卯	辛酉	庚寅	庚申	己丑	戊午	戊子	丁巳	丁亥	丙辰	丁亥	17日
癸亥	壬辰	壬戌	辛卯	辛酉	庚寅	己未	己丑	戊午	戊子	丁巳	戊子	18日
甲子	癸巳	癸亥	壬辰	壬戌	辛卯	庚申	庚寅	己未	己丑	戊午	己丑	19日
乙丑	甲午	甲子	癸巳	癸亥	壬辰	辛酉	辛卯	庚申	庚寅	己未	庚寅	20日
丙寅	乙未	乙丑	甲午	甲子	癸巳	壬戌	壬辰	辛酉	辛卯	庚申	辛卯	21日
丁卯	丙申	丙寅	乙未	乙丑	甲午	癸亥	癸巳	壬戌	壬辰	辛酉	壬辰	22日
戊辰	丁酉	丁卯	丙申	丙寅	乙未	甲子	甲午	癸亥	癸巳	壬戌	癸巳	23日
己巳	戊戌	戊辰	丁酉	丁卯	丙申	乙丑	乙未	甲子	甲午	癸亥	甲午	24日
庚午	己亥	己巳	戊戌	戊辰	丁酉	丙寅	丙申	乙丑	乙未	甲子	乙未	25日
辛未	庚子	庚午	己亥	己巳	戊戌	丁卯	丁酉	丙寅	丙申	乙丑	丙申	26日
壬申	辛丑	辛未	庚子	庚午	己亥	戊辰	戊戌	丁卯	丁酉	丙寅	丁酉	27日
癸酉	壬寅	壬申	辛丑	辛未	庚子	己巳	己亥	戊辰	戊戌	丁卯	戊戌	28日
甲戌	癸卯	癸酉	壬寅	壬申	辛丑	庚午	庚子	己巳	己亥	戊辰	己亥	29日
乙亥	甲辰	甲戌	癸卯	癸酉	壬寅	辛未	辛丑	庚午	庚子	己巳		30日
丙子	乙巳		甲辰		癸卯	壬申		辛未		庚午		31日

平成21年（2009）

己丑・九紫火星

翌1月	12月	11月	10月	9月	8月	7月	6月	5月	4月	3月	2月	月
丁丑	丙子	乙亥	甲戌	癸酉	壬申	辛未	庚午	己巳	戊辰	丁卯	丙寅	月の干支
5日 20:17	7日 9:03	7日 16:09	8日 12:57	7日 21:12	7日 18:11	7日 8:20	5日 22:08	5日 18:02	5日 0:50	5日 20:04	4日 2:08	節入り日時
辛亥	庚辰	庚戌	己卯	己酉	戊寅	丁未	丁丑	丙午	丙子	乙巳	丁丑	1日
壬子	辛巳	辛亥	庚辰	庚戌	己卯	戊申	戊寅	丁未	丁丑	丙午	戊寅	2日
癸丑	壬午	壬子	辛巳	辛亥	庚辰	己酉	己卯	戊申	戊寅	丁未	己卯	3日
甲寅	癸未	癸丑	壬午	壬子	辛巳	庚戌	庚辰	己酉	己卯	戊申	庚辰	4日
乙卯	甲申	甲寅	癸未	癸丑	壬午	辛亥	辛巳	庚戌	庚辰	己酉	辛巳	5日
丙辰	乙酉	乙卯	甲申	甲寅	癸未	壬子	壬午	辛亥	辛巳	庚戌	壬午	6日
丁巳	丙戌	丙辰	乙酉	乙卯	甲申	癸丑	癸未	壬子	壬午	辛亥	癸未	7日
戊午	丁亥	丁巳	丙戌	丙辰	乙酉	甲寅	甲申	癸丑	癸未	壬子	甲申	8日
己未	戊子	戊午	丁亥	丁巳	丙戌	乙卯	乙酉	甲寅	甲申	癸丑	乙酉	9日
庚申	己丑	己未	戊子	戊午	丁亥	丙辰	丙戌	乙卯	乙酉	甲寅	丙戌	10日
辛酉	庚寅	庚申	己丑	己未	戊子	丁巳	丁亥	丙辰	丙戌	乙卯	丁亥	11日
壬戌	辛卯	辛酉	庚寅	庚申	己丑	戊午	戊子	丁巳	丁亥	丙辰	戊子	12日
癸亥	壬辰	壬戌	辛卯	辛酉	庚寅	己未	己丑	戊午	戊子	丁巳	己丑	13日
甲子	癸巳	癸亥	壬辰	壬戌	辛卯	庚申	庚寅	己未	己丑	戊午	庚寅	14日
乙丑	甲午	甲子	癸巳	癸亥	壬辰	辛酉	辛卯	庚申	庚寅	己未	辛卯	15日
丙寅	乙未	乙丑	甲午	甲子	癸巳	壬戌	壬辰	辛酉	辛卯	庚申	壬辰	16日
丁卯	丙申	丙寅	乙未	乙丑	甲午	癸亥	癸巳	壬戌	壬辰	辛酉	癸巳	17日
戊辰	丁酉	丁卯	丙申	丙寅	乙未	甲子	甲午	癸亥	癸巳	壬戌	甲午	18日
己巳	戊戌	戊辰	丁酉	丁卯	丙申	乙丑	乙未	甲子	甲午	癸亥	乙未	19日
庚午	己亥	己巳	戊戌	戊辰	丁酉	丙寅	丙申	乙丑	乙未	甲子	丙申	20日
辛未	庚子	庚午	己亥	己巳	戊戌	丁卯	丁酉	丙寅	丙申	乙丑	丁酉	21日
壬申	辛丑	辛未	庚子	庚午	己亥	戊辰	戊戌	丁卯	丁酉	丙寅	戊戌	22日
癸酉	壬寅	壬申	辛丑	辛未	庚子	己巳	己亥	戊辰	戊戌	丁卯	己亥	23日
甲戌	癸卯	癸酉	壬寅	壬申	辛丑	庚午	庚子	己巳	己亥	戊辰	庚子	24日
乙亥	甲辰	甲戌	癸卯	癸酉	壬寅	辛未	辛丑	庚午	庚子	己巳	辛丑	25日
丙子	乙巳	乙亥	甲辰	甲戌	癸卯	壬申	壬寅	辛未	辛丑	庚午	壬寅	26日
丁丑	丙午	丙子	乙巳	乙亥	甲辰	癸酉	癸卯	壬申	壬寅	辛未	癸卯	27日
戊寅	丁未	丁丑	丙午	丙子	乙巳	甲戌	甲辰	癸酉	癸卯	壬申	甲辰	28日
己卯	戊申	戊寅	丁未	丁丑	丙午	乙亥	乙巳	甲戌	甲辰	癸酉		29日
庚辰	己酉	己卯	戊申	戊寅	丁未	丙子	丙午	乙亥	乙巳	甲戌		30日
辛巳	庚戌		己酉		戊申	丁丑		丙子		乙亥		31日

平成22年（2010）

庚寅・八白土星

翌1月	12月	11月	10月	9月	8月	7月	6月	5月	4月	3月	2月	月
己丑	戊子	丁亥	丙戌	乙酉	甲申	癸未	壬午	辛巳	庚辰	己卯	戊寅	月の干支
6日 2:01	7日 14:53	7日 21:58	8日 18:45	8日 3:00	7日 23:59	7日 14:08	6日 3:56	5日 23:50	5日 6:40	6日 1:53	4日 7:58	節入り 日時
丙辰	乙酉	乙卯	甲申	甲寅	癸未	壬子	壬午	辛亥	辛巳	庚戌	壬午	1日
丁巳	丙戌	丙辰	乙酉	乙卯	甲申	癸丑	癸未	壬子	壬午	辛亥	癸未	2日
戊午	丁亥	丁巳	丙戌	丙辰	乙酉	甲寅	甲申	癸丑	癸未	壬子	甲申	3日
己未	戊子	戊午	丁亥	丁巳	丙戌	乙卯	乙酉	甲寅	甲申	癸丑	乙酉	4日
庚申	己丑	己未	戊子	戊午	丁亥	丙辰	丙戌	乙卯	乙酉	甲寅	丙戌	5日
辛酉	庚寅	庚申	己丑	己未	戊子	丁巳	丁亥	丙辰	丙戌	乙卯	丁亥	6日
壬戌	辛卯	辛酉	庚寅	庚申	己丑	戊午	戊子	丁巳	丁亥	丙辰	戊子	7日
癸亥	壬辰	壬戌	辛卯	辛酉	庚寅	己未	己丑	戊午	戊子	丁巳	己丑	8日
甲子	癸巳	癸亥	壬辰	壬戌	辛卯	庚申	庚寅	己未	己丑	戊午	庚寅	9日
乙丑	甲午	甲子	癸巳	癸亥	壬辰	辛酉	辛卯	庚申	庚寅	己未	辛卯	10日
丙寅	乙未	乙丑	甲午	甲子	癸巳	壬戌	壬辰	辛酉	辛卯	庚申	壬辰	11日
丁卯	丙申	丙寅	乙未	乙丑	甲午	癸亥	癸巳	壬戌	壬辰	辛酉	癸巳	12日
戊辰	丁酉	丁卯	丙申	丙寅	乙未	甲子	甲午	癸亥	癸巳	壬戌	甲午	13日
己巳	戊戌	戊辰	丁酉	丁卯	丙申	乙丑	乙未	甲子	甲午	癸亥	乙未	14日
庚午	己亥	己巳	戊戌	戊辰	丁酉	丙寅	丙申	乙丑	乙未	甲子	丙申	15日
辛未	庚子	庚午	己亥	己巳	戊戌	丁卯	丁酉	丙寅	丙申	乙丑	丁酉	16日
壬申	辛丑	辛未	庚子	庚午	己亥	戊辰	戊戌	丁卯	丁酉	丙寅	戊戌	17日
癸酉	壬寅	壬申	辛丑	辛未	庚子	己巳	己亥	戊辰	戊戌	丁卯	己亥	18日
甲戌	癸卯	癸酉	壬寅	壬申	辛丑	庚午	庚子	己巳	己亥	戊辰	庚子	19日
乙亥	甲辰	甲戌	癸卯	癸酉	壬寅	辛未	辛丑	庚午	庚子	己巳	辛丑	20日
丙子	乙巳	乙亥	甲辰	甲戌	癸卯	壬申	壬寅	辛未	辛丑	庚午	壬寅	21日
丁丑	丙午	丙子	乙巳	乙亥	甲辰	癸酉	癸卯	壬申	壬寅	辛未	癸卯	22日
戊寅	丁未	丁丑	丙午	丙子	乙巳	甲戌	甲辰	癸酉	癸卯	壬申	甲辰	23日
己卯	戊申	戊寅	丁未	丁丑	丙午	乙亥	乙巳	甲戌	甲辰	癸酉	乙巳	24日
庚辰	己酉	己卯	戊申	戊寅	丁未	丙子	丙午	乙亥	乙巳	甲戌	丙午	25日
辛巳	庚戌	庚辰	己酉	己卯	戊申	丁丑	丁未	丙子	丙午	乙亥	丁未	26日
壬午	辛亥	辛巳	庚戌	庚辰	己酉	戊寅	戊申	丁丑	丁未	丙子	戊申	27日
癸未	壬子	壬午	辛亥	辛巳	庚戌	己卯	己酉	戊寅	戊申	丁丑	己酉	28日
甲申	癸丑	癸未	壬子	壬午	辛亥	庚辰	庚戌	己卯	己酉	戊寅		29日
乙酉	甲寅	甲申	癸丑	癸未	壬子	辛巳	辛亥	庚辰	庚戌	己卯		30日
丙戌	乙卯		甲寅		癸丑	壬午		辛巳		庚辰		31日

平成23年（2011）

辛卯・七赤金星

翌1月	12月	11月	10月	9月	8月	7月	6月	5月	4月	3月	2月	月
辛丑	庚子	己亥	戊戌	丁酉	丙申	乙未	甲午	癸巳	壬辰	辛卯	庚寅	月の干支
6日 7:57	7日 20:43	8日 3:48	9日 0:34	8日 8:48	8日 5:47	7日 19:56	6日 9:44	6日 5:38	5日 12:27	6日 7:42	4日 13:48	節入り日時
辛酉	庚寅	庚申	己丑	己未	戊子	丁巳	丁亥	丙辰	丙戌	乙卯	丁亥	1日
壬戌	辛卯	辛酉	庚寅	庚申	己丑	戊午	戊子	丁巳	丁亥	丙辰	戊子	2日
癸亥	壬辰	壬戌	辛卯	辛酉	庚寅	己未	己丑	戊午	戊子	丁巳	己丑	3日
甲子	癸巳	癸亥	壬辰	壬戌	辛卯	庚申	庚寅	己未	己丑	戊午	庚寅	4日
乙丑	甲午	甲子	癸巳	癸亥	壬辰	辛酉	辛卯	庚申	庚寅	己未	辛卯	5日
丙寅	乙未	乙丑	甲午	甲子	癸巳	壬戌	壬辰	辛酉	辛卯	庚申	壬辰	6日
丁卯	丙申	丙寅	乙未	乙丑	甲午	癸亥	癸巳	壬戌	壬辰	辛酉	癸巳	7日
戊辰	丁酉	丁卯	丙申	丙寅	乙未	甲子	甲午	癸亥	癸巳	壬戌	甲午	8日
己巳	戊戌	戊辰	丁酉	丁卯	丙申	乙丑	乙未	甲子	甲午	癸亥	乙未	9日
庚午	己亥	己巳	戊戌	戊辰	丁酉	丙寅	丙申	乙丑	乙未	甲子	丙申	10日
辛未	庚子	庚午	己亥	己巳	戊戌	丁卯	丁酉	丙寅	丙申	乙丑	丁酉	11日
壬申	辛丑	辛未	庚子	庚午	己亥	戊辰	戊戌	丁卯	丁酉	丙寅	戊戌	12日
癸酉	壬寅	壬申	辛丑	辛未	庚子	己巳	己亥	戊辰	戊戌	丁卯	己亥	13日
甲戌	癸卯	癸酉	壬寅	壬申	辛丑	庚午	庚子	己巳	己亥	戊辰	庚子	14日
乙亥	甲辰	甲戌	癸卯	癸酉	壬寅	辛未	辛丑	庚午	庚子	己巳	辛丑	15日
丙子	乙巳	乙亥	甲辰	甲戌	癸卯	壬申	壬寅	辛未	辛丑	庚午	壬寅	16日
丁丑	丙午	丙子	乙巳	乙亥	甲辰	癸酉	癸卯	壬申	壬寅	辛未	癸卯	17日
戊寅	丁未	丁丑	丙午	丙子	乙巳	甲戌	甲辰	癸酉	癸卯	壬申	甲辰	18日
己卯	戊申	戊寅	丁未	丁丑	丙午	乙亥	乙巳	甲戌	甲辰	癸酉	乙巳	19日
庚辰	己酉	己卯	戊申	戊寅	丁未	丙子	丙午	乙亥	乙巳	甲戌	丙午	20日
辛巳	庚戌	庚辰	己酉	己卯	戊申	丁丑	丁未	丙子	丙午	乙亥	丁未	21日
壬午	辛亥	辛巳	庚戌	庚辰	己酉	戊寅	戊申	丁丑	丁未	丙子	戊申	22日
癸未	壬子	壬午	辛亥	辛巳	庚戌	己卯	己酉	戊寅	戊申	丁丑	己酉	23日
甲申	癸丑	癸未	壬子	壬午	辛亥	庚辰	庚戌	己卯	己酉	戊寅	庚戌	24日
乙酉	甲寅	甲申	癸丑	癸未	壬子	辛巳	辛亥	庚辰	庚戌	己卯	辛亥	25日
丙戌	乙卯	乙酉	甲寅	甲申	癸丑	壬午	壬子	辛巳	辛亥	庚辰	壬子	26日
丁亥	丙辰	丙戌	乙卯	乙酉	甲寅	癸未	癸丑	壬午	壬子	辛巳	癸丑	27日
戊子	丁巳	丁亥	丙辰	丙戌	乙卯	甲申	甲寅	癸未	癸丑	壬午	甲寅	28日
己丑	戊午	戊子	丁巳	丁亥	丙辰	乙酉	乙卯	甲申	甲寅	癸未		29日
庚寅	己未	己丑	戊午	戊子	丁巳	丙戌	丙辰	乙酉	乙卯	甲申		30日
辛卯	庚申		己未		戊午	丁亥		丙戌		乙酉		31日

平成24年（2012）

壬辰・六白金星

翌1月	12月	11月	10月	9月	8月	7月	6月	5月	4月	3月	2月	月
癸丑	壬子	辛亥	庚戌	己酉	戊申	丁未	丙午	乙巳	甲辰	癸卯	壬寅	月の干支
5日 13:47	7日 2:33	7日 9:37	8日 6:23	7日 14:36	7日 11:35	7日 1:44	5日 15:32	5日 11:26	4日 18:18	5日 13:31	4日 19:38	節入り 日時
丁卯	丙申	丙寅	乙未	乙丑	甲午	癸亥	癸巳	壬戌	壬辰	辛酉	壬辰	1日
戊辰	丁酉	丁卯	丙申	丙寅	乙未	甲子	甲午	癸亥	癸巳	壬戌	癸巳	2日
己巳	戊戌	戊辰	丁酉	丁卯	丙申	乙丑	乙未	甲子	甲午	癸亥	甲午	3日
庚午	己亥	己巳	戊戌	戊辰	丁酉	丙寅	丙申	乙丑	乙未	甲子	乙未	4日
辛未	庚子	庚午	己亥	己巳	戊戌	丁卯	丁酉	丙寅	丙申	乙丑	丙申	5日
壬申	辛丑	辛未	庚子	庚午	己亥	戊辰	戊戌	丁卯	丁酉	丙寅	丁酉	6日
癸酉	壬寅	壬申	辛丑	辛未	庚子	己巳	己亥	戊辰	戊戌	丁卯	戊戌	7日
甲戌	癸卯	癸酉	壬寅	壬申	辛丑	庚午	庚子	己巳	己亥	戊辰	己亥	8日
乙亥	甲辰	甲戌	癸卯	癸酉	壬寅	辛未	辛丑	庚午	庚子	己巳	庚子	9日
丙子	乙巳	乙亥	甲辰	甲戌	癸卯	壬申	壬寅	辛未	辛丑	庚午	辛丑	10日
丁丑	丙午	丙子	乙巳	乙亥	甲辰	癸酉	癸卯	壬申	壬寅	辛未	壬寅	11日
戊寅	丁未	丁丑	丙午	丙子	乙巳	甲戌	甲辰	癸酉	癸卯	壬申	癸卯	12日
己卯	戊申	戊寅	丁未	丁丑	丙午	乙亥	乙巳	甲戌	甲辰	癸酉	甲辰	13日
庚辰	己酉	己卯	戊申	戊寅	丁未	丙子	丙午	乙亥	乙巳	甲戌	乙巳	14日
辛巳	庚戌	庚辰	己酉	己卯	戊申	丁丑	丁未	丙子	丙午	乙亥	丙午	15日
壬午	辛亥	辛巳	庚戌	庚辰	己酉	戊寅	戊申	丁丑	丁未	丙子	丁未	16日
癸未	壬子	壬午	辛亥	辛巳	庚戌	己卯	己酉	戊寅	戊申	丁丑	戊申	17日
甲申	癸丑	癸未	壬子	壬午	辛亥	庚辰	庚戌	己卯	己酉	戊寅	己酉	18日
乙酉	甲寅	甲申	癸丑	癸未	壬子	辛巳	辛亥	庚辰	庚戌	己卯	庚戌	19日
丙戌	乙卯	乙酉	甲寅	甲申	癸丑	壬午	壬子	辛巳	辛亥	庚辰	辛亥	20日
丁亥	丙辰	丙戌	乙卯	乙酉	甲寅	癸未	癸丑	壬午	壬子	辛巳	壬子	21日
戊子	丁巳	丁亥	丙辰	丙戌	乙卯	甲申	甲寅	癸未	癸丑	壬午	癸丑	22日
己丑	戊午	戊子	丁巳	丁亥	丙辰	乙酉	乙卯	甲申	甲寅	癸未	甲寅	23日
庚寅	己未	己丑	戊午	戊子	丁巳	丙戌	丙辰	乙酉	乙卯	甲申	乙卯	24日
辛卯	庚申	庚寅	己未	己丑	戊午	丁亥	丁巳	丙戌	丙辰	乙酉	丙辰	25日
壬辰	辛酉	辛卯	庚申	庚寅	己未	戊子	戊午	丁亥	丁巳	丙戌	丁巳	26日
癸巳	壬戌	壬辰	辛酉	辛卯	庚申	己丑	己未	戊子	戊午	丁亥	戊午	27日
甲午	癸亥	癸巳	壬戌	壬辰	辛酉	庚寅	庚申	己丑	己未	戊子	己未	28日
乙未	甲子	甲午	癸亥	癸巳	壬戌	辛卯	辛酉	庚寅	庚申	己丑	庚申	29日
丙申	乙丑	乙未	甲子	甲午	癸亥	壬辰	壬戌	辛卯	辛酉	庚寅		30日
丁酉	丙寅		乙丑		甲子	癸巳		壬辰		辛卯		31日

平成25年（2013）

癸巳・五黄土星

翌1月	12月	11月	10月	9月	8月	7月	6月	5月	4月	3月	2月	月
乙丑	甲子	癸亥	壬戌	辛酉	庚申	己未	戊午	丁巳	丙辰	乙卯	甲寅	月の干支
5日	7日	7日	8日	7日	7日	7日	5日	5日	5日	5日	4日	節入り
19:36	8:22	15:25	12:11	20:24	17:22	7:31	21:19	17:13	0:06	19:20	1:27	日時
壬申	辛丑	辛未	庚子	庚午	己亥	戊辰	戊戌	丁卯	丁酉	丙寅	戊戌	1日
癸酉	壬寅	壬申	辛丑	辛未	庚子	己巳	己亥	戊辰	戊戌	丁卯	己亥	2日
甲戌	癸卯	癸酉	壬寅	壬申	辛丑	庚午	庚子	己巳	己亥	戊辰	庚子	3日
乙亥	甲辰	甲戌	癸卯	癸酉	壬寅	辛未	辛丑	庚午	庚子	己巳	辛丑	4日
丙子	乙巳	乙亥	甲辰	甲戌	癸卯	壬申	壬寅	辛未	辛丑	庚午	壬寅	5日
丁丑	丙午	丙子	乙巳	乙亥	甲辰	癸酉	癸卯	壬申	壬寅	辛未	癸卯	6日
戊寅	丁未	丁丑	丙午	丙子	乙巳	甲戌	甲辰	癸酉	癸卯	壬申	甲辰	7日
己卯	戊申	戊寅	丁未	丁丑	丙午	乙亥	乙巳	甲戌	甲辰	癸酉	乙巳	8日
庚辰	己酉	己卯	戊申	戊寅	丁未	丙子	丙午	乙亥	乙巳	甲戌	丙午	9日
辛巳	庚戌	庚辰	己酉	己卯	戊申	丁丑	丁未	丙子	丙午	乙亥	丁未	10日
壬午	辛亥	辛巳	庚戌	庚辰	己酉	戊寅	戊申	丁丑	丁未	丙子	戊申	11日
癸未	壬子	壬午	辛亥	辛巳	庚戌	己卯	己酉	戊寅	戊申	丁丑	己酉	12日
甲申	癸丑	癸未	壬子	壬午	辛亥	庚辰	庚戌	己卯	己酉	戊寅	庚戌	13日
乙酉	甲寅	甲申	癸丑	癸未	壬子	辛巳	辛亥	庚辰	庚戌	己卯	辛亥	14日
丙戌	乙卯	乙酉	甲寅	甲申	癸丑	壬午	壬子	辛巳	辛亥	庚辰	壬子	15日
丁亥	丙辰	丙戌	乙卯	乙酉	甲寅	癸未	癸丑	壬午	壬子	辛巳	癸丑	16日
戊子	丁巳	丁亥	丙辰	丙戌	乙卯	甲申	甲寅	癸未	癸丑	壬午	甲寅	17日
己丑	戊午	戊子	丁巳	丁亥	丙辰	乙酉	乙卯	甲申	甲寅	癸未	乙卯	18日
庚寅	己未	己丑	戊午	戊子	丁巳	丙戌	丙辰	乙酉	乙卯	甲申	丙辰	19日
辛卯	庚申	庚寅	己未	己丑	戊午	丁亥	丁巳	丙戌	丙辰	乙酉	丁巳	20日
壬辰	辛酉	辛卯	庚申	庚寅	己未	戊子	戊午	丁亥	丁巳	丙戌	戊午	21日
癸巳	壬戌	壬辰	辛酉	辛卯	庚申	己丑	己未	戊子	戊午	丁亥	己未	22日
甲午	癸亥	癸巳	壬戌	壬辰	辛酉	庚寅	庚申	己丑	己未	戊子	庚申	23日
乙未	甲子	甲午	癸亥	癸巳	壬戌	辛卯	辛酉	庚寅	庚申	己丑	辛酉	24日
丙申	乙丑	乙未	甲子	甲午	癸亥	壬辰	壬戌	辛卯	辛酉	庚寅	壬戌	25日
丁酉	丙寅	丙申	乙丑	乙未	甲子	癸巳	癸亥	壬辰	壬戌	辛卯	癸亥	26日
戊戌	丁卯	丁酉	丙寅	丙申	乙丑	甲午	甲子	癸巳	癸亥	壬辰	甲子	27日
己亥	戊辰	戊戌	丁卯	丁酉	丙寅	乙未	乙丑	甲午	甲子	癸巳	乙丑	28日
庚子	己巳	己亥	戊辰	戊戌	丁卯	丙申	丙寅	乙未	乙丑	甲午		29日
辛丑	庚午	庚子	己巳	己亥	戊辰	丁酉	丁卯	丙申	丙寅	乙未		30日
壬寅	辛未		庚午		己巳	戊戌		丁酉		丙申		31日

平成26年（2014）

甲午・四緑木星

翌1月	12月	11月	10月	9月	8月	7月	6月	5月	4月	3月	2月	月
丁丑	丙子	乙亥	甲戌	癸酉	壬申	辛未	庚午	己巳	戊辰	丁卯	丙寅	月の干支
6日 1:26	7日 14:12	7日 21:15	8日 17:59	8日 2:12	7日 23:09	7日 13:18	6日 3:07	5日 23:01	5日 5:55	6日 1:09	4日 7:17	節入り 日時
丁丑	丙午	丙子	乙巳	乙亥	甲辰	癸酉	癸卯	壬申	壬寅	辛未	癸卯	1日
戊寅	丁未	丁丑	丙午	丙子	乙巳	甲戌	甲辰	癸酉	癸卯	壬申	甲辰	2日
己卯	戊申	戊寅	丁未	丁丑	丙午	乙亥	乙巳	甲戌	甲辰	癸酉	乙巳	3日
庚辰	己酉	己卯	戊申	戊寅	丁未	丙子	丙午	乙亥	乙巳	甲戌	丙午	4日
辛巳	庚戌	庚辰	己酉	己卯	戊申	丁丑	丁未	丙子	丙午	乙亥	丁未	5日
壬午	辛亥	辛巳	庚戌	庚辰	己酉	戊寅	戊申	丁丑	丁未	丙子	戊申	6日
癸未	壬子	壬午	辛亥	辛巳	庚戌	己卯	己酉	戊寅	戊申	丁丑	己酉	7日
甲申	癸丑	癸未	壬子	壬午	辛亥	庚辰	庚戌	己卯	己酉	戊寅	庚戌	8日
乙酉	甲寅	甲申	癸丑	癸未	壬子	辛巳	辛亥	庚辰	庚戌	己卯	辛亥	9日
丙戌	乙卯	乙酉	甲寅	甲申	癸丑	壬午	壬子	辛巳	辛亥	庚辰	壬子	10日
丁亥	丙辰	丙戌	乙卯	乙酉	甲寅	癸未	癸丑	壬午	壬子	辛巳	癸丑	11日
戊子	丁巳	丁亥	丙辰	丙戌	乙卯	甲申	甲寅	癸未	癸丑	壬午	甲寅	12日
己丑	戊午	戊子	丁巳	丁亥	丙辰	乙酉	乙卯	甲申	甲寅	癸未	乙卯	13日
庚寅	己未	己丑	戊午	戊子	丁巳	丙戌	丙辰	乙酉	乙卯	甲申	丙辰	14日
辛卯	庚申	庚寅	己未	己丑	戊午	丁亥	丁巳	丙戌	丙辰	乙酉	丁巳	15日
壬辰	辛酉	辛卯	庚申	庚寅	己未	戊子	戊午	丁亥	丁巳	丙戌	戊午	16日
癸巳	壬戌	壬辰	辛酉	辛卯	庚申	己丑	己未	戊子	戊午	丁亥	己未	17日
甲午	癸亥	癸巳	壬戌	壬辰	辛酉	庚寅	庚申	己丑	己未	戊子	庚申	18日
乙未	甲子	甲午	癸亥	癸巳	壬戌	辛卯	辛酉	庚寅	庚申	己丑	辛酉	19日
丙申	乙丑	乙未	甲子	甲午	癸亥	壬辰	壬戌	辛卯	辛酉	庚寅	壬戌	20日
丁酉	丙寅	丙申	乙丑	乙未	甲子	癸巳	癸亥	壬辰	壬戌	辛卯	癸亥	21日
戊戌	丁卯	丁酉	丙寅	丙申	乙丑	甲午	甲子	癸巳	癸亥	壬辰	甲子	22日
己亥	戊辰	戊戌	丁卯	丁酉	丙寅	乙未	乙丑	甲午	甲子	癸巳	乙丑	23日
庚子	己巳	己亥	戊辰	戊戌	丁卯	丙申	丙寅	乙未	乙丑	甲午	丙寅	24日
辛丑	庚午	庚子	己巳	己亥	戊辰	丁酉	丁卯	丙申	丙寅	乙未	丁卯	25日
壬寅	辛未	辛丑	庚午	庚子	己巳	戊戌	戊辰	丁酉	丁卯	丙申	戊辰	26日
癸卯	壬申	壬寅	辛未	辛丑	庚午	己亥	己巳	戊戌	戊辰	丁酉	己巳	27日
甲辰	癸酉	癸卯	壬申	壬寅	辛未	庚子	庚午	己亥	己巳	戊戌	庚午	28日
乙巳	甲戌	甲辰	癸酉	癸卯	壬申	辛丑	辛未	庚子	庚午	己亥		29日
丙午	乙亥	乙巳	甲戌	甲辰	癸酉	壬寅	壬申	辛丑	辛未	庚子		30日
丁未	丙子		乙亥		甲戌	癸卯		壬寅		辛丑		31日

平成27年（2015）

乙未・三碧木星

翌1月	12月	11月	10月	9月	8月	7月	6月	5月	4月	3月	2月	月
己丑	戊子	丁亥	丙戌	乙酉	甲申	癸未	壬午	辛巳	庚辰	己卯	戊寅	月の干支
6日 7:16	7日 20:02	8日 3:04	8日 23:48	8日 8:00	8日 4:56	7日 19:05	6日 8:55	6日 4:49	5日 11:44	6日 6:58	4日 13:07	節入り日時
壬午	辛亥	辛巳	庚戌	庚辰	己酉	戊寅	戊申	丁丑	丁未	丙子	戊申	1日
癸未	壬子	壬午	辛亥	辛巳	庚戌	己卯	己酉	戊寅	戊申	丁丑	己酉	2日
甲申	癸丑	癸未	壬子	壬午	辛亥	庚辰	庚戌	己卯	己酉	戊寅	庚戌	3日
乙酉	甲寅	甲申	癸丑	癸未	壬子	辛巳	辛亥	庚辰	庚戌	己卯	辛亥	4日
丙戌	乙卯	乙酉	甲寅	甲申	癸丑	壬午	壬子	辛巳	辛亥	庚辰	壬子	5日
丁亥	丙辰	丙戌	乙卯	乙酉	甲寅	癸未	癸丑	壬午	壬子	辛巳	癸丑	6日
戊子	丁巳	丁亥	丙辰	丙戌	乙卯	甲申	甲寅	癸未	癸丑	壬午	甲寅	7日
己丑	戊午	戊子	丁巳	丁亥	丙辰	乙酉	乙卯	甲申	甲寅	癸未	乙卯	8日
庚寅	己未	己丑	戊午	戊子	丁巳	丙戌	丙辰	乙酉	乙卯	甲申	丙辰	9日
辛卯	庚申	庚寅	己未	己丑	戊午	丁亥	丁巳	丙戌	丙辰	乙酉	丁巳	10日
壬辰	辛酉	辛卯	庚申	庚寅	己未	戊子	戊午	丁亥	丁巳	丙戌	戊午	11日
癸巳	壬戌	壬辰	辛酉	辛卯	庚申	己丑	己未	戊子	戊午	丁亥	己未	12日
甲午	癸亥	癸巳	壬戌	壬辰	辛酉	庚寅	庚申	己丑	己未	戊子	庚申	13日
乙未	甲子	甲午	癸亥	癸巳	壬戌	辛卯	辛酉	庚寅	庚申	己丑	辛酉	14日
丙申	乙丑	乙未	甲子	甲午	癸亥	壬辰	壬戌	辛卯	辛酉	庚寅	壬戌	15日
丁酉	丙寅	丙申	乙丑	乙未	甲子	癸巳	癸亥	壬辰	壬戌	辛卯	癸亥	16日
戊戌	丁卯	丁酉	丙寅	丙申	乙丑	甲午	甲子	癸巳	癸亥	壬辰	甲子	17日
己亥	戊辰	戊戌	丁卯	丁酉	丙寅	乙未	乙丑	甲午	甲子	癸巳	乙丑	18日
庚子	己巳	己亥	戊辰	戊戌	丁卯	丙申	丙寅	乙未	乙丑	甲午	丙寅	19日
辛丑	庚午	庚子	己巳	己亥	戊辰	丁酉	丁卯	丙申	丙寅	乙未	丁卯	20日
壬寅	辛未	辛丑	庚午	庚子	己巳	戊戌	戊辰	丁酉	丁卯	丙申	戊辰	21日
癸卯	壬申	壬寅	辛未	辛丑	庚午	己亥	己巳	戊戌	戊辰	丁酉	己巳	22日
甲辰	癸酉	癸卯	壬申	壬寅	辛未	庚子	庚午	己亥	己巳	戊戌	庚午	23日
乙巳	甲戌	甲辰	癸酉	癸卯	壬申	辛丑	辛未	庚子	庚午	己亥	辛未	24日
丙午	乙亥	乙巳	甲戌	甲辰	癸酉	壬寅	壬申	辛丑	辛未	庚子	壬申	25日
丁未	丙子	丙午	乙亥	乙巳	甲戌	癸卯	癸酉	壬寅	壬申	辛丑	癸酉	26日
戊申	丁丑	丁未	丙子	丙午	乙亥	甲辰	甲戌	癸卯	癸酉	壬寅	甲戌	27日
己酉	戊寅	戊申	丁丑	丁未	丙子	乙巳	乙亥	甲辰	甲戌	癸卯	乙亥	28日
庚戌	己卯	己酉	戊寅	戊申	丁丑	丙午	丙子	乙巳	乙亥	甲辰		29日
辛亥	庚辰	庚戌	己卯	己酉	戊寅	丁未	丁丑	丙午	丙子	乙巳		30日
壬子	辛巳		庚辰		己卯	戊申		丁未		丙午		31日

平成28年（2016）

丙申・二黒土星

翌1月	12月	11月	10月	9月	8月	7月	6月	5月	4月	3月	2月	月
辛丑	庚子	己亥	戊戌	丁酉	丙申	乙未	甲午	癸巳	壬辰	辛卯	庚寅	月の干支
5日 13:05	7日 1:51	7日 8:53	8日 5:36	7日 13:48	7日 10:43	7日 0:52	5日 14:42	5日 10:37	4日 17:32	5日 12:46	4日 18:56	節入り日時
戊子	丁巳	丁亥	丙辰	丙戌	乙卯	甲申	甲寅	癸未	癸丑	壬午	癸丑	1日
己丑	戊午	戊子	丁巳	丁亥	丙辰	乙酉	乙卯	甲申	甲寅	癸未	甲寅	2日
庚寅	己未	己丑	戊午	戊子	丁巳	丙戌	丙辰	乙酉	乙卯	甲申	乙卯	3日
辛卯	庚申	庚寅	己未	己丑	戊午	丁亥	丁巳	丙戌	丙辰	乙酉	丙辰	4日
壬辰	辛酉	辛卯	庚申	庚寅	己未	戊子	戊午	丁亥	丁巳	丙戌	丁巳	5日
癸巳	壬戌	壬辰	辛酉	辛卯	庚申	己丑	己未	戊子	戊午	丁亥	戊午	6日
甲午	癸亥	癸巳	壬戌	壬辰	辛酉	庚寅	庚申	己丑	己未	戊子	己未	7日
乙未	甲子	甲午	癸亥	癸巳	壬戌	辛卯	辛酉	庚寅	庚申	己丑	庚申	8日
丙申	乙丑	乙未	甲子	甲午	癸亥	壬辰	壬戌	辛卯	辛酉	庚寅	辛酉	9日
丁酉	丙寅	丙申	乙丑	乙未	甲子	癸巳	癸亥	壬辰	壬戌	辛卯	壬戌	10日
戊戌	丁卯	丁酉	丙寅	丙申	乙丑	甲午	甲子	癸巳	癸亥	壬辰	癸亥	11日
己亥	戊辰	戊戌	丁卯	丁酉	丙寅	乙未	乙丑	甲午	甲子	癸巳	甲子	12日
庚子	己巳	己亥	戊辰	戊戌	丁卯	丙申	丙寅	乙未	乙丑	甲午	乙丑	13日
辛丑	庚午	庚子	己巳	己亥	戊辰	丁酉	丁卯	丙申	丙寅	乙未	丙寅	14日
壬寅	辛未	辛丑	庚午	庚子	己巳	戊戌	戊辰	丁酉	丁卯	丙申	丁卯	15日
癸卯	壬申	壬寅	辛未	辛丑	庚午	己亥	己巳	戊戌	戊辰	丁酉	戊辰	16日
甲辰	癸酉	癸卯	壬申	壬寅	辛未	庚子	庚午	己亥	己巳	戊戌	己巳	17日
乙巳	甲戌	甲辰	癸酉	癸卯	壬申	辛丑	辛未	庚子	庚午	己亥	庚午	18日
丙午	乙亥	乙巳	甲戌	甲辰	癸酉	壬寅	壬申	辛丑	辛未	庚子	辛未	19日
丁未	丙子	丙午	乙亥	乙巳	甲戌	癸卯	癸酉	壬寅	壬申	辛丑	壬申	20日
戊申	丁丑	丁未	丙子	丙午	乙亥	甲辰	甲戌	癸卯	癸酉	壬寅	癸酉	21日
己酉	戊寅	戊申	丁丑	丁未	丙子	乙巳	乙亥	甲辰	甲戌	癸卯	甲戌	22日
庚戌	己卯	己酉	戊寅	戊申	丁丑	丙午	丙子	乙巳	乙亥	甲辰	乙亥	23日
辛亥	庚辰	庚戌	己卯	己酉	戊寅	丁未	丁丑	丙午	丙子	乙巳	丙子	24日
壬子	辛巳	辛亥	庚辰	庚戌	己卯	戊申	戊寅	丁未	丁丑	丙午	丁丑	25日
癸丑	壬午	壬子	辛巳	辛亥	庚辰	己酉	己卯	戊申	戊寅	丁未	戊寅	26日
甲寅	癸未	癸丑	壬午	壬子	辛巳	庚戌	庚辰	己酉	己卯	戊申	己卯	27日
乙卯	甲申	甲寅	癸未	癸丑	壬午	辛亥	辛巳	庚戌	庚辰	己酉	庚辰	28日
丙辰	乙酉	乙卯	甲申	甲寅	癸未	壬子	壬午	辛亥	辛巳	庚戌	辛巳	29日
丁巳	丙戌	丙辰	乙酉	乙卯	甲申	癸丑	癸未	壬子	壬午	辛亥		30日
戊午	丁亥		丙戌		乙酉	甲寅		癸丑		壬子		31日

平成29年（2017）

丁酉・一白水星

翌1月	12月	11月	10月	9月	8月	7月	6月	5月	4月	3月	2月	月
癸丑	壬子	辛亥	庚戌	己酉	戊申	丁未	丙午	乙巳	甲辰	癸卯	壬寅	月の干支
5日 18:54	7日 7:40	7日 14:42	8日 11:24	7日 19:35	7日 16:30	7日 6:40	5日 20:30	5日 16:25	4日 23:21	5日 18:35	4日 0:46	節入り 日時
癸巳	壬戌	壬辰	辛酉	辛卯	庚申	己丑	己未	戊子	戊午	丁亥	己未	1日
甲午	癸亥	癸巳	壬戌	壬辰	辛酉	庚寅	庚申	己丑	己未	戊子	庚申	2日
乙未	甲子	甲午	癸亥	癸巳	壬戌	辛卯	辛酉	庚寅	庚申	己丑	辛酉	3日
丙申	乙丑	乙未	甲子	甲午	癸亥	壬辰	壬戌	辛卯	辛酉	庚寅	壬戌	4日
丁酉	丙寅	丙申	乙丑	乙未	甲子	癸巳	癸亥	壬辰	壬戌	辛卯	癸亥	5日
戊戌	丁卯	丁酉	丙寅	丙申	乙丑	甲午	甲子	癸巳	癸亥	壬辰	甲子	6日
己亥	戊辰	戊戌	丁卯	丁酉	丙寅	乙未	乙丑	甲午	甲子	癸巳	乙丑	7日
庚子	己巳	己亥	戊辰	戊戌	丁卯	丙申	丙寅	乙未	乙丑	甲午	丙寅	8日
辛丑	庚午	庚子	己巳	己亥	戊辰	丁酉	丁卯	丙申	丙寅	乙未	丁卯	9日
壬寅	辛未	辛丑	庚午	庚子	己巳	戊戌	戊辰	丁酉	丁卯	丙申	戊辰	10日
癸卯	壬申	壬寅	辛未	辛丑	庚午	己亥	己巳	戊戌	戊辰	丁酉	己巳	11日
甲辰	癸酉	癸卯	壬申	壬寅	辛未	庚子	庚午	己亥	己巳	戊戌	庚午	12日
乙巳	甲戌	甲辰	癸酉	癸卯	壬申	辛丑	辛未	庚子	庚午	己亥	辛未	13日
丙午	乙亥	乙巳	甲戌	甲辰	癸酉	壬寅	壬申	辛丑	辛未	庚子	壬申	14日
丁未	丙子	丙午	乙亥	乙巳	甲戌	癸卯	癸酉	壬寅	壬申	辛丑	癸酉	15日
戊申	丁丑	丁未	丙子	丙午	乙亥	甲辰	甲戌	癸卯	癸酉	壬寅	甲戌	16日
己酉	戊寅	戊申	丁丑	丁未	丙子	乙巳	乙亥	甲辰	甲戌	癸卯	乙亥	17日
庚戌	己卯	己酉	戊寅	戊申	丁丑	丙午	丙子	乙巳	乙亥	甲辰	丙子	18日
辛亥	庚辰	庚戌	己卯	己酉	戊寅	丁未	丁丑	丙午	丙子	乙巳	丁丑	19日
壬子	辛巳	辛亥	庚辰	庚戌	己卯	戊申	戊寅	丁未	丁丑	丙午	戊寅	20日
癸丑	壬午	壬子	辛巳	辛亥	庚辰	己酉	己卯	戊申	戊寅	丁未	己卯	21日
甲寅	癸未	癸丑	壬午	壬子	辛巳	庚戌	庚辰	己酉	己卯	戊申	庚辰	22日
乙卯	甲申	甲寅	癸未	癸丑	壬午	辛亥	辛巳	庚戌	庚辰	己酉	辛巳	23日
丙辰	乙酉	乙卯	甲申	甲寅	癸未	壬子	壬午	辛亥	辛巳	庚戌	壬午	24日
丁巳	丙戌	丙辰	乙酉	乙卯	甲申	癸丑	癸未	壬子	壬午	辛亥	癸未	25日
戊午	丁亥	丁巳	丙戌	丙辰	乙酉	甲寅	甲申	癸丑	癸未	壬子	甲申	26日
己未	戊子	戊午	丁亥	丁巳	丙戌	乙卯	乙酉	甲寅	甲申	癸丑	乙酉	27日
庚申	己丑	己未	戊子	戊午	丁亥	丙辰	丙戌	乙卯	乙酉	甲寅	丙戌	28日
辛酉	庚寅	庚申	己丑	己未	戊子	丁巳	丁亥	丙辰	丙戌	乙卯		29日
壬戌	辛卯	辛酉	庚寅	庚申	己丑	戊午	戊子	丁巳	丁亥	丙辰		30日
癸亥	壬辰		辛卯		庚寅	己未		戊午		丁巳		31日

平成30年（2018）

戊戌・九紫火星

翌1月	12月	11月	10月	9月	8月	7月	6月	5月	4月	3月	2月	月
乙丑	甲子	癸亥	壬戌	辛酉	庚申	己未	戊午	丁巳	丙辰	乙卯	甲寅	月の干支
6日 0:43	7日 13:29	7日 20:30	8日 17:12	8日 1:23	7日 22:17	7日 12:27	6日 2:18	5日 22:13	5日 5:09	6日 0:23	4日 6:35	節入り 日時
戊戌	丁卯	丁酉	丙寅	丙申	乙丑	甲午	甲子	癸巳	癸亥	壬辰	甲子	1日
己亥	戊辰	戊戌	丁卯	丁酉	丙寅	乙未	乙丑	甲午	甲子	癸巳	乙丑	2日
庚子	己巳	己亥	戊辰	戊戌	丁卯	丙申	丙寅	乙未	乙丑	甲午	丙寅	3日
辛丑	庚午	庚子	己巳	己亥	戊辰	丁酉	丁卯	丙申	丙寅	乙未	丁卯	4日
壬寅	辛未	辛丑	庚午	庚子	己巳	戊戌	戊辰	丁酉	丁卯	丙申	戊辰	5日
癸卯	壬申	壬寅	辛未	辛丑	庚午	己亥	己巳	戊戌	戊辰	丁酉	己巳	6日
甲辰	癸酉	癸卯	壬申	壬寅	辛未	庚子	庚午	己亥	己巳	戊戌	庚午	7日
乙巳	甲戌	甲辰	癸酉	癸卯	壬申	辛丑	辛未	庚子	庚午	己亥	辛未	8日
丙午	乙亥	乙巳	甲戌	甲辰	癸酉	壬寅	壬申	辛丑	辛未	庚子	壬申	9日
丁未	丙子	丙午	乙亥	乙巳	甲戌	癸卯	癸酉	壬寅	壬申	辛丑	癸酉	10日
戊申	丁丑	丁未	丙子	丙午	乙亥	甲辰	甲戌	癸卯	癸酉	壬寅	甲戌	11日
己酉	戊寅	戊申	丁丑	丁未	丙子	乙巳	乙亥	甲辰	甲戌	癸卯	乙亥	12日
庚戌	己卯	己酉	戊寅	戊申	丁丑	丙午	丙子	乙巳	乙亥	甲辰	丙子	13日
辛亥	庚辰	庚戌	己卯	己酉	戊寅	丁未	丁丑	丙午	丙子	乙巳	丁丑	14日
壬子	辛巳	辛亥	庚辰	庚戌	己卯	戊申	戊寅	丁未	丁丑	丙午	戊寅	15日
癸丑	壬午	壬子	辛巳	辛亥	庚辰	己酉	己卯	戊申	戊寅	丁未	己卯	16日
甲寅	癸未	癸丑	壬午	壬子	辛巳	庚戌	庚辰	己酉	己卯	戊申	庚辰	17日
乙卯	甲申	甲寅	癸未	癸丑	壬午	辛亥	辛巳	庚戌	庚辰	己酉	辛巳	18日
丙辰	乙酉	乙卯	甲申	甲寅	癸未	壬子	壬午	辛亥	辛巳	庚戌	壬午	19日
丁巳	丙戌	丙辰	乙酉	乙卯	甲申	癸丑	癸未	壬子	壬午	辛亥	癸未	20日
戊午	丁亥	丁巳	丙戌	丙辰	乙酉	甲寅	甲申	癸丑	癸未	壬子	甲申	21日
己未	戊子	戊午	丁亥	丁巳	丙戌	乙卯	乙酉	甲寅	甲申	癸丑	乙酉	22日
庚申	己丑	己未	戊子	戊午	丁亥	丙辰	丙戌	乙卯	乙酉	甲寅	丙戌	23日
辛酉	庚寅	庚申	己丑	己未	戊子	丁巳	丁亥	丙辰	丙戌	乙卯	丁亥	24日
壬戌	辛卯	辛酉	庚寅	庚申	己丑	戊午	戊子	丁巳	丁亥	丙辰	戊子	25日
癸亥	壬辰	壬戌	辛卯	辛酉	庚寅	己未	己丑	戊午	戊子	丁巳	己丑	26日
甲子	癸巳	癸亥	壬辰	壬戌	辛卯	庚申	庚寅	己未	己丑	戊午	庚寅	27日
乙丑	甲午	甲子	癸巳	癸亥	壬辰	辛酉	辛卯	庚申	庚寅	己未	辛卯	28日
丙寅	乙未	乙丑	甲午	甲子	癸巳	壬戌	壬辰	辛酉	辛卯	庚申		29日
丁卯	丙申	丙寅	乙未	乙丑	甲午	癸亥	癸巳	壬戌	壬辰	辛酉		30日
戊辰	丁酉		丙申		乙未	甲子		癸亥		壬戌		31日

令和元年（2019）

己亥・八白土星

翌1月	12月	11月	10月	9月	8月	7月	6月	5月	4月	3月	2月	月
丁丑	丙子	乙亥	甲戌	癸酉	壬申	辛未	庚午	己巳	戊辰	丁卯	丙寅	月の干支
6日 6:30	7日 19:18	8日 2:24	8日 23:05	8日 7:17	8日 4:13	7日 18:20	6日 8:06	6日 4:03	5日 10:51	6日 6:10	4日 12:14	節入り 日時
癸卯	壬申	壬寅	辛未	辛丑	庚午	己亥	己巳	戊戌	戊辰	丁酉	己巳	1日
甲辰	癸酉	癸卯	壬申	壬寅	辛未	庚子	庚午	己亥	己巳	戊戌	庚午	2日
乙巳	甲戌	甲辰	癸酉	癸卯	壬申	辛丑	辛未	庚子	庚午	己亥	辛未	3日
丙午	乙亥	乙巳	甲戌	甲辰	癸酉	壬寅	壬申	辛丑	辛未	庚子	壬申	4日
丁未	丙子	丙午	乙亥	乙巳	甲戌	癸卯	癸酉	壬寅	壬申	辛丑	癸酉	5日
戊申	丁丑	丁未	丙子	丙午	乙亥	甲辰	甲戌	癸卯	癸酉	壬寅	甲戌	6日
己酉	戊寅	戊申	丁丑	丁未	丙子	乙巳	乙亥	甲辰	甲戌	癸卯	乙亥	7日
庚戌	己卯	己酉	戊寅	戊申	丁丑	丙午	丙子	乙巳	乙亥	甲辰	丙子	8日
辛亥	庚辰	庚戌	己卯	己酉	戊寅	丁未	丁丑	丙午	丙子	乙巳	丁丑	9日
壬子	辛巳	辛亥	庚辰	庚戌	己卯	戊申	戊寅	丁未	丁丑	丙午	戊寅	10日
癸丑	壬午	壬子	辛巳	辛亥	庚辰	己酉	己卯	戊申	戊寅	丁未	己卯	11日
甲寅	癸未	癸丑	壬午	壬子	辛巳	庚戌	庚辰	己酉	己卯	戊申	庚辰	12日
乙卯	甲申	甲寅	癸未	癸丑	壬午	辛亥	辛巳	庚戌	庚辰	己酉	辛巳	13日
丙辰	乙酉	乙卯	甲申	甲寅	癸未	壬子	壬午	辛亥	辛巳	庚戌	壬午	14日
丁巳	丙戌	丙辰	乙酉	乙卯	甲申	癸丑	癸未	壬子	壬午	辛亥	癸未	15日
戊午	丁亥	丁巳	丙戌	丙辰	乙酉	甲寅	甲申	癸丑	癸未	壬子	甲申	16日
己未	戊子	戊午	丁亥	丁巳	丙戌	乙卯	乙酉	甲寅	甲申	癸丑	乙酉	17日
庚申	己丑	己未	戊子	戊午	丁亥	丙辰	丙戌	乙卯	乙酉	甲寅	丙戌	18日
辛酉	庚寅	庚申	己丑	己未	戊子	丁巳	丁亥	丙辰	丙戌	乙卯	丁亥	19日
壬戌	辛卯	辛酉	庚寅	庚申	己丑	戊午	戊子	丁巳	丁亥	丙辰	戊子	20日
癸亥	壬辰	壬戌	辛卯	辛酉	庚寅	己未	己丑	戊午	戊子	丁巳	己丑	21日
甲子	癸巳	癸亥	壬辰	壬戌	辛卯	庚申	庚寅	己未	己丑	戊午	庚寅	22日
乙丑	甲午	甲子	癸巳	癸亥	壬辰	辛酉	辛卯	庚申	庚寅	己未	辛卯	23日
丙寅	乙未	乙丑	甲午	甲子	癸巳	壬戌	壬辰	辛酉	辛卯	庚申	壬辰	24日
丁卯	丙申	丙寅	乙未	乙丑	甲午	癸亥	癸巳	壬戌	壬辰	辛酉	癸巳	25日
戊辰	丁酉	丁卯	丙申	丙寅	乙未	甲子	甲午	癸亥	癸巳	壬戌	甲午	26日
己巳	戊戌	戊辰	丁酉	丁卯	丙申	乙丑	乙未	甲子	甲午	癸亥	乙未	27日
庚午	己亥	己巳	戊戌	戊辰	丁酉	丙寅	丙申	乙丑	乙未	甲子	丙申	28日
辛未	庚子	庚午	己亥	己巳	戊戌	丁卯	丁酉	丙寅	丙申	乙丑		29日
壬申	辛丑	辛未	庚子	庚午	己亥	戊辰	戊戌	丁卯	丁酉	丙寅		30日
癸酉	壬寅		辛丑		庚子	己巳		戊辰		丁卯		31日

令和２年（2020）

庚子・七赤金星（閏）

翌1月	12月	11月	10月	9月	8月	7月	6月	5月	4月	3月	2月	月
己丑	戊子	丁亥	丙戌	乙酉	甲申	癸未	壬午	辛巳	庚辰	己卯	戊寅	月の干支
5日	7日	7日	8日	7日	7日	7日	5日	5日	4日	5日	4日	節入り
12:22	1:07	8:14	4:55	13:08	10:06	0:14	13:58	9:51	16:38	11:57	18:03	日時
己酉	戊寅	戊申	丁丑	丁未	丙子	乙巳	乙亥	甲辰	甲戌	癸卯	甲戌	1日
庚戌	己卯	己酉	戊寅	戊申	丁丑	丙午	丙子	乙巳	乙亥	甲辰	乙亥	2日
辛亥	庚辰	庚戌	己卯	己酉	戊寅	丁未	丁丑	丙午	丙子	乙巳	丙子	3日
壬子	辛巳	辛亥	庚辰	庚戌	己卯	戊申	戊寅	丁未	丁丑	丙午	丁丑	4日
癸丑	壬午	壬子	辛巳	辛亥	庚辰	己酉	己卯	戊申	戊寅	丁未	戊寅	5日
甲寅	癸未	癸丑	壬午	壬子	辛巳	庚戌	庚辰	己酉	己卯	戊申	己卯	6日
乙卯	甲申	甲寅	癸未	癸丑	壬午	辛亥	辛巳	庚戌	庚辰	己酉	庚辰	7日
丙辰	乙酉	乙卯	甲申	甲寅	癸未	壬子	壬午	辛亥	辛巳	庚戌	辛巳	8日
丁巳	丙戌	丙辰	乙酉	乙卯	甲申	癸丑	癸未	壬子	壬午	辛亥	壬午	9日
戊午	丁亥	丁巳	丙戌	丙辰	乙酉	甲寅	甲申	癸丑	癸未	壬子	癸未	10日
己未	戊子	戊午	丁亥	丁巳	丙戌	乙卯	乙酉	甲寅	甲申	癸丑	甲申	11日
庚申	己丑	己未	戊子	戊午	丁亥	丙辰	丙戌	乙卯	乙酉	甲寅	乙酉	12日
辛酉	庚寅	庚申	己丑	己未	戊子	丁巳	丁亥	丙辰	丙戌	乙卯	丙戌	13日
壬戌	辛卯	辛酉	庚寅	庚申	己丑	戊午	戊子	丁巳	丁亥	丙辰	丁亥	14日
癸亥	壬辰	壬戌	辛卯	辛酉	庚寅	己未	己丑	戊午	戊子	丁巳	戊子	15日
甲子	癸巳	癸亥	壬辰	壬戌	辛卯	庚申	庚寅	己未	己丑	戊午	己丑	16日
乙丑	甲午	甲子	癸巳	癸亥	壬辰	辛酉	辛卯	庚申	庚寅	己未	庚寅	17日
丙寅	乙未	乙丑	甲午	甲子	癸巳	壬戌	壬辰	辛酉	辛卯	庚申	辛卯	18日
丁卯	丙申	丙寅	乙未	乙丑	甲午	癸亥	癸巳	壬戌	壬辰	辛酉	壬辰	19日
戊辰	丁酉	丁卯	丙申	丙寅	乙未	甲子	甲午	癸亥	癸巳	壬戌	癸巳	20日
己巳	戊戌	戊辰	丁酉	丁卯	丙申	乙丑	乙未	甲子	甲午	癸亥	甲午	21日
庚午	己亥	己巳	戊戌	戊辰	丁酉	丙寅	丙申	乙丑	乙未	甲子	乙未	22日
辛未	庚子	庚午	己亥	己巳	戊戌	丁卯	丁酉	丙寅	丙申	乙丑	丙申	23日
壬申	辛丑	辛未	庚子	庚午	己亥	戊辰	戊戌	丁卯	丁酉	丙寅	丁酉	24日
癸酉	壬寅	壬申	辛丑	辛未	庚子	己巳	己亥	戊辰	戊戌	丁卯	戊戌	25日
甲戌	癸卯	癸酉	壬寅	壬申	辛丑	庚午	庚子	己巳	己亥	戊辰	己亥	26日
乙亥	甲辰	甲戌	癸卯	癸酉	壬寅	辛未	辛丑	庚午	庚子	己巳	庚子	27日
丙子	乙巳	乙亥	甲辰	甲戌	癸卯	壬申	壬寅	辛未	辛丑	庚午	辛丑	28日
丁丑	丙午	丙子	乙巳	乙亥	甲辰	癸酉	癸卯	壬申	壬寅	辛未	壬寅	29日
戊寅	丁未	丁丑	丙午	丙子	乙巳	甲戌	甲辰	癸酉	癸卯	壬申		30日
己卯	戊申		丁未		丙午	乙亥		甲戌		癸酉		31日

令和３年（2021）

辛丑・六白金星

翌1月	12月	11月	10月	9月	8月	7月	6月	5月	4月	3月	2月	月
辛丑	庚子	己亥	戊戌	丁酉	丙申	乙未	甲午	癸巳	壬辰	辛卯	庚寅	月の干支
5日 18:12	7日 6:56	7日 13:57	8日 10:36	7日 18:53	7日 15:54	7日 6:05	5日 19:52	5日 15:47	4日 22:35	5日 17:50	3日 23:59	節入り 日時
甲寅	癸未	癸丑	壬午	壬子	辛巳	庚戌	庚辰	己酉	己卯	戊申	庚辰	1日
乙卯	甲申	甲寅	癸未	癸丑	壬午	辛亥	辛巳	庚戌	庚辰	己酉	辛巳	2日
丙辰	乙酉	乙卯	甲申	甲寅	癸未	壬子	壬午	辛亥	辛巳	庚戌	壬午	3日
丁巳	丙戌	丙辰	乙酉	乙卯	甲申	癸丑	癸未	壬子	壬午	辛亥	癸未	4日
戊午	丁亥	丁巳	丙戌	丙辰	乙酉	甲寅	甲申	癸丑	癸未	壬子	甲申	5日
己未	戊子	戊午	丁亥	丁巳	丙戌	乙卯	乙酉	甲寅	甲申	癸丑	乙酉	6日
庚申	己丑	己未	戊子	戊午	丁亥	丙辰	丙戌	乙卯	乙酉	甲寅	丙戌	7日
辛酉	庚寅	庚申	己丑	己未	戊子	丁巳	丁亥	丙辰	丙戌	乙卯	丁亥	8日
壬戌	辛卯	辛酉	庚寅	庚申	己丑	戊午	戊子	丁巳	丁亥	丙辰	戊子	9日
癸亥	壬辰	壬戌	辛卯	辛酉	庚寅	己未	己丑	戊午	戊子	丁巳	己丑	10日
甲子	癸巳	癸亥	壬辰	壬戌	辛卯	庚申	庚寅	己未	己丑	戊午	庚寅	11日
乙丑	甲午	甲子	癸巳	癸亥	壬辰	辛酉	辛卯	庚申	庚寅	己未	辛卯	12日
丙寅	乙未	乙丑	甲午	甲子	癸巳	壬戌	壬辰	辛酉	辛卯	庚申	壬辰	13日
丁卯	丙申	丙寅	乙未	乙丑	甲午	癸亥	癸巳	壬戌	壬辰	辛酉	癸巳	14日
戊辰	丁酉	丁卯	丙申	丙寅	乙未	甲子	甲午	癸亥	癸巳	壬戌	甲午	15日
己巳	戊戌	戊辰	丁酉	丁卯	丙申	乙丑	乙未	甲子	甲午	癸亥	乙未	16日
庚午	己亥	己巳	戊戌	戊辰	丁酉	丙寅	丙申	乙丑	乙未	甲子	丙申	17日
辛未	庚子	庚午	己亥	己巳	戊戌	丁卯	丁酉	丙寅	丙申	乙丑	丁酉	18日
壬申	辛丑	辛未	庚子	庚午	己亥	戊辰	戊戌	丁卯	丁酉	丙寅	戊戌	19日
癸酉	壬寅	壬申	辛丑	辛未	庚子	己巳	己亥	戊辰	戊戌	丁卯	己亥	20日
甲戌	癸卯	癸酉	壬寅	壬申	辛丑	庚午	庚子	己巳	己亥	戊辰	庚子	21日
乙亥	甲辰	甲戌	癸卯	癸酉	壬寅	辛未	辛丑	庚午	庚子	己巳	辛丑	22日
丙子	乙巳	乙亥	甲辰	甲戌	癸卯	壬申	壬寅	辛未	辛丑	庚午	壬寅	23日
丁丑	丙午	丙子	乙巳	乙亥	甲辰	癸酉	癸卯	壬申	壬寅	辛未	癸卯	24日
戊寅	丁未	丁丑	丙午	丙子	乙巳	甲戌	甲辰	癸酉	癸卯	壬申	甲辰	25日
己卯	戊申	戊寅	丁未	丁丑	丙午	乙亥	乙巳	甲戌	甲辰	癸酉	乙巳	26日
庚辰	己酉	己卯	戊申	戊寅	丁未	丙子	丙午	乙亥	乙巳	甲戌	丙午	27日
辛巳	庚戌	庚辰	己酉	己卯	戊申	丁丑	丁未	丙子	丙午	乙亥	丁未	28日
壬午	辛亥	辛巳	庚戌	庚辰	己酉	戊寅	戊申	丁丑	丁未	丙子		29日
癸未	壬子	壬午	辛亥	辛巳	庚戌	己卯	己酉	戊寅	戊申	丁丑		30日
甲申	癸丑		壬子		辛亥	庚辰		己卯		戊寅		31日

令和４年（2022）

壬寅・五黄土星

翌1月	12月	11月	10月	9月	8月	7月	6月	5月	4月	3月	2月	月
癸丑	壬子	辛亥	庚戌	己酉	戊申	丁未	丙午	乙巳	甲辰	癸卯	壬寅	月の干支
6日 0:02	7日 12:46	7日 19:47	8日 16:25	8日 0:33	7日 21:29	7日 11:35	6日 1:29	5日 21:25	5日 4:23	5日 23:44	4日 5:51	節入り 日時
己未	戊子	戊午	丁亥	丁巳	丙戌	乙卯	乙酉	甲寅	甲申	癸丑	乙酉	1日
庚申	己丑	己未	戊子	戊午	丁亥	丙辰	丙戌	乙卯	乙酉	甲寅	丙戌	2日
辛酉	庚寅	庚申	己丑	己未	戊子	丁巳	丁亥	丙辰	丙戌	乙卯	丁亥	3日
壬戌	辛卯	辛酉	庚寅	庚申	己丑	戊午	戊子	丁巳	丁亥	丙辰	戊子	4日
癸亥	壬亥	壬戌	辛卯	辛酉	庚寅	己未	己丑	戊午	戊子	丁巳	己丑	5日
甲子	癸巳	癸亥	壬辰	壬戌	辛卯	庚申	庚寅	己未	己丑	戊午	庚寅	6日
乙丑	甲午	甲子	癸巳	癸亥	壬辰	辛酉	辛卯	庚申	庚寅	己未	辛卯	7日
丙寅	乙未	乙丑	甲午	甲子	癸巳	壬戌	壬辰	辛酉	辛卯	庚申	壬辰	8日
丁卯	丙申	丙寅	乙未	乙丑	甲午	癸亥	癸巳	壬戌	壬辰	辛酉	癸巳	9日
戊辰	丁酉	丁卯	丙申	丙寅	乙未	甲子	甲午	癸亥	癸巳	壬戌	甲午	10日
己巳	戊戌	戊辰	丁酉	丁卯	丙申	乙丑	乙未	甲子	甲午	癸亥	乙未	11日
庚午	己亥	己巳	戊戌	戊辰	丁酉	丙寅	丙申	乙丑	乙未	甲子	丙申	12日
辛未	庚子	庚午	己亥	己巳	戊戌	丁卯	丁酉	丙寅	丙申	乙丑	丁酉	13日
壬申	辛丑	辛未	庚子	庚午	己亥	戊辰	戊戌	丁卯	丁酉	丙寅	戊戌	14日
癸酉	壬寅	壬申	辛丑	辛未	庚子	己巳	己亥	戊辰	戊戌	丁卯	己亥	15日
甲戌	癸卯	癸酉	壬寅	壬申	辛丑	庚午	庚子	己巳	己亥	戊辰	庚子	16日
乙亥	甲辰	甲戌	癸卯	癸酉	壬寅	辛未	辛丑	庚午	庚子	己巳	辛丑	17日
丙子	乙巳	乙亥	甲辰	甲戌	癸卯	壬申	壬寅	辛未	辛丑	庚午	壬寅	18日
丁丑	丙午	丙子	乙巳	乙亥	甲辰	癸酉	癸卯	壬申	壬寅	辛未	癸卯	19日
戊寅	丁未	丁丑	丙午	丙子	乙巳	甲戌	甲辰	癸酉	癸卯	壬申	甲辰	20日
己卯	戊申	戊寅	丁未	丁丑	丙午	乙亥	乙巳	甲戌	甲辰	癸酉	乙巳	21日
庚辰	己酉	己卯	戊申	戊寅	丁未	丙子	丙午	乙亥	乙巳	甲戌	丙午	22日
辛巳	庚戌	庚辰	己酉	己卯	戊申	丁丑	丁未	丙子	丙午	乙亥	丁未	23日
壬午	辛亥	辛巳	庚戌	庚辰	己酉	戊寅	戊申	丁丑	丁未	丙子	戊申	24日
癸未	壬子	壬午	辛亥	辛巳	庚戌	己卯	己酉	戊寅	戊申	丁丑	己酉	25日
甲申	癸丑	癸未	壬子	壬午	辛亥	庚辰	庚戌	己卯	己酉	戊寅	庚戌	26日
乙酉	甲寅	甲申	癸丑	癸未	壬子	辛巳	辛亥	庚辰	庚戌	己卯	辛亥	27日
丙戌	乙卯	乙酉	甲寅	甲申	癸丑	壬午	壬子	辛巳	辛亥	庚辰	壬子	28日
丁亥	丙辰	丙戌	乙卯	乙酉	甲寅	癸未	癸丑	壬午	壬子	辛巳		29日
戊子	丁巳	丁亥	丙辰	丙戌	乙卯	甲申	甲寅	癸未	癸丑	壬午		30日
己丑	戊午		丁巳		丙辰	乙酉		甲申		癸未		31日

令和５年（2023）

癸卯・四緑木星

翌1月	12月	11月	10月	9月	8月	7月	6月	5月	4月	3月	2月	月
乙丑	甲子	癸亥	壬戌	辛酉	庚申	己未	戊午	丁巳	丙辰	乙卯	甲寅	月の干支
6日 5:52	7日 18:39	8日 1:38	8日 22:09	8日 6:19	8日 3:19	7日 17:24	6日 7:14	6日 3:14	5日 10:09	6日 5:34	4日 11:47	節入り 日時
甲子	癸巳	癸亥	壬辰	壬戌	辛卯	庚申	庚寅	己未	己丑	戊午	庚寅	1日
乙丑	甲午	甲子	癸巳	癸亥	壬辰	辛酉	辛卯	庚申	庚寅	己未	辛卯	2日
丙寅	乙未	乙丑	甲午	甲子	癸巳	壬戌	壬辰	辛酉	辛卯	庚申	壬辰	3日
丁卯	丙申	丙寅	乙未	乙丑	甲午	癸亥	癸巳	壬戌	壬辰	辛酉	**癸巳**	4日
戊辰	丁酉	丁卯	丙申	丙寅	乙未	甲子	甲午	癸亥	**癸巳**	壬戌	甲午	5日
己巳	戊戌	戊辰	丁酉	丁卯	丙申	乙丑	**乙未**	**甲子**	甲午	**癸亥**	乙未	6日
庚午	**己亥**	己巳	戊戌	戊辰	丁酉	**丙寅**	丙申	乙丑	乙未	甲子	丙申	7日
辛未	庚子	**庚午**	**己亥**	**己巳**	**戊戌**	丁卯	丁酉	丙寅	丙申	乙丑	丁酉	8日
壬申	辛丑	辛未	庚子	庚午	己亥	戊辰	戊戌	丁卯	丁酉	丙寅	戊戌	9日
癸酉	壬寅	壬申	辛丑	辛未	庚子	己巳	己亥	戊辰	戊戌	丁卯	己亥	10日
甲戌	癸卯	癸酉	壬寅	壬申	辛丑	庚午	庚子	己巳	己亥	戊辰	庚子	11日
乙亥	甲辰	甲戌	癸卯	癸酉	壬寅	辛未	辛丑	庚午	庚子	己巳	辛丑	12日
丙子	乙巳	乙亥	甲辰	甲戌	癸卯	壬申	壬寅	辛未	辛丑	庚午	壬寅	13日
丁丑	丙午	丙子	乙巳	乙亥	甲辰	癸酉	癸卯	壬申	壬寅	辛未	癸卯	14日
戊寅	丁未	丁丑	丙午	丙子	乙巳	甲戌	甲辰	癸酉	癸卯	壬申	甲辰	15日
己卯	戊申	戊寅	丁未	丁丑	丙午	乙亥	乙巳	甲戌	甲辰	癸酉	乙巳	16日
庚辰	己酉	己卯	戊申	戊寅	丁未	丙子	丙午	乙亥	乙巳	甲戌	丙午	17日
辛巳	庚戌	庚辰	己酉	己卯	戊申	丁丑	丁未	丙子	丙午	乙亥	丁未	18日
壬午	辛亥	辛巳	庚戌	庚辰	己酉	戊寅	戊申	丁丑	丁未	丙子	戊申	19日
癸未	壬子	壬午	辛亥	辛巳	庚戌	己卯	己酉	戊寅	戊申	丁丑	己酉	20日
甲申	癸丑	癸未	壬子	壬午	辛亥	庚辰	庚戌	己卯	己酉	戊寅	庚戌	21日
乙酉	甲寅	甲申	癸丑	癸未	壬子	辛巳	辛亥	庚辰	庚戌	己卯	辛亥	22日
丙戌	乙卯	乙酉	甲寅	甲申	癸丑	壬午	壬子	辛巳	辛亥	庚辰	壬子	23日
丁亥	丙辰	丙戌	乙卯	乙酉	甲寅	癸未	癸丑	壬午	壬子	辛巳	癸丑	24日
戊子	丁巳	丁亥	丙辰	丙戌	乙卯	甲申	甲寅	癸未	癸丑	壬午	甲寅	25日
己丑	戊午	戊子	丁巳	丁亥	丙辰	乙酉	乙卯	甲申	甲寅	癸未	乙卯	26日
庚寅	己未	己丑	戊午	戊子	丁巳	丙戌	丙辰	乙酉	乙卯	甲申	丙辰	27日
辛卯	庚申	庚寅	己未	己丑	戊午	丁亥	丁巳	丙戌	丙辰	乙酉	丁巳	28日
壬辰	辛酉	辛卯	庚申	庚寅	己未	戊子	戊午	丁亥	丁巳	丙戌		29日
癸巳	壬戌	壬辰	辛酉	辛卯	庚申	己丑	己未	戊子	戊午	丁亥		30日
甲午	癸亥		壬戌		辛酉	庚寅		己丑		戊子		31日

令和６年（2024）

甲辰・三碧木星

翌1月	12月	11月	10月	9月	8月	7月	6月	5月	4月	3月	2月	月
丁丑	丙子	乙亥	甲戌	癸酉	壬申	辛未	庚午	己巳	戊辰	丁卯	丙寅	月の干支
5日 11:46	7日 0:14	7日 7:24	8日 4:03	7日 12:08	7日 9:02	6日 23:14	5日 13:03	5日 8:59	4日 15:59	5日 11:14	4日 17:29	節入り日時
庚午	己亥	己巳	戊戌	戊辰	丁酉	丙寅	丙申	乙丑	乙未	甲子	乙未	1日
辛未	庚子	庚午	己亥	己巳	戊戌	丁卯	丁酉	丙寅	丙申	乙丑	丙申	2日
壬申	辛丑	辛未	庚子	庚午	己亥	戊辰	戊戌	丁卯	丁酉	丙寅	丁酉	3日
癸酉	壬寅	壬申	辛丑	辛未	庚子	己巳	己亥	戊辰	戊戌	丁卯	戊戌	4日
甲戌	癸卯	癸酉	壬寅	壬申	辛丑	庚午	庚子	己巳	己亥	戊辰	己亥	5日
乙亥	甲辰	甲戌	癸卯	癸酉	壬寅	辛未	辛丑	庚午	庚子	己巳	庚子	6日
丙子	乙巳	乙亥	甲辰	甲戌	癸卯	壬申	壬寅	辛未	辛丑	庚午	辛丑	7日
丁丑	丙午	丙子	乙巳	乙亥	甲辰	癸酉	癸卯	壬申	壬寅	辛未	壬寅	8日
戊寅	丁未	丁丑	丙午	丙子	乙巳	甲戌	甲辰	癸酉	癸卯	壬申	癸卯	9日
己卯	戊申	戊寅	丁未	丁丑	丙午	乙亥	乙巳	甲戌	甲辰	癸酉	甲辰	10日
庚辰	己酉	己卯	戊申	戊寅	丁未	丙子	丙午	乙亥	乙巳	甲戌	乙巳	11日
辛巳	庚戌	庚辰	己酉	己卯	戊申	丁丑	丁未	丙子	丙午	乙亥	丙午	12日
壬午	辛亥	辛巳	庚戌	庚辰	己酉	戊寅	戊申	丁丑	丁未	丙子	丁未	13日
癸未	壬子	壬午	辛亥	辛巳	庚戌	己卯	己酉	戊寅	戊申	丁丑	戊申	14日
甲申	癸丑	癸未	壬子	壬午	辛亥	庚辰	庚戌	己卯	己酉	戊寅	己酉	15日
乙酉	甲寅	甲申	癸丑	癸未	壬子	辛巳	辛亥	庚辰	庚戌	己卯	庚戌	16日
丙戌	乙卯	乙酉	甲寅	甲申	癸丑	壬午	壬子	辛巳	辛亥	庚辰	辛亥	17日
丁亥	丙辰	丙戌	乙卯	乙酉	甲寅	癸未	癸丑	壬午	壬子	辛巳	壬子	18日
戊子	丁巳	丁亥	丙辰	丙戌	乙卯	甲申	甲寅	癸未	癸丑	壬午	癸丑	19日
己丑	戊午	戊子	丁巳	丁亥	丙辰	乙酉	乙卯	甲申	甲寅	癸未	甲寅	20日
庚寅	己未	己丑	戊午	戊子	丁巳	丙戌	丙辰	乙酉	乙卯	甲申	乙卯	21日
辛卯	庚申	庚寅	己未	己丑	戊午	丁亥	丁巳	丙戌	丙辰	乙酉	丙辰	22日
壬辰	辛酉	辛卯	庚申	庚寅	己未	戊子	戊午	丁亥	丁巳	丙戌	丁巳	23日
癸巳	壬戌	壬辰	辛酉	辛卯	庚申	己丑	己未	戊子	戊午	丁亥	戊午	24日
甲午	癸亥	癸巳	壬戌	壬辰	辛酉	庚寅	庚申	己丑	己未	戊子	己未	25日
乙未	甲子	甲午	癸亥	癸巳	壬戌	辛卯	辛酉	庚寅	庚申	己丑	庚申	26日
丙申	乙丑	乙未	甲子	甲午	癸亥	壬辰	壬戌	辛卯	辛酉	庚寅	辛酉	27日
丁酉	丙寅	丙申	乙丑	乙未	甲子	癸巳	癸亥	壬辰	壬戌	辛卯	壬戌	28日
戊戌	丁卯	丁酉	丙寅	丙申	乙丑	甲午	甲子	癸巳	癸亥	壬辰	癸亥	29日
己亥	戊辰	戊戌	丁卯	丁酉	丙寅	乙未	乙丑	甲午	甲子	癸巳		30日
庚子	己巳		戊辰		丁卯	丙申		乙未		甲午		31日

令和７年（2025）

乙巳・二黒土星

翌1月	12月	11月	10月	9月	8月	7月	6月	5月	4月	3月	2月	月
己丑	戊子	丁亥	丙戌	乙酉	甲申	癸未	壬午	辛巳	庚辰	己卯	戊寅	月の干支
5日	7日	7日	8日	7日	7日	7日	5日	5日	4日	5日	3日	節入り
17:23	6:11	13:09	9:47	17:58	14:49	4:57	18:51	14:49	21:51	17:04	23:15	日時
乙亥	甲辰	甲戌	癸卯	癸酉	壬寅	辛未	辛丑	庚午	庚子	己巳	辛丑	1日
丙子	乙巳	乙亥	甲辰	甲戌	癸卯	壬申	壬寅	辛未	辛丑	庚午	壬寅	2日
丁丑	丙午	丙子	乙巳	乙亥	甲辰	癸酉	癸卯	壬申	壬寅	辛未	癸卯	3日
戊寅	丁未	丁丑	丙午	丙子	乙巳	甲戌	甲辰	癸酉	癸卯	壬申	甲辰	4日
己卯	戊申	戊寅	丁未	丁丑	丙午	乙亥	乙巳	甲戌	甲辰	癸酉	乙巳	5日
庚辰	己酉	己卯	戊申	戊寅	丁未	丙子	丙午	乙亥	乙巳	甲戌	丙午	6日
辛巳	庚戌	庚辰	己酉	己卯	戊申	丁丑	丁未	丙子	丙午	乙亥	丁未	7日
壬午	辛亥	辛巳	庚戌	庚辰	己酉	戊寅	戊申	丁丑	丁未	丙子	戊申	8日
癸未	壬子	壬午	辛亥	辛巳	庚戌	己卯	己酉	戊寅	戊申	丁丑	己酉	9日
甲申	癸丑	癸未	壬子	壬午	辛亥	庚辰	庚戌	己卯	己酉	戊寅	庚戌	10日
乙酉	甲寅	甲申	癸丑	癸未	壬子	辛巳	辛亥	庚辰	庚戌	己卯	辛亥	11日
丙戌	乙卯	乙酉	甲寅	甲申	癸丑	壬午	壬子	辛巳	辛亥	庚辰	壬子	12日
丁亥	丙辰	丙戌	乙卯	乙酉	甲寅	癸未	癸丑	壬午	壬子	辛巳	癸丑	13日
戊子	丁巳	丁亥	丙辰	丙戌	乙卯	甲申	甲寅	癸未	癸丑	壬午	甲寅	14日
己丑	戊午	戊子	丁巳	丁亥	丙辰	乙酉	乙卯	甲申	甲寅	癸未	乙卯	15日
庚寅	己未	己丑	戊午	戊子	丁巳	丙戌	丙辰	乙酉	乙卯	甲申	丙辰	16日
辛卯	庚申	庚寅	己未	己丑	戊午	丁亥	丁巳	丙戌	丙辰	乙酉	丁巳	17日
壬辰	辛酉	辛卯	庚申	庚寅	己未	戊子	戊午	丁亥	丁巳	丙戌	戊午	18日
癸巳	壬戌	壬辰	辛酉	辛卯	庚申	己丑	己未	戊子	戊午	丁亥	己未	19日
甲午	癸亥	癸巳	壬戌	壬辰	辛酉	庚寅	庚申	己丑	己未	戊子	庚申	20日
乙未	甲子	甲午	癸亥	癸巳	壬戌	辛卯	辛酉	庚寅	庚申	己丑	辛酉	21日
丙申	乙丑	乙未	甲子	甲午	癸亥	壬辰	壬戌	辛卯	辛酉	庚寅	壬戌	22日
丁酉	丙寅	丙申	乙丑	乙未	甲子	癸巳	癸亥	壬辰	壬戌	辛卯	癸亥	23日
戊戌	丁卯	丁酉	丙寅	丙申	乙丑	甲午	甲子	癸巳	癸亥	壬辰	甲子	24日
己亥	戊辰	戊戌	丁卯	丁酉	丙寅	乙未	乙丑	甲午	甲子	癸巳	乙丑	25日
庚子	己巳	己亥	戊辰	戊戌	丁卯	丙申	丙寅	乙未	乙丑	甲午	丙寅	26日
辛丑	庚午	庚子	己巳	己亥	戊辰	丁酉	丁卯	丙申	丙寅	乙未	丁卯	27日
壬寅	辛未	辛丑	庚午	庚子	己巳	戊戌	戊辰	丁酉	丁卯	丙申	戊辰	28日
癸卯	壬申	壬寅	辛未	辛丑	庚午	己亥	己巳	戊戌	戊辰	丁酉		29日
甲辰	癸酉	癸卯	壬申	壬寅	辛未	庚子	庚午	己亥	己巳	戊戌		30日
乙巳	甲戌		癸酉		壬申	辛丑		庚子		己亥		31日

令和８年（2026）

丙午・一白水星

翌1月	12月	11月	10月	9月	8月	7月	6月	5月	4月	3月	2月	月
辛丑	庚子	己亥	戊戌	丁酉	丙申	乙未	甲午	癸巳	壬辰	辛卯	庚寅	月の干支
5日 23:17	7日 12:03	7日 18:59	8日 15:35	7日 23:49	7日 20:34	7日 10:49	6日 0:37	5日 20:37	5日 3:45	5日 22:59	4日 5:13	節入り 日時
庚辰	己酉	己卯	戊申	戊寅	丁未	丙子	丙午	乙亥	乙巳	甲戌	丙午	1日
辛巳	庚戌	庚辰	己酉	己卯	戊申	丁丑	丁未	丙子	丙午	乙亥	丁未	2日
壬午	辛亥	辛巳	庚戌	庚辰	己酉	戊寅	戊申	丁丑	丁未	丙子	戊申	3日
癸未	壬子	壬午	辛亥	辛巳	庚戌	己卯	己酉	戊寅	戊申	丁丑	己酉	4日
甲申	癸丑	癸未	壬子	壬午	辛亥	庚辰	庚戌	己卯	己酉	戊寅	庚戌	5日
乙酉	甲寅	甲申	癸丑	癸未	壬子	辛巳	辛亥	庚辰	庚戌	己卯	辛亥	6日
丙戌	乙卯	乙酉	甲寅	甲申	癸丑	壬午	壬子	辛巳	辛亥	庚辰	壬子	7日
丁亥	丙辰	丙戌	乙卯	乙酉	甲寅	癸未	癸丑	壬午	壬子	辛巳	癸丑	8日
戊子	丁巳	丁亥	丙辰	丙戌	乙卯	甲申	甲寅	癸未	癸丑	壬午	甲寅	9日
己丑	戊午	戊子	丁巳	丁亥	丙辰	乙酉	乙卯	甲申	甲寅	癸未	乙卯	10日
庚寅	己未	己丑	戊午	戊子	丁巳	丙戌	丙辰	乙酉	乙卯	甲申	丙辰	11日
辛卯	庚申	庚寅	己未	己丑	戊午	丁亥	丁巳	丙戌	丙辰	乙酉	丁巳	12日
壬辰	辛酉	辛卯	庚申	庚寅	己未	戊子	戊午	丁亥	丁巳	丙戌	戊午	13日
癸巳	壬戌	壬辰	辛酉	辛卯	庚申	己丑	己未	戊子	戊午	丁亥	己未	14日
甲午	癸亥	癸巳	壬戌	壬辰	辛酉	庚寅	庚申	己丑	己未	戊子	庚申	15日
乙未	甲子	甲午	癸亥	癸巳	壬戌	辛卯	辛酉	庚寅	庚申	己丑	辛酉	16日
丙申	乙丑	乙未	甲子	甲午	癸亥	壬辰	壬戌	辛卯	辛酉	庚寅	壬戌	17日
丁酉	丙寅	丙申	乙丑	乙未	甲子	癸巳	癸亥	壬辰	壬戌	辛卯	癸亥	18日
戊戌	丁卯	丁酉	丙寅	丙申	乙丑	甲午	甲子	癸巳	癸亥	壬辰	甲子	19日
己亥	戊辰	戊戌	丁卯	丁酉	丙寅	乙未	乙丑	甲午	甲子	癸巳	乙丑	20日
庚子	己巳	己亥	戊辰	戊戌	丁卯	丙申	丙寅	乙未	乙丑	甲午	丙寅	21日
辛丑	庚午	庚子	己巳	己亥	戊辰	丁酉	丁卯	丙申	丙寅	乙未	丁卯	22日
壬寅	辛未	辛丑	庚午	庚子	己巳	戊戌	戊辰	丁酉	丁卯	丙申	戊辰	23日
癸卯	壬申	壬寅	辛未	辛丑	庚午	己亥	己巳	戊戌	戊辰	丁酉	己巳	24日
甲辰	癸酉	癸卯	壬申	壬寅	辛未	庚子	庚午	己亥	己巳	戊戌	庚午	25日
乙巳	甲戌	甲辰	癸酉	癸卯	壬申	辛丑	辛未	庚子	庚午	己亥	辛未	26日
丙午	乙亥	乙巳	甲戌	甲辰	癸酉	壬寅	壬申	辛丑	辛未	庚子	壬申	27日
丁未	丙子	丙午	乙亥	乙巳	甲戌	癸卯	癸酉	壬寅	壬申	辛丑	癸酉	28日
戊申	丁丑	丁未	丙子	丙午	乙亥	甲辰	甲戌	癸卯	癸酉	壬寅		29日
己酉	戊寅	戊申	丁丑	丁未	丙子	乙巳	乙亥	甲辰	甲戌	癸卯		30日
庚戌	己卯		戊寅		丁丑	丙午		乙巳		甲辰		31日

令和9年（2027）

丁未・九紫火星

翌1月	12月	11月	10月	9月	8月	7月	6月	5月	4月	3月	2月	月
癸丑	壬子	辛亥	庚戌	己酉	戊申	丁未	丙午	乙巳	甲辰	癸卯	壬寅	月の干支
6日 4:54	7日 17:37	8日 0:38	8日 21:17	8日 5:28	8日 2:23	7日 16:37	6日 6:25	6日 2:22	5日 9:17	6日 4:39	4日 10:46	節入り 日時
乙酉	甲寅	甲申	癸丑	癸未	壬子	辛巳	辛亥	庚辰	庚戌	己卯	辛亥	1日
丙戌	乙卯	乙酉	甲寅	甲申	癸丑	壬午	壬子	辛巳	辛亥	庚辰	壬子	2日
丁亥	丙辰	丙戌	乙卯	乙酉	甲寅	癸未	癸丑	壬午	壬子	辛巳	癸丑	3日
戊子	丁巳	丁亥	丙辰	丙戌	乙卯	甲申	甲寅	癸未	癸丑	壬午	甲寅	4日
己丑	戊午	戊子	丁巳	丁亥	丙辰	乙酉	乙卯	甲申	甲寅	癸未	乙卯	5日
庚寅	己未	己丑	戊午	戊子	丁巳	丙戌	丙辰	乙酉	乙卯	甲申	丙辰	6日
辛卯	庚申	庚寅	己未	己丑	戊午	丁亥	丁巳	丙戌	丙辰	乙酉	丁巳	7日
壬辰	辛酉	辛卯	庚申	庚寅	己未	戊子	戊午	丁亥	丁巳	丙戌	戊午	8日
癸巳	壬戌	壬辰	辛酉	辛卯	庚申	己丑	己未	戊子	戊午	丁亥	己未	9日
甲午	癸亥	癸巳	壬戌	壬辰	辛酉	庚寅	庚申	己丑	己未	戊子	庚申	10日
乙未	甲子	甲午	癸亥	癸巳	壬戌	辛卯	辛酉	庚寅	庚申	己丑	辛酉	11日
丙申	乙丑	乙未	甲子	甲午	癸亥	壬辰	壬戌	辛卯	辛酉	庚寅	壬戌	12日
丁酉	丙寅	丙申	乙丑	乙未	甲子	癸巳	癸亥	壬辰	壬戌	辛卯	癸亥	13日
戊戌	丁卯	丁酉	丙寅	丙申	乙丑	甲午	甲子	癸巳	癸亥	壬辰	甲子	14日
己亥	戊辰	戊戌	丁卯	丁酉	丙寅	乙未	乙丑	甲午	甲子	癸巳	乙丑	15日
庚子	己巳	己亥	戊辰	戊戌	丁卯	丙申	丙寅	乙未	乙丑	甲午	丙寅	16日
辛丑	庚午	庚子	己巳	己亥	戊辰	丁酉	丁卯	丙申	丙寅	乙未	丁卯	17日
壬寅	辛未	辛丑	庚午	庚子	己巳	戊戌	戊辰	丁酉	丁卯	丙申	戊辰	18日
癸卯	壬申	壬寅	辛未	辛丑	庚午	己亥	己巳	戊戌	戊辰	丁酉	己巳	19日
甲辰	癸酉	癸卯	壬申	壬寅	辛未	庚子	庚午	己亥	己巳	戊戌	庚午	20日
乙巳	甲戌	甲辰	癸酉	癸卯	壬申	辛丑	辛未	庚子	庚午	己亥	辛未	21日
丙午	乙亥	乙巳	甲戌	甲辰	癸酉	壬寅	壬申	辛丑	辛未	庚子	壬申	22日
丁未	丙子	丙午	乙亥	乙巳	甲戌	癸卯	癸酉	壬寅	壬申	辛丑	癸酉	23日
戊申	丁丑	丁未	丙子	丙午	乙亥	甲辰	甲戌	癸卯	癸酉	壬寅	甲戌	24日
己酉	戊寅	戊申	丁丑	丁未	丙子	乙巳	乙亥	甲辰	甲戌	癸卯	乙亥	25日
庚戌	己卯	己酉	戊寅	戊申	丁丑	丙午	丙子	乙巳	乙亥	甲辰	丙子	26日
辛亥	庚辰	庚戌	己卯	己酉	戊寅	丁未	丁丑	丙午	丙子	乙巳	丁丑	27日
壬子	辛巳	辛亥	庚辰	庚戌	己卯	戊申	戊寅	丁未	丁丑	丙午	戊寅	28日
癸丑	壬午	壬子	辛巳	辛亥	庚辰	己酉	己卯	戊申	戊寅	丁未		29日
甲寅	癸未	癸丑	壬午	壬子	辛巳	庚戌	庚辰	己酉	己卯	戊申		30日
乙卯	甲申		癸未		壬午	辛亥		庚戌		己酉		31日

令和10年（2028）

戊申・八白土星

翌1月	12月	11月	10月	9月	8月	7月	6月	5月	4月	3月	2月	月
乙丑	甲子	癸亥	壬戌	辛酉	庚申	己未	戊午	丁巳	丙辰	乙卯	甲寅	月の干支
5日	6日	7日	8日	7日	7日	6日	5日	5日	4日	5日	4日	節入り
10:42	23:24	6:27	3:08	11:24	8:21	22:30	12:13	8:10	15:03	10:24	16:31	日時
辛卯	庚申	庚寅	己未	己丑	戊午	丁亥	丁巳	丙戌	丙辰	乙酉	丙辰	1日
壬辰	辛酉	辛卯	庚申	庚寅	己未	戊子	戊午	丁亥	丁巳	丙戌	丁巳	2日
癸巳	壬戌	壬辰	辛酉	辛卯	庚申	己丑	己未	戊子	戊午	丁亥	戊午	3日
甲午	癸亥	癸巳	壬戌	壬辰	辛酉	庚寅	庚申	己丑	己未	戊子	己未	4日
乙未	甲子	甲午	癸亥	癸巳	壬戌	辛卯	辛酉	庚寅	庚申	己丑	庚申	5日
丙申	乙丑	乙未	甲子	甲午	癸亥	壬辰	壬戌	辛卯	辛酉	庚寅	辛酉	6日
丁酉	丙寅	丙申	乙丑	乙未	甲子	癸巳	癸亥	壬辰	壬戌	辛卯	壬戌	7日
戊戌	丁卯	丁酉	丙寅	丙申	乙丑	甲午	甲子	癸巳	癸亥	壬辰	癸亥	8日
己亥	戊辰	戊戌	丁卯	丁酉	丙寅	乙未	乙丑	甲午	甲子	癸巳	甲子	9日
庚子	己巳	己亥	戊辰	戊戌	丁卯	丙申	丙寅	乙未	乙丑	甲午	乙丑	10日
辛丑	庚午	庚子	己巳	己亥	戊辰	丁酉	丁卯	丙申	丙寅	乙未	丙寅	11日
壬寅	辛未	辛丑	庚午	庚子	己巳	戊戌	戊辰	丁酉	丁卯	丙申	丁卯	12日
癸卯	壬申	壬寅	辛未	辛丑	庚午	己亥	己巳	戊戌	戊辰	丁酉	戊辰	13日
甲辰	癸酉	癸卯	壬申	壬寅	辛未	庚子	庚午	己亥	己巳	戊戌	己巳	14日
乙巳	甲戌	甲辰	癸酉	癸卯	壬申	辛丑	辛未	庚子	庚午	己亥	庚午	15日
丙午	乙亥	乙巳	甲戌	甲辰	癸酉	壬寅	壬申	辛丑	辛未	庚子	辛未	16日
丁未	丙子	丙午	乙亥	乙巳	甲戌	癸卯	癸酉	壬寅	壬申	辛丑	壬申	17日
戊申	丁丑	丁未	丙子	丙午	乙亥	甲辰	甲戌	癸卯	癸酉	壬寅	癸酉	18日
己酉	戊寅	戊申	丁丑	丁未	丙子	乙巳	乙亥	甲辰	甲戌	癸卯	甲戌	19日
庚戌	己卯	己酉	戊寅	戊申	丁丑	丙午	丙子	乙巳	乙亥	甲辰	乙亥	20日
辛亥	庚辰	庚戌	己卯	己酉	戊寅	丁未	丁丑	丙午	丙子	乙巳	丙子	21日
壬子	辛巳	辛亥	庚辰	庚戌	己卯	戊申	戊寅	丁未	丁丑	丙午	丁丑	22日
癸丑	壬午	壬子	辛巳	辛亥	庚辰	己酉	己卯	戊申	戊寅	丁未	戊寅	23日
甲寅	癸未	癸丑	壬午	壬子	辛巳	庚戌	庚辰	己酉	己卯	戊申	己卯	24日
乙卯	甲申	甲寅	癸未	癸丑	壬午	辛亥	辛巳	庚戌	庚辰	己酉	庚辰	25日
丙辰	乙酉	乙卯	甲申	甲寅	癸未	壬子	壬午	辛亥	辛巳	庚戌	辛巳	26日
丁巳	丙戌	丙辰	乙酉	乙卯	甲申	癸丑	癸未	壬子	壬午	辛亥	壬午	27日
戊午	丁亥	丁巳	丙戌	丙辰	乙酉	甲寅	甲申	癸丑	癸未	壬子	癸未	28日
己未	戊子	戊午	丁亥	丁巳	丙戌	乙卯	乙酉	甲寅	甲申	癸丑	甲申	29日
庚申	己丑	己未	戊子	戊午	丁亥	丙辰	丙戌	乙卯	乙酉	甲寅		30日
辛酉	庚寅		己丑		戊子	丁巳		丙辰		乙卯		31日

令和11年（2029）

己酉・七赤金星

翌1月	12月	11月	10月	9月	8月	7月	6月	5月	4月	3月	2月	月
丁丑	丙子	乙亥	甲戌	癸酉	壬申	辛未	庚午	己巳	戊辰	丁卯	丙寅	月の干支
5日	7日	7日	8日	7日	7日	7日	5日	5日	4日	5日	3日	節入り
16:30	5:13	12:16	8:58	17:12	14:11	4:22	18:10	14:07	20:58	16:17	22:20	日時
丙申	乙丑	乙未	甲子	甲午	癸亥	壬辰	壬戌	辛卯	辛酉	庚寅	壬戌	1日
丁酉	丙寅	丙申	乙丑	乙未	甲子	癸巳	癸亥	壬辰	壬戌	辛卯	癸亥	2日
戊戌	丁卯	丁酉	丙寅	丙申	乙丑	甲午	甲子	癸巳	癸亥	壬辰	甲子	3日
己亥	戊辰	戊戌	丁卯	丁酉	丙寅	乙未	乙丑	甲午	甲子	癸巳	乙丑	4日
庚子	己巳	己亥	戊辰	戊戌	丁卯	丙申	丙寅	乙未	乙丑	甲午	丙寅	5日
辛丑	庚午	庚子	己巳	己亥	戊辰	丁酉	丁卯	丙申	丙寅	乙未	丁卯	6日
壬寅	辛未	辛丑	庚午	庚子	己巳	戊戌	戊辰	丁酉	丁卯	丙申	戊辰	7日
癸卯	壬申	壬寅	辛未	辛丑	庚午	己亥	己巳	戊戌	戊辰	丁酉	己巳	8日
甲辰	癸酉	癸卯	壬申	壬寅	辛未	庚子	庚午	己亥	己巳	戊戌	庚午	9日
乙巳	甲戌	甲辰	癸酉	癸卯	壬申	辛丑	辛未	庚子	庚午	己亥	辛未	10日
丙午	乙亥	乙巳	甲戌	甲辰	癸酉	壬寅	壬申	辛丑	辛未	庚子	壬申	11日
丁未	丙子	丙午	乙亥	乙巳	甲戌	癸卯	癸酉	壬寅	壬申	辛丑	癸酉	12日
戊申	丁丑	丁未	丙子	丙午	乙亥	甲辰	甲戌	癸卯	癸酉	壬寅	甲戌	13日
己酉	戊寅	戊申	丁丑	丁未	丙子	乙巳	乙亥	甲辰	甲戌	癸卯	乙亥	14日
庚戌	己卯	己酉	戊寅	戊申	丁丑	丙午	丙子	乙巳	乙亥	甲辰	丙子	15日
辛亥	庚辰	庚戌	己卯	己酉	戊寅	丁未	丁丑	丙午	丙子	乙巳	丁丑	16日
壬子	辛巳	辛亥	庚辰	庚戌	己卯	戊申	戊寅	丁未	丁丑	丙午	戊寅	17日
癸丑	壬午	壬子	辛巳	辛亥	庚辰	己酉	己卯	戊申	戊寅	丁未	己卯	18日
甲寅	癸未	癸丑	壬午	壬子	辛巳	庚戌	庚辰	己酉	己卯	戊申	庚辰	19日
乙卯	甲申	甲寅	癸未	癸丑	壬午	辛亥	辛巳	庚戌	庚辰	己酉	辛巳	20日
丙辰	乙酉	乙卯	甲申	甲寅	癸未	壬子	壬午	辛亥	辛巳	庚戌	壬午	21日
丁巳	丙戌	丙辰	乙酉	乙卯	甲申	癸丑	癸未	壬子	壬午	辛亥	癸未	22日
戊午	丁亥	丁巳	丙戌	丙辰	乙酉	甲寅	甲申	癸丑	癸未	壬子	甲申	23日
己未	戊子	戊午	丁亥	丁巳	丙戌	乙卯	乙酉	甲寅	甲申	癸丑	乙酉	24日
庚申	己丑	己未	戊子	戊午	丁亥	丙辰	丙戌	乙卯	乙酉	甲寅	丙戌	25日
辛酉	庚寅	庚申	己丑	己未	戊子	丁巳	丁亥	丙辰	丙戌	乙卯	丁亥	26日
壬戌	辛卯	辛酉	庚寅	庚申	己丑	戊午	戊子	丁巳	丁亥	丙辰	戊子	27日
癸亥	壬辰	壬戌	辛卯	辛酉	庚寅	己未	己丑	戊午	戊子	丁巳	己丑	28日
甲子	癸巳	癸亥	壬辰	壬戌	辛卯	庚申	庚寅	己未	己丑	戊午		29日
乙丑	甲午	甲子	癸巳	癸亥	壬辰	辛酉	辛卯	庚申	庚寅	己未		30日
丙寅	乙未		甲午		癸巳	壬戌		辛酉		庚申		31日

令和 12 年（2030）

庚戌・六白金星

翌1月	12月	11月	10月	9月	8月	7月	6月	5月	4月	3月	2月	月
己丑	戊子	丁亥	丙戌	乙酉	甲申	癸未	壬午	辛巳	庚辰	己卯	戊寅	月の干支
5日 22:23	7日 11:07	7日 18:08	8日 14:45	7日 22:52	7日 19:47	7日 9:55	5日 23:44	5日 19:46	5日 2:41	5日 22:03	4日 4:08	節入り 日時
辛丑	庚午	庚子	己巳	己亥	戊辰	丁酉	丁卯	丙申	丙寅	乙未	丁卯	1日
壬寅	辛未	辛丑	庚午	庚子	己巳	戊戌	戊辰	丁酉	丁卯	丙申	戊辰	2日
癸卯	壬申	壬寅	辛未	辛丑	庚午	己亥	己巳	戊戌	戊辰	丁酉	己巳	3日
甲辰	癸酉	癸卯	壬申	壬寅	辛未	庚子	庚午	己亥	己巳	戊戌	庚午	4日
乙巳	甲戌	甲辰	癸酉	癸卯	壬申	辛丑	辛未	庚子	庚午	己亥	辛未	5日
丙午	乙亥	乙巳	甲戌	甲辰	癸酉	壬寅	壬申	辛丑	辛未	庚子	壬申	6日
丁未	丙子	丙午	乙亥	乙巳	甲戌	癸卯	癸酉	壬寅	壬申	辛丑	癸酉	7日
戊申	丁丑	丁未	丙子	丙午	乙亥	甲辰	甲戌	癸卯	癸酉	壬寅	甲戌	8日
己酉	戊寅	戊申	丁丑	丁未	丙子	乙巳	乙亥	甲辰	甲戌	癸卯	乙亥	9日
庚戌	己卯	己酉	戊寅	戊申	丁丑	丙午	丙子	乙巳	乙亥	甲辰	丙子	10日
辛亥	庚辰	庚戌	己卯	己酉	戊寅	丁未	丁丑	丙午	丙子	乙巳	丁丑	11日
壬子	辛巳	辛亥	庚辰	庚戌	己卯	戊申	戊寅	丁未	丁丑	丙午	戊寅	12日
癸丑	壬午	壬子	辛巳	辛亥	庚辰	己酉	己卯	戊申	戊寅	丁未	己卯	13日
甲寅	癸未	癸丑	壬午	壬子	辛巳	庚戌	庚辰	己酉	己卯	戊申	庚辰	14日
乙卯	甲申	甲寅	癸未	癸丑	壬午	辛亥	辛巳	庚戌	庚辰	己酉	辛巳	15日
丙辰	乙酉	乙卯	甲申	甲寅	癸未	壬子	壬午	辛亥	辛巳	庚戌	壬午	16日
丁巳	丙戌	丙辰	乙酉	乙卯	甲申	癸丑	癸未	壬子	壬午	辛亥	癸未	17日
戊午	丁亥	丁巳	丙戌	丙辰	乙酉	甲寅	甲申	癸丑	癸未	壬子	甲申	18日
己未	戊子	戊午	丁亥	丁巳	丙戌	乙卯	乙酉	甲寅	甲申	癸丑	乙酉	19日
庚申	己丑	己未	戊子	戊午	丁亥	丙辰	丙戌	乙卯	乙酉	甲寅	丙戌	20日
辛酉	庚寅	庚申	己丑	己未	戊子	丁巳	丁亥	丙辰	丙戌	乙卯	丁亥	21日
壬戌	辛卯	辛酉	庚寅	庚申	己丑	戊午	戊子	丁巳	丁亥	丙辰	戊子	22日
癸亥	壬辰	壬戌	辛卯	辛酉	庚寅	己未	己丑	戊午	戊子	丁巳	己丑	23日
甲子	癸巳	癸亥	壬辰	壬戌	辛卯	庚申	庚寅	己未	己丑	戊午	庚寅	24日
乙丑	甲午	甲子	癸巳	癸亥	壬辰	辛酉	辛卯	庚申	庚寅	己未	辛卯	25日
丙寅	乙未	乙丑	甲午	甲子	癸巳	壬戌	壬辰	辛酉	辛卯	庚申	壬辰	26日
丁卯	丙申	丙寅	乙未	乙丑	甲午	癸亥	癸巳	壬戌	壬辰	辛酉	癸巳	27日
戊辰	丁酉	丁卯	丙申	丙寅	乙未	甲子	甲午	癸亥	癸巳	壬戌	甲午	28日
己巳	戊戌	戊辰	丁酉	丁卯	丙申	乙丑	乙未	甲子	甲午	癸亥		29日
庚午	己亥	己巳	戊戌	戊辰	丁酉	丙寅	丙申	乙丑	乙未	甲子		30日
辛未	庚子		己亥		戊戌	丁卯		丙寅		乙丑		31日

令和13年（2031）

辛亥・五黄土星

翌1月	12月	11月	10月	9月	8月	7月	6月	5月	4月	3月	2月	月
辛丑	庚子	己亥	戊戌	丁酉	丙申	乙未	甲午	癸巳	壬辰	辛卯	庚寅	月の干支
6日 4:16	7日 17:03	8日 0:05	8日 20:45	8日 4:49	8日 1:43	7日 15:48	6日 5:35	6日 1:33	5日 8:28	6日 3:51	4日 9:58	節入り 日時
丙午	乙亥	乙巳	甲戌	甲辰	癸酉	壬寅	壬申	辛丑	辛未	庚子	壬申	1日
丁未	丙子	丙午	乙亥	乙巳	甲戌	癸卯	癸酉	壬寅	壬申	辛丑	癸酉	2日
戊申	丁丑	丁未	丙子	丙午	乙亥	甲辰	甲戌	癸卯	癸酉	壬寅	甲戌	3日
己酉	戊寅	戊申	丁丑	丁未	丙子	乙巳	乙亥	甲辰	甲戌	癸卯	乙亥	4日
庚戌	己卯	己酉	戊寅	戊申	丁丑	丙午	丙子	乙巳	乙亥	甲辰	丙子	5日
辛亥	庚辰	庚戌	己卯	己酉	戊寅	丁未	丁丑	丙午	丙子	乙巳	丁丑	6日
壬子	辛巳	辛亥	庚辰	庚戌	己卯	戊申	戊寅	丁未	丁丑	丙午	戊寅	7日
癸丑	壬午	壬子	辛巳	辛亥	庚辰	己酉	己卯	戊申	戊寅	丁未	己卯	8日
甲寅	癸未	癸丑	壬午	壬子	辛巳	庚戌	庚辰	己酉	己卯	戊申	庚辰	9日
乙卯	甲申	甲寅	癸未	癸丑	壬午	辛亥	辛巳	庚戌	庚辰	己酉	辛巳	10日
丙辰	乙酉	乙卯	甲申	甲寅	癸未	壬子	壬午	辛亥	辛巳	庚戌	壬午	11日
丁巳	丙戌	丙辰	乙酉	乙卯	甲申	癸丑	癸未	壬子	壬午	辛亥	癸未	12日
戊午	丁亥	丁巳	丙戌	丙辰	乙酉	甲寅	甲申	癸丑	癸未	壬子	甲申	13日
己未	戊子	戊午	丁亥	丁巳	丙戌	乙卯	乙酉	甲寅	甲申	癸丑	乙酉	14日
庚申	己丑	己未	戊子	戊午	丁亥	丙辰	丙戌	乙卯	乙酉	甲寅	丙戌	15日
辛酉	庚寅	庚申	己丑	己未	戊子	丁巳	丁亥	丙辰	丙戌	乙卯	丁亥	16日
壬戌	辛卯	辛酉	庚寅	庚申	己丑	戊午	戊子	丁巳	丁亥	丙辰	戊子	17日
癸亥	壬辰	壬戌	辛卯	辛酉	庚寅	己未	己丑	戊午	戊子	丁巳	己丑	18日
甲子	癸巳	癸亥	壬辰	壬戌	辛卯	庚申	庚寅	己未	己丑	戊午	庚寅	19日
乙丑	甲午	甲子	癸巳	癸亥	壬辰	辛酉	辛卯	庚申	庚寅	己未	辛卯	20日
丙寅	乙未	乙丑	甲午	甲子	癸巳	壬戌	壬辰	辛酉	辛卯	庚申	壬辰	21日
丁卯	丙申	丙寅	乙未	乙丑	甲午	癸亥	癸巳	壬戌	壬辰	辛酉	癸巳	22日
戊辰	丁酉	丁卯	丙申	丙寅	乙未	甲子	甲午	癸亥	癸巳	壬戌	甲午	23日
己巳	戊戌	戊辰	丁酉	丁卯	丙申	乙丑	乙未	甲子	甲午	癸亥	乙未	24日
庚午	己亥	己巳	戊戌	戊辰	丁酉	丙寅	丙申	乙丑	乙未	甲子	丙申	25日
辛未	庚子	庚午	己亥	己巳	戊戌	丁卯	丁酉	丙寅	丙申	乙丑	丁酉	26日
壬申	辛丑	辛未	庚子	庚午	己亥	戊辰	戊戌	丁卯	丁酉	丙寅	戊戌	27日
癸酉	壬寅	壬申	辛丑	辛未	庚子	己巳	己亥	戊辰	戊戌	丁卯	己亥	28日
甲戌	癸卯	癸酉	壬寅	壬申	辛丑	庚午	庚子	己巳	己亥	戊辰		29日
乙亥	甲辰	甲戌	癸卯	癸酉	壬寅	辛未	辛丑	庚午	庚子	己巳		30日
丙子	乙巳		甲辰		癸卯	壬申		辛未		庚午		31日

令和14年（2032）

壬子・四緑木星

翌1月	12月	11月	10月	9月	8月	7月	6月	5月	4月	3月	2月	月
癸丑	壬子	辛亥	庚戌	己酉	戊申	丁未	丙午	乙巳	甲辰	癸卯	壬寅	月の干支
5日 10:08	6日 22:53	7日 5:54	8日 2:30	7日 10:37	7日 7:32	6日 21:41	5日 11:28	5日 7:25	4日 14:17	5日 9:40	4日 15:49	節入り日時
壬子	辛巳	辛亥	庚辰	庚戌	己卯	戊申	戊寅	丁未	丁丑	丙午	丁丑	1日
癸丑	壬午	壬子	辛巳	辛亥	庚辰	己酉	己卯	戊申	戊寅	丁未	戊寅	2日
甲寅	癸未	癸丑	壬午	壬子	辛巳	庚戌	庚辰	己酉	己卯	戊申	己卯	3日
乙卯	甲申	甲寅	癸未	癸丑	壬午	辛亥	辛巳	庚戌	庚辰	己酉	庚辰	4日
丙辰	乙酉	乙卯	甲申	甲寅	癸未	壬子	壬午	辛亥	辛巳	庚戌	辛巳	5日
丁巳	丙戌	丙辰	乙酉	乙卯	甲申	癸丑	癸未	壬子	壬午	辛亥	壬午	6日
戊午	丁亥	丁巳	丙戌	丙辰	乙酉	甲寅	甲申	癸丑	癸未	壬子	癸未	7日
己未	戊子	戊午	丁亥	丁巳	丙戌	乙卯	乙酉	甲寅	甲申	癸丑	甲申	8日
庚申	己丑	己未	戊子	戊午	丁亥	丙辰	丙戌	乙卯	乙酉	甲寅	乙酉	9日
辛酉	庚寅	庚申	己丑	己未	戊子	丁巳	丁亥	丙辰	丙戌	乙卯	丙戌	10日
壬戌	辛卯	辛酉	庚寅	庚申	己丑	戊午	戊子	丁巳	丁亥	丙辰	丁亥	11日
癸亥	壬辰	壬戌	辛卯	辛酉	庚寅	己未	己丑	戊午	戊子	丁巳	戊子	12日
甲子	癸巳	癸亥	壬辰	壬戌	辛卯	庚申	庚寅	己未	己丑	戊午	己丑	13日
乙丑	甲午	甲子	癸巳	癸亥	壬辰	辛酉	辛卯	庚申	庚寅	己未	庚寅	14日
丙寅	乙未	乙丑	甲午	甲子	癸巳	壬戌	壬辰	辛酉	辛卯	庚申	辛卯	15日
丁卯	丙申	丙寅	乙未	乙丑	甲午	癸亥	癸巳	壬戌	壬辰	辛酉	壬辰	16日
戊辰	丁酉	丁卯	丙申	丙寅	乙未	甲子	甲午	癸亥	癸巳	壬戌	癸巳	17日
己巳	戊戌	戊辰	丁酉	丁卯	丙申	乙丑	乙未	甲子	甲午	癸亥	甲午	18日
庚午	己亥	己巳	戊戌	戊辰	丁酉	丙寅	丙申	乙丑	乙未	甲子	乙未	19日
辛未	庚子	庚午	己亥	己巳	戊戌	丁卯	丁酉	丙寅	丙申	乙丑	丙申	20日
壬申	辛丑	辛未	庚子	庚午	己亥	戊辰	戊戌	丁卯	丁酉	丙寅	丁酉	21日
癸酉	壬寅	壬申	辛丑	辛未	庚子	己巳	己亥	戊辰	戊戌	丁卯	戊戌	22日
甲戌	癸卯	癸酉	壬寅	壬申	辛丑	庚午	庚子	己巳	己亥	戊辰	己亥	23日
乙亥	甲辰	甲戌	癸卯	癸酉	壬寅	辛未	辛丑	庚午	庚子	己巳	庚子	24日
丙子	乙巳	乙亥	甲辰	甲戌	癸卯	壬申	壬寅	辛未	辛丑	庚午	辛丑	25日
丁丑	丙午	丙子	乙巳	乙亥	甲辰	癸酉	癸卯	壬申	壬寅	辛未	壬寅	26日
戊寅	丁未	丁丑	丙午	丙子	乙巳	甲戌	甲辰	癸酉	癸卯	壬申	癸卯	27日
己卯	戊申	戊寅	丁未	丁丑	丙午	乙亥	乙巳	甲戌	甲辰	癸酉	甲辰	28日
庚辰	己酉	己卯	戊申	戊寅	丁未	丙子	丙午	乙亥	乙巳	甲戌	乙巳	29日
辛巳	庚戌	庚辰	己酉	己卯	戊申	丁丑	丁未	丙子	丙午	乙亥		30日
壬午	辛亥		庚戌		己酉	戊寅		丁丑		丙子		31日

令和15年（2033）

癸丑・三碧木星

翌1月	12月	11月	10月	9月	8月	7月	6月	5月	4月	3月	2月	月
乙丑	甲子	癸亥	壬戌	辛酉	庚申	己未	戊午	丁巳	丙辰	乙卯	甲寅	月の干支
5日	7日	7日	8日	7日	7日	7日	5日	5日	4日	5日	3日	節入り
16:04	4:45	11:41	8:14	16:20	13:15	3:25	17:13	13:13	20:08	15:32	21:41	日時
丁巳	丙戌	丙辰	乙酉	乙卯	甲申	癸丑	癸未	壬子	壬午	辛亥	癸未	1日
戊午	丁亥	丁巳	丙戌	丙辰	乙酉	甲寅	甲申	癸丑	癸未	壬子	甲申	2日
己未	戊子	戊午	丁亥	丁巳	丙戌	乙卯	乙酉	甲寅	甲申	癸丑	乙酉	3日
庚申	己丑	己未	戊子	戊午	丁亥	丙辰	丙戌	乙卯	乙酉	甲寅	丙戌	4日
辛酉	庚寅	庚申	己丑	己未	戊子	丁巳	丁亥	丙辰	丙戌	乙卯	丁亥	5日
壬戌	辛卯	辛酉	庚寅	庚申	己丑	戊午	戊子	丁巳	丁亥	丙辰	戊子	6日
癸亥	壬辰	壬戌	辛卯	辛酉	庚寅	己未	己丑	戊午	戊子	丁巳	己丑	7日
甲子	癸巳	癸亥	壬辰	壬戌	辛卯	庚申	庚寅	己未	己丑	戊午	庚寅	8日
乙丑	甲午	甲子	癸巳	癸亥	壬辰	辛酉	辛卯	庚申	庚寅	己未	辛卯	9日
丙寅	乙未	乙丑	甲午	甲子	癸巳	壬戌	壬辰	辛酉	辛卯	庚申	壬辰	10日
丁卯	丙申	丙寅	乙未	乙丑	甲午	癸亥	癸巳	壬戌	壬辰	辛酉	癸巳	11日
戊辰	丁酉	丁卯	丙申	丙寅	乙未	甲子	甲午	癸亥	癸巳	壬戌	甲午	12日
己巳	戊戌	戊辰	丁酉	丁卯	丙申	乙丑	乙未	甲子	甲午	癸亥	乙未	13日
庚午	己亥	己巳	戊戌	戊辰	丁酉	丙寅	丙申	乙丑	乙未	甲子	丙申	14日
辛未	庚子	庚午	己亥	己巳	戊戌	丁卯	丁酉	丙寅	丙申	乙丑	丁酉	15日
壬申	辛丑	辛未	庚子	庚午	己亥	戊辰	戊戌	丁卯	丁酉	丙寅	戊戌	16日
癸酉	壬寅	壬申	辛丑	辛未	庚子	己巳	己亥	戊辰	戊戌	丁卯	己亥	17日
甲戌	癸卯	癸酉	壬寅	壬申	辛丑	庚午	庚子	己巳	己亥	戊辰	庚子	18日
乙亥	甲辰	甲戌	癸卯	癸酉	壬寅	辛未	辛丑	庚午	庚子	己巳	辛丑	19日
丙子	乙巳	乙亥	甲辰	甲戌	癸卯	壬申	壬寅	辛未	辛丑	庚午	壬寅	20日
丁丑	丙午	丙子	乙巳	乙亥	甲辰	癸酉	癸卯	壬申	壬寅	辛未	癸卯	21日
戊寅	丁未	丁丑	丙午	丙子	乙巳	甲戌	甲辰	癸酉	癸卯	壬申	甲辰	22日
己卯	戊申	戊寅	丁未	丁丑	丙午	乙亥	乙巳	甲戌	甲辰	癸酉	乙巳	23日
庚辰	己酉	己卯	戊申	戊寅	丁未	丙子	丙午	乙亥	乙巳	甲戌	丙午	24日
辛巳	庚戌	庚辰	己酉	己卯	戊申	丁丑	丁未	丙子	丙午	乙亥	丁未	25日
壬午	辛亥	辛巳	庚戌	庚辰	己酉	戊寅	戊申	丁丑	丁未	丙子	戊申	26日
癸未	壬子	壬午	辛亥	辛巳	庚戌	己卯	己酉	戊寅	戊申	丁丑	己酉	27日
甲申	癸丑	癸未	壬子	壬午	辛亥	庚辰	庚戌	己卯	己酉	戊寅	庚戌	28日
乙酉	甲寅	甲申	癸丑	癸未	壬子	辛巳	辛亥	庚辰	庚戌	己卯		29日
丙戌	乙卯	乙酉	甲寅	甲申	癸丑	壬午	壬子	辛巳	辛亥	庚辰		30日
丁亥	丙辰		乙卯		甲寅	癸未		壬午		辛巳		31日

令和16年（2034）

甲寅・二黒土星

翌1月	12月	11月	10月	9月	8月	7月	6月	5月	4月	3月	2月	月
丁丑	丙子	乙亥	甲戌	癸酉	壬申	辛未	庚午	己巳	戊辰	丁卯	丙寅	月の干支
5日 21:55	7日 10:36	7日 17:33	8日 14:07	7日 22:14	7日 19:09	7日 9:17	5日 23:06	5日 19:09	5日 2:07	5日 21:32	4日 3:41	節入り 日時
壬戌	辛卯	辛酉	庚寅	庚申	己丑	戊午	戊子	丁巳	丁亥	丙辰	戊子	1日
癸亥	壬辰	壬戌	辛卯	辛酉	庚寅	己未	己丑	戊午	戊子	丁巳	己丑	2日
甲子	癸巳	癸亥	壬辰	壬戌	辛卯	庚申	庚寅	己未	己丑	戊午	庚寅	3日
乙丑	甲午	甲子	癸巳	癸亥	壬辰	辛酉	辛卯	庚申	庚寅	己未	辛卯	4日
丙寅	乙未	乙丑	甲午	甲子	癸巳	壬戌	壬辰	辛酉	辛卯	庚申	壬辰	5日
丁卯	丙申	丙寅	乙未	乙丑	甲午	癸亥	癸巳	壬戌	壬辰	辛酉	癸巳	6日
戊辰	丁酉	丁卯	丙申	丙寅	乙未	甲子	甲午	癸亥	癸巳	壬戌	甲午	7日
己巳	戊戌	戊辰	丁酉	丁卯	丙申	乙丑	乙未	甲子	甲午	癸亥	乙未	8日
庚午	己亥	己巳	戊戌	戊辰	丁酉	丙寅	丙申	乙丑	乙未	甲子	丙申	9日
辛未	庚子	庚午	己亥	己巳	戊戌	丁卯	丁酉	丙寅	丙申	乙丑	丁酉	10日
壬申	辛丑	辛未	庚子	庚午	己亥	戊辰	戊戌	丁卯	丁酉	丙寅	戊戌	11日
癸酉	壬寅	壬申	辛丑	辛未	庚子	己巳	己亥	戊辰	戊戌	丁卯	己亥	12日
甲戌	癸卯	癸酉	壬寅	壬申	辛丑	庚午	庚子	己巳	己亥	戊辰	庚子	13日
乙亥	甲辰	甲戌	癸卯	癸酉	壬寅	辛未	辛丑	庚午	庚子	己巳	辛丑	14日
丙子	乙巳	乙亥	甲辰	甲戌	癸卯	壬申	壬寅	辛未	辛丑	庚午	壬寅	15日
丁丑	丙午	丙子	乙巳	乙亥	甲辰	癸酉	癸卯	壬申	壬寅	辛未	癸卯	16日
戊寅	丁未	丁丑	丙午	丙子	乙巳	甲戌	甲辰	癸酉	癸卯	壬申	甲辰	17日
己卯	戊申	戊寅	丁未	丁丑	丙午	乙亥	乙巳	甲戌	甲辰	癸酉	乙巳	18日
庚辰	己酉	己卯	戊申	戊寅	丁未	丙子	丙午	乙亥	乙巳	甲戌	丙午	19日
辛巳	庚戌	庚辰	己酉	己卯	戊申	丁丑	丁未	丙子	丙午	乙亥	丁未	20日
壬午	辛亥	辛巳	庚戌	庚辰	己酉	戊寅	戊申	丁丑	丁未	丙子	戊申	21日
癸未	壬子	壬午	辛亥	辛巳	庚戌	己卯	己酉	戊寅	戊申	丁丑	己酉	22日
甲申	癸丑	癸未	壬子	壬午	辛亥	庚辰	庚戌	己卯	己酉	戊寅	庚戌	23日
乙酉	甲寅	甲申	癸丑	癸未	壬子	辛巳	辛亥	庚辰	庚戌	己卯	辛亥	24日
丙戌	乙卯	乙酉	甲寅	甲申	癸丑	壬午	壬子	辛巳	辛亥	庚辰	壬子	25日
丁亥	丙辰	丙戌	乙卯	乙酉	甲寅	癸未	癸丑	壬午	壬子	辛巳	癸丑	26日
戊子	丁巳	丁亥	丙辰	丙戌	乙卯	甲申	甲寅	癸未	癸丑	壬午	甲寅	27日
己丑	戊午	戊子	丁巳	丁亥	丙辰	乙酉	乙卯	甲申	甲寅	癸未	乙卯	28日
庚寅	己未	己丑	戊午	戊子	丁巳	丙戌	丙辰	乙酉	乙卯	甲申		29日
辛卯	庚申	庚寅	己未	己丑	戊午	丁亥	丁巳	丙戌	丙辰	乙酉		30日
壬辰	辛酉		庚申		己未	戊子		丁亥		丙戌		31日

令和17年（2035）

乙卯・一白水星

翌1月	12月	11月	10月	9月	8月	7月	6月	5月	4月	3月	2月	月
己丑	戊子	丁亥	丙戌	乙酉	甲申	癸未	壬午	辛巳	庚辰	己卯	戊寅	月の干支
6日 3:43	7日 16:25	7日 23:23	8日 19:57	8日 4:02	8日 0:54	7日 15:01	6日 4:50	6日 0:55	5日 7:55	6日 3:19	4日 9:31	節入り 日時
丁卯	丙申	丙寅	乙未	乙丑	甲午	癸亥	癸巳	壬戌	壬辰	辛酉	癸巳	1日
戊辰	丁酉	丁卯	丙申	丙寅	乙未	甲子	甲午	癸亥	癸巳	壬戌	甲午	2日
己巳	戊戌	戊辰	丁酉	丁卯	丙申	乙丑	乙未	甲子	甲午	癸亥	乙未	3日
庚午	己亥	己巳	戊戌	戊辰	丁酉	丙寅	丙申	乙丑	乙未	甲子	丙申	4日
辛未	庚子	庚午	己亥	己巳	戊戌	丁卯	丁酉	丙寅	丙申	乙丑	丁酉	5日
壬申	辛丑	辛未	庚子	庚午	己亥	戊辰	戊戌	丁卯	丁酉	丙寅	戊戌	6日
癸酉	壬寅	壬申	辛丑	辛未	庚子	己巳	己亥	戊辰	戊戌	丁卯	己亥	7日
甲戌	癸卯	癸酉	壬寅	壬申	辛丑	庚午	庚子	己巳	己亥	戊辰	庚子	8日
乙亥	甲辰	甲戌	癸卯	癸酉	壬寅	辛未	辛丑	庚午	庚子	己巳	辛丑	9日
丙子	乙巳	乙亥	甲辰	甲戌	癸卯	壬申	壬寅	辛未	辛丑	庚午	壬寅	10日
丁丑	丙午	丙子	乙巳	乙亥	甲辰	癸酉	癸卯	壬申	壬寅	辛未	癸卯	11日
戊寅	丁未	丁丑	丙午	丙子	乙巳	甲戌	甲辰	癸酉	癸卯	壬申	甲辰	12日
己卯	戊申	戊寅	丁未	丁丑	丙午	乙亥	乙巳	甲戌	甲辰	癸酉	乙巳	13日
庚辰	己酉	己卯	戊申	戊寅	丁未	丙子	丙午	乙亥	乙巳	甲戌	丙午	14日
辛巳	庚戌	庚辰	己酉	己卯	戊申	丁丑	丁未	丙子	丙午	乙亥	丁未	15日
壬午	辛亥	辛巳	庚戌	庚辰	己酉	戊寅	戊申	丁丑	丁未	丙子	戊申	16日
癸未	壬子	壬午	辛亥	辛巳	庚戌	己卯	己酉	戊寅	戊申	丁丑	己酉	17日
甲申	癸丑	癸未	壬子	壬午	辛亥	庚辰	庚戌	己卯	己酉	戊寅	庚戌	18日
乙酉	甲寅	甲申	癸丑	癸未	壬子	辛巳	辛亥	庚辰	庚戌	己卯	辛亥	19日
丙戌	乙卯	乙酉	甲寅	甲申	癸丑	壬午	壬子	辛巳	辛亥	庚辰	壬子	20日
丁亥	丙辰	丙戌	乙卯	乙酉	甲寅	癸未	癸丑	壬午	壬子	辛巳	癸丑	21日
戊子	丁巳	丁亥	丙辰	丙戌	乙卯	甲申	甲寅	癸未	癸丑	壬午	甲寅	22日
己丑	戊午	戊子	丁巳	丁亥	丙辰	乙酉	乙卯	甲申	甲寅	癸未	乙卯	23日
庚寅	己未	己丑	戊午	戊子	丁巳	丙戌	丙辰	乙酉	乙卯	甲申	丙辰	24日
辛卯	庚申	庚寅	己未	己丑	戊午	丁亥	丁巳	丙戌	丙辰	乙酉	丁巳	25日
壬辰	辛酉	辛卯	庚申	庚寅	己未	戊子	戊午	丁亥	丁巳	丙戌	戊午	26日
癸巳	壬戌	壬辰	辛酉	辛卯	庚申	己丑	己未	戊子	戊午	丁亥	己未	27日
甲午	癸亥	癸巳	壬戌	壬辰	辛酉	庚寅	庚申	己丑	己未	戊子	庚申	28日
乙未	甲子	甲午	癸亥	癸巳	壬戌	辛卯	辛酉	庚寅	庚申	己丑		29日
丙申	乙丑	乙未	甲子	甲午	癸亥	壬辰	壬戌	辛卯	辛酉	庚寅		30日
丁酉	丙寅		乙丑		甲子	癸巳		壬辰		辛卯		31日

令和18年（2036）

丙辰・九紫火星

翌1月	12月	11月	10月	9月	8月	7月	6月	5月	4月	3月	2月	月
辛丑	庚子	己亥	戊戌	丁酉	丙申	乙未	甲午	癸巳	壬辰	辛卯	庚寅	月の干支
5日 9:34	6日 22:16	7日 5:14	8日 1:50	7日 9:55	7日 6:49	6日 20:57	5日 10:47	5日 6:49	4日 13:43	5日 9:11	4日 15:20	節入り 日時
癸酉	壬寅	壬申	辛丑	辛未	庚子	己巳	己亥	戊辰	戊戌	丁卯	戊戌	1日
甲戌	癸卯	癸酉	壬寅	壬申	辛丑	庚午	庚子	己巳	己亥	戊辰	己亥	2日
乙亥	甲辰	甲戌	癸卯	癸酉	壬寅	辛未	辛丑	庚午	庚子	己巳	庚子	3日
丙子	乙巳	乙亥	甲辰	甲戌	癸卯	壬申	壬寅	辛未	辛丑	庚午	辛丑	4日
丁丑	丙午	丙子	乙巳	乙亥	甲辰	癸酉	癸卯	壬申	壬寅	辛未	壬寅	5日
戊寅	丁未	丁丑	丙午	丙子	乙巳	甲戌	甲辰	癸酉	癸卯	壬申	癸卯	6日
己卯	戊申	戊寅	丁未	丁丑	丙午	乙亥	乙巳	甲戌	甲辰	癸酉	甲辰	7日
庚辰	己酉	己卯	戊申	戊寅	丁未	丙子	丙午	乙亥	乙巳	甲戌	乙巳	8日
辛巳	庚戌	庚辰	己酉	己卯	戊申	丁丑	丁未	丙子	丙午	乙亥	丙午	9日
壬午	辛亥	辛巳	庚戌	庚辰	己酉	戊寅	戊申	丁丑	丁未	丙子	丁未	10日
癸未	壬子	壬午	辛亥	辛巳	庚戌	己卯	己酉	戊寅	戊申	丁丑	戊申	11日
甲申	癸丑	癸未	壬子	壬午	辛亥	庚辰	庚戌	己卯	己酉	戊寅	己酉	12日
乙酉	甲寅	甲申	癸丑	癸未	壬子	辛巳	辛亥	庚辰	庚戌	己卯	庚戌	13日
丙戌	乙卯	乙酉	甲寅	甲申	癸丑	壬午	壬子	辛巳	辛亥	庚辰	辛亥	14日
丁亥	丙辰	丙戌	乙卯	乙酉	甲寅	癸未	癸丑	壬午	壬子	辛巳	壬子	15日
戊子	丁巳	丁亥	丙辰	丙戌	乙卯	甲申	甲寅	癸未	癸丑	壬午	癸丑	16日
己丑	戊午	戊子	丁巳	丁亥	丙辰	乙酉	乙卯	甲申	甲寅	癸未	甲寅	17日
庚寅	己未	己丑	戊午	戊子	丁巳	丙戌	丙辰	乙酉	乙卯	甲申	乙卯	18日
辛卯	庚申	庚寅	己未	己丑	戊午	丁亥	丁巳	丙戌	丙辰	乙酉	丙辰	19日
壬辰	辛酉	辛卯	庚申	庚寅	己未	戊子	戊午	丁亥	丁巳	丙戌	丁巳	20日
癸巳	壬戌	壬辰	辛酉	辛卯	庚申	己丑	己未	戊子	戊午	丁亥	戊午	21日
甲午	癸亥	癸巳	壬戌	壬辰	辛酉	庚寅	庚申	己丑	己未	戊子	己未	22日
乙未	甲子	甲午	癸亥	癸巳	壬戌	辛卯	辛酉	庚寅	庚申	己丑	庚申	23日
丙申	乙丑	乙未	甲子	甲午	癸亥	壬辰	壬戌	辛卯	辛酉	庚寅	辛酉	24日
丁酉	丙寅	丙申	乙丑	乙未	甲子	癸巳	癸亥	壬辰	壬戌	辛卯	壬戌	25日
戊戌	丁卯	丁酉	丙寅	丙申	乙丑	甲午	甲子	癸巳	癸亥	壬辰	癸亥	26日
己亥	戊辰	戊戌	丁卯	丁酉	丙寅	乙未	乙丑	甲午	甲子	癸巳	甲子	27日
庚子	己巳	己亥	戊辰	戊戌	丁卯	丙申	丙寅	乙未	乙丑	甲午	乙丑	28日
辛丑	庚午	庚子	己巳	己亥	戊辰	丁酉	丁卯	丙申	丙寅	乙未	丙寅	29日
壬寅	辛未	辛丑	庚午	庚子	己巳	戊戌	戊辰	丁酉	丁卯	丙申		30日
癸卯	壬申		辛未		庚午	己亥		戊戌		丁酉		31日

令和19年（2037）

丁巳・八白土星

翌1月	12月	11月	10月	9月	8月	7月	6月	5月	4月	3月	2月	月
癸丑	壬子	辛亥	庚戌	己酉	戊申	丁未	丙午	乙巳	甲辰	癸卯	壬寅	月の干支
5日	7日	7日	8日	7日	7日	7日	5日	5日	4日	5日	3日	節入り
15:26	4:07	11:04	7:39	15:45	12:43	2:55	16:46	12:49	19:44	15:06	21:11	日時
戊寅	丁未	丁丑	丙午	丙子	乙巳	甲戌	甲辰	癸酉	癸卯	壬申	甲辰	1日
己卯	戊申	戊寅	丁未	丁丑	丙午	乙亥	乙巳	甲戌	甲辰	癸酉	乙巳	2日
庚辰	己酉	己卯	戊申	戊寅	丁未	丙子	丙午	乙亥	乙巳	甲戌	丙午	3日
辛巳	庚戌	庚辰	己酉	己卯	戊申	丁丑	丁未	丙子	丙午	乙亥	丁未	4日
壬午	辛亥	辛巳	庚戌	庚辰	己酉	戊寅	戊申	丁丑	丁未	丙子	戊申	5日
癸未	壬子	壬午	辛亥	辛巳	庚戌	己卯	己酉	戊寅	戊申	丁丑	己酉	6日
甲申	癸丑	癸未	壬子	壬午	辛亥	庚辰	庚戌	己卯	己酉	戊寅	庚戌	7日
乙酉	甲寅	甲申	癸丑	癸未	壬子	辛巳	辛亥	庚辰	庚戌	己卯	辛亥	8日
丙戌	乙卯	乙酉	甲寅	甲申	癸丑	壬午	壬子	辛巳	辛亥	庚辰	壬子	9日
丁亥	丙辰	丙戌	乙卯	乙酉	甲寅	癸未	癸丑	壬午	壬子	辛巳	癸丑	10日
戊子	丁巳	丁亥	丙辰	丙戌	乙卯	甲申	甲寅	癸未	癸丑	壬午	甲寅	11日
己丑	戊午	戊子	丁巳	丁亥	丙辰	乙酉	乙卯	甲申	甲寅	癸未	乙卯	12日
庚寅	己未	己丑	戊午	戊子	丁巳	丙戌	丙辰	乙酉	乙卯	甲申	丙辰	13日
辛卯	庚申	庚寅	己未	己丑	戊午	丁亥	丁巳	丙戌	丙辰	乙酉	丁巳	14日
壬辰	辛酉	辛卯	庚申	庚寅	己未	戊子	戊午	丁亥	丁巳	丙戌	戊午	15日
癸巳	壬戌	壬辰	辛酉	辛卯	庚申	己丑	己未	戊子	戊午	丁亥	己未	16日
甲午	癸亥	癸巳	壬戌	壬辰	辛酉	庚寅	庚申	己丑	己未	戊子	庚申	17日
乙未	甲子	甲午	癸亥	癸巳	壬戌	辛卯	辛酉	庚寅	庚申	己丑	辛酉	18日
丙申	乙丑	乙未	甲子	甲午	癸亥	壬辰	壬戌	辛卯	辛酉	庚寅	壬戌	19日
丁酉	丙寅	丙申	乙丑	乙未	甲子	癸巳	癸亥	壬辰	壬戌	辛卯	癸亥	20日
戊戌	丁卯	丁酉	丙寅	丙申	乙丑	甲午	甲子	癸巳	癸亥	壬辰	甲子	21日
己亥	戊辰	戊戌	丁卯	丁酉	丙寅	乙未	乙丑	甲午	甲子	癸巳	乙丑	22日
庚子	己巳	己亥	戊辰	戊戌	丁卯	丙申	丙寅	乙未	乙丑	甲午	丙寅	23日
辛丑	庚午	庚子	己巳	己亥	戊辰	丁酉	丁卯	丙申	丙寅	乙未	丁卯	24日
壬寅	辛未	辛丑	庚午	庚子	己巳	戊戌	戊辰	丁酉	丁卯	丙申	戊辰	25日
癸卯	壬申	壬寅	辛未	辛丑	庚午	己亥	己巳	戊戌	戊辰	丁酉	己巳	26日
甲辰	癸酉	癸卯	壬申	壬寅	辛未	庚子	庚午	己亥	己巳	戊戌	庚午	27日
乙巳	甲戌	甲辰	癸酉	癸卯	壬申	辛丑	辛未	庚子	庚午	己亥	辛未	28日
丙午	乙亥	乙巳	甲戌	甲辰	癸酉	壬寅	壬申	辛丑	辛未	庚子		29日
丁未	丙子	丙午	乙亥	乙巳	甲戌	癸卯	癸酉	壬寅	壬申	辛丑		30日
戊申	丁丑		丙子		乙亥	甲辰		癸卯		壬寅		31日

令和20年（2038）

戊午・七赤金星

翌1月	12月	11月	10月	9月	8月	7月	6月	5月	4月	3月	2月	月
乙丑	甲子	癸亥	壬戌	辛酉	庚申	己未	戊午	丁巳	丙辰	乙卯	甲寅	月の干支
5日 21:16	7日 9:56	7日 16:50	8日 13:21	7日 21:26	7日 18:21	7日 8:32	5日 22:25	5日 18:31	5日 1:29	5日 20:55	4日 3:03	節入り 日時
癸未	壬子	壬午	辛亥	辛巳	庚戌	己卯	己酉	戊寅	戊申	丁丑	己酉	1日
甲申	癸丑	癸未	壬子	壬午	辛亥	庚辰	庚戌	己卯	己酉	戊寅	庚戌	2日
乙酉	甲寅	甲申	癸丑	癸未	壬子	辛巳	辛亥	庚辰	庚戌	己卯	辛亥	3日
丙戌	乙卯	乙酉	甲寅	甲申	癸丑	壬午	壬子	辛巳	辛亥	庚辰	壬子	4日
丁亥	丙辰	丙戌	乙卯	乙酉	甲寅	癸未	癸丑	壬午	壬子	辛巳	癸丑	5日
戊子	丁巳	丁亥	丙辰	丙戌	乙卯	甲申	甲寅	癸未	癸丑	壬午	甲寅	6日
己丑	戊午	戊子	丁巳	丁亥	丙辰	乙酉	乙卯	甲申	甲寅	癸未	乙卯	7日
庚寅	己未	己丑	戊午	戊子	丁巳	丙戌	丙辰	乙酉	乙卯	甲申	丙辰	8日
辛卯	庚申	庚寅	己未	己丑	戊午	丁亥	丁巳	丙戌	丙辰	乙酉	丁巳	9日
壬辰	辛酉	辛卯	庚申	庚寅	己未	戊子	戊午	丁亥	丁巳	丙戌	戊午	10日
癸巳	壬戌	壬辰	辛酉	辛卯	庚申	己丑	己未	戊子	戊午	丁亥	己未	11日
甲午	癸亥	癸巳	壬戌	壬辰	辛酉	庚寅	庚申	己丑	己未	戊子	庚申	12日
乙未	甲子	甲午	癸亥	癸巳	壬戌	辛卯	辛酉	庚寅	庚申	己丑	辛酉	13日
丙申	乙丑	乙未	甲子	甲午	癸亥	壬辰	壬戌	辛卯	辛酉	庚寅	壬戌	14日
丁酉	丙寅	丙申	乙丑	乙未	甲子	癸巳	癸亥	壬辰	壬戌	辛卯	癸亥	15日
戊戌	丁卯	丁酉	丙寅	丙申	乙丑	甲午	甲子	癸巳	癸亥	壬辰	甲子	16日
己亥	戊辰	戊戌	丁卯	丁酉	丙寅	乙未	乙丑	甲午	甲子	癸巳	乙丑	17日
庚子	己巳	己亥	戊辰	戊戌	丁卯	丙申	丙寅	乙未	乙丑	甲午	丙寅	18日
辛丑	庚午	庚子	己巳	己亥	戊辰	丁酉	丁卯	丙申	丙寅	乙未	丁卯	19日
壬寅	辛未	辛丑	庚午	庚子	己巳	戊戌	戊辰	丁酉	丁卯	丙申	戊辰	20日
癸卯	壬申	壬寅	辛未	辛丑	庚午	己亥	己巳	戊戌	戊辰	丁酉	己巳	21日
甲辰	癸酉	癸卯	壬申	壬寅	辛未	庚子	庚午	己亥	己巳	戊戌	庚午	22日
乙巳	甲戌	甲辰	癸酉	癸卯	壬申	辛丑	辛未	庚子	庚午	己亥	辛未	23日
丙午	乙亥	乙巳	甲戌	甲辰	癸酉	壬寅	壬申	辛丑	辛未	庚子	壬申	24日
丁未	丙子	丙午	乙亥	乙巳	甲戌	癸卯	癸酉	壬寅	壬申	辛丑	癸酉	25日
戊申	丁丑	丁未	丙子	丙午	乙亥	甲辰	甲戌	癸卯	癸酉	壬寅	甲戌	26日
己酉	戊寅	戊申	丁丑	丁未	丙子	乙巳	乙亥	甲辰	甲戌	癸卯	乙亥	27日
庚戌	己卯	己酉	戊寅	戊申	丁丑	丙午	丙子	乙巳	乙亥	甲辰	丙子	28日
辛亥	庚辰	庚戌	己卯	己酉	戊寅	丁未	丁丑	丙午	丙子	乙巳		29日
壬子	辛巳	辛亥	庚辰	庚戌	己卯	戊申	戊寅	丁未	丁丑	丙午		30日
癸丑	壬午		辛巳		庚辰	己酉		戊申		丁未		31日

令和 21 年（2039）

己未・六白金星

翌1月	12月	11月	10月	9月	8月	7月	6月	5月	4月	3月	2月	月
丁丑	丙子	乙亥	甲戌	癸酉	壬申	辛未	庚午	己巳	戊辰	丁卯	丙寅	月の干支
6日 3:03	7日 15:45	7日 22:42	8日 19:17	8日 3:24	8日 0:18	7日 14:26	6日 4:15	6日 0:18	5日 7:15	6日 2:43	4日 8:52	節入り 日時
戊子	丁巳	丁亥	丙辰	丙戌	乙卯	甲申	甲寅	癸未	癸丑	壬午	甲寅	1日
己丑	戊午	戊子	丁巳	丁亥	丙辰	乙酉	乙卯	甲申	甲寅	癸未	乙卯	2日
庚寅	己未	己丑	戊午	戊子	丁巳	丙戌	丙辰	乙酉	乙卯	甲申	丙辰	3日
辛卯	庚申	庚寅	己未	己丑	戊午	丁亥	丁巳	丙戌	丙辰	乙酉	丁巳	4日
壬辰	辛酉	辛卯	庚申	庚寅	己未	戊子	戊午	丁亥	丁巳	丙戌	戊午	5日
癸巳	壬戌	壬辰	辛酉	辛卯	庚申	己丑	己未	戊子	戊午	丁亥	己未	6日
甲午	癸亥	癸巳	壬戌	壬辰	辛酉	庚寅	庚申	己丑	己未	戊子	庚申	7日
乙未	甲子	甲午	癸亥	癸巳	壬戌	辛卯	辛酉	庚寅	庚申	己丑	辛酉	8日
丙申	乙丑	乙未	甲子	甲午	癸亥	壬辰	壬戌	辛卯	辛酉	庚寅	壬戌	9日
丁酉	丙寅	丙申	乙丑	乙未	甲子	癸巳	癸亥	壬辰	壬戌	辛卯	癸亥	10日
戊戌	丁卯	丁酉	丙寅	丙申	乙丑	甲午	甲子	癸巳	癸亥	壬辰	甲子	11日
己亥	戊辰	戊戌	丁卯	丁酉	丙寅	乙未	乙丑	甲午	甲子	癸巳	乙丑	12日
庚子	己巳	己亥	戊辰	戊戌	丁卯	丙申	丙寅	乙未	乙丑	甲午	丙寅	13日
辛丑	庚午	庚子	己巳	己亥	戊辰	丁酉	丁卯	丙申	丙寅	乙未	丁卯	14日
壬寅	辛未	辛丑	庚午	庚子	己巳	戊戌	戊辰	丁酉	丁卯	丙申	戊辰	15日
癸卯	壬申	壬寅	辛未	辛丑	庚午	己亥	己巳	戊戌	戊辰	丁酉	己巳	16日
甲辰	癸酉	癸卯	壬申	壬寅	辛未	庚子	庚午	己亥	己巳	戊戌	庚午	17日
乙巳	甲戌	甲辰	癸酉	癸卯	壬申	辛丑	辛未	庚子	庚午	己亥	辛未	18日
丙午	乙亥	乙巳	甲戌	甲辰	癸酉	壬寅	壬申	辛丑	辛未	庚子	壬申	19日
丁未	丙子	丙午	乙亥	乙巳	甲戌	癸卯	癸酉	壬寅	壬申	辛丑	癸酉	20日
戊申	丁丑	丁未	丙子	丙午	乙亥	甲辰	甲戌	癸卯	癸酉	壬寅	甲戌	21日
己酉	戊寅	戊申	丁丑	丁未	丙子	乙巳	乙亥	甲辰	甲戌	癸卯	乙亥	22日
庚戌	己卯	己酉	戊寅	戊申	丁丑	丙午	丙子	乙巳	乙亥	甲辰	丙子	23日
辛亥	庚辰	庚戌	己卯	己酉	戊寅	丁未	丁丑	丙午	丙子	乙巳	丁丑	24日
壬子	辛巳	辛亥	庚辰	庚戌	己卯	戊申	戊寅	丁未	丁丑	丙午	戊寅	25日
癸丑	壬午	壬子	辛巳	辛亥	庚辰	己酉	己卯	戊申	戊寅	丁未	己卯	26日
甲寅	癸未	癸丑	壬午	壬子	辛巳	庚戌	庚辰	己酉	己卯	戊申	庚辰	27日
乙卯	甲申	甲寅	癸未	癸丑	壬午	辛亥	辛巳	庚戌	庚辰	己酉	辛巳	28日
丙辰	乙酉	乙卯	甲申	甲寅	癸未	壬子	壬午	辛亥	辛巳	庚戌		29日
丁巳	丙戌	丙辰	乙酉	乙卯	甲申	癸丑	癸未	壬子	壬午	辛亥		30日
戊午	丁亥		丙戌		乙酉	甲寅		癸丑		壬子		31日

令和22年（2040）

庚申・五黄土星

翌1月	12月	11月	10月	9月	8月	7月	6月	5月	4月	3月	2月	月
己丑	戊子	丁亥	丙戌	乙酉	甲申	癸未	壬午	辛巳	庚辰	己卯	戊寅	月の干支
5日 8:48	6日 21:29	7日 4:29	8日 1:05	7日 9:14	7日 6:10	6日 20:19	5日 10:08	5日 6:09	4日 13:05	5日 8:31	4日 14:39	節入り 日時
甲午	癸亥	癸巳	壬戌	壬辰	辛酉	庚寅	庚申	己丑	己未	戊子	己未	1日
乙未	甲子	甲午	癸亥	癸巳	壬戌	辛卯	辛酉	庚寅	庚申	己丑	庚申	2日
丙申	乙丑	乙未	甲子	甲午	癸亥	壬辰	壬戌	辛卯	辛酉	庚寅	辛酉	3日
丁酉	丙寅	丙申	乙丑	乙未	甲子	癸巳	癸亥	壬辰	壬戌	辛卯	壬戌	4日
戊戌	丁卯	丁酉	丙寅	丙申	乙丑	甲午	甲子	癸巳	癸亥	壬辰	癸亥	5日
己亥	戊辰	戊戌	丁卯	丁酉	丙寅	乙未	乙丑	甲午	甲子	癸巳	甲子	6日
庚子	己巳	己亥	戊辰	戊戌	丁卯	丙申	丙寅	乙未	乙丑	甲午	乙丑	7日
辛丑	庚午	庚子	己巳	己亥	戊辰	丁酉	丁卯	丙申	丙寅	乙未	丙寅	8日
壬寅	辛未	辛丑	庚午	庚子	己巳	戊戌	戊辰	丁酉	丁卯	丙申	丁卯	9日
癸卯	壬申	壬寅	辛未	辛丑	庚午	己亥	己巳	戊戌	戊辰	丁酉	戊辰	10日
甲辰	癸酉	癸卯	壬申	壬寅	辛未	庚子	庚午	己亥	己巳	戊戌	己巳	11日
乙巳	甲戌	甲辰	癸酉	癸卯	壬申	辛丑	辛未	庚子	庚午	己亥	庚午	12日
丙午	乙亥	乙巳	甲戌	甲辰	癸酉	壬寅	壬申	辛丑	辛未	庚子	辛未	13日
丁未	丙子	丙午	乙亥	乙巳	甲戌	癸卯	癸酉	壬寅	壬申	辛丑	壬申	14日
戊申	丁丑	丁未	丙子	丙午	乙亥	甲辰	甲戌	癸卯	癸酉	壬寅	癸酉	15日
己酉	戊寅	戊申	丁丑	丁未	丙子	乙巳	乙亥	甲辰	甲戌	癸卯	甲戌	16日
庚戌	己卯	己酉	戊寅	戊申	丁丑	丙午	丙子	乙巳	乙亥	甲辰	乙亥	17日
辛亥	庚辰	庚戌	己卯	己酉	戊寅	丁未	丁丑	丙午	丙子	乙巳	丙子	18日
壬子	辛巳	辛亥	庚辰	庚戌	己卯	戊申	戊寅	丁未	丁丑	丙午	丁丑	19日
癸丑	壬午	壬子	辛巳	辛亥	庚辰	己酉	己卯	戊申	戊寅	丁未	戊寅	20日
甲寅	癸未	癸丑	壬午	壬子	辛巳	庚戌	庚辰	己酉	己卯	戊申	己卯	21日
乙卯	甲申	甲寅	癸未	癸丑	壬午	辛亥	辛巳	庚戌	庚辰	己酉	庚辰	22日
丙辰	乙酉	乙卯	甲申	甲寅	癸未	壬子	壬午	辛亥	辛巳	庚戌	辛巳	23日
丁巳	丙戌	丙辰	乙酉	乙卯	甲申	癸丑	癸未	壬子	壬午	辛亥	壬午	24日
戊午	丁亥	丁巳	丙戌	丙辰	乙酉	甲寅	甲申	癸丑	癸未	壬子	癸未	25日
己未	戊子	戊午	丁亥	丁巳	丙戌	乙卯	乙酉	甲寅	甲申	癸丑	甲申	26日
庚申	己丑	己未	戊子	戊午	丁亥	丙辰	丙戌	乙卯	乙酉	甲寅	乙酉	27日
辛酉	庚寅	庚申	己丑	己未	戊子	丁巳	丁亥	丙辰	丙戌	乙卯	丙戌	28日
壬戌	辛卯	辛酉	庚寅	庚申	己丑	戊午	戊子	丁巳	丁亥	丙辰	丁亥	29日
癸亥	壬辰	壬戌	辛卯	辛酉	庚寅	己未	己丑	戊午	戊子	丁巳		30日
甲子	癸巳		壬辰		辛卯	庚申		己未		戊午		31日

令和23年（2041）

辛酉・四緑木星

翌1月	12月	11月	10月	9月	8月	7月	6月	5月	4月	3月	2月	月
辛丑	庚子	己亥	戊戌	丁酉	丙申	乙未	甲午	癸巳	壬辰	辛卯	庚寅	月の干支
5日	7日	7日	8日	7日	7日	7日	5日	5日	4日	5日	3日	節入り
14:35	3:15	10:13	6:47	14:53	11:48	1:58	15:49	11:54	18:52	14:14	20:25	日時
己亥	戊辰	戊戌	丁卯	丁酉	丙寅	乙未	乙丑	甲午	甲子	癸巳	乙丑	1日
庚子	己巳	己亥	戊辰	戊戌	丁卯	丙申	丙寅	乙未	乙丑	甲午	丙寅	2日
辛丑	庚午	庚子	己巳	己亥	戊辰	丁酉	丁卯	丙申	丙寅	乙未	丁卯	3日
壬寅	辛未	辛丑	庚午	庚子	己巳	戊戌	戊辰	丁酉	丁卯	丙申	戊辰	4日
癸卯	壬申	壬寅	辛未	辛丑	庚午	己亥	己巳	戊戌	戊辰	丁酉	己巳	5日
甲辰	癸酉	癸卯	壬申	壬寅	辛未	庚子	庚午	己亥	己巳	戊戌	庚午	6日
乙巳	甲戌	甲辰	癸酉	癸卯	壬申	辛丑	辛未	庚子	庚午	己亥	辛未	7日
丙午	乙亥	乙巳	甲戌	甲辰	癸酉	壬寅	壬申	辛丑	辛未	庚子	壬申	8日
丁未	丙子	丙午	乙亥	乙巳	甲戌	癸卯	癸酉	壬寅	壬申	辛丑	癸酉	9日
戊申	丁丑	丁未	丙子	丙午	乙亥	甲辰	甲戌	癸卯	癸酉	壬寅	甲戌	10日
己酉	戊寅	戊申	丁丑	丁未	丙子	乙巳	乙亥	甲辰	甲戌	癸卯	乙亥	11日
庚戌	己卯	己酉	戊寅	戊申	丁丑	丙午	丙子	乙巳	乙亥	甲辰	丙子	12日
辛亥	庚辰	庚戌	己卯	己酉	戊寅	丁未	丁丑	丙午	丙子	乙巳	丁丑	13日
壬子	辛巳	辛亥	庚辰	庚戌	己卯	戊申	戊寅	丁未	丁丑	丙午	戊寅	14日
癸丑	壬午	壬子	辛巳	辛亥	庚辰	己酉	己卯	戊申	戊寅	丁未	己卯	15日
甲寅	癸未	癸丑	壬午	壬子	辛巳	庚戌	庚辰	己酉	己卯	戊申	庚辰	16日
乙卯	甲申	甲寅	癸未	癸丑	壬午	辛亥	辛巳	庚戌	庚辰	己酉	辛巳	17日
丙辰	乙酉	乙卯	甲申	甲寅	癸未	壬子	壬午	辛亥	辛巳	庚戌	壬午	18日
丁巳	丙戌	丙辰	乙酉	乙卯	甲申	癸丑	癸未	壬子	壬午	辛亥	癸未	19日
戊午	丁亥	丁巳	丙戌	丙辰	乙酉	甲寅	甲申	癸丑	癸未	壬子	甲申	20日
己未	戊子	戊午	丁亥	丁巳	丙戌	乙卯	乙酉	甲寅	甲申	癸丑	乙酉	21日
庚申	己丑	己未	戊子	戊午	丁亥	丙辰	丙戌	乙卯	乙酉	甲寅	丙戌	22日
辛酉	庚寅	庚申	己丑	己未	戊子	丁巳	丁亥	丙辰	丙戌	乙卯	丁亥	23日
壬戌	辛卯	辛酉	庚寅	庚申	己丑	戊午	戊子	丁巳	丁亥	丙辰	戊子	24日
癸亥	壬辰	壬戌	辛卯	辛酉	庚寅	己未	己丑	戊午	戊子	丁巳	己丑	25日
甲子	癸巳	癸亥	壬辰	壬戌	辛卯	庚申	庚寅	己未	己丑	戊午	庚寅	26日
乙丑	甲午	甲子	癸巳	癸亥	壬辰	辛酉	辛卯	庚申	庚寅	己未	辛卯	27日
丙寅	乙未	乙丑	甲午	甲子	癸巳	壬戌	壬辰	辛酉	辛卯	庚申	壬辰	28日
丁卯	丙申	丙寅	乙未	乙丑	甲午	癸亥	癸巳	壬戌	壬辰	辛酉		29日
戊辰	丁酉	丁卯	丙申	丙寅	乙未	甲子	甲午	癸亥	癸巳	壬戌		30日
己巳	戊戌		丁酉		丙申	乙丑		甲子		癸亥		31日

令和24年（2042）

壬戌・三碧木星

翌1月	12月	11月	10月	9月	8月	7月	6月	5月	4月	3月	2月	月
癸丑	壬子	辛亥	庚戌	己酉	戊申	丁未	丙午	乙巳	甲辰	癸卯	壬寅	月の干支
5日	7日	7日	8日	7日	7日	7日	5日	5日	5日	5日	4日	節入り
20:25	9:09	16:07	12:40	20:45	17:38	7:47	21:38	17:42	0:40	20:04	2:12	日時
甲辰	癸酉	癸卯	壬申	壬寅	辛未	庚子	庚午	己亥	己巳	戊戌	庚午	1日
乙巳	甲戌	甲辰	癸酉	癸卯	壬申	辛丑	辛未	庚子	庚午	己亥	辛未	2日
丙午	乙亥	乙巳	甲戌	甲辰	癸酉	壬寅	壬申	辛丑	辛未	庚子	壬申	3日
丁未	丙子	丙午	乙亥	乙巳	甲戌	癸卯	癸酉	壬寅	壬申	辛丑	癸酉	4日
戊申	丁丑	丁未	丙子	丙午	乙亥	甲辰	甲戌	癸卯	癸酉	壬寅	甲戌	5日
己酉	戊寅	戊申	丁丑	丁未	丙子	乙巳	乙亥	甲辰	甲戌	癸卯	乙亥	6日
庚戌	己卯	己酉	戊寅	戊申	丁丑	丙午	丙子	乙巳	乙亥	甲辰	丙子	7日
辛亥	庚辰	庚戌	己卯	己酉	戊寅	丁未	丁丑	丙午	丙子	乙巳	丁丑	8日
壬子	辛巳	辛亥	庚辰	庚戌	己卯	戊申	戊寅	丁未	丁丑	丙午	戊寅	9日
癸丑	壬午	壬子	辛巳	辛亥	庚辰	己酉	己卯	戊申	戊寅	丁未	己卯	10日
甲寅	癸未	癸丑	壬午	壬子	辛巳	庚戌	庚辰	己酉	己卯	戊申	庚辰	11日
乙卯	甲申	甲寅	癸未	癸丑	壬午	辛亥	辛巳	庚戌	庚辰	己酉	辛巳	12日
丙辰	乙酉	乙卯	甲申	甲寅	癸未	壬子	壬午	辛亥	辛巳	庚戌	壬午	13日
丁巳	丙戌	丙辰	乙酉	乙卯	甲申	癸丑	癸未	壬子	壬午	辛亥	癸未	14日
戊午	丁亥	丁巳	丙戌	丙辰	乙酉	甲寅	甲申	癸丑	癸未	壬子	甲申	15日
己未	戊子	戊午	丁亥	丁巳	丙戌	乙卯	乙酉	甲寅	甲申	癸丑	乙酉	16日
庚申	己丑	己未	戊子	戊午	丁亥	丙辰	丙戌	乙卯	乙酉	甲寅	丙戌	17日
辛酉	庚寅	庚申	己丑	己未	戊子	丁巳	丁亥	丙辰	丙戌	乙卯	丁亥	18日
壬戌	辛卯	辛酉	庚寅	庚申	己丑	戊午	戊子	丁巳	丁亥	丙辰	戊子	19日
癸亥	壬辰	壬戌	辛卯	辛酉	庚寅	己未	己丑	戊午	戊子	丁巳	己丑	20日
甲子	癸巳	癸亥	壬辰	壬戌	辛卯	庚申	庚寅	己未	己丑	戊午	庚寅	21日
乙丑	甲午	甲子	癸巳	癸亥	壬辰	辛酉	辛卯	庚申	庚寅	己未	辛卯	22日
丙寅	乙未	乙丑	甲午	甲子	癸巳	壬戌	壬辰	辛酉	辛卯	庚申	壬辰	23日
丁卯	丙申	丙寅	乙未	乙丑	甲午	癸亥	癸巳	壬戌	壬辰	辛酉	癸巳	24日
戊辰	丁酉	丁卯	丙申	丙寅	乙未	甲子	甲午	癸亥	癸巳	壬戌	甲午	25日
己巳	戊戌	戊辰	丁酉	丁卯	丙申	乙丑	乙未	甲子	甲午	癸亥	乙未	26日
庚午	己亥	己巳	戊戌	戊辰	丁酉	丙寅	丙申	乙丑	乙未	甲子	丙申	27日
辛未	庚子	庚午	己亥	己巳	戊戌	丁卯	丁酉	丙寅	丙申	乙丑	丁酉	28日
壬申	辛丑	辛未	庚子	庚午	己亥	戊辰	戊戌	丁卯	丁酉	丙寅		29日
癸酉	壬寅	壬申	辛丑	辛未	庚子	己巳	己亥	戊辰	戊戌	丁卯		30日
甲戌	癸卯		壬寅		辛丑	庚午		己巳		戊辰		31日

令和25年（2043）

癸亥・二黒土星

翌1月	12月	11月	10月	9月	8月	7月	6月	5月	4月	3月	2月	月
乙丑	甲子	癸亥	壬戌	辛酉	庚申	己未	戊午	丁巳	丙辰	乙卯	甲寅	月の干支
6日 2:12	7日 14:57	7日 21:55	8日 18:27	8日 2:28	7日 23:20	7日 13:27	6日 3:18	5日 23:22	5日 6:20	6日 1:47	4日 7:58	節入り 日時
己酉	戊寅	戊申	丁丑	丁未	丙子	乙巳	乙亥	甲辰	甲戌	癸卯	乙亥	1日
庚戌	己卯	己酉	戊寅	戊申	丁丑	丙午	丙子	乙巳	乙亥	甲辰	丙子	2日
辛亥	庚辰	庚戌	己卯	己酉	戊寅	丁未	丁丑	丙午	丙子	乙巳	丁丑	3日
壬子	辛巳	辛亥	庚辰	庚戌	己卯	戊申	戊寅	丁未	丁丑	丙午	戊寅	4日
癸丑	壬午	壬子	辛巳	辛亥	庚辰	己酉	己卯	戊申	戊寅	丁未	己卯	5日
甲寅	癸未	癸丑	壬午	壬子	辛巳	庚戌	庚辰	己酉	己卯	戊申	庚辰	6日
乙卯	甲申	甲寅	癸未	癸丑	壬午	辛亥	辛巳	庚戌	庚辰	己酉	辛巳	7日
丙辰	乙酉	乙卯	甲申	甲寅	癸未	壬子	壬午	辛亥	辛巳	庚戌	壬午	8日
丁巳	丙戌	丙辰	乙酉	乙卯	甲申	癸丑	癸未	壬子	壬午	辛亥	癸未	9日
戊午	丁亥	丁巳	丙戌	丙辰	乙酉	甲寅	甲申	癸丑	癸未	壬子	甲申	10日
己未	戊子	戊午	丁亥	丁巳	丙戌	乙卯	乙酉	甲寅	甲申	癸丑	乙酉	11日
庚申	己丑	己未	戊子	戊午	丁亥	丙辰	丙戌	乙卯	乙酉	甲寅	丙戌	12日
辛酉	庚寅	庚申	己丑	己未	戊子	丁巳	丁亥	丙辰	丙戌	乙卯	丁亥	13日
壬戌	辛卯	辛酉	庚寅	庚申	己丑	戊午	戊子	丁巳	丁亥	丙辰	戊子	14日
癸亥	壬辰	壬戌	辛卯	辛酉	庚寅	己未	己丑	戊午	戊子	丁巳	己丑	15日
甲子	癸巳	癸亥	壬辰	壬戌	辛卯	庚申	庚寅	己未	己丑	戊午	庚寅	16日
乙丑	甲午	甲子	癸巳	癸亥	壬辰	辛酉	辛卯	庚申	庚寅	己未	辛卯	17日
丙寅	乙未	乙丑	甲午	甲子	癸巳	壬戌	壬辰	辛酉	辛卯	庚申	壬辰	18日
丁卯	丙申	丙寅	乙未	乙丑	甲午	癸亥	癸巳	壬戌	壬辰	辛酉	癸巳	19日
戊辰	丁酉	丁卯	丙申	丙寅	乙未	甲子	甲午	癸亥	癸巳	壬戌	甲午	20日
己巳	戊戌	戊辰	丁酉	丁卯	丙申	乙丑	乙未	甲子	甲午	癸亥	乙未	21日
庚午	己亥	己巳	戊戌	戊辰	丁酉	丙寅	丙申	乙丑	乙未	甲子	丙申	22日
辛未	庚子	庚午	己亥	己巳	戊戌	丁卯	丁酉	丙寅	丙申	乙丑	丁酉	23日
壬申	辛丑	辛未	庚子	庚午	己亥	戊辰	戊戌	丁卯	丁酉	丙寅	戊戌	24日
癸酉	壬寅	壬申	辛丑	辛未	庚子	己巳	己亥	戊辰	戊戌	丁卯	己亥	25日
甲戌	癸卯	癸酉	壬寅	壬申	辛丑	庚午	庚子	己巳	己亥	戊辰	庚子	26日
乙亥	甲辰	甲戌	癸卯	癸酉	壬寅	辛未	辛丑	庚午	庚子	己巳	辛丑	27日
丙子	乙巳	乙亥	甲辰	甲戌	癸卯	壬申	壬寅	辛未	辛丑	庚午	壬寅	28日
丁丑	丙午	丙子	乙巳	乙亥	甲辰	癸酉	癸卯	壬申	壬寅	辛未		29日
戊寅	丁未	丁丑	丙午	丙子	乙巳	甲戌	甲辰	癸酉	癸卯	壬申		30日
己卯	戊申		丁未		丙午	乙亥		甲戌		癸酉		31日

①命式表

様

男		女	

	生年月日時	干支暦	干支暦	蔵干表
年柱	M T S H　A　年	天干	地支	蔵干
		A-1(　)	A-2	A-3(　)
月柱	B　月	天干	地支	蔵干
		B-1(　)	B-2	B-3(　)
日柱	C　日	天干	地支	蔵干
		C-1(　)	C-2	C-3(　)
時柱	AM PM　D　時	天干	地支	蔵干
		D-1(　)	D-2	D-3(　)

	宿命星早見表		十二補助星早見表	吉凶神殺星早見表
年柱	宿命星	宿命星	十二補助星	吉凶神殺星
	A-4	A-5	A-6	A-7
月柱	宿命星	(宿命星元命)	十二補助星	吉凶神殺星
	B-4	B-5	B-6	B-7
日柱		宿命星	十二補助星	吉凶神殺星
		C-5	C-6	C-7
時柱	宿命星	宿命星	十二補助星	吉凶神殺星
	D-4	D-5	D-6	D-7

②時刻干支表

時間＼日干	戊・癸	丁・壬	丙・辛	乙・庚	甲・己
23:00〜0:59	壬子	庚子	戊子	丙子	甲子
1:00〜2:59	癸丑	辛丑	己丑	丁丑	乙丑
3:00〜4:59	甲寅	壬寅	庚寅	戊寅	丙寅
5:00〜6:59	乙卯	癸卯	辛卯	己卯	丁卯
7:00〜8:59	丙辰	甲辰	壬辰	庚辰	戊辰
9:00〜10:59	丁巳	乙巳	癸巳	辛巳	己巳
11:00〜12:59	戊午	丙午	甲午	壬午	庚午
13:00〜14:59	己未	丁未	乙未	癸未	辛未
15:00〜16:59	庚申	戊申	丙申	甲申	壬申
17:00〜18:59	辛酉	己酉	丁酉	乙酉	癸酉
19:00〜20:59	壬戌	庚戌	戊戌	丙戌	甲戌
21:00〜22:59	癸亥	辛亥	己亥	丁亥	乙亥

③六十干支表（空亡早見表）

六十干支										空亡
甲子	乙丑	丙寅	丁卯	戊辰	己巳	庚午	辛未	壬申	癸酉	戌亥
甲戌	乙亥	丙子	丁丑	戊寅	己卯	庚辰	辛巳	壬午	癸未	申酉
甲申	乙酉	丙戌	丁亥	戊子	己丑	庚寅	辛卯	壬辰	癸巳	午未
甲午	乙未	丙申	丁酉	戊戌	己亥	庚子	辛丑	壬寅	癸卯	辰巳
甲辰	乙巳	丙午	丁未	戊申	己酉	庚戌	辛亥	壬子	癸丑	寅卯
甲寅	乙卯	丙辰	丁巳	戊午	己未	庚申	辛酉	壬戌	癸亥	子丑

④蔵干早見表

日数＼地支	亥	戌	酉	申	未	午	巳	辰	卯	寅	丑	子
（節入り後）7日目まで	戊	辛	庚	戊	丁	丙	戊	乙	甲	戊	癸	壬
8日目まで	甲	辛	庚	壬	丁	丙	庚	乙	甲	丙	癸	壬
9日目まで	甲	辛	庚	壬	丁	丙	庚	乙	甲	丙	癸	壬
10日目まで	甲	丁	庚	壬	乙	丙	庚	癸	甲	丙	辛	壬
11日目まで	甲	丁	辛	壬	乙	己	庚	癸	乙	丙	辛	癸
12日目まで	甲	丁	辛	壬	乙	己	庚	癸	乙	丙	辛	癸
13日目まで	甲	戊	辛	壬	己	己	庚	戊	乙	丙	己	癸
14日目まで	甲	戊	辛	壬	己	己	庚	戊	乙	丙	己	癸
15日目まで	壬	戊	辛	庚	己	己	丙	戊	乙	甲	己	癸
16日目まで	壬	戊	辛	庚	己	己	丙	戊	乙	甲	己	癸
17日目まで	壬	戊	辛	庚	己	己	丙	戊	乙	甲	己	癸
18日目まで	壬	戊	辛	庚	己	己	丙	戊	乙	甲	己	癸
19日目まで	壬	戊	辛	庚	己	己	丙	戊	乙	甲	己	癸
20日目まで	壬	戊	辛	庚	己	己	丙	戊	乙	甲	己	癸
21日以降	壬	戊	辛	庚	己	丁	丙	戊	乙	甲	己	癸

⑤宿命星早見表

日干＼宿命星	印綬星	偏印星	正官星	偏官星	正財星	偏財星	傷官星	食神星	劫財星	比肩星
甲	癸	壬	辛	庚	己	戊	丁	丙	乙	甲
乙	壬	癸	庚	辛	戊	己	丙	丁	甲	乙
丙	乙	甲	癸	壬	辛	庚	己	戊	丁	丙
丁	甲	乙	壬	癸	庚	辛	戊	己	丙	丁
戊	丁	丙	乙	甲	癸	壬	辛	庚	己	戊
己	丙	丁	甲	乙	壬	癸	庚	辛	戊	己
庚	己	戊	丁	丙	乙	甲	癸	壬	辛	庚
辛	戊	己	丙	丁	甲	乙	壬	癸	庚	辛
壬	辛	庚	己	戊	丁	丙	乙	甲	癸	壬
癸	庚	辛	戊	己	丙	丁	甲	乙	壬	癸

⑥十二補助星早見表

日干＼十二補助星	養	胎	絶	墓	死	病	衰	帝旺	建禄	冠帯	沐浴	長生
甲	戌	酉	申	未	午	巳	辰	卯	寅	丑	子	亥
乙	未	申	酉	戌	亥	子	丑	寅	卯	辰	巳	午
丙	丑	子	亥	戌	酉	申	未	午	巳	辰	卯	寅
丁	戌	亥	子	丑	寅	卯	辰	巳	午	未	申	酉
戊	丑	子	亥	戌	酉	申	未	午	巳	辰	卯	寅
己	戌	亥	子	丑	寅	卯	辰	巳	午	未	申	酉
庚	辰	卯	寅	丑	子	亥	戌	酉	申	未	午	巳
辛	丑	寅	卯	辰	巳	午	未	申	酉	戌	亥	子
壬	未	午	巳	辰	卯	寅	丑	子	亥	戌	酉	申
癸	辰	巳	午	未	申	酉	戌	亥	子	丑	寅	卯

⑦日干から求める吉凶神殺星表

神殺星／日干	魁罡(干支)	紅艶	飛刃	羊刃	金輿禄	暗禄	天厨貴人	福星貴人	文昌貴人	大極貴人	天乙貴人
甲		午	酉	卯	辰	亥	巳	寅	巳	子午	丑未
乙		申	戌	辰	巳	戌	午	丑亥	午	子午	子申
丙		寅	子	午	未	申	巳	戌子	申	酉卯	酉亥
丁	戊戌	未	丑	未	申	未	午	酉	酉	酉卯	酉亥
戊	庚戌	辰	子	午	未	申	申	申	申	丑辰未戌	丑未
己	庚辰	辰	丑	未	申	未	酉	未	酉	丑辰未戌	子申
庚	壬辰	戌	卯	酉	戌	巳	亥	午	亥	寅亥	丑未
辛		酉	辰	戌	亥	辰	子	巳	子	寅亥	寅午
壬		子	午	子	丑	寅	寅	辰	寅	巳申	卯巳
癸		申	未	丑	寅	丑	卯	丑	卯	巳申	卯巳

※大極貴人は生年のみ求める。

⑧月支から求める吉凶神殺星表

神殺星／月支	華蓋	月徳合貴人	月徳貴人	天徳合貴人	天徳貴人
子	辰	丁	壬	申	巳
丑	丑	乙	庚	乙	庚
寅	戌	辛	丙	壬	丁
卯	未	己	甲	巳	申
辰	辰	丁	壬	丁	壬
巳	丑	乙	庚	丙	辛
午	戌	辛	丙	寅	亥
未	未	己	甲	己	甲
申	辰	丁	壬	戊	癸
酉	丑	乙	庚	亥	寅
戌	戌	辛	丙	辛	丙
亥	未	己	甲	庚	乙

⑨年支・日支から求める吉凶神殺星表

年支 日支 ＼ 神殺星	隔角	血刃	囚獄	亡神	咸池	劫殺	駅馬
子	卯	戌	午	亥	酉	巳	寅
丑	卯	酉	卯	申	午	寅	亥
寅	午	申	子	巳	卯	亥	申
卯	午	未	酉	寅	子	申	巳
辰	午	午	午	亥	酉	巳	寅
巳	酉	巳	卯	申	午	寅	亥
午	酉	辰	子	巳	卯	亥	申
未	酉	卯	酉	寅	子	申	巳
申	子	寅	午	亥	酉	巳	寅
酉	子	丑	卯	申	午	寅	亥
戌	子	子	子	巳	卯	亥	申
亥	卯	亥	酉	寅	子	申	巳

※隔角は年支から生日のみ求める。

⑩順行運・逆行運表

	年柱	男性	女性
陽干	甲 丙 戊 庚 壬	順行運	逆行運
陰干	乙 丁 己 辛 癸	逆行運	順行運

⑪大運の干支順行運・逆行運表

干支逆行運					干支順行運				
丙子	戊子	庚子	壬子	甲子	壬子	庚子	戊子	丙子	甲子
乙亥	丁亥	己亥	辛亥	癸亥	癸丑	辛丑	己丑	丁丑	乙丑
甲戌	丙戌	戊戌	庚戌	壬戌	甲寅	壬寅	庚寅	戊寅	丙寅
癸酉	乙酉	丁酉	己酉	辛酉	乙卯	癸卯	辛卯	己卯	丁卯
壬申	甲申	丙申	戊申	庚申	丙辰	甲辰	壬辰	庚辰	戊辰
辛未	癸未	乙未	丁未	己未	丁巳	乙巳	癸巳	辛巳	己巳
庚午	壬午	甲午	丙午	戊午	戊午	丙午	甲午	壬午	庚午
己巳	辛巳	癸巳	乙巳	丁巳	己未	丁未	乙未	癸未	辛未
戊辰	庚辰	壬辰	甲辰	丙辰	庚申	戊申	丙申	甲申	壬申
丁卯	己卯	辛卯	癸卯	乙卯	辛酉	己酉	丁酉	乙酉	癸酉
丙寅	戊寅	庚寅	壬寅	甲寅	壬戌	庚戌	戊戌	丙戌	甲戌
乙丑	丁丑	己丑	辛丑	癸丑	癸亥	辛亥	己亥	丁亥	乙亥

※「乙丑」の次は「甲子」にもどる

※「癸亥」の次は「甲子」にもどる

⑫十干五行表

十干	五行
甲	木
乙	木
丙	火
丁	火
戊	土
己	土
庚	金
辛	金
壬	水
癸	水

⑬十二支五行表

十二支	五行
子	水
丑	土
寅	木
卯	木
辰	土
巳	火
午	火
未	土
申	金
酉	金
戌	土
亥	水

⑭十二補助星エネルギー表

十二補助星	エネルギー
長《ちょう》　生《せい》	4
沐《もく》　浴《よく》	3
冠《かん》　帯《たい》	4
建《けん》　禄《ろく》	5
帝《てい》　旺《おう》	5
衰《すい》	2
病《びょう》	1
死《し》	2
墓《ぼ》	3
絶《ぜつ》	0
胎《たい》	2
養《よう》	3

※生月は節入日以降とする

⑮【五行の吉凶早見表】

癸《みずのと》		壬《みずのえ》		辛《かのと》		庚《かのえ》		己《つちのと》		戊《つちのえ》		丁《ひのと》		丙《ひのえ》		乙《きのと》		甲《きのえ》		日干	
凶	吉	凶	吉	凶	吉	凶	吉	凶	吉	凶	吉	凶	吉	凶	吉	凶	吉	凶	吉		生月
水 金	木 火 土	水 金	土 木 火	木 水	火 土 金	水 木	火 土 金	水 金	火 土	水 金	火 土	水 金	木 火	金	木 火	水 木	火	水 木	火 土 金	子《ね》	12月
水 金	木 火	水 金	木 火	土	火 木	水	火 木	水 金	火 木	水 金	火 木	水 金 土	木 火	金 土	木 火	水	火	水	火	丑《うし》	1月
木 火 土	金 水	木 火 土	金 水	木 火	土 金	木 水	火 土 金	木 水	火 土	木 水	火 土	火 木	金 土	木 火	土 金 水	木 水	火 土 金	木 水	火 土 金	寅《とら》	2月
木 火 土	金 水	木 火 土	金 水	木 火	土 金	木 水	火 土	木 水	火 土	木 水	火 土	火 木	金 土	木 火	土 金 水	木 水	火 土 金	木 水	金 火 土	卯《う》	3月
木 火 土	金 水	木 火 土	金 水	木	水	水	火	金 水	火	金 水	火	土 金	木	土	水 金	土 金	水	木 水	金 火	辰《たつ》	4月
火 木 土	金 水	火 木 土	金 水	火 木	水 金	火	水	火 土	金 水	火 土	金 水	火	水 金	火 木	水 金	火 土	水 木	火 土	水 木	巳《み》	5月
火 木 土	水 金	火 木 土	水 金	火 木	水 金	火	水 金 土	火 土	金 水	火 土	金 水	火 木	水 金	火 木	水 金	火 土	水 木	火 土	水 木	午《うま》	6月
火 木 土	金 水	火 木 土	金 水	土 火	水 木	土	火 木	火 土	金 水 木	火 土	金 水	土	木	火	水 金	火 土	水 木	金 土	水 木	未《ひつじ》	7月
金 水	木 火	金 水	木 火	金 土	水 木	金 土	火 木	金 水	火 土	金 水	火 土	金 水	木 火	金 土	木 火	金 土	木 火 水	金 土	木 火 水	申《さる》	8月
金 水	木 火	金 水	木 火	金 土	水 木	金 土	火 木	金 水	火 土	金 水	火 土	金 水	木 火	金 土	木 火	金 土	木 火 水	金 土	木 火 水	酉《とり》	9月
土 火	金 水	土 火	金 水	土 金	木 水	土 金	火 木	土 火	木 金 水	土 火	木 金 水	土 金 水	木	土 金	木	土 金	木 水	土 金	木 水	戌《いぬ》	10月
水 金	木 火 土	水 金	木 火 土	水 木	土 金	水 木	火 土 金	水 金	火 土	水 金	火 土	金 水	木 火	金	木 火	水 木	火	水 木	火 土 金	亥《い》	11月

※五行は陰陽同じとする

⑯【月別五行強弱運表】

※土用	冬	秋	夏	春	四季	
①丑②辰 ③未④戌	丑（1月） 子（12月） 亥（11月）	戌（10月） 酉（9月） 申（8月）	未（7月） 午（6月） 巳（5月）	辰（4月） 卯（3月） 寅（2月）	月／日干	五行
2 小弱	4 強	1 弱	3 中	5 最強	甲乙	木
3 中	1 弱	2 小弱	5 最強	4 強	丙丁	火
5 最強	2 小弱	3 中	4 強	1 弱	戊己	土
4 強	3 中	5 最強	1 弱	2 小弱	庚辛	金
1 弱	5 最強	4 強	2 小弱	3 中	壬癸	水

※《土用の期間》

①丑：立春の前18日間（立春は含まず）1/17-1/20頃～2/3頃
②辰：立夏の前18日間（立夏は含まず）4/17-4/21頃～5/5頃
③未：立秋の前18日間（立秋は含まず）7/20-7/23頃～8/7頃
④戌：立冬の前18日間（立冬は含まず）10/21-10/24頃～11/7頃

⑰【月令点数表】

月支＼日干	戊・己 四季の土用	甲・乙 春	丙・丁 夏	庚・辛 秋	壬・癸 冬
寅　2月		6			
卯　3月		6			
辰　4月	4				
巳　5月			6		
午　6月			6		
未　7月	4				
申　8月				6	
酉　9月				6	
戌　10月	4				
亥　11月					6
子　12月					6
丑　1月	4				

⑱【五行点数表】

十二支＼日干	戊・己		甲・乙		丙・丁		庚・辛		壬・癸	
	日支 時支	年支	日支 時支	年支	日支 時支	年支	日支 時支	年支	日支 時支	年支
寅			4	2						
卯			4	2						
辰	4	2								
巳					4	2				
午					4	2				
未	4	2								
申							4	2		
酉							4	2		
戌	4	2								
亥									4	2
子									4	2
丑	4	2								

⑲宿命星点数表

○宿命星の点数の出し方

プラス（＋2点）	マイナス（−2点）
比肩星・印綬星 劫財星・偏印星	食神星・正財星・正官星 傷官星・偏財星・偏官星

●自己を強める「比肩星」「劫財星」「印綬星」「偏印星」はプラス2点、その他の宿命星はマイナス2点で、それを合計して、宿命星の合計点数を出してください。

著者紹介　黒川兼弘

1942年、熊本生まれ。クロ・エンタープライズ代表取締役。日本占い総合塾塾長。「日本四柱推命能力検定協会」会長、主に企業の社員面接、適職の鑑定から政治家、企業家、文化人、芸能人の個人相談にのる。手相、人相、九星、四柱推命、紫微斗数、風水学等の鑑定をするとともに、映画雑誌、スポーツ紙、女性誌に様々な著名人の運勢を書いている。
著書に『決定版　恐いほどよく当たる手相幸運百科』『完全版　人生で起こることがすべてわかる四柱推命』上・下巻（新星出版社）など多数。

本書の内容や個人鑑定、四柱推命命式作成
CD-ROM等についてのお問い合わせは、
下記までお願いいたします。
《日本占い総合塾》
電　話　047-333-2198
ＦＡＸ　047-336-3728
E-mail
kurokawa@navi-kuro.com
HPアドレス
http://www.navi-kuro.com/

決定版　恐いほどよく当たる四柱推命

2024年８月15日　改訂第3版第2刷発行

著　者　黒《くろ》　川《かわ》　兼《かね》　弘《ひろ》
発行者　富　永　靖　弘
印刷所　公和印刷株式会社

発行所　東京都台東区台東２丁目24　株式会社　新星出版社
〒110-0016　☎03(3831)0743

ISBN978-4-405-07588-7